教师专业发展系列培训读本

编委会

主　任：党怀兴

副主任：黄怀平　　李铁绳　　柯西钢　　许广玺
　　　　郭建中　　刘东风　　李国华　　葛文双
　　　　雷永利

委　员：杨雪玲　　胡　丹　　龙卓华　　赵菁晶
　　　　冯　俊

陕西师范大学教师干部培训学院立项资助

● 教师专业发展系列培训读本

教师专业发展

龙宝新　著

陕西师范大学出版总社

图书代号　ZZ23N1203

图书在版编目（CIP）数据

教师专业发展／龙宝新著. —西安：陕西师范大学
出版总社有限公司,2023.7
ISBN 978-7-5695-3737-6

Ⅰ.①教…　Ⅱ.①龙…　Ⅲ.①中小学—师资培养—
教材　Ⅳ.①G635.12

中国国家版本馆 CIP 数据核字（2023）第 126377 号

教师专业发展
JIAOSHI ZHUANYE FAZHAN

龙宝新　著

特约编辑	张　曦
责任编辑	王东升
责任校对	杨雪玲
封面设计	金定华
出版发行	陕西师范大学出版总社
	（西安市长安南路 199 号　邮编 710062）
网　　址	http://www.snupg.com
印　　刷	陕西日报印务有限公司
开　　本	720 mm×1020 mm　1/16
印　　张	19.75
字　　数	419 千
版　　次	2023 年 7 月第 1 版
印　　次	2023 年 7 月第 1 次印刷
书　　号	ISBN 978-7-5695-3737-6
定　　价	89.00 元

读者购书、书店添货或发现印装质量问题,请与本社高等教育出版中心联系。
电话:(029)85303622(传真)　85307864

总　序

　　陕西师范大学教师干部培训学院策划立项的"教师专业发展系列培训读本"付梓出版,这是一件值得庆贺的大喜事。

　　韩愈所言:"师者,所以传道受业解惑也。"被尊奉为"大成至圣先师"的孔子通过各种方式教育自己的学生,提出教师的专业发展之道是"志于道,据于德,依于仁,游于艺"。这是说,在孔子看来,教师专业发展的原则目标应该合乎大道,处事原则的根据是品德,人生的道路应该遵循仁爱的方向,更要具体钻研礼、乐、射、御、书、数等专业能力。

　　一般而言,教师专业发展的基础包括教师精神、教师知识、教师能力。教师精神是教师专业发展的首要基础,主要包括专业认同、专业关怀、专业伦理等。教师知识是教师专业发展的必备基础,主要包括通识知识、学科知识、专业知识和实践知识。教师能力是教师专业发展的必要基础,主要包括学科能力和专业能力两部分,学科能力是教师基于学科知识逻辑解决学科问题的能力,专业能力是教师基于学生学习和发展的知识逻辑教书育人的能力。

　　学高为师,身正为范。陕西师范大学作为教育部直属重点大学,国家首批"双一流"建设高校,持师范为本的办学定位,始终将办好师范教育作为第一职责,着力打造一流师范教育。工欲善其事,必先利其器。陕西师范大学教师干部培训学院针对教师学习、工作及培训的实际需要,统一规划,认真论证,组织出版教师专业发展系列培训读本,探索教师专业发展的理论与实践,有效支撑教师的专业学习,打造教师培训品牌,提升教师培训专业化水平,促进教师培训提质增效。

教育是党之大计、国之大计。教师是立教之本、兴教之源。教师是教育强国的第一人力资源，是科技强国的第一保障，是人才强国的第一支撑。教师承担着为党育人、为国育才的光荣使命。教师专业成长发展，需要教育行政部门、教师教育机构、基础教育院校协同开展教师培养培训。教师干部培训学院作为专业化的教师教育机构，基于丰富的教师培训经验，开展教师专业发展研究，揭示教师专业发展规律，形成了一些研究案例和研究成果。"教师专业发展系列培训读本"就是对教师培训工作的很好总结，也是教师培训的研究成果之一，以期引导广大教师坚定理想信念、陶冶道德情操、涵养扎实学识、勤修仁爱之心，努力做学生为学、为事、为人的大先生，为加快建设教育强国、有力支撑中华民族伟大复兴做出积极贡献。

党怀兴

2023 年 1 月

Contents 目录

第一章　教师专业发展概述

【导学提示】

通过本章学习,达到以下学习目标:

1. 了解教师职业专业化的演进历程;

2. 理解教师专业发展的丰富内涵;

3. 领会"教师职业专业性"的含义;

4. 掌握教师专业发展的主要阶段划分;

5. 会制订个人专业发展规划;

6. 体会有效教师专业发展的主要特征。

《中国教育现代化2035》指出,"夯实教师专业发展体系""建立健全教师专业化发展的激励机制,推动教师终身学习和专业自主发展",促使教师专业素养持续、稳步提高,适应中国式基础教育现代化建设的要求。专业素养是作为一名专任教师必须具备的独特教育素养及其构成。教师专业素养涉及中小学教育教学实践中的多个领域,中小学教师只有不断整合、优化、拓展、丰富自身的专业素养才能够胜任中小学教师这一专门职业领域。任何一个行业,都会延伸出"专业"与"职业"的相关问题,教师专业与教师职业亦是如此。实际上,"专业"就是"专门性职业"的简称,教师职业向专业化的转变正是当代教师教育改革的主题。

第一节　教师职业的发展历程

中小学教师职业古已有之,只不过是在不同历史阶段中的称谓有所差异而已。回顾中小学教师职业的发展历程,树立中小学教师职业的历史意识,是更好地胜任中小学教师的素养条件。

一、教师职业的产生

教师职业是历史的产物,是社会分工日益精细化的结果。无论是从历史发展的角度来看,还是从对"师"字的考证来看,教师职业的产生既受制于历史条件,也承载着历史性的含义。

(一)学校的诞生

教师职业与学校诞生之间具有同步性与同源性,学校诞生是教师职业产生的历史标志。客观地看,学校产生需要两大条件的支持:其一是生产力的发展;其二是文字的产生。就前者而言,它源自原始社会末期,由于生产方式的进步,导致大量社会剩余产品的出现。当一部分人从生产劳动中解放出来,专门从事精神生产活动时,学校的产生就成为可能。就后者而言,由于人类社会经验的不断积累,文化遗产的日趋丰富,人类对书面表达符号的需求日益强烈,文字随之产生并成为人类文明传载的重要工具,从"结绳记事"到甲骨文出现,学校教学内容日渐具有了稳定的文字载体。在这种情况下,学校作为历史的产物登上社会舞台,与学校自身发展休戚相关的教师职业随之产生。

(二)"师"的词义考证

文字词义考证的方式更有助于辨明教师职业的历史内涵。其实,"师"的名称在夏、商、周时就有了,它最早出现是在甲骨文中,甲骨文中有"文师"之称。其后,西汉董仲舒就使用了"师"一字,司马迁提到了"师表"一词,其共同含义是,做人做事的表率与楷模。

"教师"一词最早出现在《学记》中:"师也者,所以学为君也。"清代的段玉裁在《说文解字注》中对"师"的解释是:"二千五百人为师。"这里,"师"的意思是军队编制单位,引申义是"统帅""领导"的意思。在奴隶社会,"官师合一"的制度正有此意。除此之外,"师"字的其他解释还有:效法、继承,出兵、出师等。基于这些词源考证,我们可以发现,教师职业源自人的德性、权力与官品,教师职业的前身是拥有一定军权、职权与品行的社会表率型人物。

【资料 1 - 1】

"师"的古代含义①

师:出现较早,但本义与教师无关。《说文》卷六下:"二千五百人为师。"段玉裁注:"师,众也。"但段注又引《周礼·师氏》注曰:"师,教人以道者之称也。"《尚书·泰誓上》:"天佑下民,作之君,作之师。"孔安国注:"言天佑助下民为立君以政

---

① 甄岳刚.中国古代教师称谓考[J].北京师范学院学报(社会科学版),1989(4):54-62,42.

之,为立师以教之。"又《礼记·内则》:"使为子师。"郑玄注:"子师,教示以善道者。"又《礼记·学记》:"师无当于五服。"孔颖达疏:"师,教之师。"后来,"师"发展成有专长技艺的人和专门从事教学的教师之称,并沿用至今。《孟子·告子上》:"今有场师。"赵岐注:"场师,治场圃者。"《昌黎先生集》卷一二《师说》:"师者,所以传道受业解惑也。"

(三)教师职业的演变轨迹

依据教育史知识,可以对教师职业的演变线索做以简单描述:在古代,教师职业与军队有关,它既指一种军队编制,也指军队中的一类统帅,即"师"或"师氏"。后来,由于担任此官职的人多是文官,随之发展成为一种官府文职官吏,古代大学"成均"中的"国老"与"庶老"便是教师的前身。到了奴隶社会,教师职业一般由官吏兼任,国学一般由京城大官担任,而乡学则由地方官吏担任。及至封建社会,由于私学兴起,官学与私学并驾齐驱,蒙学与大学开始分流,教师职业内部出现了分化:一部分名家型学者称为受人尊敬的大师,成为太学、书院中的名师,另一部分则演变为小学中的蒙师或塾师,担负起了基本文化知识教育的使命。

古代教师职业的大致演变路线如图 1-1 所示。

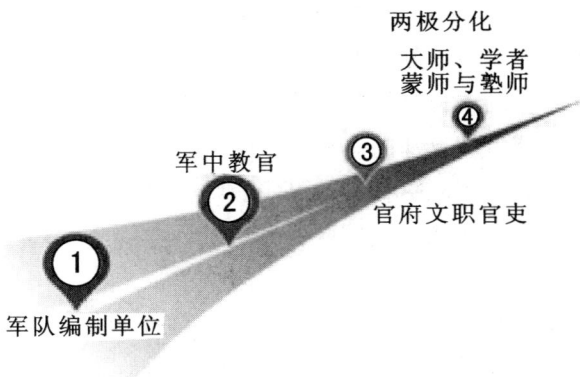

图 1-1　古代教师职业发展示意图

二、我国教师职业的发展历程

我国传统教育形态是多样化、层次化的,这就决定了官学教育与私学教育中的教师职业是有明显差异的。

(一)官学教师

从五帝时期一直到近现代时期,我国教师的身份经历了缓慢的演变过程。在传说中的"五帝时代""成均"中就有了最早的教师,这是官学教师的先驱。到了奴隶社会,据传在夏朝与殷朝,出现了"序""庠""学""瞽宗"四种学校,教师均由国家官吏担任,实行以吏为师的制度,官学教育与社会教育高度一体化。在西周,随着以"政教合一""官师合一"为特征的官学制度日趋完善,国学和乡学并存发展,官学教师有了层次上的最初分化:小学的教师由王宫守卫长官师氏和保氏担任,而国学教师则由乐师、礼官、大司乐等担任。

到了春秋时期,百家争鸣,私学大兴,大儒、经学学者成为私学教师,教师的结构发生了迅速变化。在战国时期,以齐国的"稷下学宫"尤为著名,教师为"稷下先生""祭酒",开创了教师的学衔制,而且还设有博士或学士。在秦朝,由于"禁私学""吏师制"的推行,以官吏为首的法律教育成为主流,经学教师——"史"反倒成为兼职教师。

汉朝以后,教师的身份与称呼日趋规范。中央官学,即太学、宫邸学、鸿都门学,教师有了稳定的学衔,太学的教师被称为"博士"。在魏晋南北朝,"六学二馆"成为官学教育制度的完整体系,教师的称谓与层次日益多样化,"博士""助教""直讲"等都是对教师的称呼。

进入近现代社会之后,我国公立学校教师的生存状态发生了翻天覆地的变化。在清朝,光绪二十四年(1898)实行新学制,所有官学和书院都改称"学堂",教师称为"教习",后又改为"教员";在民国,学校教师都被称为"教员"或"教师";新中国成立后,"人民教师"成为对教师的尊称,中小学教师开始实行职务聘任制与教师资格证制度,中小学教师的职称等级有:高级教师、一级教师、二级教师、三级教师。这就为教师专业发展提供了很好的职称晋升台阶。

(二)私学教师

从春秋时期开始,受百家争鸣的推动,私学教师开始登上历史舞台,一批著名学者在养士制度的推动下成为最早的私学教师。孔子、孟子、老子、韩非子等学术流派大师是古代较为著名的私学教师代表。及至汉代,私学教师开始形成多层次、多类型的发展态势:在从事蒙学教育的"书馆"出现了底层教师——"书师",出现了活跃在私塾中以教人识字与基本生活常识为业的"塾师"或"孝经师"。与之同时,在形形色色的书院、"精舍"中汇聚了一批高层次知识分子,如在专门研究一经的"精舍"中,传经大师的讲学活动尤为盛行。而在唐宋诸代著名书院,如白鹿洞书院、岳麓书院、应天书院、石鼓书院等中的经学教师,一般被称为"讲书"。这种态势一直持续到明清以后。私学教师是我国教师职业的重要构成,他们与官学教师一起支撑着我国古代教育的大厦。

（三）古代教师

在我国古代，教师职业的发展是与教育工作同步展开的。据《古今图书集成·学校部》记载："夏后氏设东序为大学，西序为小学。"这可以视为我国小学教育行业的开始。实际上，我国古代大学教育与小学教育的区分一般是以年龄为界，即15岁以前为小学教育阶段，而15岁以后则是大学教育阶段，这一分段在西周教育中清晰可见。在西周，小学教育中主要强调的是德行教育，教师主要对儿童进行德行与初步生活知识的教育。

在唐代，官学中也有"小学"的设置，如书外省、宗正寺所属的宗室小学就是贵族子弟就学的教育机构，这些学校中的教师自然属于小学教师。同样，唐代私学中的小学教师也是从事一般生活常识与识字教育的教师。宋元时期的蒙学较为发达，教师承担着对儿童进行基本生活常识教育的重要职能。朱熹曾经在《小学》中谈道：小学的任务是"教以事"，即"教人以洒扫、应对、进退之节，爱亲敬长、隆师、亲友之道"等。这就构成了教师的主要教学任务。在元明清时代，小学普遍设立，社学、义学出现，小学教师队伍日趋庞大。

（四）现代教师的出现

应该说，现代中小学教师出现在《癸卯学制》颁布之后。这是中国教育史上第一个在学习西方基础上出台的现代学制，与之相应，现代意义上的中小学教师同步诞生。1904年，清政府还颁布了《奏定初等小学堂章程》和《奏定高等小学堂章程》，明令设立小学堂，所有小学堂分为官立、公立、私立三种类型，因之，小学教师也有官办、民办与私办的身份差异，小学教师开始进行分科教学，修身、读经、文字等科目都设有相应的中小学教师。同时，在《初级师范学堂章程》中，还明确提出了培养小学教师的要求。

民国时期，中央政府正式颁布过两次学制，即1912、1913年的壬子—癸丑学制和1922年的壬戌学制，其中对小学教师提出了全新的要求。在其颁布的《小学校令》与《国民学校令》中，要求设立小学校与师范学校，小学教师一般由师范学校培养，教师的专业化水平不断提高。

在抗日战争时期，苏维埃政权要求在陕甘宁、晋察冀等抗日根据地开办列宁小学，创办列宁学校，结合抗战的需要开展小学教育。1940年3月，中共中央书记处发布《中央关于抗日民主地区的国民教育的指示》，其中指出，要大批地吸收与鼓励青年知识分子或旧知识分子，尤其是过去的小学教员担任小学教育工作。

（五）新中国成立后的教师职业

新中国成立后，我国提出了"首先和主要地为工农及其子女开门"的教育政策,小学教育向工农大众开门,小学在校人数迅速增长到 5110 余万人,小学专任教师达到了 80 多万人,教师队伍与规模迅速扩张。随着国家经济社会事业的迅速发展,中小学教育事业的地位空前提高,教师随之成了"太阳底下最光辉的职业"。尤其值得一提的是,1985 年,国家设立"教师节",鼓励弘扬尊师重教;1986 年,国家颁布了《中华人民共和国义务教育法》,呼吁"全社会应当尊重教师";1993年,国家颁布了《中华人民共和国教师法》《教师资格条例》,等等。2022 年,党的二十大顺利召开,习近平提出,要"加强师德师风建设,培养高素质教师队伍,弘扬尊师重教社会风尚",将教师社会地位提高到新水平。中小学教师的地位迅速提高,教师职业进入了一个崭新的历史发展阶段,一大批教学名师,如于漪、斳霞、李吉林、丁有宽、李希贵、魏书生等大批涌现,推动着当代我国基础教育事业改革的不断深入。

第二节　什么是教师专业发展

美国学者 Kenneth, Zeichner 等人指出,美国教师教育在其发展中形成了学术传统、社会效率传统、社会重构主义传统与发展主义传统,[1]后者是影响美国教师教育走向的重要传统之一,教师专业发展是美国,乃至世界教师教育的重要内涵。什么是教师专业发展? 科学的"教师专业发展"的概念应该如何界定? 这些问题显然是教师专业发展研究的概念支点,在超越常识、整合歧见、形成共识的基础上努力达成科学的对于"教师专业发展"的内涵共识,是确保研究活动高屋建瓴且具有一定通用性的基石。

一、国外教师专业发展的多维理解

及至目前,国外学者提出过许多别具创意的"教师专业发展"的概念,着实进入了"概念丛生"阶段,由此导致"规定性'教师专业发展'定义难以找到"[2]。即便如此,对它们加以梳理整合,归纳出具有有限共识的"教师专业发展"概念很有必要。在此从以下七个维度来梳理"教师专业发展"的概念丛林。

---

① KENNETH M,ZEICHNER,et al. Ttaditions of Reform in U. S. Teacher Education[EB/OL]. [1990 - 03 -20][2022 -03 -01]. http://education. msu. edu/. NCRTL/PDFs/NCRTL/IssuePapers/ip901. pdf.

② LINDA EVANS. Professionalism,professionality and the development of education professionals [J]. British Journal of Educational Studies, 2009 (1):20 -38.

（一）教师专业发展是培育教师专业素养的一种专门活动

国外大多数学者认为，教师专业发展是一种教师发展与提高的活动，其目的在于培育教师的专业素养与教育品质，据此提高教师的教学质量与所教学生的学习成绩。2007 年，世界经济合作与发展组织（OECD）在开展教师教学国际调查项目（TALIS）时采取的"教师专业发展"概念是教师专业发展是用于发展教师的个人技能、知识、专长和其他教师专业特点的活动总称。[①] 再如美国学者高尔（Gall）等人认为，"教师专业发展"特指通过引导教师学习新知识、新态度、新技能来提高教师能力，使其有效履行专业人员职能的活动，等等。[②] 该概念的特点是：描述性与广泛性，即将教师专业发展现象描述为包括广泛内容的一种教育专业素养提升活动。无论是职前还是职后，知识更新还是态度转变，正式的还是非正式的，只要是有助于教师专业提升并履行教师专门职责的活动，都属于教师专业发展活动之列。[③]

（二）教师专业发展是教师专业经验更新现象

国外学者更倾向从根源上去理解教师专业发展现象，而教育教学经验的丰富与质量的提升正是导致教师专业发展现象产生的直接原因。在这一方面，Glatthorn 和 Ganser 的理解具有一定的代表性。前者认为，教师专业发展是教师由于新教学经验的获得和他对教学活动的系统考察而获得的专业成长现象；[④]后者则认为，教师专业经验的更新既来自教师参与专业会议、专业研讨、专业教练活动中获得的正式经验，也来自他在阅读相关专业文献，观看相关电视纪录片等中获得的非正式经验。[⑤] 这一理解依然非常宽泛，它几乎把教师在专业圈子内外活动中所发生的一切专业经验变化都列入了"教师专业发展"之列。正是如此，葛拉松对之进一步做了限定：只有那些对教师专业成长过程进行了系统干预的现象才可以被称作"教师专业发展"。进言之，在判断教师专业发展现象时，必须关注三个要素：经验内容、

① OECD. Teachers matter：Attracting，developping and retaining effective teachers［M］. Paris：OECD Publishing，2005.

② GALL，MEREDITH D，et al. Effective staff development for teachers：A research－based model（ERIC）. College of Education，University of Oregon，1985.

③ JOYCE B R，HOWEY K，YARGER SISTE. REPORT I. Palo Alto，California：Stanford center for research and development in teaching. 1976：6.

④ GLATTHORN A. "Teacher development". In：Anderson，L. （Ed.），International encyclopedia of teaching and teacher education（second edition）［M］. London：Pergamon Press，1995：41.

⑤ GANSER T. An ambitious vision of professional development for teachers［J］. In：NASSP Bulletin，2000，84（618）：6－12.

专业发展过程和发生背景,它们构成了区分教师"专业发展"与"自然发展"的分界线。① 英国著名学者 Day 给出了一个较为丰实的定义,它全面包含了主动经验学习与自然经验学习两方面内容,这就是,"教师专业发展"包括所有自然经验学习活动与自觉而又有计划的意在直接或间接促进个体、群体或学校发展水平的教师学习活动,这些活动有助于课堂中学生成绩的进步与提高。在这一过程中,教师可以更新、扩展他们对教学工作的道德责任,批判性地获得有助于其教学思维、教学设计与教学方式改进的知识技能与情感智慧,该过程伴随着教师的整个教学生涯。② 显然,教师在教育生活中发生的自然成长现象理应是"教师专业成长"而非"教师专业发展",后者带有一定的自觉性与主动性。

(三)教师专业发展是教师学会自主决策的过程

在过去,教师专业发展常常被理解为"员工培训"或"在职培训",主要内容是为教师提供有关某一方面工作的短期课程,而近年来,人们更多把"教师专业发展"理解为促进教师成长的长期过程,该过程包括用于促进教师专业方面成长与发展的日常学习机会的有计划、有系统的经验授受活动。相对过去的理解而言,它代表着教师专业学习的"新形象"、教师教育的"新模式"、专业发展的"新范式"。正如 OECD 所言,高质量教师专业发展绝非"培训",因为在这一过程中,教师必须在深入理解相关理论的背景下自觉整合理论与实践,学会针对课堂实践自主做出决策。③ 在这一发展活动中,教师被视为思维型专业人员或脑力工作者,而非只需要教会他们怎样去做,完全受制于规矩的普通技术人员。④ 进言之,教师专业发展的三个明显特征是长期性、复杂性与自决性。在专业知识向专业能力转化过程中存在诸多复杂性因素的媒介,这就需要教师理智面对教育实践中遭遇的一道道教育难题,与教师成长、实践工作、日常教育生活水乳交融是教师专业发展活动的重要特征。

---

① GANSER T. An ambitious vision of professional development for teachers[J]. In: NASSP Bulletin, 2000,84(618):6-12.

② DAY C. Developing teachers: The challenging of lifelong learning[M]. London:Falmer Press, 1989.

③ HELEN TIMPERLEY,et al. Teacher professional learning and development[EB/OL]. [2007-10-12]http://www.oecd.org/edu/school/48727127.

④ COCHRAN - SMITH M,Lytle S. Beyond certainty: Taking an inquiry stance on practice, In A. Lieberman & L. Miller (Eds.), Teachers caught in the action: Professional development that matters. New York: Teachers College,2001.

（四）教师专业发展是教师学会教学，迈向优秀教师的过程

还有一批国外学者热衷于从实用主义角度来思考"教师专业发展"概念。在他们眼里，教师专业发展的目的是让新手教师以专家教师、优秀教师为范本，不断开展锻炼与实践，接受专家指导，促使他们顺利学会教学，逐步实现从新手教师向优秀教师的转变。这一过程正是教师专业发展的过程。为了实现这一转变，新手教师不仅需要在教师教育者指导下习得复杂的实践技能，还需要习得相应的专门教育教学知识，发展特定职业价值观与专业态度。进言之，教师既要掌握"是什么""怎么做"的知识，还要学会"为什么"要这么做，以及"什么时候"这样做。① 从这一角度看，教师专业发展其实就是教师学会教学，成就优秀教师梦想的长期过程。

（五）教师专业发展是教师专业学习活动

目前，相当一批学者把教师专业发展理解为"教师学习"，毕竟在现代教育背景下专业学习才是教师专业发展的实质内容，教师专业发展与教师学习之间几乎是"同体同一"关系。在国外，富兰与戴等人就持有这一观点。其中，富兰为"教师专业发展"给出的定义是，它是教师的正式与非正式学习的总称，是教师在复杂多变的学习环境中所经历到的一切。② 这一概念将教师应对变革环境的学习活动视为"教师专业发展"活动，具有鲜明的时代意义；戴对"教师专业发展"的理解与富兰如出一辙，他认为，教师专业发展包括所有教师获得的自然学习经验和那些自觉、有计划的旨在直接或间接地促进教师个人发展的活动。再具体一点，教师专业发展是"教师个人或与他人一起来审视、更新、扩展自己作为变革代理人的使命，进以实现教学的道德目的的过程，同时也是儿童、青年人、同事一起批判性地获得并发展相关的知识、技能、实践能力的过程，该过程贯串在教师教学生涯的每个阶段"③。在这一意义上，"教师专业发展"其实就是"教师专业学习"的另一种表达，它是指教师个体或集体持续进行的日常学习活动，是"教师实践中的与工作相关的

---

① CALSERHEAD J, et al. Understanding teacher education: Case studies in the professional development of beginning teachers[M]. London: The Falmer Press. 1997.

② FULLAN M. Professional eevelopment in education: New paradigms and practices[M]. New York: Teachers College Press, 1995: 265.

③ DAY C. Developing Teachers: The challenges of lifelong learning[M]. London: Falmor, 1999: 13.

学习机会"①。

学者凯尔科特曼也认为,教师培训即教师持续专业发展活动,它是指教师在与周围背景有意义的互动中发生的一次学习过程,是最终能够导致教师专业实践与专业思维改变的教师学习活动。② 教师专业发展变化的核心是教师专业自我的改变,其发展环境主要包括教师身处其中的时间、地点、事件等,这一发展过程的实现得益于个体努力与组织参与两大因素。这一见解具有一定的概括性与深刻性。不仅如此,OECD 也认为,教师专业发展也是教师的一种持续学习活动,具体包括培训、实践与反馈,以及为教师提供足够的时间与跟踪辅导。在当代教育背景下,将学校作为一个教师学习共同体来建设,促使其内部共享经验与专长知识是教师专业发展的大势所趋。③进言之,所谓教师学习,它不一定要在教师的正式工作之外发生,也并非刻意附加在教师工作场所之外增加的教师培训内容,而是教师每天都在进行的一件事情。例如,反思专业实践、共同工作中分享观念、努力提高学生学习成绩等,这些教师日常工作事务的另一面都是教师学习活动。在教育实践中,教师学习既可能个体进行,也可以在工作场所、教师组织中进行;教师既可以进行小组学习、同伴学习、网络学习,还可以进行案例学习、行动学习与教练指导下的学习等。④ 这些学习活动都是教师专业发展的具体形式。在有效的教师学习活动中,教师学习的内容扎根日常实践,自身学习需要与学生学习需要密切关联,学习形式符合教师的具体情况,学习能够持续较长一段时间等,故必定能够提高教师的专业发展水平。

在国外,还有学者对教师学习过程的发生条件进行了系统分析(图1-2)⑤,据此可以清晰地看到"教师专业发展"概念所涉因素的多样性与复杂性。

---

① COCHRAN - SMITH M,LYTHLE S. Beyond certainty:Taking an inquiry stance on practice, In A. Lieberman & L. Miller (Eds.), Teachers caught in the action: Professional development that matters. New York: Teachers College,2001.

② CPD for professional renewal: Moving beyond knowledge for practice.

③ OECD. Teachers matter: attracting, developping and retaining effective teachers[M]. Paris: OECD Publishing,2005.

④ Programs on teachers' knowledge, practice, student outcomes & efficacy. Education Policy Analysis Archives, 13(10). (2010 - 08 - 15)[2022 - 03 - 10]. http://epaa. asu. edu/epaa/v13n10.

⑤ What is professional learning? [EB/OL]. (2015 - 09 - 10)[2022 - 03 - 10]. http://www. education. nt. gov. au/__data/assets/pdf_file/0007/4201/ What Is Professional Learning.

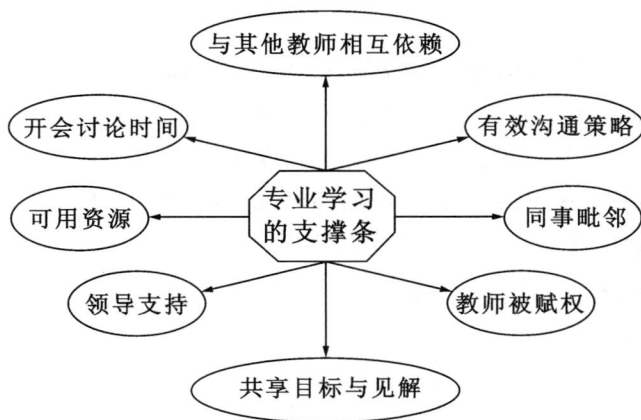

图 1 - 2　教师专业学习过程的发生条件

(六)教师专业发展是复杂系统实践

其实,教师专业发展绝非是简单的知识、技能、经验获得与更新过程,而是涉及多要素、多环节的复杂系统。在英格瓦森看来,这一系统有传统与现代之分,传统教师专业发展系统常常被理解为在职培训系统,以"政府设立目标,雇主控制目标设立,大学、雇主或咨询机构实施目标"为其一般特征,采取的教师专业发展模式常常是短期课程或工作坊,该系统后来演变为"基于标准的教师专业发展系统",其中专业组织控制着教师专业标准的制定。相对而言,现代教师专业发展系统立足于"多要素相互关联"的视野之上,其实质就是一个多要素构成的复杂交互系统。这些要素具体包括:专业发展的目标、专业发展发生的背景、系统参与者的个人与专业特点、实施的模式手段与步骤、专业发展的成本与受益者、专业发展要素有效性的评价过程、专业发展的基础设施支持等。显然,这是一个多要素参与而成的复杂系统,与之相应,教师专业发展活动的展开与实施需要多机构、多主体的协同配合才能完成。① 此外,OECD 也认为,教师专业发展是一个"有系统的整体",或称"正式教师学习活动",它包括职前培养、入职辅导、在职培训以及学校环境中的持续发展活动。② 联合国教科文组织认为,教师专业发展是"整合教师学习过程中各个阶段的教师学习连续体",这些阶段依次是学徒观察、职前培养、入职辅导与持续

① ELEONORA VILLEGAS - REIMER. Teacher professional development:an international review of the literature[EB/OL]. (2003 - 11 - 12)[2022 - 03 - 01]. www. unesco. org/iiep.

② Organization for Economic Co-operation and Development (OECD). TALIS 2008 technical report:Teaching and learning international survey[EB/OL]. (2008 - 07 - 03)[2022 - 03 - 01]. Retrieved from http://www. oecd. org/ dataoecd/16/14/44978960. pdf.

教师专业发展。①

在此基础上,英国教师专业发展研究专家埃文斯(Linda Evans)还对教师专业发展系统进行了更为全面的分析。他认为,专业发展系统包括三个重要子系统,即心智发展、态度发展与功能发展,每一方面的发展都包括具体内容(图 1 – 3)。基于这一理解,教师专业发展是心智发展、态度发展与功能发展的合一,其中教师专业知识理论储量的变化是教师专业发展的基础,教师教育教学观念、评价、动机的转变是教师专业发展的媒介,而教师在教育教学过程、程序与效能方面的变化则是教师专业发展的直接结果。

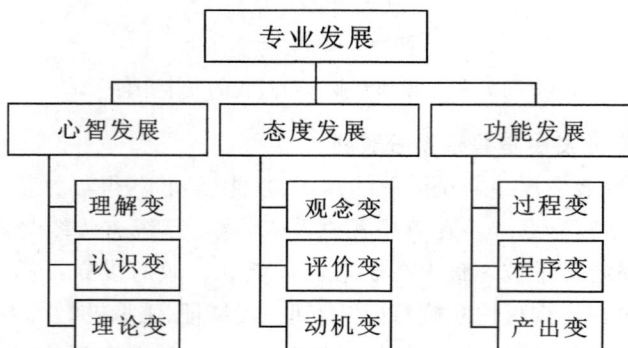

图 1 – 3　教师专业发展系统图示②

当前,系统分析成为教师专业发展的基本分析方法,用系统的视角来全面认识教师专业发展实践代表了一种重要的教育视角。

(七)教师专业发展是全面、持续与密集的教师素养提升方式

在美国,最新的"教师专业发展"概念当推全国员工发展协会(NSDC)对此的定义。该协会指出:教师专业发展是在提高学生成绩的过程中全面、持续、密集地提高教师与校长工作有效性的方式。这一定义有机统合了教师学习与学生学习间的内在关系,突出了有效教师专业发展的三维特征,即内容上的全面性、时间上的持续性与频率上的密集性,堪称最为科学的一种定义方式。具体而言,这一"教师

---

① SCHWILLE J,DEMEBÉLÉ M,SCHUBERT J. Global perspectives on teacher learning: Improving policy and practice[J]. International Institute for Educational Planning(IIEP) UNESCO,2007.

② LINDA EVANS[EB/OL]. (2008 – 10 – 11)[2022 – 03 – 01]. http://www. education. leeds. ac. uk/assets/files/staff/papers/Lifelong – Learning – Institute – November – 2008 – copy – for – Jas. ppt.

专业发展"定义包括以下内涵:一方面,教师专业发展要培养教师提高学生成绩的集体责任,这就要求该过程必须与州学生学业标准相一致,与当地教育机构学校发展目标相一致,在学校教师、校长、指导教师、名师、教师领导的参与中展开,在学校教师学习共同体中有序展开且保证每周好几次;另一方面,整个教师专业发展活动通过培训课程、工作坊、研究所、网上交流、会议等形式进行,这些活动的举行要有助于解决学校为教师专业发展活动确立的学生学习目标,要能促进当下的校本教师专业发展活动,并及时得到校外机构,如大学、教育服务机构、专家网络等的专业支持。整个教师专业发展的最终目的是构筑教师专业持续提升的良性循环,构成这一循环的七个环节是:评价师生、学校的学习需要;定位教师学习目标;采取连贯、持续、有据可查的教学策略来达成教师学习目标;为教师提供工作嵌入式指导或其他帮助以促使教师顺利实现知能转化;定期评估教师在提升学生成绩方面的专业发展有效性;及时反馈师生发展情况;适时借力外界支持。[①]

　　由上可见,由于认识视角差异,不同学者对"教师专业发展"的理解大同小异,稍有偏差,相对而言,教师专业发展的基本内涵是:教师借助各种学习活动系统、全面、持续地提升自身的专业品性与行业生存能力,更好地完成自己的职业使命,不断逼近教学名师的行动与实践。在当代,许多学者对教师专业发展问题的研究日趋深化,他们认为,教师专业发展的最终目的是提升自身及教师行业的专业性,从"专业性"角度考察才可能对教师专业发展现象形成更为深入的理解与认识。

二、专业性:教师专业发展的内核

　　专业性是霍伊尔在1975年提出的一个概念,它构成了教师专业发展的内核与实质。专业性即专门性、独特性或不可替代性,赋予教师职业以不可替代性与独特性,促使本行业不断迈向卓越,是教师参与专业发展活动的内在诉求。正如英国学者埃文斯(Evans)所言,教师专业发展其实就是"教师的专业性或专业特性被提高的过程"[②]。无疑,"专业性"是对教师专业发展现象内在共同特质的最高抽象,它的提出无疑有助于拓展"教师专业发展"概念的适用范围,将一切构成教师专业发展现象的根本要素囊括与内,最终深化人们对教师行业特性的认

① WEI,RUTH CHUNG, et al. Professional development in the United States: Trends and challenges[R]. Dallas, TX: National Staff Development Council, 2010.

② LINDA EVANS. Professionalism, professionality and the development of education professionals[J]. British Journal of Educational Studies,2008,56(1):20 – 38.

知。然而,到底什么是教师职业的专业性,国外学者对其理解差异较大,尚未达成共识。然而,即便是一种歧见,甚至是一种误解,它也能对教师专业发展观的深化提供一种见解与出路,分析教师职业的专业性及其获得方式是科学引领教师专业发展的理念基石。

（一）什么是教师职业的专业性

在"教师专业性"的理解上首先值得关注的是其词典意义。在剑桥在线词典中,专业性的解释是"与经过训练的、技能娴熟的人相关的一系列品质"①;还有将"专业性"解释为"一名专业人员具备的或一个职业追求的专门性特点"②。但这一定义并不能统一学界对"专业性"的理解,正如福克斯(Fox)所言,"专业性是一个众说纷纭的概念"③。

1.教师专业性是教师作为专业人员的一种实践品性

相对普通人而言,作为一名专业人员,他不仅知道在特定情况下"怎样去行动",而且懂得"在什么时候去行动"。善于掌握时机与分寸,把事情做到最优化、最恰当的水平正是专业人员的特质,而培养或形成这种特质的过程就是专业发展过程。所以,有学者指出,教师的专业性是"语言、行为、行动和工作"的合而为一,它是专业人员在现实专业实践中展示出来的一种品质、精神与能力。④ 20世纪末期兴起的"新专业主义"也持有该观点,如博伊特(Boyt)等人认为:专业性包括一个人走进专业的过程中所拥有的态度、行为。⑤ 进言之,专业性的诉求在于提高社会服务的质量而非行业的社会地位。⑥ 正是如此,专业性一方面体现为教师作为专业人员的一种实践品性,它是教师按照一定规则与制度去行动的能力以及变革这些制度规则的勇气;另一方面,专业性是教师作为专业人员的一种实践态度,即为

---

① http://dictionary. cambridge. org/us/dictionary/english/professionalism.

② Concept of teacher ducation[DE/OL]. (2012 – 09 – 01)[2022 – 01 – 12]. http://www. mu. ac. in/myweb_test/ma% 20edu/Teacher% 20Education% 20 – % 20IV. pdf.

③ FOX C J. What do we mean when we say professionalism? A language usage analysis for public administration[J]. The American Review of PublicAdministration, 1992,22(1):1 – 17.

④ Concept of teacher ducation[DE/OL]. (2012 – 09 – 01)[2022 – 01 – 12]. http://www. mu. ac. in/myweb_test/ma% 20edu/Teacher% 20Education% 20 – % 20IV. pdf.

⑤ BOYT T E, LUSCH R F, NAYLOR G. The role of professionalism in determining job satisfaction in professional services: A study of marketing researchers[J]. Journal of Service Research,2001,3 (4):321 – 330.

⑥ HOYLE E. Teaching: Prestige, status and esteem[J]. Educational Management & Administration,2001,29(2):139 – 152.

工作而忠诚奉献的精神。在这一意义上,专业性是教师对待工作的专业智慧与专业态度的集成。

2.教师专业性是教师工作的特殊性

加拿大学者认为,教师专业化包括两个重要方面:其一是专业性;其二是专业主义。在"专业性"意义上,教师专业发展是指教师通过发展专业能力而将教师职业转变成为一个专门职业或独特工作的实践,具体包括以下活动,即围绕实践整合专业知识,持续专业发展,不断提高教师个体的工作效率效能,在专业团队内分享专业知识,善于创生并利用实践知识,等;在"专业主义"意义上,教师专业发展是指教师行业为争取专业地位,赢得社会与法定认可而不懈奋斗的过程。① 显然,二者属于内外关系,教师专业性关注的是教师专业的内涵丰富与自我提升活动,而教师专业地位关注的是教师行业参与外部社会竞争,追求行业独立与自治的过程。相对而言,教师专业性关注的主要是前者,即教师作为专业工作的特点,这些特点集中体现着教师专业性的具体内涵。印度学者曾经对"专业的特点"进行了概括,大致涉及以下内容,分别是:基于理论知识的专业技能,专业协会,长期培养,能力测试,制度化培训,持证从业,工作自主,专业行为伦理,自我管理,提供公益性公共服务,排他性、垄断性的法律认可,控制报酬与广告行为,较高社会地位与回报,个性化客户,中产阶级职业,男性主导,需要认可仪式,正统性,深奥知识,知识不确定,流动性,等。其中,必须通过教师专业发展来实现的有专业技能、长期培养、工作自主、自我管理、专业行为伦理、深奥知识、知识不确定②,它们属于专业性探讨的范畴,其他则主要属于专业主义探讨的范畴。正如有学者所言,专业化的两个相辅相成的方面——专业性与专业主义,其中前者是一个内在化过程,后者则是一个外在化过程,即 Bourdoncle 所言的专业主义"professionalism"③。正如著名教育家 Lang 所言,这两个过程同时进行、内容不同、相互补充、并行不悖。④ 借助上述探讨可知,教师专业性即教师工作的特殊性,其具体特殊之处是:该职业要求教师具备应对新教育背景需要、教学任务复

① GAUTHIER C, RAYMOND D, MARTINE M A. Teacher training: Orientations, professional competencies[M]. Ministère de l'éducation, 2001.

② Concept of teacher ducation[DE/OL]. (2012 – 09 – 01) [2022 – 02 – 03]. http://www. mu. ac. in/myweb_test/ma%20edu/Teacher%20Education%20 – %20IV. pdf.

③ BOURDONCLE R. La professionnalisation des enseignants: Analyses sociologique anglaises et américaines[J]. Revue francaise de pédagogie,1991(94):73 – 91.

④ LANG V. La professionnalisation des enseignants [M]. Paris: Presses universitaires de France, 1999.

杂性所需要的教育能力,需要行业培训与现实教学活动、培训与研究间的关联与整合,需要珍视教学中的多元价值,积极推进同伴互助与协调行动,等等。这些因素的存在赋予教师工作以"专业性"的特性。

3. 教师专业性是教师职业地位提升的托词

在国外,教师专业性研究受社会学影响较深,由此导致了在"专业性"表述与理解上其象征性意义多于实质性内涵的现状。学者认为,在教师专业性理解上必须全面考虑意识形态、个人态度、认识论立场、理智观念等的影响,因为"只有将理解建基于个人立场之上,并将之与个人所从事的专业实践,以及他所影响的专业实践关联起来时"[1],这种理解才具有合理性。这一观点切中教师专业性理解的实质内容,成为催生教师专业性社会学话语的立论基础。

一方面,教师"专业性"内蕴的是社会政治意义。正如霍伊尔所言,它是"职业成员用以提高自身地位、薪水、工作条件而采取的一系列策略与托词"[2],似乎专业性研究的政治意义、社会意义高于其实际意义。无独有偶,Ozga 将"专业性"概念理解为一种职业化控制的近似形式[3],而 Englund 也认为"专业性最好应放在一定背景中,尤其是在政策背景中去理解"[4],否则,整个概念的理解就会变得模糊不清。更进一步讲,应该批判地理解教师专业性,强调追求整个教师职业内部品性过程中所承载的政治意图,探究位于权力关系中的职业成员为社会所提供的专业服务的社会价值诉求。显然,其意图之一就是整个行业人员联手谋取社会利益与生存发展权利。

另一方面,教师专业性具有社会建构性。Troman 指出,"专业性不是一个绝对的概念,不是一种理想状态,而是社会建构中的一个概念,它随着社会背景的变化而变化,工作人员的社会期待与他们所承担的工作契约在定义着'专业性'的内

---

① EVANS L. Reflective practice in educational research: Developing advanced skills[C]. 2002:6-7.

② HOYLE E. Professionality, professionalism and control in teaching. In V. HOUGHTON et al. (eds) Management in Education: the Management of Organisations and Individuals[M]. London: Ward Lock Educational in association with Open University Press, 1975.

③ OZGA J. Deskilling a profession: Professionalism, deprofessionalisation and the new managerialism. In H. BUSHER and R. SARAN (eds) Managing Teachers as Professionals in Schools[M]. London: Kogan Page, 1995:35.

④ ENGLUND T. Are professional teachers a good thing? In I. GOODSON and A. HARGREAVES (eds) Teachers' Professional Lives[M]. London: Falmer, 1996:75.

涵"①。学者 Helsby 和 Holroyd 也支持这一观点。前者认为,教师专业性既然是社会建构的,那么,在这一建构中教师就是潜在的主角,它可以接受或拒绝外部控制,坚持或拒绝他们的专业自主性,进言之,社会建构与教师自构是教师专业性形成的两大源动力。② 后者则认为,专业性不是"社会—科学"意义上的绝对物,而是随着历史的变化而变化的,社会在建构着我们对教师专业性持有的"心中概念"。③ 在内涵上,教师专业性没有简单的、静态的内涵,变革、对话是其内涵形成中体现出来的根本特点,故此,"'教师专业性'这一概念始终处在变化与重新定义之中,它在不同时代用不同的方式服务于不同的利益"④。

概言之,在社会学、政治学视野中,教师专业性的主要内涵是象征性而非实践性,是动态性而非特质性,是社会性而非学科性,教师行业在专业性建构中实现了自身的存在与发展。在这一意义上,教师专业发展更多是顺应社会权力安置,接受社会控制,最终使教师获得法定、正统的社会角色的过程。

4. 教师专业性是限制型专业性与拓展型专业性的统一

1975 年,霍伊尔在引入"专业性"概念时提出了两种教师专业性模式,即限制型与扩展型二者之间是连续体关系,分别置于专业性谱系的两端。⑤ 其中,限制型专业性基本上有赖于教师的经验、直觉以及狭隘的课堂观,这种课堂观关注的是教师的日常教学实践;扩展型专业性依托的是一种更为广阔的教育视野,它关注的是理论支撑的教育学视野,通常采取的是基于理智、理性、理论的工作手段。也即是说,教师专业性的获得既来自教育实践经验,又来自教育理论智慧,二者构成了一个"具体—抽象"的谱系,共同服务于教师专业发展。埃文斯(Evans)等人也认同这一观念,他们认为,教师发展的专业性取向遵循的是教师个体专业发展的"限制

---

① TROMAN G. The rise of the new professionals? The restructuring of primary teachers' work and professionalism[J]. British Journal of Sociology of Education,1996(4):476.

② HELSBY G. Teachers' construction of professionalism in England in the 1990s[J]. Journal of Education for Teaching, 1995(3):320.

③ HOLROYD C. Are assessors professional? [J]. Active Learning in Higher Education, 2000(1):39.

④ HELSBY G. Multiple truths and contested realities: The changing faces of teacher professionalism in England. In C. DAY, A. FERNANDEZ, T. HAGUE and J. M? LLER(eds) The Life and Work of Teachers[M]. London:Falmer,1999:93.

⑤ HOYLE E. Professionality, professionalism and control in teaching. In V. HOUGHTON et al. (eds) Management in education: The management of organisations and individuals[M]. London:Ward Lock Educational in association with Open University Press,1975:138.

型—扩展型"连续体,二者统一于教师文化,教师社群共享的实践经验与先进教育理论能有效提升教师工作的专业性。在此基础上,埃文斯在教师专业发展上倡导"多元的个体专业性定向",这种专业性其实是多样化专业性的合金,即"多元专业性",其内在蕴含是:教师专业性的形貌是在专业内部逐渐形成的,而非外部力量或社会机构的强加;专业性取向是独立于专业主义的,在专业性与专业主义之间是单向关系与因果关系。埃文斯还进一步指出,教师专业发展过程是:个人专业性的合成体影响并塑造着集体专业性,反过来,集体专业性激发所有个体的专业反应,由此决定了他们的专业性取向形成;个体专业性不仅是专业主义的独特构成单元,也是专业文化的独特构成单元,专业文化部分代表着个体专业性的总和,因为专业主义其实潜在地影响着专业性。① 总之,在教师专业发展中,专业文化决定着专业主义,而专业主义构成着教师的专业性。

5. 教师专业性是知识性、反思性、自治性(与问责性)、他律性的统一

教育学院国际联盟(IALEI)主张,教师教育制度改革必须立足于重新定义的"教师专业性"概念之上,这一新"专业性"概念包括四个重要维度,即知识性、反思性、自治性(与问责性)、他律性。其中,知识性强调教师专业性必须立足于广泛专门专业知识及在复杂情境中综合使用这些知识的综合能力之上;反思性强调教师的反思性实践,即对自己的行为、经验进行自省,善于利用证据对自己教学行为的有效性加以判断;自治性(与问责性)强调教师要自主设定个人专业发展目标,并对这些目标的达成负起责任;他律性强调教师在发展中要接受专业组织、教育利益相关者群体的约束,善于在专业共同体中与同伴分享经验、交流思想。该联盟在其2008 报告——《面向 21 世纪学校变革教师教育,重构教师专业》中指出,当代教师专业性的概念是,认识到教师工作必须立足于专门知识技能之上,教师应该具备在多样化情境中面对多样化学生来应用这些专业知识的能力;教师应该用探究态度来研究教育问题,批判性应用基于证据的知识来理解专业实践;教师要设定教育目标,并对学生的心智与情感发展结果负责;教师要接受利益相关者集团介入教育事业的事实,并与他们合作,确保教育改革与能力的社会相关性;教师要自我设计自己的持续学习活动,提高自己的专业知识与经验,努力提高学生学习成绩,强化自

---

① EVANS L. A voice crying in the wilderness? The problems and constraints facing 'extended' professionals in the English primary education sector[J]. Teachers and Teaching: Theory and Practice, 1997(1):61-83.

身的专业身份;等等。① 可见,这一概念其实就是"教师专业性"的具体时代内涵,它从教师专业实践内部引导着教师专业的发展与变革,成为重塑当代教师培养培训体系的灵魂性概念。

6. 教师专业性是教师面对教育事业的一系列心性态度的集合

印度学者指出:教师专业性既非教师工作的独特实践属性,也非社会学的象征性赋予,而是教师对待教师工作的心性结构或相关心性态度的集合。他们指出:专业性无法在教师身上自动显现,它必须借助一系列一般性概念来对之加以概括,能够表达"专业性"内涵的更多是教师对待工作的心性态度与实践信念,这些心性态度包括,集中一切手段去干好,对从事的事业感到自豪且有信心,有能力去干好,致力达成某一特定目标,能够控制自己不去情感用事等。基于这一理解,教师要提高自己的专业性,就必须达到以下标准:自豪且对自己的能力充满信心;努力做好做优,成为最好的自己;全面释放自己的潜能;无论遇到何事都要准时;为工作而改变自己的服饰……②可以说,这一对"专业性"的理解也很有见地,说到底,"专业性"就是全力以赴地把一件事做到最好、最优,甚至是唯美水平的心态、精神与行动。这也正是"专业"的应有之义。

(二)教师专业性与教师专业发展的关系

作为教师工作特质的高度抽象,教师专业性与教师专业发展之间具有实质性的内在关联,这一关联成为我们探究、实现教师专业发展的概念前提。

1. 教师专业发展是将预期专业性转化成为现实专业性的过程

"专业性"话题常常是学者的专利,他们从不同视角来探讨教师专业性,表达社会、学者、实践对"教师专业性"的合理性期待。其实,对"教师专业性"探讨与期待的现实意义就在于:它一旦被政策制定者与教师行动者转化成为现实的教师专业性,教师行业及其中的个体发展将会踏上一个更高的层级。故此,教师专业发展的实质是不断将预期专业性转化为现实专业性的过程。维利加斯认为,教师发展包括两大要素,功能发展与态度发展,其中"态度发展"是教师对工作态度的变化过程,而"功能发展"是教师工作表现的提高过程。一旦教师用专业的态度,带着对"专业性"的理解与期待去对待教师工作,教师的工作表现可能会因此而变得更

---

① The International Alliance of Leading Institutes (IALEI). Transforming Teacher Education Redefined Professionals for 21st Century Schools[R]. (2008 – 06 – 01)[2022 – 01 – 15]. http://www. highered. nysed. gov/NCATECR. pdf.

② Concept of teacher ducation[DE/OL]. (2012 – 09 – 01)[2022 – 01 – 15]. http://www. mu. ac. in/myweb_test/ma%20edu/Teacher%20Education%20 – %20IV. pdf.

专业,更优异。可见,教师专业发展包括两部分——专业态度形成与专业功能实现,它们构成了教师专业发展的两大重要参量,这两方面发展的综合水平意味着教师专业性的高度。后来,维利加斯还对此做了延伸,进而认为:教师的态度发展包括理智发展与动机发展,分别指教师个体在思维观念与工作动机方面的发展;教师的"功能发展"其实就是两个变化性特征的整合,即程序性变化与生产性变化,教师专业发展更应该关注功能性发展而非态度性发展,因为教师的态度发展只是教师功能发展的引子而已。① 进言之,只有将有关教师"专业性"的讨论与期待付诸实践,教师专业发展才可能真正实现,专业性概念其实就是教师专业发展的理念引擎。

2. 专业性意味着追求更好的变革行动,构成了教师专业发展的动力

"专业性"既指教师工作的独特、深刻实践品质,也指追求最优实践品质的过程;它不仅是教师专业发展的目标,更是驱动教师专业发展的动力。英国学者指出,如果专业性反映的是社会需要的变革,那么,变革的发起者能够意识到教师专业性的具体提高,并据此影响改革政策。教师专业性的全新内涵总是与社会变革方向紧密联系在一起的,"专业性"的另一含义就是追求更好的教师专业发展水平与境界。所谓"专业性",就是追求更好的变革,即便是其他利益集团对它的评价与之相矛盾。进言之,如果没有从业者自身对"专业性"内涵的不断更新与修正,教师专业性水平的提高就不可能发生。在教师专业从业者群体内部,每一个教师个体的发展都不可能是同质的、同步的,总有一些教师在某些方面的发展超越了其他教师,这些教师的专业性水平就可能高于他身边的教师,从而决定着教师"专业性"的理想内涵。正是如此,教师专业发展总是首先在教师个体水平上发生的,个别优秀教师创造的教育教学方式引领着"教师专业性"内涵的变化,刻画着教师专业发展的轨迹,驱动着教师专业发展的进程。也正是在这一意义上,维利加斯指出:"教师的态度发展与改革发起者期待的专业性密切关联,我们追求的专业性必定在一定程度上肩负着创造期待的或强制的具体变革的使命:一个信念能潜在地为我们提供一条'更好的出路'。"② 无疑,教师专业发展必将关涉"教师专业性"的变化,这种变化不仅体现在"专业性"理解上,还体现在"专业性"的追求上。教师专业性正是以教育改革者赋予教师工作者的种种期待为媒介来改变着教师个体的专业发展面貌与水平。这正是教师专业性研究的内在意义

① EVANS, LONDA. Professionalism, professionality and the development of education professionals[J]. British Journal of Educational Studies,2008(1):20-38.

② EVANS, LINDA. Professionalism, professionality and the development of education professionals[J]. British Journal of Educational Studies,2008(1):20-38.

所在。

三、对教师专业发展的一般理解

广义的"教师专业化"是在两个层面上讲的,即教师行业的专业化与教师个体的专业化,前者简称为"教师职业专业化",后者简称为"教师个体专业化",即一般所言的"教师专业发展"。

教师专业发展,是指教师作为专业人员通过学习、实践、研究等途径不断改进自己的专业思想、专业品性、专业道德,提高自己的专业知识、专业能力、专业智慧,强化自己的专业情意、专业信念、专业情操,促使自身综合专业素养不断完善,实现由专业新手向专家型教师转变的过程。进言之,教师专业发展是教师的专业理解、专业能力与专业情感、专业思维同步发展、走向成熟的历程。显然,教师专业发展是教师的自然成熟与自觉努力共同作用的过程:只要身处教育实践中,教师都会发生自然成长的现象,例如基于专业经验持续积累的专业成长方式;一旦教师有了专业发展的自觉意识、自觉心态与自觉行动,教师的专业发展就可能成为一个自主、自控、快速的过程。

在专业发展过程中,教师要完成的基本任务主要是:

其一,理解学生的心性特点与学情,调整自己的专业认识与思维,努力形成最合理的教育策略与教育行为,培养自身的教学专长,成就名师的专业追求。

其二,形成并更新自己的教育教学理念,丰富自己的专业认识,提高自己的教育理论修养,形成科学的教育思想与教育立场。

其三,发展自己应对具体教育情境、问题的能力与智慧,形成一定的教育教学实践应变力或教育智慧,实现教学活动的游刃有余。

其四,培养教师对教育事业的情感、信念与情操,努力形成积极的教育人生观与教育价值观,提升自己对教育事业的认识境界。

第三节　教师专业发展阶段与规划

教师专业化的另一重要组成部分就是教师个体的专业化,即教师专业发展,经由教师专业发展走向专业上的成熟、成功,形成专业上的成就、声望,是现代中小学教师的一般成长之路。教师专业发展是教师学习、研究、实践的内核,了解教师专业发展的阶段及其规律是现代中小学教师科学驾驭自我成长进程的入手点。

一、国内有关教师专业发展阶段的主流认识

(一)叶澜的教师专业成长"三阶段论"

叶澜教授在《教师角色与教师发展新探》一书中把教师专业成长分为三个阶梯式阶段,即生存关注阶段、任务关注阶段、自我更新关注阶段。在这三个阶段,教师在专业上的关注重点是有差异的。

(1)生存关注阶段(一般指新手教师刚进入工作的阶段)。在该阶段,教师由于刚参加工作,专业化水平还很不成熟,所以他们在工作中很关注自己的教育教学、班级管理、家长工作等在同事和领导中的影响,尤其是关注领导的评价。

(2)任务关注阶段(指度过初任期,任职3—5年后的阶段)。在该阶段,教师对教与学如何体现新课程的精神会进行探索,但对身边的教育教学事件、教学问题缺少研究的热情,容易满足现状,缺乏改进意识和追求专业成长新目标的动力,其专业水平处在中等层次。

(3)自我更新关注阶段。在该阶段,教师在工作中能积极关注学生是否获得发展,能对教学问题提出改进方案,能从自身的教育实践中寻找研究课题,渴望成为研究型的教师,其专业水平较高。

随着关注重点的不断转移,教师专业发展的水平不断提升,如图1-4。

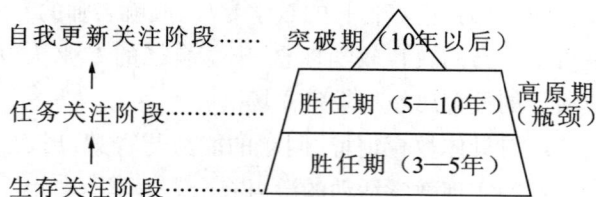

自我更新关注阶段…… 突破期(10年以后)

↑ 高原期(瓶颈)

任务关注阶段………… 胜任期(5—10年)

生存关注阶段………… 胜任期(3—5年)

图1-4 叶澜:教师专业成长"三阶段论"①

(二)连榕的教师专业成长"三阶段论"

连榕教授对教师专业发展的认识也具有一定的代表性,被国内许多学者经常提及。他认为,教师专业成长过程大致可分为三个阶段,即"新手—熟手—专家型教师",新手向专家型教师发展过程所必经的关键阶段,即熟手阶段,是教师专业发展的关节点。同时,这三个阶段中,教师专业生存状态是不一样的。②

---

① 张水耀.教师成长关注的阶梯式策略分析[J].教学与管理(中学版),2007(19):26-28.
② 苏秋萍.教师专业发展阶段论对教师教育的启示[J].广西教育学院学报,2009(6):46-49.

（1）新手型教师。该阶段一般是指教龄在0—5年之间、职称三级（包括三级）以下青年教师所处的专业发展阶段。在本阶段中，教师在教学策略上以课前准备为中心，尚未真正地进行课后反思，处于关注自我生存的动机阶段，他们的职业承诺水平低，一旦遭遇挫折往往容易出现精神疲惫的状态。

（2）熟手型教师。该阶段是指介于新手与专家之间、教龄6—14年、参加过骨干教师培训班的教师所处的专业发展阶段。在本阶段中，熟手型教师专业发展的主要特征是：教学策略水平较高，能够灵活运用各种教学策略，并能够根据课堂实际情况对教学计划和行为适当地做出调节和控制，成就目标以任务目标为主，处于职业的高原阶段，容易产生烦闷、抑郁、无助、疲倦、焦虑等消极情绪。

（3）专家型教师。该阶段是指教龄在15年以上且具有特级教师资格或高级职称的教师所处的专业发展阶段。在本阶段中，教师的教学策略主要体现为课前的精心计划、课中的灵活应变和课后的认真反思，善于通过对教学的反思来提高自己的教学能力，具有强烈且稳定的内在工作动机，处于职业的升华阶段，具有良好的职业承诺，职业倦怠感较低，对教师职业的情感投入程度高，职业的义务感和责任感比较强。

【资料1－2】

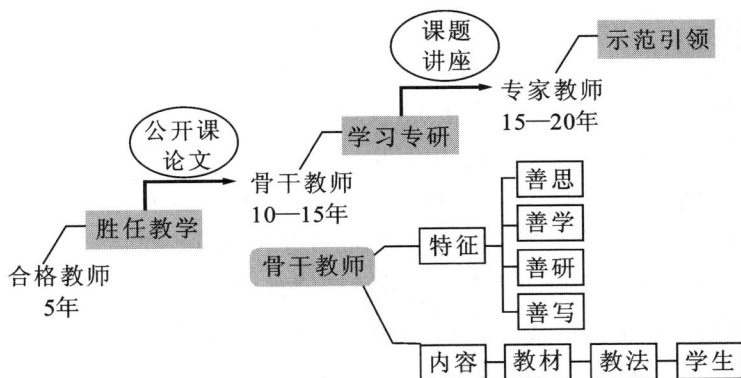

图1－5　教师专业发展阶段图示①

（三）教师专业发展的一般阶段
中小学教师的专业发展过程一般要经历四个阶段，即准备期、适应期、发展期

---

① 夏凯.我校开设题为"教师专业发展的路径"骨干教师系列研修讲座［EB/OL］.（2020－12－24）［2022－02－16］.https://www.sohu.com/a/440250339_741959.

和创造期,各阶段中教师面临的主要问题、发展的主要方式、发展的具体目标存在明显差异。

(1)准备期。在该阶段,中小学教师的主要专业发展任务是专业学习,是不断丰富自己的专业知识积累与储备,从中获得从教所必需的知识与技能。中小学教师接受师范教育阶段可以近似地看作属于这一发展阶段。

(2)适应期。该阶段是从中小学教师进入任职单位后开始的,因此,适应中小学教师工作节奏与任务成为他们面临的主要任务。在该阶段,中小学教师的主要专业发展任务是适应新教育环境,开始自己的入职专业发展阶段,他们的实际专业能力开始形成。一旦教师感觉不适,随时会有一种"职业锚"将他拉向其他职业。

【资料1-3】

埃德加·施恩的"职业锚"①

"职业锚"的概念源于一项专题研究,即深入了解人们如何管理职业发展,以及人们如何了解所在组织的价值观和工作程序。这项由埃德加·施恩教授对斯隆管理学院的44名硕士毕业生,历时12年的研究,最终发现:尽管每个参与者的职业经历大不相同,但从职业决策和对关键职业事件的各种感受中发现了惊人的一致性,当人们从事与自己不适合的工作时,一种意识会将他们拉回到使他们感觉更好的方向(职业)上——这就是职业锚。

(3)发展期。在中小学教师适应新工作环境之后,他们的专业很快转入一个快速发展时期,新的专业经验持续扩展,对教育工作的新认识不断形成,逐步逼近专业成熟,教师迎来了专业发展的青春期。

(4)创造期。在经过专业发展青春期之后,中小学教师开始结合自己的教育经验、教育思想进行融会贯通式的创新,新的教育智慧与教改风范开始在他们身上形成,教师逐渐形成了一种对教育问题的独特理解与应对方式,教师专业迅速成长并进入娴熟时期。如果实现不了这一转变,中小学教师的专业发展就进入了瓶颈期,最终终生停留在上一发展阶段。

在实践中,可以参考以下教师专业发展阶段图(图1-6)来理解、设计自身的专业成长过程。

---

① 钟继利.施恩职业理论在苏北中小学教师职业生涯规划中的应用研究[D].南京:南京师范大学,2007.

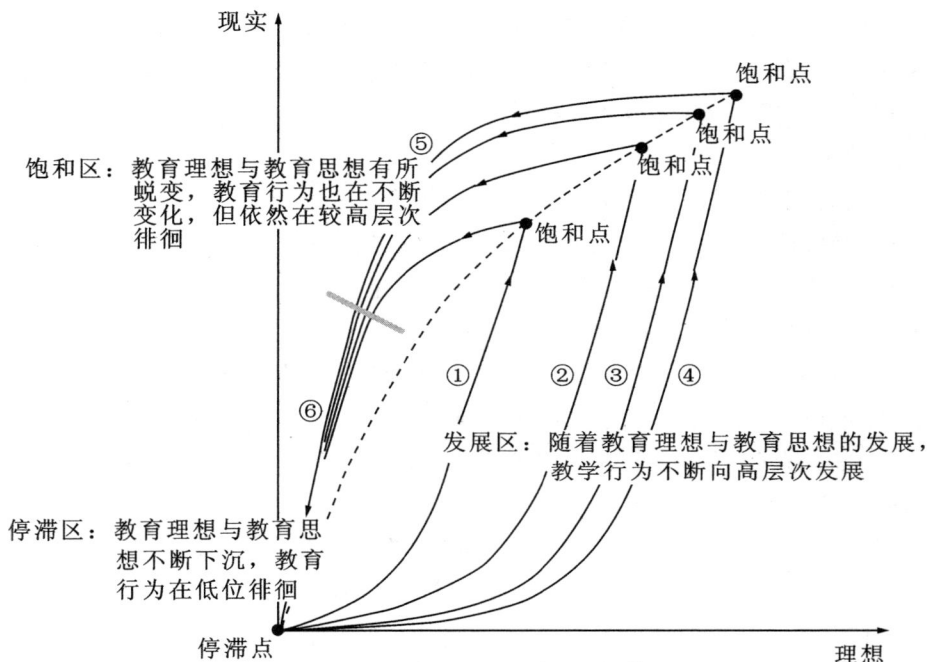

图1-6 教师职业生涯发展图示①

该图表明,教师无论是在适应期、成长期、成熟期,还是在发展期,他们始终是沿着"①→②→③→④"的轨迹成长的。任何教师会经历"适应期①→成长期②→成熟期③→发展期④"的发展过程,但同时必然会经历"饱和区⑤→停滞区⑥"的过程,教师专业发展的关键问题是如何缩短在饱和区⑤、停滞区⑥的逗留周期。在"适应期①→成长期②→成熟期③→发展期④"的发展过程中,教师的职业理想、教育思想是这一专业发展过程的源泉。在不同时期,教师一旦进入饱和点,职业理想和教育思想都会随之发生明显的变化。

二、国外教师专业发展的阶段划分

教师专业发展的目的是要获得多项从教所需要的知识、能力与秉性,客观上要求教师参与多种教师专业发展活动,如接受辅导、自我实践、合作探究、观摩示范等,最终达到理想教师的各项专业素质标准,成为对学生学习有帮助、有效能的专家型教师。这就决定了教师专业发展必定是由多个阶段组合而成的一个过程,一

---

① 教师职业与职业生涯规划 [EB/OL]. (2020-05-17) [2022-02-16]. http://cy-cle6601. blog. 163. com/blog/static/1743521 88201152935130799.

个"职前—入职—职后"的持续发展过程,一个由不同阶段构成的连续体。① 正如学者所言,"教师发展是一个过程,而非一蹴而就的一个事件,它包括教师随着时间而发生的变化和分阶段达成的发展目标"②。在此,本书对不同教师专业发展阶段的新理解做以分类梳理。

(一)休伯曼的"五阶段说"

休伯曼(Huberman)按照工作年限对教师一生专业发展过程进行了阶段划分,据此形成了"专业发展五阶段"理论。③ 其特点是:关注不同阶段教师专业发展的主要任务,重视对教师专业发展曲线的描述。

(1)入职期(工作1—3年)。这是一个生存期与发现期,教师关注的是职业生存,希望不被淘汰,对教育教学活动充满新奇。

(2)稳定期(工作4—6年)。在该阶段,教师常常致力于研磨教学事业,努力获得教学的精通感。

(3)分化期(工作7—18年)。在该阶段,教师进入专业发展生涯中的行动期与试验期,他们开始开发自己的课程,尝试新型教学手段,自觉克服一系列的教学困境与障碍。一旦在遭遇重大挫折不能自拔时,他们常常会退出教师行业。

(4)第二次分化期(工作19—30年)。在该阶段,对有些教师而言,这是一个自我评价、走向松懈与重新认识自己与学生间差距的时期,而还有一部分教师会进入评判时期,他们会对体制、制度、同事与专业进行无端的批判,少数激进者很有可能做出离职的选择。

(5)离职期(工作41—50年)。在该阶段,教师渐渐淡出教师行业,对有些教师而言,这可能是一个反思期和平静期,而对另一些教师而言,这也可能是一个抱怨期。

从这一阶段划分来看,教师专业发展的黄金期是稳定期与分化期,它们构成了教师专业发展倒"U"形曲线的顶端,标志着教师专业发展进入了创造、探索与成熟的关键阶段。

---

① HELEN CRAIG. Teacher development making an impact[R]. (1998 - 11 - 30)[2022 - 02 - 15]. http://people. umass. edu/educ870/teacher_ education/Documents/Craig - book. pdf.

② HARWELL S H. Teacher professional development:It's not an event, it's a process[EB/OL]. (2017 - 07 - 05)[2022 - 02 - 20]. www. artsintegrationpd. org/wp - content/uploads.

③ HUBERMAN M. The professional life cycle of teachers[J]. Teachers College Record, 1989 (1):31 - 57.

（二）德雷福斯的"专业发展五阶段论"

德雷福斯（Dreyfus）对教师专业发展阶段的划分更为精细,其特点是:按照"新手教师—成熟教师"或"教师自我中心—学生发展中心"的专业发展主线来理解教师专业发展阶段,尤为关注教师在不同阶段的专业发展需要,这对我们理解教师的专业发展需求变化很有裨益。①

（1）新手期（实习期和从教第 1 年）。在该阶段,教师认识到个人实践经验比口头知识传授更有价值,他们对教育教学理论的重视度开始下降,该阶段教师应该习得一些一般教育术语与概念、学校文化规则,了解一些有关教育活动的客观事实等。

（2）高级新手期（从教 2—3 年）。在新手教师获得一些实践经验之后,他们转变成为高级新手,因为实践经验能够有效影响教师的教育教学行为。在该阶段,教师会把经验知识与课本知识整合起来,形成对教育教学问题的深入理解与有效对策。当然,教师还是感受不到工作中的自主感,缺乏工作的能动性,难以对教学活动承担全部责任。

（3）胜任期（从教 3—4 年）。新手教师获得足够经验与成功动机后,他们随之进入胜任期。该阶段教师在发展上有两个明显特点:一是他们能够对自己的教育计划与行动做出有意识的决定并付诸实践,他们能判断出什么事情重要;二是他们能够有效控制教育情境,并自己组织日常教学活动。

（4）精练期（从教 5 年）。少数教师可以发展到这一阶段,其专业发展特点是:教师能够借助自己的专业直觉与实践知识达到教学的卓越。在该阶段,教师全面地认识教学模式与教学活动中的相似性,对其做出理性的思考与判断。

（5）专家期。在该阶段,教师具有流畅的教学表现,能够直觉地做出教学判断,他们能够做出不同于一般教师的教学业绩。作为专家教师,一旦自己的教学做法不成功时,他们能借助反思来知悉自己发展需求的变化,寻求独特而又科学的解决思路。

（三）斯蒂芬等人的"专业发展六阶段论"

2001 年,国外学者斯蒂芬等人提出了教师专业发展生涯的"六阶段论",其特点是:关注教师专业发展的反思与更新机制,关注教师专业发展的任务、需求与经验变化,对学者思考教师专业发展规律具有一定启示意义。②

---

① DREYFUS H L, DREYFUS S E. Mind over machine[M]. New York:Free Press,1986:131 – 138.

② STEFFY B, WOLFE M. A life – cycle model for career teachers[J]. Kappa Delta Pi Record, 2001,38(1):1620.

（1）新手期。该阶段始于师范生初次接触教师培养项目中的实践课程，是教师专业发展的起始点。

（2）学徒期。当新手教师开始独立承担教学设计与教学活动任务时，教师专业发展随之进入了该阶段，直至教师能够整合、分析教育知识理论后才会结束，这一阶段一般在教师独立从教后持续两三年。

（3）专业期。随着教学经验的获得，教师的专业信心开始增长，他们逐渐能够利用学生的反馈来发展自己的教学技能，逐渐将自己的专业学习发展活动与学生发展关联起来。

（4）专家期。在该阶段，教师的专业发展已经达到了高标准、高水准的程度，超出了一般教师的发展水平。

（5）成名期。该阶段只有少数有天分的教师才能达到，这些成名教师能够影响地区、国家的教育决策，成为一般教师的导师，在整个圈子中享有较高专业声誉。

（6）衰退期。该阶段指教师完成一生教育生涯后的退化时期，教师专业发展进入反思、倒退、平静的阶段。

（四）巴罗内等人的"专业发展五阶段论"

巴罗内等人提出的"专业发展五阶段论"曾在美国俄亥俄州得到了应用，用于教师职位与薪水评定，具有一定的实践影响力。该理论关注的是教师教学专业能力的变动态势与轨迹。[①]

（1）实习期。在该阶段，教师专业发展处在观摩尝试期，教师的薪水应该参照兼职工作来确定。

（2）学徒期。该阶段始于教师被全职雇佣的第一年，应该对教师进行入职辅导教育，帮助其顺利进入职业角色。

（3）新手期。当教师能够胜任学校中的一门核心课程时，教师的薪水应该得到提高，在从教 3 至 5 年内应该对教师教学实力加以评估，对合格者予以任命。在该阶段，如果教师教学表现优秀，就会进入下一发展阶段；如果表现卓异，就会跨越下一阶段，直接进入最后一个阶段。

（4）事业期。在该阶段，教师有大量的专业发展机会，他们可以在自己课堂上自主开展探索活动，不断改进自己的教学方式，提升自己的教学造诣。

（5）完成期。该阶段比较适用于某一学区的教师领导，在教育体制中他们常常承担一定的领导职位与专业责任，是教师迈向自我实现的专业发展阶段。

---

① KEIFFER – BARONE S, WARE K. Growing great teachers in Cincinnati [J]. Educational Leadership, 2001,58(8):56 – 59.

（五）梅瓦里克的"专业发展五阶段论"

学者梅瓦里克曾经提出了一个教师专业发展的"U"形模式，这一模式值得我们关注，它关注的是教师在专业经验形成中经历的一段缓慢并日趋稳定的发展时期，尤其关注的是一些重要专业发展活动，如工作坊、习明纳研讨等，以及将新知识整合进课堂实践所需要的时间。①

（1）生存期。在该阶段，教师专业发展暂时处于新手期，他们试图将新学到的知识整合进自己的专业储备中，以获得更多的专业知识与经验积累。

（2）探索与过渡期。在该阶段，教师开始对教学中遇到的新问题、新现象进行研究揣摩，不断减少教学中的困惑，增进对教学活动的常识性认识，改进自己的常规性教学操作。

（3）适应调整期。在该阶段，教师开始将所学理论知识用于实践，并对教学活动经验进行反思，日渐形成了对教学活动的稳定认识。

（4）观念转变期。在该阶段，教师获得了应对教育教学问题的新观念，形成了自己对教育教学活动的个人知识，对教学改革充满热情。

（5）创造实验期。在该阶段，教师进入了教学创造期，他们能够利用行动研究、教育实验、课堂创新来开展教育教学活动，并取得卓异的教学改革效果。

以上五种教师专业发展阶段论具有一定的典型性与代表性，对于我们科学解释教师专业发展的进程，科学设计教师专业发展规律很有裨益，一定程度上反映了教师专业发展的共同规律。

三、教师专业发展阶段的科学规划

中小学教师进行专业成长规划的具体过程就是其制订符合自己的教师专业成长规划书的过程，当然，"教师专业成长规划"不等于制订"教师专业成长规划书"，它具有更为丰富的内涵。中小学教师专业成长规划的具体成果就是一份高质量、量身定做的专业成长规划书。中小学教师如何制订自己的专业成长规划书呢？在此，本书向大家推荐一种便捷的"五步走"式专业成长规划形成思路，供大家参考。

（一）自我评估阶段——了解自我状况，开展全方位的专业自我分析

知己知彼，百战不殆。了解自己是中小学教师科学地制订教师专业成长规划书的前提，自我评估正是中小学教师科学定位自我，全方面了解专业自我，制订出真正属于教师自己的特效教师专业成长规划方案的基础性工作。

---

① GUSKEY T R. HUBERMAN, M.（Eds.），Professional development in education：New paradigms and practices[M].New York：Teachers College Press,1995：372 – 375.

在此推荐两种自我分析方法。

1. 坐标法

坐标法是中小学教师在教师"专业自我坐标系"的导引下,对自己进行一次全方位、多维度的自我分析方法。这是一种较为直观、科学、深入的自我分析方法(图1-7)。

别人不知道	自己知道
自己不知道	别人知道

图1-7 教师自我分析图

还可以参考借鉴 SWOT 分析法(表1-1)。①

表1-1 SWOT 分析法

	优势 S	劣势 W
机会 O	SO 战略(增长性战略)	WO 战略(扭转性战略)
威胁 T	ST 战略(多种经营战略)	WT 战略(防御性战略)

中小学教师可以据此框架来对自己专业发展的优势与劣势、机会与威胁进行全面分析,并提前准备未来应对这些专业发展困境与威胁的对策与预案。

2. 反思法

中小学教师通过自我反诘、自我反思来进行自我分析,也是一种较为可取的专业自我剖析法。为此,中小学教师要经常"三问"自己:我是谁? 我能干什么? 我能干到什么程度? 借助这三个问题的自我回答,中小学教师就可能对自己的角色、身份、使命、任务等问题进行深入省察与合理界定,就能够对自己的能力阈限与未来发展方向进行准确定位,就能够对自己的专业发展重点进行科学设计与理性规划。在"三问"的基础上,中小学教师应该为自己的专业发展进行"三定",即定目标、定位置(即发展水平)、定重点。进言之,中小学教师就可能借此对自己的专业发展目标、预期发展水平与专业发展重点等进行科学定位,自身专业发展的核心指标就可能由此被确定。同时,借助这些途径,中小学教师就能够对个人的智力、性

---

① SWOT 分析法[EB/OL].(2020-11-12)[2022-03-01]. http://www.baogao8.cn/01020301/dm004_01020301_1.htm.

向、能力、兴趣、成就、价值观、学历、资格、经历等进行全面把握。

（二）情境分析阶段——进行外围环境分析，清楚实现规划目标面临的机遇与挑战

教师专业成长规划的制订与实施都不可能是中小学教师一厢情愿的事情，它需要教师将自我分析与成长环境分析结合起来才可能形成一种可行、合理、合身的成长规划方案。在中小学教师专业成长中有许多外围制约因素值得我们关注，对他们处置不当极有可能影响教师的专业成长，干扰教师专业发展目标的实现。这些因素大致可以分为可预计可控的因素与不可预计不可控的因素。针对这两种因素，中小学教师在制订成长规划中采取的手段与态度应该有所不同。

首先是可预计的因素。这些因素主要包括社会环境、人际关系、学校条件、学习条件、同事态度、国家政策环境等。这些因素显然是直接制约中小学教师专业成长过程的因素，教师必须对其进行预见性控制，尤其是那些控制性较强的因素，如人际关系、学习条件、同事支持与态度等，中小学教师要在规划书中直接把握，并提前做好操作上的准备；而对那些不便控制的因素，如教育政策、教育体制、学校设施等，中小学教师要善于利用其中的积极因素，回避其消极因素，努力做到扬长避短。

其次是不可预计的因素。这些因素主要涉及发展的机会、培训的机遇等。针对这些因素，中小学教师要努力去争取，同时万一没有争取到，也要做好应对的心态与行动准备，获得专业发展的主动权。

（三）进程设计阶段——把握中小学教师"成长—成熟—成名"的大致阶段

教师专业成长规划的设计应该有阶段性，一般应该按照"成长—成熟—成名"这一大致阶段来设计，力促整个过程的顺利展开。一般而言，中小学教师可以按照以下阶段与时段来大致规划自己的专业成长阶段[①]：

（1）适应阶段（工作 1 年左右）。

（2）积累阶段（工作开始第 3 年左右）。

（3）熟手阶段（工作第 5 年左右）。

（4）高原阶段（工作第 5 至第 8 年左右）。

（5）成名阶段（工作第 8 至第 12 年左右）。

（6）成家阶段（工作第 12 年以后的一段时间）。

---

① 张恩锋. 如何规划教师职业生涯［EB/OL］.（2012 - 05 - 15）［2022 - 03 - 03］. http://wenku. baidu. com/view/9ab721343968011ca 3009189. html.

【资料1-4】

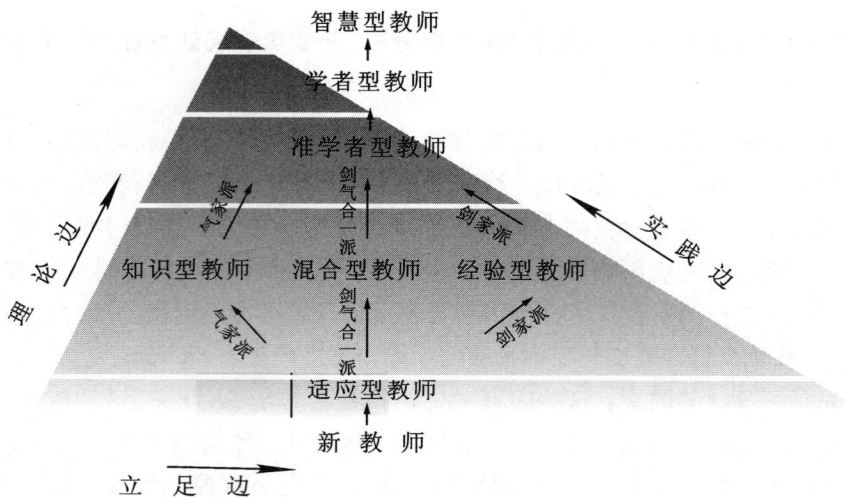

智慧型教师

学者型教师

准学者型教师

剑气合一派

剑家派

知识型教师　　混合型教师　　经验型教师

剑家派

剑气合一派

适应型教师

新　教　师

理论边

实践边

立　足　边

图1-8　教师专业发展道路选择①

当然,这些阶段只是参照性的,需要中小学教师在自我规划时做以适当的调整,努力形成最适合自己的专业成长规划。

(四)设计个人成长阶段及阶段性发展内容

中小学教师专业成长规划拟定的第四个阶段的主要任务是:向每个发展阶段框架中填入个人专业成长的具体阶段性发展内容与发展目标。这是教师专业成长规划书制订的核心阶段,是最需要教师去认真揣摩的一个阶段。

在本阶段,要求中小学教师做好以下两件事情:

1.阶段设计的具体化

该项工作的具体内容是:确定好个人成长阶段的具体划分,分析要完成这些阶段的发展任务大致所需的时间。上述教师专业成长阶段只是专家提出的设计建议,中小学教师应该在合理归并或个性化延伸基础上形成最适合自己的专业成长阶段设计及其推进时间表。

2.各阶段专业发展具体内容

在阶段性发展内容涉及上,建议中小学教师把握好以下内容:

(1)提出阶段性发展目标,最好分为最低目标、最高目标两个子目标,增加目

① 卢真金.教师专业发展的阶段、模式、策略再探[J].课程·教材·教法,2007(12):68-74.

标设计的弹性。

（2）阶段性发展重点的确定，即按照本阶段的具体任务，设计出合理的发展重点，据此提出各专业发展阶段的中心任务与核心工作。

（3）面临问题分析，即具体分析教师要实现上述任务可能会遭遇的问题、困难与挑战，做好心理准备。

（4）预备性应对策略，即针对上述问题，确定专业发展的现实对策与应对预案，确保整个方案的针对性与可行性。

（5）注意内容设计上的适度弹性，预设一定的弹性专业发展空间，确保阶段性目标与发展内容顺利实现。

（五）制订并实施个人专业成长规划书

制订与实施专业成长规划书是整个规划工作的最后一个阶段，是中小学教师需要多方面考虑的一个阶段。

一是规划书形式的选择。一般而言，中小学教师可以利用三种规划书形式，如文本式，即文字化地呈现专业成长规划书；表格式，即利用直观的表格来呈现整个成长规划书的全部内容；图形式，如阶梯式、圆圈式、模型式等，这是利用一系列图例来直观呈现中小学教师专业成长规划书的形式。各种规划书形式各有利弊，不一定追求统一化。

二是严格执行个人专业成长规划书。执行规划是中小学教师进行专业成长规划的生命力所在。在专业成长规划执行中，中小学教师要从四个方面努力提高规划的执行力，即自己首先要认同，欢迎同事的监督，执行中灵活调整，持之以恒地坚持。通过这些努力，中小学教师就可能将整个规划内容落实在自己的行动中并实现规划制订的目的。

第四节　有效教师专业发展的要求

教师专业发展是一个多因素关涉与缠结的过程。要有力驾驭该过程，教师及教师教育者必须掌握一些操作性要求，找到最有效的教师专业发展路径，确保教师专业发展预期效能的实现。在当代，世界各国都对教师专业发展提出了一些细致的实施要求，这也成为指导我国教师专业发展实践的宝贵经验。

一、关注教学实践、学生学习与学校发展

美国学者认为，融入实践是教师专业发展生效的基石，提高学生学习成绩是教

师专业发展的目标,立足学校发展是教师专业发展的显著特征,因此,强调实践、学习与学校是国家对教师专业发展活动的核心要求。① 进言之,这些要求具体包括:其一,教师专业发展应该具有密集性、持续性与实践关联性,只有当教师专业发展活动包括将理论知识用于教师的设计与教学实践的内容时,它才可能真正影响教师的教学实践;其二,教师专业发展应该关注学生学习活动,关注密切练习具体课程内容的教学活动,这就要求教师专业发展活动越具体越好,具体体现在三个方面,即专业发展活动应关注教师的"手边"工作与问题、关注教师的具体任教学科、关注教师工作的具体环境;其三,教师专业发展应该与学校首要发展要求与目标相一致,应建立坚实的教师共同体网络,在学校层面组织专业发展活动,共享优质专业经验,共同应对专业发展问题,这正是创建高效教师专业发展活动的有力途径。

二、关注背景、内容与过程

美国公益组织——职业研究与发展中心(CORD)认为,教师专业发展只有在支持它的教育背景中,并借助强有力的内容与科学的组织过程的辅佐才可能获得成功,三者合一是有效教师专业发展的客观要求。具体而言,教师专业发展需要的支持性改革背景是:支持社会期待的教育改革发生的背景,民众共同期待改革的需要感,教学专业人员在学习性质与教师课堂角色问题上的高度认同,教学专业人员将学习视为教师共同体的活动之一,等等;教师专业发展的课程内容主要包括:深刻的学科内容知识,精辟的课堂技能,与时俱进的学科与教育知识,更新专业知识,提高学生管理技能,缩小学生间的成绩差距,关注自己的专业知识缺陷,学生表现测量,探究本土专业问题,关注事实证明有效的教学策略,等等;教师专业发展的过程要求包括:基于研究、基于完善教学实践的情境学习,开展与名师间的交流,持续进行一段时间,鼓励教师在安全环境中尝试新教学手段,听取同行反馈提供机会,等等。② 这些要求中,背景是教师专业发展的外围要求,课程是教师专业发展的知能要求,过程是教师专业发展的途径要求,三者合而为一,成为支持美国教师专业发展的三个牢靠支点。

---

① DARLING – HAMMOND L, WEI R C, ANDREE A, et al. Professional learning in the learning profession[J]. Washington, DC: National Staff Development Council,2009:18 – 20.

② HARWELL S H. Teacher professional development: It's not an event, it'sa process[EB/OL]. (2017 – 07 – 05)[2022 – 02 – 20]. www. artsintegrationpd. org/wp – content/wploads.

三、关注行动、团队与反馈

古斯克(Guskey)指出,在设计与实施教师专业发展活动时要遵循一些"成功指南",以有效提高教师专业发展的机会与质量。这些指南主要由六条原则组成,分别是:要认识到教师发展既是个人变化,也是组织变化;要有远大思想,但要从细微处开始行动;要以团队的形式去努力,为个体发展提供有力支持;要重视对发展结果的反馈;要给予教师发展以持续的跟踪、支持与压力;要整合各种教师专业发展项目。① 在这些原则中,古斯克最强调的就是稳扎稳打的实践行动、拧成一股的团队力量与发展效果的跟踪反馈,它们是有效教师专业发展的核心要求。

四、关注现场、知识与参与

在科克伦(Corcoran)看来,教师专业发展活动的核心组织原则是关注现场创举、教学知识与多维参与,而非团队合作、实践行动、学校发展等原则。为此,他向有效教师专业发展活动提出了七条要求:激发并支持学校、地区与教师的现场创举;将教师专业发展基于教学知识之上;采取建构主义教学模式;为教师提供理智性、社会性与情感性参与活动;将教师作为专业人员与成人学习者来看待;为教师专业发展提供足够时间与跟踪服务;确保专业发展活动具有易理解性与包容性等。② 显然,科克伦相信:有效的教师专业发展活动始于教师的一些临场创意与自我创举,尊重教师的创造性与能动性,坚持用专业知识来解释实践、开拓实践,提高教师的参与深度是提高教师专业发展活动效能的客观要求。

五、关注学习活动及其组织

把教师专业发展视为教师专业学习活动,按照有效学习活动的要求来理解教师专业发展活动,是当代教师专业发展观的前进方向。早在1987年,富兰就曾指出,成功的教师专业发展活动包括四个关键要素,这就是:把教师员工发展视为学习过程,重视学校领导的功能,利用好学校组织文化,发挥好区域性教师组织的作

---

① GUSKEY T R, HUBERMAN M. (Eds.), Professional development in education: New paradigms and practices[M]. New York: Teachers College Press,1995.

② CORCORAN T B. Helping teachers teach well: Transforming professional development. Policy Briefs[J]. Consortium for Policy Research in Education,1995(6):2 – 13.

用。进言之,教师学习、学校领导、学校文化与教师组织是促进教师专业发展的四个抓手,是创建有效教师专业发展活动的努力方向。

六、关注理论与实践的结合

Birman 等人的研究发现,最可能积极地影响教学效能的专业发展活动是那种手边的活动,尤其是教育理论知识与具体教学实践相结合的活动,这种活动具有六个明显特征:持续较长时间;清晰的理论原理基础;基于集体、主动的学与教及反馈活动(其中主动学习包括教师间的相互观摩、共同备课与互教互学活动);聚焦具体的学科内容知识与策略;以教师工作小组(如教研组、学科组或年级组等)为单位进行;具有连贯性与实践性;关注学生学习内容与成绩。这一研究成果对教师专业发展提出的核心要求是:把教育理论与教育实践结合起来,让教师在基于实践的主动学习、合作学习与研究性学习中将一般性教育原理知识适用于具体教师专业发展实践,取得实质性的专业发展效果。[①] 可以说,每一次真正的专业发展都是教育理论与教育实践间的一次结合,教师专业发展的质量始终取决于教育理论与教育实践间结合的程度,这一教师专业发展要求的科学性异常明显。

【拓展阅读】

1. 朱旭东. 论教师专业发展的理论模型建构[J]. 教育研究,2014(6):81-90.

2. 朱旭东,周钧. 教师专业发展研究述评[J]. 中国教育学刊,2007(1):68-73.

3. 季诚钧,陈于清. 我国教师专业发展研究综述[J]. 课程·教材·教法,2004(12):68-71.

4. 刘万海. 教师专业发展:内涵、问题与趋向[J]. 教育探索,2003(12):103-105.

5. 肖丽萍. 国内外教师专业发展研究述评[J]. 中国教育学刊,2002(5):61-64.

6. 龙宝新. 教师专业发展与职业道德修养[M]. 西安:陕西师范大学出版总社,2021.

7. 杨翠蓉. 教师专业发展:专长的视野[M]. 北京:教育科学出版社,2009.

【学后作业】

1. 谈一谈:您学习教师职业发展历程后的个人启示。

---

① BIRMAN B F, DESIMORE L, PORTER A C, et al. Designing professional development that works[J]. Educational Leadership,2000,57(8),28-33.

2.想一想:教师专业发展还可以怎样去理解?

3.问一问身边同事:我的专业发展规划是否符合自身情况? 还需要做哪些改进?

【实践练习】

请对照教师专业发展规划学习内容,设计出一份量身定制的专业发展规划书,并将其上传到个人的网络社交平台上,请同事批评并监督执行。

第二章　我国教师队伍专业化建设指导思想演变

【导学提示】

通过本章学习,达到以下学习目标:

1. 了解我国改革开放以来教师专业发展指导思想的演进;

2. 理解教师队伍专业化建设对中国特色社会主义建设事业的重要意义;

3. 领会新时代中国特色社会主义教师队伍专业化的建设思想;

4. 能够依据我国教师队伍专业化建设指导思想指导个人进行专业发展实践。

社会主义教育事业的价值主体是人民群众,这一事业的直接承担者则是广大教师。党的二十大报告中指出,"坚持以人民为中心发展教育,加快建设高质量教育体系,发展素质教育,促进教育公平"是新时代中国是教育现代化的核心任务,这一任务的担当者正是人民教师。教师是振兴中华民族的希望所在,是教育改革与发展的中坚力量,坚持专业化教师队伍建设理念是党和国家一贯的指导思想。更进一步看,持续改进教师专业化发展政策,大力提高教师培养质量,造就大批高素质教师,是我国社会主义教育事业蓬勃发展、走向兴旺的立根之基。

第一节　教师专业地位定位指导思想

在中国特色社会主义建设阶段,我国尤为关注中小学教师的专业定位问题,并将之视为推进国家教师队伍专业化建设的重要环节。民族大计,系于教育;教育大计,系于教师。这是党和国家持续坚持的教师专业定位指导思想,它在社会主义建设的不同时期均有体现。中华民族振兴的希望在教育,中国教育的希望在教师,教师是社会主义教育事业的坚实依靠力量。虽然不同时期党和国家对这项事业的侧重点各有不同,但其核心精神和指导思想却是一脉相承的。

一、建立高素质教师队伍

教育方针是党领导教育工作的总指针,确定着中国教育的发展方向。而教育方针能否贯彻执行,取决于教师创造性的教育工作与教育智慧。正是基于这一考虑,以邓小平同志、江泽民同志、胡锦涛同志为主要代表的中国共产党人高度重视教师队伍建设。党的十九大报告指出,我党的教育方针是:"全面贯彻党的教育方针,落实立德树人根本任务,发展素质教育,推进教育公平,培养德智体美全面发展的社会主义建设者和接班人。"①无疑,教师在教育方针落实中扮演着重要角色。

(一)教育方针落实的关键在教师

作为中国改革开放的总设计师,以邓小平同志为主要代表的中国共产党人尤为重视教师队伍建设,关注教师在社会主义教育事业发展中的特殊地位。从1978年开始,邓小平高度重视教育方针的研制,将之视为事关社会主义教育事业前进方向的总纲。1983年10月,邓小平为北京景山学校的题词是:"教育必须面向现代化,面向世界,面向未来。""三个面向"的教育方针初步成性;1985年《中共中央关于教育体制改革的决定》将"三个面向"列入党中央政策文件,正式成为我国教育方针,为社会主义教育事业的发展指明了方向。1978年4月,在全国教育工作会议上,邓小平提出:"一个学校能不能为社会主义建设培养合格的人才,培养德智体全面发展、有社会主义觉悟的有文化的劳动者,关键在教师。"②无疑,落实教育方针的关键环节正是大量高素质教师的培养与供给。在邓小平看来,没有一支强有力的教师队伍做后盾,党的教育方针很可能在实践中流于形式,甚至会退变为一句空洞的口号。正是如此,邓小平对于教师队伍的建设给予高度重视,并通过多途径、多举措提高教师的社会待遇,改善教师的工作条件。

1. 好教师就是人才

《国家中长期人才发展规划纲要(2010—2020年)》明确指出:所谓人才,是"具有一定的专业知识或专门技能,进行创造性劳动,并对社会作出贡献的人,是人力

---

① 习近平.决胜全面建成小康社会夺取新时代中国特色社会主义伟大胜利——在中国共产党第十九次全国代表大会上的报告[EB/OL].(2017 – 10 – 27)[2022 – 03 – 05]. http://news. cnr. cn/native/gd/20171027/t20171027_524003098. shtml.

② 邓小平.在全国教育工作会议上的讲话(1978年4月22日)//邓小平文选:第2卷[M].北京:人民出版社,1994:109.

资源中能力和素质较高的劳动者"①。人才具有多样性,既包括生产领域的技术专家,又包括文化领域的创造性人才,无论是哪种类型,创造性、专门性与高贡献率都是人才区别于一般劳动者的显著差异。邓小平认为,中小学教师也是人才,是国家精神文明建设领域中的重要专家,担负着塑造民族灵魂,培育未来人才的重要使命,党和国家必须重视教师人才,珍惜他们的脑力劳动成果。正如其所言,"中小学教师中也有人才,好的教师就是人才。要珍视劳动,珍视人才,人才难得呀!"②这一论断为我国重新确立教师地位,提高教师待遇,保障教师专业地位提供了理念之基。

2. 人民教师是培养革命后代的园丁

社会主义中国是中国共产党领导劳苦大众开展革命的成果,社会主义教育事业必须以培养革命后代为己任,确保社会主义事业后继有人。在社会主义建设中,教师所承担的历史使命是培养好革命后代,把社会主义事业发扬光大,在这一意义上,"人民教师是培养革命后代的园丁"③,其社会价值与存在意义尤其重要。站在这一教育立场之上,社会主义国家必须尊重教师的工作,保障教师的工作时间与工作条件,支持他们开展创造性劳动,才能培养出一代又一代的社会主义事业建设者与接班人。

3. 只有老师教得好,学生才能学得好

教师的舞台是课堂,教师的主业是教学,教师能否为学生提供优质的教育教学服务,事关社会主义教育事业的前途与命运。当代教育理论表明,教师在教育教学工作中发挥着主导作用,教育教学质量的首要责任人是教师,教师的工作能力、教学水平以及职业素养是决定教育教学质量的第一要素。邓小平提出,教师"现在要敢于教,还要善于教""只有老师教得好,学生才能学得好"。在这种理念指引下,党中央要求教师放弃种种顾虑,大胆开展教育教学工作,一门心思做好教书育人工作。④ 为了实现"善教"的目标,国家要"研究如何提高教师的水平",尤其是要通过

---

① 人力资源社会保障部.国家中长期人才发展规划纲要(2010—2020 年)[EB/OL]. (2015 – 03 – 13)[2022 – 03 – 20]. http://www.mohrss.gov.cn/SYrlzyhshbzb/zwgk/ghcw/ghjh/201503/t20150313_153952.htm

② 邓小平.关于科学和教育工作的几点意见(1977 年 8 月 8 日)//邓小平文选:第 2 卷[M].北京:人民出版社,1994:50.

③ 邓小平.在全国科学大会开幕式上的讲话(1978 年 3 月 18 日)//邓小平文选:第 2 卷[M].北京:人民出版社,1994:95.

④ 邓小平.关于科学和教育工作的几点意见(1977 年 8 月 8 日)//邓小平文选:第 2 卷[M].北京:人民出版社,1994:55.

教师培训、教师素养的持续提升来提高教师的专业能力与职业素养，为教师教育教学服务质量的不断提高创造条件并提供支持。

【资料 2-1】

一个学校能不能为社会主义建设培养合格的人才，培养德智体全面发展、有社会主义觉悟的有文化的劳动者，关键在教师。

我们要提高人民教师的政治地位和社会地位。不但学生应该尊重教师，整个社会都应该尊重教师。我们提倡学生尊敬师长，同时也提倡师长爱护学生。尊师爱生，教学相长，这是师生之间革命的、同志式的关系。对于优秀的教育工作者，应该大张旗鼓地予以表扬和奖励。

要研究教师首先是中小学教师的工资制度。要采取适当的措施，鼓励人们终身从事教育事业。特别优秀的教师，可以定为特级教师。限于国家的经济力量，我们一时还难以较大地改善教职员工的物质生活待遇，但是必须为此积极创造条件。各级党委和教育行政部门，首先要在可能范围内，尽力办好集体福利事业。①

（二）振兴教育的希望在教师

在社会主义建设时期，教师的地位再次被提升，从民族振兴的角度来肯定教师工作的地位与价值，成为我国教师队伍建设理念的新标杆。1994 年，江泽民指出，"振兴民族的希望在教育，振兴教育的希望在教师"②，这一论断成为 21 世纪统领我国教师教育事业的总纲。在这一思想指导下，党和国家开始关心教师、尊重教师、培养教师，为顺利开展教师教育工作、推进教师学习活动、丰富教师物质精神生活提供了力所能及的支持与保障。

1. 教师是人类灵魂的工程师

1999 年 6 月 15 日，在第三次全国教育工作会议上，江泽民做了《教育必须以提高国民素质为根本宗旨》的重要报告，其中明确指出："教师是人类灵魂的工程师。"这既是对教师队伍建设重要性的重要论断，又是对教师职业地位的最新论述。教育事业承载着十几亿中国人民的强国梦想，人民对高质量教育以及高素质教师的希求超过了历史上的任何一个时代。从教师队伍建设入手，不断扩大优质教育资源的供给，为人民群众提供满意的教育服务，是社会主义国家的发展大计。不仅

---

① 邓小平. 在全国教育工作会议上的讲话[EB/OL]. (1978-04-12)[2016-11-09]. http://m. jyb. cn/zyk/jyzcfg/200602/t20060227_55358_wap. html.

② 江泽民. 振兴民族的希望在教育(1994 年 6 月 14 日)//江泽民文选:第 1 卷[M]. 北京:人民出版社,2006:371.

如此,教师对整个世界的发展而言,都具有举足轻重的地位,教师是塑造人类灵魂、促进和谐共存的重要力量,培育具有国际视野和民族情结的好老师事关整个人类的可持续发展。

2.人民教师是社会主义精神文明的传播者和建设者

党的十六大以后,党和国家尤为强调教师在社会主义精神文明建设中的重要作用,指出教师在社会主义文明建设过程中发挥着骨干作用。在《教育必须以提高国民素质为根本宗旨》报告中,江泽民指出:"人民教师是社会主义精神文明的传播者和建设者。"①该论断内含着两个重要思想:一方面,社会主义是物质文明建设和精神文明建设一起抓,尤其关注精神文明建设。精神文明建设在社会主义建设中发挥着精神引领与方向导航的作用,教师正是通过传播积极的社会舆论、精神文化与民族信念,来促进社会主义精神文明建设的健康发展;另一方面,教师自身是社会主义文明建设事业的参与者与主力军,教师以其优良的品行、作风与思想为整个社会发挥着示范和楷模的作用,引领着社会主义文化的发展方向。教师对社会主义国家的影响不仅体现在新生一代身上,还体现在整个国家民众身上,这种影响无疑是深远而又广泛的。因此,教师在社会主义文明建设中肩负着生产与再生产的双重功能。

3.教师在精心培育人才方面负有特殊的责任

1999 年,江泽民认为,教师的重要社会地位不仅体现在塑造人类灵魂和建设精神文明中,更体现在课堂教学、教书育人以及人才培育等具体教育教学工作中,"学校的校长和教师在精心培育人才方面负有特殊的责任"②。这一论断可以从两方面来理解:其一,无论是校长还是普通教师,他们都承担着教书育人的重要工作。人的成长不同于草木的成长,它需要教育者投入更多的心思、情感与辛劳,"十年树木,百年树人"正是这一道理。科学合理的教育教学工作对青少年儿童健康成长和终身成就至关重要,需要教师不辞辛苦地推行和推进;其二,教师承担着开发新生一代潜能,培育民族创造力,实现国家创新驱动、经济腾飞和建设社会文明的重要使命,教师只有"善于发现和开发蕴藏在学生身上的潜在的创造性品质"才能不辜

---

① 江泽民.教育必须以提高国民素质为根本宗旨(1999 年 6 月 15 日)//江泽民文选:第 2 卷[M].北京:人民出版社,2006:337 – 338.

② 江泽民.教育必须以提高国民素质为根本宗旨(1999 年 6 月 15 日)//江泽民文选:第 2 卷[M].北京:人民出版社,2006:334 – 335.

负民族的重托,让教育教学工作成为社会主义建设事业腾飞的臂膀。① 正是在这两点意义上,教师"既要严格要求,又要平等待人",为学生创造健康的成长环境;同时还要善于利用创造性的教学工作与科学的育人艺术大力开发学生的潜能,培育学生的创新艺术与创新能力。

4. 高素质的教师队伍是高质量教育的一个基本条件

进入 21 世纪以来,我国教育改革形势发生了深刻变化:义务教育基本普及,基础教育学位需求基本满足,人民群众"有学上"的愿望得以实现,中国社会的教育需求结构发生了迅速变化,那就是,群众对优质教育的期待日益强烈,"上好学"成为主导教育需求,对高质量教育服务的渴求与日俱增,成为人民群众对各级政府提出的新要求。教师,是教育资源中最具能动性、爆发力的首要要素,高素质教师队伍建设是创建高质量教育的关键条件,不断提高教师队伍总体质量是当代我国教育事业改革与发展的重要举措。正是在这一背景下,江泽民指出:"高素质的教师队伍是高质量教育的一个基本条件。"②这一论述有利于推进我国基础教育事业的内涵发展与质量提升,成为我国教育事业不断发展壮大的观念之基,对我国教育发展具有划时代意义。

5. 教师要做先进生产力和先进文化发展的弘扬者和推动者,做青少年学生健康成长的指导者和引路人

党中央针对教师队伍建设在优质教育事业创建中的作用做出了重要论述,对教师社会地位和职业地位进行科学定位,为 21 世纪教师职业角色的转型提供了科学依据。2000 年 2 月 25 日,以江泽民同志为主要代表的中国共产党人提出了"三个代表"的重要思想,中国共产党"始终代表中国先进生产力的发展要求、始终代表中国先进文化的前进方向、始终代表中国最广大人民的根本利益"的治国理念深入人心。与之相应,教师作为党教育事业的创造者,也当与时俱进并在教育领域中一马当先,努力"做先进生产力和先进文化发展的弘扬者和推动者,做青少年学生健康成长的指导者和引路人",将自己塑造成为"无愧于党和人民的人类灵魂的工程师"③。进言之,作为先进生产力的推动者,教师必须为社会培养大批高素质人

---

① 江泽民. 教育必须以提高国民素质为根本宗旨(1999 年 6 月 15 日)//江泽民文选:第 2 卷[M]. 北京:人民出版社,2006:334 – 335.

② 江泽民. 教育必须以提高国民素质为根本宗旨(1999 年 6 月 15 日)//江泽民文选:第 2 卷[M]. 北京:人民出版社,2006:337 – 338.

③ 江泽民. 不断推进教育创新(2002 年 9 月 8 日)//江泽民文选:第 3 卷[M]. 北京:人民出版社,2006:501.

才,给学生传授科学知识并引导学生参与科技创新,助推国家"教育强国""科技强国"梦想的实现;作为先进文化发展的弘扬者,教师必须传播社会主义先进文化,弘扬优秀传统文化,推进中国特色社会主义文化,用先进的思想、道德、政治观念来武装学生,增强文化自信,使之成为社会主义新文化坚定的支持者、生产者与弘扬者。只有做到这两点,教师才不愧于党和国家的重托,不辜负青年学生的期待,成为一名令世人尊敬的教育工作者。

(三)教育大计,教师为本

以江泽民同志为主要代表的中国共产党人继承了重教兴国、教育强国的治国理政理念,把振兴教育事业作为我国社会改革与发展的重要战略。2010年,胡锦涛提出了"教育大计,教师为本"的著名论断,并且从推动东西部、城乡教育质量均衡的现实要求角度指出了教师队伍建设的重要性。正如其所言,"要把加强教师队伍建设作为教育事业发展最重要的基础工作来抓"①。这一理念的提出,就好似向我国教育事业注射了一支强心针,促使教师队伍建设进入快速发展时期。

1.没有高水平的教师队伍,就没有高质量的教育

党的十六大以后,以胡锦涛同志为主要代表的中国共产党人不仅延续了高素质的教师队伍是实现高质量教育的一个基本条件的理念,而且换一个角度对其内涵进行了强调:"没有高水平的教师队伍,就没有高质量的教育。"②这一强调将"高水平教师"的重要性再次提升了一个能级,成为国家出台教师"国培计划"、强化师范教育及深化教师教育体系改革的直接理论来源。显然,"推动教育事业又好又快发展,培养高素质人才"③,是以胡锦涛同志为主要代表的中国共产党人尊师重教的根本出发点。无论是加快教育事业发展,还是提高教育事业质量,其节点只有一个,即高水平教师的大批培养与足量供给。在21世纪初,我国不乏普通教师,甚至出现了普通教师"供过于求"的状态,但优秀教师和高水平教师则相对匮乏,可以说,高水平教师的匮乏和紧缺已然成为真正制约社会主义教育事业发展的瓶颈。在这一意义上,高水平教师队伍建设成了我国新时期教育事业发展的焦点与关键,

---

① 胡锦涛.在全国教育工作会议上的讲话(2010年7月13日)[M].北京:人民出版社,2010:21.

② 胡锦涛.在全国优秀教师代表座谈会上的讲话(2007年8月31日)[M].北京:人民出版社,2007:4.

③ 胡锦涛.在全国优秀教师代表座谈会上的讲话(2007年8月31日)[M].北京:人民出版社,2007:4.

引爆了我国在新形势下再度实行免费师范教育的导火索。

2. 教师是学生成长进步的引路人

在教育事业中,最能感受到教师存在感的是学生,教师在学生成长中与父母的作用可以相提并论,共同构成了学生身心成长的守护者与导航者。正是如此,以胡锦涛同志为主要代表的中国共产党人非常关心学生的成长,重视教师在引导学生人生成长,促进学生健康成长中的重要地位。2008 年,胡锦涛指出,"教师是学生成长进步的引路人",教师要做好"学生健康成长的指导者和引路人"①,善于用自己的谆谆教导、人生智慧、高尚情操来影响学生、发展学生,为学生一生成功奠定坚实的基础。为了更好履行教师这一角色,胡锦涛向教师发出倡议:"希望老师们切实负起传道授业的光荣职责,注重把教书与育人有机结合起来,不断更新教学理念,丰富教学内涵,改进教学方法,提高教学质量,努力把学生培养成德智体美劳全面发展的社会主义建设者和接班人。"②为此,教师要做好两件事:其一是履行师者的基本职责——传道授业,在教学工作中不忘育人初衷,坚持素质教育的理念,抓好德育工作,实现"教书"与"育人"的有机结合,实现二者间交互促进和良性循环的态势;其二是要开展课堂改革、教学创新与方法创造工作,认真落实促使学生"全面发展"和"全体发展"的教育质量观,让每一个学生都能获得教师提供的优质教学,感受到党和国家的教育关怀。

【资料 2 - 2】

要在提高综合素质上狠下功夫,既努力学习科学知识,又积极陶冶文明素养,既努力增加知识积累,又积极加强品德修养,既努力锻炼强健体魄,又积极培养良好心理素质,真正实现自身的全面发展。要在提高实践本领上狠下功夫,积极参与社会实践,向人民群众学习,磨炼意志,增长才干,切实提高创造能力和创业能力,为今后走上社会、成就事业打下坚实基础。教师是学生成长进步的引路人,希望老师们切实负起传道授业的光荣职责,注重把教书与育人有机结合起来,不断更新教学理念,丰富教学内涵,改进教学方法,提高教学质量,努力把学生培养成德智体美

---

① 胡锦涛.在北京大学师生代表座谈会上的讲话(2008 年 5 月 3 日)[M].北京:人民出版社,2008:5.

② 胡锦涛.在北京大学师生代表座谈会上的讲话(2008 年 5 月 3 日)[M].北京:人民出版社,2008:5.

全面发展的社会主义建设者和接班人。①

3. 教育事业发展的关键在教师

相信广大教师,依靠广大教师办学,是我党一贯坚持的教育观念,胡锦涛指出,"教育事业发展的关键在教师"②。教师强,则教育强;教育强,则国家强。这是当代中国人人人皆知的一条至理,是我国改革开放40多年来的一条重要经验。教育事业是人民的事业,人民教师是教育事业的中流砥柱,是教育行业的重要生产力;相信教师、依靠教师、支持教师和发展教师,是我国教育事业持续走强的必由之路。教育事业的擎天柱是教师,教育事业发展的主力军是教师,教师事业走强的根本依靠力量是教师。办好人民满意的教育事业必须坚持教师为本的道路,坚持教师强教的原理。对社会主义教育事业而言,教师队伍是蕴藏着无限潜能的人才资源,因此要"进一步激发和保护他们投身教育改革创新、推动教育事业发展的积极性、主动性、创造性"③,让广大教师热心教育事业,钻研教学工作,不断进取、精益求精、知难而进、勇于超越,为我国教育事业的腾飞增添异彩!

4. 建立一支师德高尚、业务精湛、结构合理、充满活力的高素质专业化教师队伍

"高素质教师"不是空洞的口号,而是富有丰盈多彩的内涵,胡锦涛赋予其科学的内涵:师德高尚、业务精湛、结构合理、充满活力,新时期我国教师队伍建设的目标正是"努力造就一支师德高尚、业务精湛、结构合理、充满活力的高素质专业化教师队伍"④,为社会主义教育事业又快又好地发展提供强有力的教师人才队伍支持。进言之,这种高素质、专业化教师队伍的内涵是:人人有德、有才、有活力,在师德上、业务上、事业上过硬;结构合理、学科匹配、城乡平衡、年龄适切。不仅如此,以胡锦涛同志为主要代表的中国共产党人认为,高素质教师队伍的首要品质是师德,高尚师德是压倒一切的。对教师这一特殊行业而言,"有德"比"有才"更重要,毕竟教师行业是一个奉献和育人的行业,是引导新生代"三观"形成的重要行业,卓异师德是教师所拥有的最重要的教育资本。在师德过硬的基础上,不断提升教

---

① 胡锦涛.在北京大学师生代表座谈会上的讲话[EB/OL].(2008－05－04)[2022－03－20].http://www.gov.cn/ldhd/2008－05/04/content_960544.htm.

② 胡锦涛.在全国教育工作会议上的讲话(2010年7月13日)[M].北京:人民出版社,2010:4.

③ 胡锦涛.在全国教育工作会议上的讲话(2010年7月13日)[M].北京:人民出版社,2010:21.

④ 胡锦涛.在全国教育工作会议上的讲话(2010年7月13日)[M].北京:人民出版社,2010:21.

师的业务能力,优化教师的队伍结构,激发教师的事业心、责任心与进取心,是教师队伍总体质量持续攀升的重要举措。

5.依靠广大教师和教育工作者推动教育事业科学发展

教师是教育事业的核心,是教育工作的主体,是教育创新的力量,依靠广大教师与教育工作者来改革教育事业和创新教育事业,是我党的基本教育政策之一。为此,每一位教师与教育工作者都应该从两个方面发展和提升自己,努力成长为社会主义教育事业的中坚力量。一方面,教师要增强教书育人的责任感与使命感,强化自己作为教育事业的主人翁和主力军的意识,自觉承担起教书育人的重任。为此,广大教师必须主动学习党的教育方针政策,参与教育政策的研发,切实对我国教育事业的健康发展负起责任;另一方面,广大教师要学习教育理论、研究教学方法、创新教学方式、历练教学艺术,刻苦钻研教学,不断提高自己的业务能力与育人水平,使自己成长为一名德艺双馨的优秀教师。教育事业的科学发展来自广大教师科学的教学理念、科学的教育方式以及科学的教育思维,这一系列的"科学"都体现为教育教学工作对教育规律和学生成长规律的遵循,按照教育规律与学生成长规律来发展教育、改革教学是推动我国教育事业健康发展的科学之路。

二、教师是立教之本、兴教之源

在2013年教师节庆祝会上,习近平给全国广大教师的慰问信中指出:"教师是立教之本、兴教之源,承担着让每个孩子健康成长、办好人民满意教育的重任。"[①]一个国家的经济发展与社会进步,有赖于劳动者素质的提高和大量合格人才的培养,而劳动者素质的提高与合格人才的培养,关键取决于有没有一支高水平的教师队伍。没有一流的教师,就培养不出一流的人才;没有高水平的教师队伍,就办不好人民满意的教育。[②] 所以,新一代党和国家领导更加重视教师在教育事业腾飞中的重要地位,更加认可广大教师在创办人民满意教育中的特殊意义。

(一)教师要做教育改革的奋进者、教育扶贫的先行者、学生成长的引导者

进入中国特色社会主义建设新时代,以习近平同志为主要代表的中国共产党人对教师素质尤为关注。2014年,习近平指出,教师要"牢记使命、不忘初衷,扎根西部、服务学生,努力做教育改革的奋进者、教育扶贫的先行者、学生成长的引导者"。在当代社会,教师的神圣使命是教书育人、全面提高教育质量、促进学生健康

---

① 中国教育报评论员.教师承担着办好人民满意教育的重任[N].中国教育报,2013 - 09 - 14(01).

② 韩振峰.教师是立教之本兴教之源[N].中国教育报,2014 - 09 - 05(06).

成长,是服务社会、投身国家社会精神文明建设,造福人民群众。牢记使命,到祖国最需要的地方去,扎根基层,磨砺教艺,奉献教育事业,为学生成长贡献自己的力量,正是当代高素质教师的崭新内涵。在此时期,党和国家对教师角色的定位有三个内涵:其一,改革是当代中国社会的主题,教育改革是时代赋予教师的神圣使命,社会需要的是改革型教师,是敢于挑战教育传统、创新教育思路、做出教育创举的新型教师;其二,教师是精准扶贫的重要力量,我国三类地区,即民族地区、革命老区、农村地区是最需要教师文化帮扶的地区。为此,习近平指出,"扶贫必扶智",从"扶智""扶心""扶人"的角度出发,践行文化扶贫、教育扶贫的战略,是当代教师变革社会、济危扶困的重要途径;其三,教师是学生心灵成长的重要促进者与导航者,是照亮学生人生、点亮学生希望的关键人物,教师只有修炼自身、升华精神才能真正胜任学生"人生引导者"的角色,成为推动学生心灵转向的"人师"。

(二)发展教育事业,广大教师责任重大、使命光荣

当代,基础教育改革已进入"深改"期,这对教师提出了更为艰巨的使命任务,即参与改革并推进教改,实实在在地破解制约我国教育质量提升的瓶颈环节。习近平指出:"发展教育事业,广大教师责任重大、使命光荣。"①其原因就在于:广大教师是推进教育事业深改、发展教育事业的轴心力量,其对教育事业的点滴贡献都是"功在当代、惠及千秋万代"的。在这一意义上,教师肩负着变革教育、振兴民族、创造祖国未来的重任,其历史贡献非同一般。一位好教师,带出一群好学生;一批好教师,带出一个好国家,教师对学生成长、国家强大、民族振兴所产生的贡献是不可限量的,发展社会主义教育事业离不开每一个奋战在一线的好教师。

(三)把加强教师队伍建设作为教育事业发展最重要的基础工作

正是由于教师在社会发展和学生成长中的重要地位,国家必须重视教师队伍建设工作,关心教师专业成长,为优秀教师的脱颖而出创造条件,满足国家对大量优秀教师、卓越教师、教学名师的需求。习近平指出,党和国家必须"把加强教师队伍建设作为教育事业发展最重要的基础工作来抓",因为教育事业是事关国计民生的重要事业,优秀教师的质量关联着千家万户的幸福。为此,国家必须切实推进教师队伍建设工作,可从五个方面来落实这一工作:一是政府重视,具体包括提高教师的社会地位和经济地位,改善教师工作待遇,更加关注教师身心健康,保障教师合法权益,让教师"真正成为最受社会尊重的职业",确保教师为社会和国家的付出与奉献都得到回报;二是提高教师行业的吸引力,吸引优秀人

---

① 努力做教育改革的奋进者教育扶贫的先行者学生成长的引导者[N].农民日报,2015 - 09 - 10(01)。

才从教,终身从教,成长为地区知名的教育专家;三是加大教师培训力度,完善各级教师培训工作体系,把教师素质提升工作抓实抓好,拓展教师培训渠道,通过研修培训、学术交流以及项目资助等方式促进教师专业发展,完善教育教学骨干、"双师型"教师和学术带头人的培养培训体系,为教师专业持续发展创造优越的发展平台与成长条件;四是加大对教师的考核力度,完善教师业绩考核、岗位聘用考核与评优奖励制度,建立师德考评制度,将使师德考核作为教师综合考核中的首要指标;五是重点支持贫困地区教师队伍建设,通过提高乡村教师和贫困地区教师经济待遇,增加特殊津贴,改善教师住房条件,提供丰富的专业发展机会等方式引导教师在城乡、东西部地区合理流动,"让贫困地区每一个孩子都能接受良好教育,实现德智体美全面发展,成为社会有用之才"①,让教育公平惠及每一个中国儿童。

第二节　教师专业素养培育指导思想

新中国成立以来,我国大力提高教师地位,积极培育良好师德师风,为教师创造性地开展工作提供条件。与此同时,党和国家对教师提出了更高的社会要求,激励广大教师不断学习、净化心灵、钻研业务,为社会与新生一代奉献满意的教育服务。2014年教师节前夕,习近平向全国教师发出倡议——"做党和人民满意的好老师"②,这成为新时期我国教师专业发展的新标杆。在他看来,教师在人的成长、学校发展和民族振兴中都具有重要意义,"一个人遇到好老师是人生的幸运,一个学校拥有好老师是学校的光荣,一个民族源源不断涌现出一批又一批好老师则是民族的希望"③。这一指导思想贯串于我国教师队伍专业化建设工作的始终。

一、培养高素质教师

我国各代党中央领导集体都高度重视教师素质的提升工作,并将其作为尊师重教的实际行动和国家振兴教育事业的得力之举。在社会主义教育史册上,尽管

---

① 努力做教育改革的奋进者教育扶贫的先行者学生成长的引导者[N].农民日报,2015 – 09 – 10(01)。

② 习近平.做党和人民满意的好老师:同北京师范大学师生代表座谈时的讲话[N].人民日报,2014 – 09 – 10(01)。

③ 习近平.做党和人民满意的好老师:同北京师范大学师生代表座谈时的讲话[N].人民日报,2014 – 09 – 10(01)。

各代领导集体对教师素质结构的理解稍有差异,但其精神内核具有一脉相承性,即都强调优化教师素质结构,增进教师在教育战线的战斗力与影响力。

(一)培养"敢教""善教"的教师

进入改革开放时期,培养出"敢教""善教"的教师无疑是推动新旧教育时代转换的得力之举,能否培养出"敢教""善教"的教师直接决定着我国教育事业的命运。

1. 要敢于教,还要善于教

十一届三中全会召开后,国家鼓励教师安心从事教育工作,大胆开展教育教学成为一项历史性任务。尤其是在改革开放以前,许多教师对教育工作心有余悸,迈不开教育改革的步子,在这种形势下,帮助教师摆脱顾虑、轻装上任、大胆实施成为党中央教育事业的重要工作内容。为此,1977年9月,邓小平在《教育战线的拨乱反正问题》一文中,鼓励广大教师要"敢教""善教",大胆推进教育战线上的改革事业。他说:"前几年教师不敢教,责任不在他们。现在要敢于教,还要善于教。"①邓小平要求教育行政部门开展教育问题大讨论,提振教师开展教育教学工作的勇气,坚定"敢教"的信心;要求教育行政部门做好教师培训工作,提高教师的政治素质与业务能力,确保教师能够胜任教育教学工作的需要。在社会主义建设关键时期,这一教育观念的提出无疑具有历史意义,标志着教师队伍建设的"春天"即将来临。

2. 教师要终身为教育事业服务

改革开放前夕,教师数量匮乏,教师人员变动不定,教师队伍水平落后是直接制约教育事业发展的节点问题,因而鼓励教师终身从教,确保教师队伍稳定,则成为教育事业稳健发展的有力手段。在此时期,以邓小平同志为主要代表的中国共产党人提出两大举措激励中小学教师终身从教,进而稳定教师队伍:一方面,要求教育行政部门通过各种途径调动教育工作者的劳动积极性,如提高教师待遇,尊重教师劳动等,让教师队伍心系教育事业,留在教育行业;另一方面,要求同等对待中小学教师与大学教师,在教育行业内克服厚此薄彼的心态与做法,激励广大中小学教师热爱教育事业,坚定终身从教的决心。他说:"要当好一个小学教师,付出的劳动并不比一个大学教师少,因此小学教师同大学教师一样光

---

① 邓小平. 教育战线的拨乱反正问题(1977年9月19日)//邓小平文选:第2卷[M].北京:人民出版社,1994:69.

荣。"①所以,把基层中小学教师留在教育工作岗位是该时期教师管理政策的立足点之一。

3.提高教师的政治思想水平、业务工作能力,改进其作风

在改革开放时期,邓小平清醒地认识到,教师队伍素质不高制约着整个社会主义建设事业的发展,并影响新一代儿童教育质量的提升。基于这一认识,邓小平大力倡导教师培训,致力于提高教师专业素质,尤其是教师"政治思想水平、业务工作能力以及改进作风"②,以此全面提升教师创建优质教育服务的能力。作为新一代儿童价值观的引路人,教师必须具有坚定的政治立场以及较高的政治素养和政治觉悟,带领中小学生走上正途,成长为社会主义事业建设者的接班人。同时,教师的本职工作是"教书育人",这是一项具有创造性、艺术性与专业性的工作。若缺乏相应的专业知识与业务能力,教师无法适应这项工作的要求,业务能力提升必然是教师培训工作的核心内容。因此,大力提高教师的政治思想觉悟与教育教学工作能力,致力于培养"又红又专"的好教师,是我国社会主义教育事业蓬勃发展的根本要求。

(二)建设高素质教师队伍

党的十三届四中全会以后,教师队伍基本饱和,人民群众对教育的期待迅速提高,社会对高素质教师队伍的需求日益强烈,培养高素质教师队伍成为中国教育事业的重任。在21世纪前夕,党和国家提出了造就"一支专门从事精神文明建设的高素质的宏大队伍"③的发展愿景,其中就包括教育工作者。广大教师与宣传工作者、思想政治工作者、教育工作者、文化艺术工作者、新闻传播工作者、哲学社会科学工作者、科技工作者等一道,成为我国精神文明事业的骨干与主力。可以说,高素质教育队伍建设目标的确立几乎重新定位了我国教师培育事业的坐标。

1.教师要成为热爱学习、学会学习、终身学习的楷模

在造就"高素质教师队伍"指针的引领下,以江泽民同志为主要代表的中国共产党人非常强调教师学习,将之视为高素质教师培养的根本途径。2002年教师节前夕,江泽民在《不断推进教育创新》一文中明确指出,在21世纪,我国教师都"应

---

① 邓小平.关于科学和教育工作的几点意见(1977年8月8日)//邓小平文选:第2卷[M].北京:人民出版社,1994:48－49.

② 邓小平.教育战线的拨乱反正问题(1977年9月19日)//邓小平文选:第2卷[M].北京:人民出版社,1994:69.

③ 江泽民.努力开创社会主义精神文明建设的新局面(1996年10月10日)//江泽民文选:第1卷[M].北京:人民出版社,2006:583－584.

该与时俱进,不断以新的知识充实自己,成为热爱学习、学会学习和终身学习的楷模"。① 当然,作为对教师的新定位,"终身学习者"概念的提出有其历史背景:一方面是 21 世纪以来,人类进入知识大爆炸时代,知识更新速度加快,教师与其他文化工作者一样,如若不学习,就可能被时代所淘汰。由此,教师只有不断学习新知识,不断创新教育工作艺术,才可能在课堂舞台上站稳脚跟。另一方面是教师的职业角色使然。众所周知,教师是知识工作者,其根本职责之一是传播知识、传播文化,如若不及时更新知识、摄入新文化,就可能成为传统与保守的代言人,最终失去主导学生课堂的资本与能力。综合上述两层意思,终身学习和与时俱进是 21 世纪教师的时代性内涵。

2. 志存高远、爱国敬业

以江泽民同志为主要代表的中国共产党人非常重视教师素质结构的建立与完善,并将其视为社会主义教师队伍建设思想的立基点。2002 年 9 月 8 日,国家向中小学教师提出了理想的教师素质结构,为全国教师专业发展确立了新目标,成为指引我国各级各类教师培育工作的新指针。这一素质结构中,第一条就是"希望我们的教师志存高远、爱国敬业",其内在意义非常丰富。

一方面,教师必须确立远大的志向与高远的人生目标,这是由教师职业的社会属性决定的。显然,教师的理想高度和人生境界高度表明了一个民族精神的高度,教师只有用高瞻远瞩、先进现实的民族共同理想来教育新生一代,社会主义中国才有希望。

另一方面,教师必须热爱社会主义国家,并忠诚党的教育事业,这是增强民族凝聚力的客观需要。教师爱国不仅是个人修养的体现,更与中华民族的强大息息相关。教师只有坚守"传承民族精神,弘扬爱国主义,为祖国和人民培养合格人才"②的教育宗旨,中华民族才能发展成为一个战无不胜且令世界瞩目的民族。

3. 为人师表、教书育人

教师职业的特殊内涵是:为人师表、教书育人。其中,"教书育人"是教师工作的基本手段,"为人师表"是教师工作的外在要求,二者内外结合、相辅相成,构成了教师职业的具体内容。从为人师表角度来看,教师必须注重自己的仪表与言教,注意自己的个人形象,充分发挥身教与示范的教育功能。因此,教师必须学会慎

---

① 江泽民. 不断推进教育创新(2002 年 9 月 8 日)//江泽民文选:第 3 卷[M]. 北京:人民出版社,2006:502.

② 江泽民. 不断推进教育创新(2002 年 9 月 8 日)//江泽民文选:第 3 卷[M]. 北京:人民出版社,2006:501.

独、自省,学会独善其身,不断修炼自己的道德、品行与人格,对学生产生潜移默化、润物无声的教育效能。2006 年,江泽民指出:"教书者必先强己,育人者必先律己。"①修炼自己就是丰富教师自身这本"教材"的教育力,充分发挥"身正为范"的教育作用。教师要提高自己的教学艺术,改进自己的育人方式,将教书与育人有机结合起来,实现"育人"与"育才"间的相得益彰和良性互促。

4. 淡泊明志、甘为人梯

教师之所以是太阳底下最光辉的职业,其原因就在于:它需要教师安于平淡、执着敬业、热情奉献、甘于清苦,将功名利禄抛在脑后,自觉培养高雅、进取的情操,形成济世苍生、鞠躬尽瘁的事业精神。这也是我国对教师职业道德修养提出的另一至高期待——"淡泊明志、甘为人梯"。相对于其他行业而言,教师行业相对稳定、清纯高雅,从业者"既要有脚踏实地、乐于奉献的工作态度,又要有淡泊明志、甘为人梯的精神境界"②。只有教师具备了这种高尚的人生境界与精神追求,才可能"以自己的高尚人格教育和影响学生,努力成为青少年学生的良师益友,成为受到全社会尊敬的人"③。在这一意义上,追求高尚精神境界是教师成就教育行家追求的必需条件与操守,是教师不辜负民众重托的社会要求。

5. 严谨笃学、与时俱进

在倡导终身学习的学习型社会,在创新引领经济腾飞的时代,各行各业都将学习作为行业生存的必需条件,把勤学与钻研视为专业人员赢得更大发展空间的必由之路。对教师行业而言,更是如此。教育行业是文化知识与专业知识高度密集的特殊行业,因此教师不仅是专业人员,更是知识密集型专业人员,教师只有在工作中精益求精、严谨笃学、研究实践、善于反思、自我更新、不断进取,才能在行业中赢得更大发展空间,不负众望,成为一名家长满意、社会信任的好老师。教师之所以需要"严谨笃学、与时俱进",直接根源于三个原因:其一,创新是一个民族进步的灵魂,培育创新人才是社会赋予教师的时代使命,教育创新是当代教师行业的崭新要求,教师只有具备"求真务实、勇于创新、严谨自律的治学

---

① 江泽民.不断推进教育创新(2002 年 9 月 8 日)//江泽民文选:第 3 卷[M].北京:人民出版社,2006:502.

② 江泽民.不断推进教育创新(2002 年 9 月 8 日)//江泽民文选:第 3 卷[M].北京:人民出版社,2006:502.

③ 江泽民.不断推进教育创新(2022 年 9 月 8 日)//江泽民文选:第 3 卷[M].北京:人民出版社,2006:502.

态度和学术精神"①才可能胜任"教师"这一创新型行业的要求,完成教会新生一代"学会创新"的重任;其二,当今时代是一个"知识大爆炸"的时代,是知识更新周期缩短的时代,是知识经济引领社会发展的时代,每个人都要自觉学习、加强学习、终身学习,教师更应该热爱学习、严谨治学、提升自己;其三,教师是知识型行业,是学习型社会的先驱者与引路人,是创造民族辉煌未来的关键人物,学习对教师自身、教师行业以及整个民族而言都具有重要意义。正如此,江泽民指出,教师"更应该与时俱进,不断以新的知识充实自己,成为热爱学习、学会学习和终身学习的楷模"②。

(三)立足"四点希望"培养教师

党的十六大以来,以胡锦涛同志为主要代表的中国共产党人同样非常重视教师素质结构的更新,并赋予其时代性的内涵。在此时期,他向广大教师提出著名的"四点希望",在中小学教师中引起了强烈反响,成为 21 世纪关于教师素质结构的科学论述。2007 年,全国优秀教师代表座谈会在北京召开,胡锦涛提出了对教师的"四点希望":一是希望广大教师爱岗敬业、关爱学生;二是希望广大教师刻苦钻研、严谨笃学;三是希望广大教师勇于创新、奋发进取;四是希望广大教师淡泊名利、志存高远。③ "四点希望"中每一条都有丰富的内涵,对教师专业素养优化而言具有较强启迪意义。

1. 爱岗敬业、关爱学生

当代教师的首要专业素质是"教育爱",即热爱自己的岗位与事业,关爱自己的教育对象——学生,让教育事业成为一份"用爱驱动、爱心满盈"的事业。这就是"爱岗敬业、关爱学生",它也是 2008 年教育部颁布的《中小学教师职业道德规范》中的一条要求。具体而言,党和国家希望我国教师具备以下两方面素养:

一是承担教育者的社会责任。这是党和人民对广大教师的基本要求。教师要激发自己的这份责任心和爱心,就必须忠诚于人民教育事业,树立崇高的职业理想,坚定职业信念,对教育事业热情奉献、充满真情。只有做到这一点,教师才可能全身心投入教育行业,努力做爱岗敬业的模范。

---

① 江泽民. 不断推进教育创新(2002 年 9 月 8 日)//江泽民文选:第 3 卷[M]. 北京:人民出版社,2006:502.

② 江泽民. 不断推进教育创新(2002 年 9 月 8 日)//江泽民文选:第 3 卷[M]. 北京:人民出版社,2006:502.

③ 胡锦涛. 在全国优秀教师代表座谈会上的讲话[EB/OL]. (2007 – 08 – 31)[2022 – 03 – 01]. http://www. moe. gov. cn/jyb_xwfb/gzdt_gzdt/moe_1485/tnull_25965. html.

二是满怀对受教育者的真心关爱,把真爱洒向学生。关爱学生是教师更好履行职业职责的需要,是把教育工作做得更加精彩的选择。因此,教师只有关爱每一名学生,关心每一名学生的成长,心系每一名学生的进步,用自己的真情、真心、真诚教育和影响学生,才能成为学生的良师益友,成为学生的灵魂导师,成为学生健康成长的指导者和引路人。

2. 刻苦钻研、严谨笃学

爱是教师做好教育事业的情感基础;学习与钻研是教师做好教育事业的实践途径,"刻苦钻研、严谨笃学"是教师在工作上精益求精的现实选择。学习不仅是教师职业的需要,更是提高教学质量的要求。一方面,在终身学习的时代,在知识被源源不断产出的时代,教师要成为合格的教育者与学生成长的导师,就必须不断学习,不断充实自己,不断提高自己的专业素养与工作能力;另一方面,教师只有崇尚科学精神,树立终身学习理念,自觉做学习型社会的楷模,才能不断扩展专业视野,更新专业知识,提升专业境界,进而为教育教学质量的不断提升打下坚实基础。一句话,教师不断学习、专心学习的目的就是为了提高教师教书育人的本领,增强教师教育改革的勇气与信念。

3. 勇于创新、奋发进取

勇于创新、奋发进取,这是对当代教育工作推陈出新的要求。创新,是时代的主旋律,是社会进步的核心推动力,是民族强盛的现实必由之路。对教师而言,必须具有教育创新的意识,树立培育创新人才的信念,坚定自己开展教育创新的信心。胡锦涛指出:"教师从事的是创造性工作。教师富有创新精神,才能培养出创新人才。"①这一论断契合了教育事业的要求,是教师参与创新型社会建设的重要举措。教师要做到"勇于创新、奋发进取",就必须从以下三个方面努力:一是在教学工作中,踊跃参与教育创新实践,创新自己的教育理念、教育设计和教学模式,让自己的教学富有创意与想象;二是在课堂活动上,教师要鼓励学生的创新行为,激励学生的创新精神,开发学生的创新思维,让课堂教学成为孕育学生创新精神的温床;三是在教育改革中,教师要积极参与课改事业,用奋发进取、精益求精的心态对待教育事业,善于利用改革的工具优化教育教学活动,努力创造让学生、家长和社会满意的教育服务。

4. 淡泊名利、志存高远

淡泊名利、志存高远,这是对教师精神境界的至高要求。教师行业是一个高尚

---

① 胡锦涛.在全国优秀教师代表座谈会上的讲话[EB/OL].(2007 - 08 - 31)[2022 - 03 - 01]. http://www.moe.gov.cn/jyb_xwfb/gzdt_gzdt/moe_1485/tnull_25965.html.

的行业、奉献的行业,这是由其特殊的职业性质决定的。众所周知,教师所从事的事业是以"育人"为主题的事业,是否具备高尚师德,能否模范践行社会主义核心价值观与社会主义荣辱观,事关中国社会的长治久安与民族振兴大业。教师所做的每一点工作都是与祖国发展、人民幸福密切相关的,这就需要教师以高姿态、高境界投身教育事业,"甘为人梯,乐于奉献,静下心来教书,潜下心来育人,努力做受学生爱戴、让人民满意的教师"①。否则,一旦教师被利欲和功利心所蒙蔽,让清纯的教育行业受到玷污,那么,整个国家和民族都可能受到伤害,危及中华民族复兴之梦的实现。

二、培养新时代"四好"教师

以习近平同志为主要代表的中国共产党人在中国特色社会主义教育事业道路上"不忘初心、继续前行",更加注重教师素质提升工作,并对"好教师"的素质结构再次做出了全新论断。尤其值得瞩目的是,2014 年教师节前夕,习近平向全国教师发出了"做党和人民满意的好老师"的倡导,在全国教师中引起了极大反响,"四有"好教师的素质结构成为新时代我国教师队伍建设目标的最新表述。"四有"好教师的内涵是:"做好老师,要有理想信念""做好老师,要有道德情操""做好老师,要有扎实学识""做好老师,要有仁爱之心"。② 这四点论述全面概括了新时代党和国家对教师信念、师德、学识等方面的系统化要求,是新时代教师师德修养的直接内容。

【资料 2 - 3】

邓小平曾经指出:"一个学校能不能为社会主义建设培养合格的人才,培养德智体全面发展、有社会主义觉悟的有文化的劳动者,关键在教师。"教师重要,就在于教师的工作是塑造灵魂、塑造生命、塑造人的工作。一个人遇到好老师是人生的幸运,一个学校拥有好老师是学校的光荣,一个民族源源不断涌现出一批又一批好老师则是民族的希望。国家繁荣、民族振兴、教育发展,需要我们大力培养造就一支师德高尚、业务精湛、结构合理、充满活力的高素质专业化教师队伍,需要涌现一

---

① 胡锦涛.在全国优秀教师代表座谈会上的讲话[EB/OL]. (2007 - 08 - 31)[2022 - 03 - 01]. http://www.moe.gov.cn/jyb_xwfb/gzdt_gzdt/moe_1485/tnull_25965.html.

② 习近平.做党和人民满意的好老师:同北京师范大学代表座谈会时的讲话[EB/OL]. (2014 - 09 - 09)[2022 - 03 - 01] http://www.xinhuanet.com//politics/2014 - 09/09/c_1112413723_2.htm.

大批好老师。

每个人心目中都有自己好老师的形象。做好老师,是每一个老师应该认真思考和探索的问题,也是每一个老师的理想和追求。我想,好老师没有统一的模式,可以各有千秋、各显身手,但有一些共同的、必不可少的特质。①

(一)做好老师,要有理想信念

对好教师而言,首要的素质要求是"理想信念",因为正确、坚定的理想信念指引着教师工作的航向,决定着学生"三观"的树立,影响着国家和民族的发展大计。当代教师要以陶行知"千教万教,教人求真"的精神对待教育事业,要以韩愈"师者,所以传道受业解惑也"的理念调整自己的专业信念;教师不仅要做好"经师",更要做好"人师",完成"传道"的职业使命。正如习近平所言:"一个优秀的老师,应该是'经师'和'人师'的统一,既要精于'授业''解惑',更要以'传道'为责任和使命。"②心系国家民族,肩负起国家的使命与社会的责任,不辜负人民的重托与学生精神成长的期待,是当代好教师的首要素质与品格。

显然,当代教师必须确立的理想是:社会主义"中国梦"。中国特色社会主义共同理想和中华民族伟大复兴中国梦是当代中国民众的共同理想与梦想,是统领全国人民的思想意识总纲。作为民族复兴的奠基者,教师要做复兴中华民族梦想的积极传播者与践行者,在教育教学工作中善于帮助学生筑梦、追梦和圆梦,"让一代又一代年轻人都成为实现我们民族梦想的正能量"③,这就是新时代教师必须时刻铭记心间的民族复兴大梦。

在当前,教师亟须树立的信念是:忠诚于党和人民的教育事业,坚定社会主义信念,树立道路自信、制度自信、理论自信和文化自信,自觉做中国特色社会主义的坚定信仰者和忠实实践者,自觉做党的教育方针政策的忠实贯彻者与执行者,自觉加深对中国特色社会主义的思想认同、理论认同和情感认同,积极引导学生热爱祖国、热爱人民、热爱中国共产党,培养学生的社会主义情怀与信念。总而言之,当代

---

① 习近平. 做党和人民满意的好老师:同北京师范大学代表座谈会时的讲话[EB/OL].
(2014 - 09 - 09)[2022 - 03 - 01]http://www. xinhuanet. com//politics/2014 - 09/09/c_1112413723_2. htm.

② 习近平. 做党和人民满意的好老师:同北京师范大学代表座谈会时的讲话[EB/OL].
(2014 - 09 - 09)[2022 - 03 - 01]http://www. xinhuanet. com//politics/2014 - 09/09/c_1112413723_2. htm.

③ 习近平. 做党和人民满意的好老师:同北京师范大学代表座谈会时的讲话[EB/OL].
(2014 - 09 - 09)[2022 - 03 - 01]http://www. xinhuanet. com//politics/2014 - 09/09/c_1112413723_2. htm.

教师需要牢固树立三个"信念"与"意识",即牢固树立中国特色社会主义理想信念,牢固树立终身学习理念,牢固树立改革创新意识,把社会主义、终身学习以及改革开放的信念与意识植根到广大师生的心灵中。

(二) 做好老师,要有道德情操

是否具备高尚的道德情操是判断教师育人能力的核心标准。教师的高尚道德情操来自哪里? 这就是,教师的人格力量和人格魅力,教师为人处世、于国于民、于公于私所持的价值观,教师率先垂范、以身作则的职业风范。高尚的道德情操对当代教师专业素养的提升意义重大,是教师育人影响力的重要来源,是教师事业有成的关键因素。为此,教师在大是大非面前要有坚定立场,在利益得失方面要顾全大局,在善恶美丑方面要明辨是非,这是教师高尚道德情操的基本内容。

高尚的道德情操不是空洞的教化,而是有生动、鲜活和实际的教育内容。习近平指出,高尚道德情操对教师职业提出了以下具体要求:

其一是"帮助青少年学生扣好人生第一粒扣子"。这是教师高尚道德情操的最生动表达。作为学生人生的启蒙者与启明星以及学生人生成长中的"重要人物",教师的职业操守是学生成功人生的基石,教师要用自己爱岗敬业的职业操守为学生终生成功负责,为学生人生成长负责。

其二是"以德施教、以德立身的楷模",做好"学生道德修养的镜子"。教师工作的重要特征是示范性,学高为师、身正为范是教师职业的鲜明特征。教师如果是"一个高尚的人、纯粹的人、脱离了低级趣味的人",是一个具有"捧着一颗心来,不带半根草去"的奉献精神的人,学生就可能成长为健康、积极、奋进的人。因此,当代教师应该发扬奉献精神,坚守精神家园与人格底线,弘扬社会主义道德和中华传统美德,做学生人格的楷模与道德实践的表率,努力用高尚的师德形象引导学生人格的形成与发展。

其三是"在岗位上干得有滋有味,干出好成绩"。党和国家要求每个教师都应该热爱教育工作,热爱自己的教育岗位,而不能把工作看成"一个养家糊口的职业"。在当前,教师要坚守高尚的职业情操,就应该与功利、名利保持一定的距离,树立"衣带渐宽终不悔,为伊消得人憔悴"的职业精神,尤其是要"在金钱、物欲、名利同人格的较量中"坚守底线,不断提高自身的道德素养,做一个一心一意为学生服务,为社会服务的好教师。

（三）做好老师，要有扎实学识

学识是教师从业的资本，扎实、宽厚、丰富的学识是教师职业的基本条件，是好教师最重要的素质构成。习近平指出："扎实的知识功底、过硬的教学能力、勤勉的教学态度、科学的教学方法是老师的基本素质，其中知识是根本基础。"①在古代，教师是"智者"，是知识工作者的代言人，丰厚的知识储备是教师为社会主义培育栋梁之材的必要条件，正所谓"教给学生一碗水，教师要有一潭水"。当代教师，不仅要有渊博的人文知识、学科知识和专业知识，还应该具有学生发展、学会学习的相关知识，更应该具有宽阔的视野与胸怀，以及为人处世的智慧与学问。一个好教师，不仅要教给学生人生成长、成才的知识，还要教给学生学习的方法、人生的睿智，为学生健康、全面、持续的成长提供人生指南。尤其是在终身学习的时代中，教师要做到"学到老，教到老，活到老"，确保教给学生的知识是最先进、最科学和最有价值的科学真知与人生灼见。

（四）做好老师，要有仁爱之心

教师职业是需要"爱"的一门职业，对教育事业的热心、对学生的关心和对同事的真心等都是教师"教育爱"多元化的体现，仁爱之心是支撑教师世界苍穹的顶梁柱。对教育工作的爱心是教师出类拔萃和积极进取的情感动力，是教师在工作上超越传统、追求卓越、至于成功的原动力；对学生而言，对学生的爱心是唤醒学生心灵、哺育学生心田的营养剂，"爱心是学生打开知识之门、启迪心智的开始，爱心能够滋润浇开学生美丽的心灵之花"②。

总之，教育是"仁而爱人"的事业，爱是教育的灵魂，没有爱就没有教育。好老师应该是仁师，没有爱心的人不可能成为好老师。高尔基说："谁爱孩子，孩子就爱谁。只有爱孩子的人，他才可以教育孩子。"③对同事而言，对同行的关怀是教师间共享经验、相互切磋和互利共赢的智慧之源，教师间的合作与共享是其事业发达的强大后盾。教师只有保持对教育世界以及教育生活的热爱，才能把教育事业干出

---

① 习近平.做党和人民满意的好老师：同北京师范大学代表座谈会时的讲话［EB/OL］.（2014 − 09 − 09）［2022 − 03 − 01］http://www.xinhuanet.com//politics/2014 − 09/09/c_111241372 3_2.htm.

② 习近平.做党和人民满意的好老师：同北京师范大学代表座谈会时的讲话［EB/OL］.（2014 − 09 − 09）［2022 − 03 − 01］http://www.xinhuanet.com//politics/2014 − 09/09/c_111241372 3_2.htm.

③ 习近平.做党和人民满意的好老师：同北京师范大学代表座谈会时的讲话［EB/OL］.（2014 − 09 − 09）［2022 − 03 − 01］http://www.xinhuanet.com//politics/2014 − 09/09/c_111241372 3_2.htm.

滋味、做出品位,体验教育工作的乐趣,品鉴教育世界之美。换一个心境,换一个视角,教师可能发现教育世界中不一样的美,爱心让教师的世界充满阳光。

对当代教师而言,爱学生是一切教育爱的内核,教师对学生有仁爱之心是教育生活中最动人的画面之一。教师要将这种"爱"传达给学生,就必须从两个方面来努力:其一是对学生的成长成功负责任,做一个有责任心的教师,"老师责任心有多大,人生舞台就有多大"①,对学生"负责"就是仁爱之心的生动表达。教师对学生的负责任体现在各个细节上,如认真备好每一节课、课后深入学生生活世界、聆听学生心灵的期待以及关注学生的成长等,这都是教师负责任的表现;其二是尊重、理解、包容学生,尊重、理解和包容是当代学生的心灵期待,是激发学生主体性和主动性的力量,是为学生提供自主发展的环境,保护学生精神生长权利的要求。尊重学生,学生才能有自信与勇气;理解学生,学生才能学会理解他人;宽容学生,学生才能学会自立自强、自我负责。因此,尊重、理解、包容学生是教师仁爱之心的自然延伸。②

第三节　教师专业地位保障指导思想

教师队伍建设是党和国家社会主义教育事业改革与发展的重要环节,建成一支高素质、专业化的教师队伍是社会主义教育事业成功的关键链环。在不同历史阶段,党和国家高度重视教师专业地位保障工作,尽管不同形势下对该工作指导思想的表述略有差异,但贯串其中的主线一直是清晰的,这就是:"把加强教师队伍建设作为教育事业发展最重要的基础工作来抓"。换言之,教师队伍建设与教育设施建设一样,共同构成了国家教育事业发展的重要支撑点。2010 年 7 月 13 日,胡锦涛提出,"要把加强教师队伍建设作为教育事业发展最重要的基础工作来抓"③,这一论点指明了我国教师教育队伍建设的重要性;2013 年教师节,习近平向全国教

---

① 习近平.老师的责任心有多大　人生舞台就有多大[EB/OL].(2014 – 09 – 09)[2022 – 03 – 01]http://www. xinhuanet. com//politics/2014 – 09/09/c_1112413723_2. htm.

② 习近平.做党和人民满意的好老师:同北京师范大学代表座谈会时的讲话[EB/OL].(2014 – 09 – 09)[2022 – 03 – 01]http://www. xinhuanet. com//politics/2014 – 09/09/c_111241372 3_2. htm.

③ 胡锦涛.在全国教育工作会议上的讲话(2010 年 7 月 13 日)[EB/OL].(2010 – 09 – 08)[2012 – 03 – 01]. http://www. gov. cn/ldhd/2010 – 09/08/content_1698579. htm.

师发来慰问信,再次强调了这一治国理政理念①,该论点成为新时代我国教师队伍建设的理念支点。

一、保证教师的社会地位与工作条件

新中国成立以来,我国一直高度重视教师队伍建设工作,各代党中央领导集体均采取了强有力的举措来落实这一治国理念,努力增强我国教育事业的国际竞争力。

(一)整个社会都应该尊重教师

改革开放和社会主义现代化建设新时期,教师队伍建设工作至关重要,提出应当提高教师的社会地位与工作条件,让每一位教师切实感受到党和国家的关怀,激励教师乐教勤业的精神动力。具体而言,这些方式包括改变社会风气、提高教师待遇、调动教师工作积极性等。

1. 整个社会都应该尊重教师

社会风气是影响教师从教信心与职业荣誉感的直接原因。我国非常关注社会风气的扭转,在全社会努力营造尊师重教的社会氛围,让教师真正感受到教育工作的崇高。1978 年,在全国教育工作会议上,邓小平明确指出,"不但学生应该尊重教师,整个社会都应该尊重教师"②,努力形成尊重教师、关心教师,以当教师为荣的社会舆论与精神氛围。为此,他向社会呼吁,大力提高教师的政治地位、经济地位与社会地位,大张旗鼓地表扬教师、鼓励教师从教,促使整个社会对教师行业充满敬意。

2. 调动教师工作积极性

显然,教师政治地位、社会地位的落实只是邓小平重视教师队伍建设的重要一步,在此基础上,党和国家进一步提出改善教师的职业待遇,调动教师的工作积极性,让教师行业真正成为一个有吸引力的好行业。在这一方面,改革开放和社会主义现代化建设新时期采取的主要举措是:研究教师工资制度,建立有利于鼓励教师终身从教和专业提升的工资体系,为教师工作积极性与创造力的释放创造条件;面向优秀教师建立奖励制度和激励制度,让优秀教师得到学校、社会的认可与肯定;把教师工作与科研工作置于同等重要的地位,努力营造大学教师与小学教师一样

---

① 中国教育报评论员.把加强教师队伍建设作为最重要基础工作[N].中国教育报,2013 - 9 - 23(1).

② 邓小平.在全国教育工作会议上的讲话(1978 年 4 月 22 日)//邓小平文选:第 2 卷[M].北京:人民出版社,1994:109.

光荣的理论氛围;等等。借助这些举措,教师行业的职业荣誉感迅速增加,教师队伍匮乏不足的问题日渐得到缓解。

3. 关心教师

在改革开放时期,党和国家关心教师队伍建设的另外一个重要举措是:关心教师的生活、工作与学习,鼓励教师在业务上不断钻研、精益求精。在政治上,他提出:人民教师是培养革命后代的园丁。他们的创造性劳动,应该受到党和人民的尊重。要切实保证教师的教学活动时间,要关心他们的政治生活、工作条件和业务学习。1978 年,在全国教育工作会议上,邓小平提出,要确实保证教师的教学活动时间,要关心他们的政治生活、工作条件和业务学习①。这是他送给全国教师的一个最大"礼包"。具体来说,在政治上,他要求提高教师的政治地位,"科学技术是第一生产力嘛,知识分子是工人阶级一部分嘛。"②在社会主义建设时期,教师作为知识分子,在各项建设事业中占据着举足轻重的地位。在工作条件上,邓小平鼓励各级部门大力改善教师工作条件,保证教师教学工作时间,增加教师编制,为教师创造一种更为舒适的工作环境;在业务学习上,他要求尊重教师的职业贡献,调动教师的工作积极性与创造性,鼓励他们不断学习钻研,努力提高自己的工作能力。

4. 恢复高校教师职称

以邓小平同志为主要代表的中国共产党人对教师队伍建设所做的第二个重要贡献是恢复高校教师职称。这是激发高校教师创造力的有力举措,是激发高校教师工作积极性的重要手段。改革开放和社会主义现代化建设新时期,国家不仅要求科研机构实行党委领导下的所长负责制,恢复科研人员职称,还要求教育部门紧紧跟上,同步恢复高校教师职称,建立教授、讲师、助教等职称体系,完善教师的职称制度,以此为教师发展设立阶梯型轨道与能级型待遇。邓小平还指出,在学校里面不仅应该设立教授、副教授、讲师和助教这四级职称层级,还要把教授按照贡献分成不同的等级,如一级教授、二级教授、三级教授,并根据教师职称高低给予不同的工资待遇,甚至提出"好的教授的工资可以比校长高"③的设想。无疑,这一教师

---

① 邓小平.在全国科学大会开幕式上的讲话(1978 年 3 月 18 日)//邓小平文选:第 2 卷[M].北京:人民出版社,1994:95.

② 邓小平.科学技术是第一生产力(1988 年 9 月 5 日、12 日)//邓小平文选:第 3 卷[M].北京:人民出版社,1993:275.

③ 邓小平.教育战线的拨乱反正问题(1977 年 9 月 19 日)//邓小平文选:第 2 卷[M].北京:人民出版社,1994:70.

职称制度改革的设想有利于高校多出人才、出好人才,满足国家对高水平人才的急切需要。

5. 增加教师数量

新中国成立初期,我国教师队伍极度缺乏,这直接影响了教育事业的迅速发展。针对这一情形,以邓小平同志为主要代表的中国共产党人及时提出了扩充教师数量,增加教师队伍供给的建议,为社会主义教育事业的健康发展提供了有力的人才保证。正如其所言,"合格的大中小学教师,全国如果增加二百万、三百万,不算多"①。基于当时的国情,党和国家要求:国家要增加大学招生,扩大大学生数量,就需要增加教师编制;国家要扩大中小学教育规模,提高学生的入学率,减轻教师的负担,也需要增加教师队伍的数量。在这一科学考量下,该时期全国教师队伍数量猛增:1949 年,全国小学教师有 84.92 万人,中学教师有 6.66 万人,高校教师仅为 1.6 万人;1978 年, 全国小学教师有 522.55 万人,中学教师有 318.2 万人,高校教师有20.63万人;1998 年,全国小学教师有 581.94 万人,中学教师有 369.71 万人,高校教师增加到 40.73 万人。②

6. 鼓励教师终身从事教育事业

在此时期,我国重视教师队伍建设的另一个重要举措是鼓励教师终身从教,这是一个英明决策。无疑,1978 年之前,教师是一个相对清苦的行业,且教师队伍不稳定。鼓励教师终身从教,激励优秀教师持续成长,是提高教师队伍稳定性与质量的有力举措。邓小平指出,对于终身为教育事业服务的人,应当鼓励。③ 不仅如此,他从待遇保障角度提出了建议:将来,有些教得很好的小学教员,工资可以评为特级。各行各业都要设立特级,以鼓励人们终身从事自己的职业。④ 利用工资待遇的激励作用,鼓励优秀教师终身从教就具有了强有力的待遇支持。

7. 大力培训师资

教师队伍的匮乏与合格教师比例偏低是改革开放初期我国教师队伍建设中亟须解决的两大现实问题。相对而言,在职教师的培训与提升问题就显得尤为重要,

---

① 邓小平.目前的形势和任务(1980 年 1 月 16 日)//邓小平文选:第 2 卷[M].北京:人民出版社,1994:263.

② 温红彦.尊师重教深入人心 教师地位日益提高(辉煌的五十年·教育篇)[N].人民日报,1999 - 9 - 20(3).

③ 邓小平.关于科学和教育工作的几点意见(1977 年 8 月 8 日)//邓小平文选:第 2 卷[M].北京:人民出版社,1994:50.

④ 邓小平.坚持按劳分配原则(1978 年3 月 28 日)//邓小平文选:第 2 卷[M].北京:人民出版社,1994:101 - 102.

它是帮助教师达到教师任职资格要求、学会"善教""精教"的有力举措。邓小平呼吁教育部门重视教师培训工作,加大教师培训力度,多渠道提高教师培训的质量与水平。他提出,当时解决教师培训问题的两条现实途径:一个是"要请一些好的教师当教师的教师",大力开展师徒结对式教师培训;另一个是大学开展教师培训工作,"大学教师要帮助中学教师提高水平"。① 在这一思想指导下,我国开展了教师合格证培训,建立了完善的教师培训机构,大学开设了教师成人教育相关课程,为教师队伍质量的提高做出了历史性贡献。

8. 师范大学要办好

源源不断地供给合格教师需要师范大学来保证,办好师范大学,提高师范大学的办学质量,是从根本上解决教师队伍不足问题的有力举措。1977 年,在《教育战线的拨乱反正问题》一文中,邓小平指出:"不办好师范教育,教师就没有来源。"②不仅如此,他还明令教育部办好师范大学,并建立师范大学的质量保障机制,即"省、市管的师范院校,教育部也要经常派人去检查"③。这些教师队伍建设的思想对我国教育事业的迅速崛起立下了汗马功劳。

(二)领导带头尊重教师,依法落实待遇

以江泽民同志为主要代表的中国共产党人在重视教师队伍建设方面又有了新举措,其中最具特色的就是:领导带头尊重教师,依法落实教师待遇,依法保障教师的合法权益,利用各种具体而又实在的举措提升教师行业的吸引力,努力将教师队伍建设推向新高度、新阶段。

1. 尊师重教,首先要从各级领导干部做起

以江泽民同志为主要代表的中国共产党人对教师行业的重要性早就有了清醒的认识:"振兴民族的希望在教育,振兴教育的希望在教师。"④在这一理念的支持下,我国号召全党、全社会要尊重教师,倡导尊师重教的社会风气,让教师体会到其职业的重要意义和荣誉感。为了助推这一社会风气的形成,党中央要求各级领导要尊敬教师,做尊师重教的领头人与先行者。江泽民指出,"尊师重教,首先要从各

---

① 邓小平. 教育战线的拨乱反正问题(1977 年 9 月 19 日)//邓小平文选:第 2 卷[M]. 北京:人民出版社,1994:69.

② 邓小平. 教育战线的拨乱反正问题(1977 年 9 月 19 日)//邓小平文选:第 2 卷[M]. 北京:人民出版社,1994:69.

③ 邓小平. 教育战线的拨乱反正问题(1977 年 9 月 19 日)//邓小平文选:第 2 卷[M]. 北京:人民出版社,1994:69.

④ 江泽民. 振兴民族的希望在教育(1994 年 6 月 14 日)//江泽民文选:第 1 卷[M]. 北京:人民出版社,2006:371.

级领导干部做起,特别是高级领导干部更应该起带头作用"①。另外还要求全社会坚持继承中华民族的优良传统,在全社会大力弘扬尊师重教的良好风气,为教师工作提供良好的社会氛围。② 这一做法无疑在社会上引起了较大反响,对于全社会尊师风气的形成产生了巨大推动作用,尊师重教被真正落到实处。

2. 关心教师生活

党和国家不仅注重尊师重教社会风气的营造,而且采取了一些看得见、感受得到的务实举措,力争让教师体验到教育改革带给他们生活、工作和地位上的真切改善。他要求各级党政领导干部关心教师生活,不仅关心他们的政治生活和精神生活,还关心他们的物质生活、经济生活与社会待遇,确保教师过上一种有尊严、有保障的美好生活。③ 尤其值得一提的是,2002 年 9 月,江泽民指出,各级党委和政府尊重教师的劳动,关心教师的工作和生活,千方百计地为广大教师办实事、办好事,不断提高教师的社会地位。

3. 维护教师的合法权益

党的十三届四中全会以后,我国依法执教的理念开始付诸实施,通过法律途径保障教师的合法权益成为加强教师队伍建设的新举措。1993 年 10 月 31 日,我国通过了首部《教师法》,提出了多项保障教师合法权益的政策:规定每年 9 月 10 日为教师节;规定教师的平均工资水平应当不低于或者高于国家公务员的平均工资水平,并逐步提高,要求建立正常晋级增薪制度;对于地方人民政府拖欠教师工资或者侵犯教师其他合法权益的行为予以追求;对于严重妨碍教育教学工作,拖欠教师工资,损害教师合法权益的行为予以严惩;等等。这些举措为维护教师的合法权益提供了强有力的法律支持。江泽民强调,"要认真贯彻执行《教师法》,维护教师的合法权益,按照规定保证和提高他们的待遇,为他们创造工作、学习、生活的必要条件"④。

4. 为广大教师办实事、办好事

以江泽民同志为主要代表的中国共产党人在建设教师队伍中采取的许多政策

---

① 江泽民. 振兴民族的希望在教育(1994 年 6 月 14 日)//江泽民文选:第 1 卷[M].北京:人民出版社,2006:371.

② 江泽民. 振兴民族的希望在教育(1994 年 6 月 14 日)//江泽民文选:第 1 卷[M].北京:人民出版社,2006:371.

③ 江泽民. 教育必须以提高国民素质为根本宗旨(1999 年 6 月 15 日)//江泽民文选:第 2 卷[M].北京:人民出版社,2006:337 - 338.

④ 江泽民. 振兴民族的希望在教育(1994 年 6 月 14 日)//江泽民文选:第 1 卷[M].北京:人民出版社,2006:371.

举措都突出了"实"字,即为广大教师办实事、办好事,让每一位教师都感受到国家实实在在的关怀与关心,激励他们爱教、乐教的信心、热情与勇气。这些务实举措主要包括:改善教师待遇,保障教师的工资水平,保障教师的合法权益与政治地位,规定了教师带薪休假的权利,保障教师业务培训进修的权利,等等。这些举措对于稳定教师队伍,提高教师队伍质量产生了立竿见影的效果。

5. 优化队伍结构和提高队伍素质

在教师队伍建设的整体规划上,以江泽民同志为主要代表的中国共产党人提出了"建设一支高素质、高水平的教师队伍,为国家和民族的兴旺发达作出贡献"①的建设思路,对全国教育事业的振兴产生了重要影响。为了实现这一建设规划,党中央要求高校要坚持正确办学思想,发扬优良办学传统,发展优势学科,为高素质教师的成长搭建平台、创造条件。2002年前夕,江泽民指出,"贯彻党的教育方针,推进教育创新,培养大批高素质人才,离不开教师的辛勤工作"。因此,我国要加大教师教育改革力度,"努力造就一支献身教育事业的高水平的教师队伍"。②

6. 建设中国特色教师教育体系

教师队伍的"航空母舰"是教师教育体系,构建具有中国特色的社会主义教师教育体系是加快我国教师教育队伍建设的重要途径。在以江泽民同志为主要代表的中国共产党人看来,这一特色社会主义教师教育体系的关键特征是:适应、开放、灵活,即"建立和完善适应我国教育发展需要的、开放灵活的教师教育体系"。所谓"适应",就是适应21世纪初期我国人民对优质教育服务的希求;所谓"开放",就是允许综合大学建立教师教育学院,鼓励这些学院毕业生以及有志于从教的大学生在国家教师资格证考试合格后进入教育行业;所谓"灵活",就是保持教师教育体制的适度弹性,确保整个教师教育体制与时俱进,与动态发展的社会要求相适应。同时,要建立好这一教师教育体系,师范大学的转型显得尤为迫切。江泽民提出:"全国各级各类师范院校,都要适应新形势新任务的要求,深化改革,锐意进取,为建设有中国特色教师教育体系作出新的贡献。"③显然,师范大学应该"身先士卒"、勇于探索,为中国特色教师教育体系的建立当好先行者。

---

① 江泽民.在庆祝清华大学建校九十周年大会上的讲话(2001年4月29日)[N].人民日报,2001-04-30(01).

② 江泽民.不断推进教育创新(2002年9月8日)//江泽民文选:第3卷[M].北京:人民出版社,2006:501.

③ 江泽民.不断推进教育创新(2002年9月8日)//江泽民文选:第3卷[M].北京:人民出版社,2006:501.

（三）全面保障教师三大地位

党的十六大以后，以胡锦涛同志为主要代表的中国共产党人更加重视教师队伍建设，多举措关注教师行业地位的提高与依法治教的水平。在这些举措中，最为引人注目的是：保障教师地位、吸引优秀教师从教、依法保障教师收入和营造良好舆论氛围等。

1. 保障教师的政治地位、社会地位、职业地位

教师地位、水平和待遇的提高事关教师队伍的稳定发展和教师职业的健康发展。因此，以胡锦涛同志为主要代表的中国共产党人非常关注教师队伍的"三大地位"，即政治地位、社会地位与职业地位的保障问题，将之视为教育事业蓬勃发展的重要支撑点。胡锦涛指出："必须高度重视和切实加强教师队伍建设。要采取有力措施，保障教师的政治地位、社会地位、职业地位，维护教师合法权益。"①这一施政理念对教师队伍发展而言意义重大，它是教师队伍持续稳健发展的坚实政策依托，对于国家教育改革大业的最终实现具有奠基意义。

2. 吸引和鼓励优秀人才从事教育工作

进入新时期，随着改革开放的深入，高薪行业就业机会的增多，许多优秀大学毕业生不愿从教，导致农村地区、边远山区、少数民族地区优秀教师资源匮乏，这直接影响着社会主义教育事业的健康发展与城乡教育均衡发展目标的实现。在这种情况下，以胡锦涛同志为主要代表的中国共产党人向社会呼吁："必须吸引和鼓励优秀人才从事教育工作""鼓励优秀人才长期从教、终身从教，鼓励有志青年到农村、到边远地区、到祖国最需要的地方为国家教育事业发展建功立业"②。为了实现这一政策，2007年5月，国务院决定在六所教育部直属师范大学，即北京师范大学、华东师范大学、东北师范大学、华中师范大学、陕西师范大学和西南大学中实行师范生免费教育。这一政策的实施有效解决了西部贫困地区对优秀教师的需求，为国家教育均衡发展做出了历史性贡献。

3. 依法保障教师收入水平

教师待遇始终是决定教师队伍建设质量的关键问题，依法保障并持续提高教师收入水平对于我国教师队伍建设而言具有尤为重要的意义。2007年8月31日，

---

① 胡锦涛.在全国优秀教师代表座谈会上的讲话[EB/OL].（2007-08-31）[2022-03-05].http://www.moe.gov.cn/jyb_xwfb/gzdt_gzdt/moe_1485/tnull_25965.html.

② 胡锦涛.在全国优秀教师代表座谈会上的讲话[EB/OL].（2007-08-31）[2022-03-05].http://www.moe.gov.cn/jyb_xwfb/gzdt_gzdt/moe_1485/tnull_25965.html.

胡锦涛指出：“要随着经济发展不断提高教师待遇，依法保障教师收入水平。”①这成为之后我国不断提高教师收入水平的政策基础。在《国家中长期教育改革和发展规划纲要（2010—2020年）》中，我国政府提出了保障教师收入水平的有力手段，即“依法保证教师平均工资水平不低于或者高于国家公务员的平均工资水平，并逐步提高。落实教师绩效工资制度”②。这一政策的提出无疑在我国教师队伍建设史上具有重要意义。

4. 营造良好舆论氛围

教师从教不仅需要必需的待遇收入保障，更需要良好的舆论氛围支持，积极营造健康的舆论氛围对于教师队伍稳健发展具有现实意义。以胡锦涛同志为主要代表的中国共产党人坚定地推进尊师重教的社会风气建设，努力为教师营造积极、健康、优越的社会氛围。在他看来，“教师是神圣的职业，应该受到全党全社会的尊敬”③。党和国家从多途径、多角度强化社会风气建设，提出了一系列弘扬尊师重教社会风气的切实举措，例如，在社会上大力宣传优秀教师先进事迹，让全社会广泛了解教师工作的重要性和特殊性，把教师行业建成社会上最受人尊敬的职业，让尊师重教蔚然成风，等等。

5. 落实教师医疗、养老、住房等社会保障

以胡锦涛同志为主要代表的中国共产党人为广大教师做出的另外一项务实工作是完善教师医疗、养老、住房等社会保障。④ 这是确保教师在新时期过上舒适而又有尊严的社会生活的必要条件。应该说，这些保障举措真正把党和国家对教师的关怀落到了实处。

6. 改革和完善教师管理制度

推进教师队伍管理，调动教师工作积极性与创造性，确保教师队伍健康发展，是新时期我国教师队伍建设的直接举措。以胡锦涛同志为主要代表的中国

---

① 胡锦涛. 在全国优秀教师代表座谈会上的讲话［EB/OL］.（2007－08－31）［2022－03－05］. http://www. moe. gov. cn/jyb_xwfb/gzdt_gzdt/moe_1485/tnull_25965. html.

② 中共中央、国务院. 中国中长期教育改革和发展规划纲要（2010—2020年）［EB/OL］.（2010－07－29）［2022－03－05］. http://www. moe. gov. cn/srcsite/A01/s7048/201007/t20100729_171904. html.

③ 胡锦涛. 在全国优秀教师代表座谈会上的讲话［EB/OL］.（2007－08－31）［2022－03－05］. http://www. moe. gov. cn/jyb_xwfb/gzdt_gzdt/moe_1485/tnull_25965. html.

④ 胡锦涛. 在全国优秀教师代表座谈会上的讲话［EB/OL］.（2007－08－31）［2022－03－05］. http://www. moe. gov. cn/jyb_xwfb/gzdt_gzdt/moe_1485/tnull_25965. html.

共产党人积极改革完善教师管理制度,建立教师资格证制度,严格教师资格准入制度,健全科学教师考核评价机制,合理配置教师资源,努力实现城乡间的教师人才资源均衡。在《国家中长期教育改革和发展规划纲要(2010—2020年)》中,我国提出了未来教师队伍建设的五项新举措:严格实施教师准入制度,严把教师入口关;建立教师资格证书定期登记制度;省级教育行政部门统一组织中小学教师资格考试和资格认定工作;县级教育行政部门会同人力资源社会保障等部门按职责分工依法履行中小学教师招聘录用、职务(职称)评聘、流动调配等职能;加快中小学教师职称管理,建立统一的中小学教师职务(职称)系列,探索在中小学设置正高级教师职务(职称);等等。这些举措加快了我国教师队伍建设现代化与科学化的进程。

7. 重点提高农村教师素质

在此时期,由于城镇化进程的加速,教育城镇化集中的趋势日益明显,城乡教育资源日益失衡,乡村教师数量与质量均难以保证。为了解决这一问题,胡锦涛非常重视乡村教师素质提升与保障问题,将之视为国家的一项基本教育国策。2007年10月15日,胡锦涛做了《高举中国特色社会主义伟大旗帜,为夺取全面建设小康社会新胜利而奋斗》的报告,其中明确指出:"加强教师队伍建设,重点提高农村教师素质。"[①]在这一方面,国家采取了一系列举措,如优待乡村教师,在工资、职务职称等方面的政策上向长期在农村基层和艰苦边远地区工作的教师倾斜;设立专项补贴制度,完善乡村教师津补贴标准,改善教师工作和生活条件;改善乡村教师待遇,积极建设农村边远艰苦地区学校教师周转宿舍;设立奖励制度,国家对在农村地区长期从教、贡献突出的教师给予奖励;实施免费师范生教育,培育"下得去""用得上""留得住"的优秀乡村教师;等等。这些举措有利于改变乡村教师待遇,稳定乡村教师队伍,进一步推动了城乡教育的公平与均衡。

8. 加大对师范教育支持力度,积极推进教师教育创新

以胡锦涛同志为主要代表的中国共产党人尤其关注师范教育发展,全方位加大师范教育支持力度,完善在职教师培训制度,将其视为教师队伍建设的重要举措。党和国家"要高度重视教师培养和培训,加大对师范教育支持力度,积极推进

---

① 胡锦涛.高举中国特色社会主义伟大旗帜,为夺取全面建设小康社会新胜利而奋斗(2007年10月15日)//十七大以来重要文献选编(上)[M].北京:中央文献出版社,2009:29.

教师教育创新,提高教师整体素质和业务水平"①。可以说,全方位提高教师教育质量,创新教师教育体制,推动教师教育内涵建设,是新时期党的重要施政理念。《国务院关于加强教师队伍建设的意见》中明确指出:"发挥教育部直属师范大学师范生免费教育的示范引领作用,鼓励支持地方结合实际实施师范生免费教育制度""扩大教育硕士、教育博士招生规模,培养高层次的中小学和职业学校教师""建立高等学校与地方政府、中小学(幼儿园、职业学校)联合培养教师的新机制";②出台《教师专业标准》与《教师教育课程标准》,规范师范教育的发展,提高教师教育质量;完善"三级"培养培训体系,实施中小学教师五年一轮训制度,着力提高教师专业水平和教学能力;通过研修培训、学术交流、项目资助等方式,多渠道培养教育教学骨干、教学能手和学术带头人,大力培养教学名师和教育领域领军人才;实施教师教育优势学科创新平台建设,与高校本科教学质量与教学改革工程③,重视推进教育硕士学位建设,推动教师教育层次的转型升级;等等。可以说,上述改革为新时期我国教师教育事业发展注入了活力。

二、寻求新时代深化教师教育改革的突破口和着力点

进入中国特色社会主义建设新时代,国家对新时代教师教育事业、教师队伍建设工作有了更多的创举与考虑。其中,"寻求深化教师教育改革的突破口和着力点",是大力推进教师教育体制深度综合改革,全力破解制约社会主义教育事业发展的瓶颈环节,成为本届政府的重要改革计划。2013 年教师节前一天,习近平指出:"各级党委和政府要把加强教师队伍建设作为教育事业发展最重要的基础工作来抓,提升教师素质,改善教师待遇,关心教师健康,维护教师权益,充分信任、紧紧依靠广大教师,支持优秀人才长期从教、终身从教。"④这些政策既是对上一届政府治国理政理念的继承,又体现了新时期党和国家强化教师队伍建设,提高教师队伍

---

① 胡锦涛.在全国优秀教师代表座谈会上的讲话[EB/OL].(2007 – 08 – 31)[2022 – 03 – 05].http://www.moe.gov.cn/jyb_xwfb/gzdt_gzdt/moe_1485/tnull_25965.html.

② 国务院.国务院关于加强教师队伍建设的意见[EB/OL].(2012 – 08 – 20)[2022 – 03 – 05].http://www.moe.gov.cn/jyb_xxgk/moe_1777/moe_1778/201209/t20120907_141772.html.

③ 教育部,财政部.关于实施"高等学校本科教学教学质量与教学改革工程"的意见[EB/OL].(2007 – 01 – 22)[2022 – 03 – 15].http://www.moe.gov.cn/srcsite/A08/s7056/200701/t20070122_79761.html.

④ 习近平.习近平向全国广大教师致慰问信[EB/OL].(2013 – 09 – 09)[2022 – 03 – 10].http://news.xinhuanet.com/politics/2013 – 09/09/ c_117294186.htm.

水平的决心与意志。2014年教师节前夕,习近平再次强调:"要加强教师教育体系建设,加大对师范院校的支持力度,找准教师教育中存在的主要问题,寻求深化教师教育改革的突破口和着力点,不断提高教师培养培训的质量。"①可以说,在教师教育发展史上,这是一次继往开来的重大教育举措,引领了未来一段时期我国教师教育事业的发展方向。

(一)把加强教师队伍建设作为新时代教育事业发展最重要的基础工作来抓

可以说,以习近平同志为主要代表的中国共产党人推进教师教育事业发展的立政之基正是:"把加强教师队伍建设作为教育事业发展最重要的基础工作来抓,努力造就一支师德高尚、业务精湛的高素质专业化教师队伍",这是"办好人民满意教育的关键"。② 这一理念为我国未来教师教育发展确立了基调与主题,具有划时代意义。

在社会主义建设新时代,在这一基本理政理念的支持下,党中央重点推进了以下教师队伍建设工作:

1. 提升教师素质

2014年9月,习近平指出:"每个人心目中都有自己好老师的形象。做好老师,是每一个老师应该认真思考和探索的问题,也是每一个老师的理想和追求。"③进言之,提升教师素质,造就大批好教师,是国家政府的工作方向。习近平指出,"好老师没有统一的模式,可以各有千秋、各显身手,但有一些共同的、必不可少的特质"④。在我国,高素质教师队伍的共同内涵就是"师德高尚、业务精湛、结构合理、充满活力的高素质专业化教师队伍"⑤,积极造就这样一支教师队伍是人民对

---

① 习近平.做党和人民满意的好老师:同北京师范大学代表座谈会时的讲话[EB/OL].(2014－09－09)[2022－03－10]http://www.xinhuanet.com//politics/2014－09/09/c_111241372 3_2.htm.

② 中国教育报评论员.把加强教师队伍建设作为最重要基础工作[N].中国教育报,2013－9－23(01).

③ 习近平.做党和人民满意的好老师:同北京师范大学代表座谈会时的讲话[EB/OL].(2014－09－09)[2022－03－10]http://www.xinhuanet.com//politics/2014－09/09/c_111241372 3_2.htm.

④ 习近平.做党和人民满意的好老师:同北京师范大学代表座谈会时的讲话[EB/OL].(2014－09－09)[2022－03－10]http://www.xinhuanet.com//politics/2014－09/09/c_111241372 3_2.htm.

⑤ 习近平.做党和人民满意的好老师:同北京师范大学代表座谈会时的讲话[EB/OL].(2014－09－09)[2022－03－10]http://www.xinhuanet.com//politics/2014－09/09/c_111241372 3_2.htm.

政府的重托。在好教师思想的指导下,习近平提出了"四有"好教师的思想,真抓实干地采取了一些提升教师素质的措施,其中最具代表性的是:加强教师培养培训工作的力度。当前,国家正从以下三个方面入手深入推进此项工作:提升师范教育质量,扩大优秀人才选拔途径,为教师队伍敞开来源;科学实施教师培训工作,为教师继续学习和专业发展打通上升通道;坚持推进公费师范生教育、卓越教师培养计划、中小学国培项目以及教师资格全国统考制度等一系列提高教师队伍素质的政策,确保教师整体素质的持续提高。

2. 改善教师待遇

无疑,切实落实各项教师待遇是稳定教师队伍的基本条件。在此方面,国家采取的主要举措是:弘扬尊师重教的良好风尚,提高教师地位,让教师真正成为最受社会尊重的职业;坚持吸引优秀人才长期从教、终身从教的政策,保证优秀教师源源不断地供给;党和国家要为教师办实事,切实改善教师待遇,关心教师健康,维护教师权益,让教师在工作岗位上安心工作,激发广大教师扎根讲台、努力工作、乐于奉献的精神动力与事业情感。① 尤其值得一提的是,2016 年教师节期间,习近平明确指出:"各级党委和政府要满腔热情关心教师,让广大教师安心从教、热心从教、舒心从教、静心从教,让广大教师在岗位上有幸福感、事业上有成就感、社会上有荣誉感,让教师成为让人羡慕的职业。"②2018 年,习近平指出:"随着办学条件不断改善,教育投入要更多向教师倾斜,不断提高教师待遇,让广大教师安心从教、热心从教。"这一讲话进一步增强了整个社会对教师地位与待遇的重视程度。

3. 充分信任、紧紧依靠广大教师

进入中国特色社会主义建设新时代,依靠广大教师办学,充分信任广大教师,是一切教师队伍建设政策的立基点。当前,国家不但确立了"充分信任、紧紧依靠广大教师"的指导理念,而且还提出多项举措将其落到实处,如发挥教代会与教师工会在学校中的参政议政功能,鼓励教师发挥创造性、主体性与能动性,积极开展教育教学创新,提高教育教学工作质量,等等。借助这些举措,教师教育事业发展的专业地位逐渐得以落实。

---

① 习近平.习近平向全国广大教师致慰问信[EB/OL]. (2013 - 09 - 09)[2022 - 03 - 10]. http://news. xinhuanet. com/politics/2013 - 09/09/ c_117294186. htm.

② 习近平.习近平教师节前回到母校:一个人遇到好老师是人生的幸运[EB/OL]. (2016 - 09 - 10)[2022 - 03 - 10]. http://sports. sohu. com/ 20160910/n468134825. shtml.

4. 创新教师队伍管理制度

这是优化教师队伍建设的重要管理举措。具体包括:确立了中小学教师作为"国家公职人员"的法律地位,教育行政部门要加强教师教育制度创新,健全教师管理制度,严把教师入口关,完善重师德、重能力、重业绩的教师考核评价标准,完善教师荣誉制度,坚决清除教师队伍中的"害群之马"等,让教师队伍在新陈代谢中不断更新升级。在 2018 年全国教育大会上,习近平提出了"九个坚持"的重要思想,其中,"坚持把教师队伍建设作为基础工作"是压轴之笔。

5. 支持优秀人才长期从教、终身从教

支持优秀人才长期从教、终身从教是新时代党的又一重要兴教举措。当前,人民群众日益增长的教育需求是对优质教育资源的需求,优秀教师是优质教育资源的最重要构成要素。为了支持优秀人才从教,我国实施了开放式教师教育体制,扩大教师队伍来源,为具有从教意愿的优秀人才打开了入职通道;为了支持优秀教师终身从教,设立了国家级教师荣誉与表彰制度,坚定优秀教师的从教决心,不断提高优秀教师在教师队伍中的比例,满足国家对优质教育资源建设的要求。

6. 鼓励有志青年到农村、到边远地区为国家教育事业建功立业

当前,虽然我国经济和社会发展已经接近世界中等发达国家水平,但东西部以及城乡发展不均衡的问题依然存在,老少边穷地区仍处在欠发达状态,导致这些地区教育事业的振兴面临较多困难。为了彻底解决这一问题,以习近平同志为主要代表的中国共产党人要求加快这些地区教育事业的发展,确保这些地区有优质的教师人才供给。2014 年教师节,习近平指出:"目前,教育短板在西部地区、农村地区和老少边穷岛地区,尤其要加大扶持力度。少年强则中国强,中西部强则中国强。"[①]鉴于此,他要求教育行政部门"要制定切实可行的政策措施,鼓励有志青年到农村、到边远地区为国家教育事业建功立业"。[②] 显然,这一政策是促进教育均衡发展,实现教育公平的重要举措,对于提升我国边远、乡村地区教育质量具有重要意义。

(二)加强教师教育体系建设,加大对师范院校的支持力度

新时期,党和政府对教师教育体系建设尤为重视,习近平多次视察北京师范大

---

① 习近平. 习近平到北师大看望师生 强调教师第一位是传道[EB/OL]. (2014 - 09 - 10)[2022 - 03 - 10]. https://www.chinanews.com/gn/2014/09 - 10/6575565.shtml.

② 习近平. 做党和人民满意的好老师:同北京师范大学代表座谈会时的讲话[EB/OL]. (2014 - 09 - 09)[2022 - 03 - 10]http://www.xinhuanet.com//politics/2014 - 09/09/c_111241372 3_2.htm.

学,关注师范教育的发展,从宏观政策层面强化了国家对教师教育体系建设的政策保障机制,确保师范院校顺利完成培育优秀教师的任务。2014 年,在北京师范大学视察期间,他要求各级政府加强教师教育体系建设,加大对师范院校的支持力度,不断提高教师培养培训的质量。① 目前,这一理念已经深入人心,成为国家发展教育事业的一个政策立足点。2014 年,教育部颁布了《关于实施卓越教师培养计划的意见》,要求师范大学增强教师培养的适应性和针对性,大力提升教育实践质量,解决好教师教育师资队伍薄弱等突出问题。2018 年,中共中央、国务院提出《新时代教师队伍建设改革的意见》,致力于打造一支党和人民满意的"高素质专业化创新型教师队伍",向新时代中小学教师专业发展提出了新要求。同时,党中央、国务院高度重视师范院校建设的力度,着力开展了一系列提高教师教育质量的新举措,如开展师范专业认证,实施教师教育振兴计划,加大教师培养质量监测等,这些举措的实施将为教师教育质量提升提供有力的政策支持。

【拓展阅读】

1. 邓小平. 邓小平文选:第 2 卷[M]. 北京:人民出版社,1994.

2. 江泽民. 江泽民文选:第 3 卷[M]. 北京:人民出版社,2006.

3. 胡锦涛. 胡锦涛文选[M]. 北京:人民出版社,2016.

4. 习近平. 习近平谈治国理政[M]. 北京:人民出版社,2014.

【学后作业】

1. 谈一谈:我国教师队伍专业化建设指导思想的内涵与精髓。

2. 想一想:我国教师队伍专业化建设的时代意义是什么?

3. 问一问身边同事:我对中国特色社会主义教师队伍专业化建设思想的理解是否科学?

【实践练习】

收集改革开放以来我国教师队伍专业化建设指导思想的相关文献,分析其关键表述的变化脉络。

---

① 习近平. 做党和人民满意的好老师:同北京师范大学代表座谈会时的讲话[EB/OL].(2014 − 09 − 09)[2022 − 03 − 10]http://www. xinhuanet. com//politics/2014 − 09/09/c_111241372 3_2. htm.

第三章　国外教师专业发展研究

【导学提示】

通过本章学习,达到以下学习目标:

1. 理解国外研究对教师"专业人员"的理解;
2. 领会国外研究对"有效教师专业发展特征"的思考;
3. 了解丰富多彩的国外教师专业发展形态;
4. 了解国外教师专业发展的内容与特征;
5. 借鉴国外科学教师专业发展方式模式,提升自我专业发展质量。

众所周知,教师专业发展是教师教育体系赖以生存的根基,相对于教师培养、培训而言,它无疑具有先在性、第一性与奠基性。教师教育制度设计只有在遵循教师专业发展规律与目的的基础之上才可能具有科学性与合理性,整个教师教育构架其实只是教师专业发展手段的组合和促进教师专业发展的工具而已,教师专业发展才是真正贯串整个教师教育系统,并使之具有最高统一性的内线。正是基于这一观念,当代世界各国非常关注教师专业发展现象及对其规律、经验的研究与共享,并将之作为整个教师教育体系改革的重要理念依托与支撑点。

第一节　国外对教师"专业人员"的研究

在教师专业发展中,教师的特有身份是"专业人员",是教师行业专业性的承载者、体现者与实现者,是决定教师其他角色与身份的焦点。这一身份的由来及演变与教师专业化、教育科学化进程密切相关,具有其历史性的角色内涵。就教师身份演变史来看,教师作为艺术家、工作者、实践家和研究者是其前身;就其内涵变迁过程来看,专业素养的获得与应用是其核心内涵。

一、教师作为艺术家

在教育史上,"教育是科学还是艺术"的争论早已有之,这样的争论开启了人们对教学实践理解的多样化视角。在教育学产生之前,学者大都认为,教育是一门实践艺术,教师是艺术家,"教学有道但无常道"正是这一概念的立论基石。早在1891年,詹姆斯在其著作《与教师谈心理学》中就已表明这一观点,"艺术"成为教育教学工作的最佳隐喻,它充分体现了教育工作的多变性、复杂性与情境性,体现了教育行业"缄默、含蓄与难以查验"的一面。[①]在"教育作为艺术"观念的主导下,人们认为:优秀教师是天生的而非培养出来的,教师发展是自己的修炼与自然的成长而非政策干预的结果,教育教学工作无法系统设计而只能靠自然天成。作为教育艺术家,教师的灵感、经验、直觉、天赋和德性等人格特质决定着其教育工作的效能,因为教学是教师天性在教学情境中的自然显现过程,它是一项难以人为理性控制的工作。

二、教师作为工作者

在近代,随着职业化进程的加速,人们更愿意把教师视为一种职业、一项工作,与之相应,教师就是工作者。例如在拉美,20 世纪六七十年代,学者认为教师是"教学工作者";1990 年,OECD 分析了人们为什么把教师视为"工作者"的原因:规模上,在大多数 OECD 成员国中,公众认为有很多人能够当教师,教师潜在规模较大;资格水平上,教师资格水平尽管在 90 年代空前提高,但教师地位依然很低;女性化程度上,教师行业日趋女性化,而教师的报酬及地位与各行业中女性地位的提高不成比例。[②] 基于这一现状,若按照霍伊尔的专业标准,即社会职能、知识、从业自主权、集体自治和行业价值观等指标来衡量,教育教学工作自然不配被称为"专业"。因此,在 20 世纪初,教师始终被作为"工作者"而非"专业人员",这是由行业发展状况决定的。

---

① DELAMONT S. "Teachers as artists". In: Anderson, L. (Ed.), International encyclopedia of teaching and teacher education(second edition)[M]. London: Pergamon Press, 1995: 7.

② OECD (Organisation for Economic Cooperation and Development). The teacher today: Tasks, conditions, policies[R]. Paris: OECD, 1990.

三、教师作为实践家

在 20 世纪末,还有许多学者将教师视为实践家,反对教育教学知识对教学工作的制约与控制。正如学者 Calderhead 所言,教学工作是一个扎根情境、解决问题、做出决定的过程,它与内科医生的工作尤为相似。① 众所周知,在课堂教学情境中,教师必须基于自己的经验与思考对具体情境中的具体问题做出针对性反应,指导这些问题的解决。进言之,在每一个教育案例与实践情境中教师都必须考虑课堂情境中的多样化因素,并据此做出针对性的判断与决定。② 在这种情况下,新手教师的培养就必须关注教师如何在具体情境中生成新教育认识的能力,必须重点培养他们面对具体实践情境的反应能力与实践技能。正如英国学者所言,教师教育改革经验表明:教师是教学知识的生产者与使用者,尤其是在实践社群中,在实践者与研究者合作中,教师能通过探究过程来更新自己知识结构。③ 正是如此,当代许多学者认为,教师是自适型专家,他们在教育教学情境中具有自适应能力,实践智慧、情境认知与策略性反应能力是教师工作独特性的内在构成元素。

四、教师作为研究者

在 20 世纪,教师作为研究者的观念同样流行,"培养专家型教师、研究型教师"一时成为教育行业的响亮口号。"专家型教师"与"新手教师"相对,通过对二者加以对比,找出专家型教师的独特素养结构,就成了教师专业发展的标准与方向。国外学者认为:专家型教师掌握了一些独特的实践知识与技能,他们都是反思性实践者,在经验反思、行动研究中不断改进实践品质是专家教师的独特特征。学者霍林斯沃思(Hollingsworth)对此做了进一步探讨,专家型教师最重要的素养是实践研究与改进的能力,这一能力与其"改进实践的方式""改变工作情境的方式"以及"在

---

① CALDERHEAD J,SHORROCK S B. Understanding teacher education:case studies in the professional development of beginning teachers[M]. London:The Falmer Press,1997.

② ROHRKEMPER M M,BROPHY J E. "Teachers' thinking about problem students". In:Levine,J. M.; Wang,M. C. (Eds.),Teacher and student perceptions:implications for learning[M]. Hillsdale,NJ:Lawrence Earlbaum Associates,1983.

③ EDWARD A,GILROY P, Hartley D. Rethinking teacher education:Collaborative responses to uncertainty[M]. London:Routledge,2002:125.

更大社会范围内理解实践的方式"①的发展是同步的。1995年,"教师作为研究者"的观念迅速被接受,教师的自我发展能力,即学习、发展与研究能力成为优秀教师专业成熟的关键因素。

五、教师作为专业人员

在20世纪初,由于专业化进程的长驱直入,"专业人员"被视为职业人员金字塔的顶端,教师专业人员倏然成为教师培养培训的响当当目标。就其基本内涵来看,专业人员的独特含义是教师具备独特、卓异和全面的专业素养,这些素养不仅体现在专业知识技能、道德秉性与人格品性上,更表现在他们利用这些教育资质、资源、资格去解决具体教育教学问题,实现理想工作效能上。正如学者所言,"从定义上看,'专业人员'具有解决复杂问题的高度专门化专长"。② 对教师专业人员而言,其意味着:教师应成为教育领域内的专家,应该具备运用最高深知识开展教育实践,服务人类共同教育利益的专门能力。就目前来看,美国乃至全世界教师远未达到这一水平,教师作为专业人员的地位还未真正确立,教师专业发展将成为全世界教师达成这一目标的根本手段。为此,要实现教师作为"专业人员"的目标,教育行业不仅要把教师视为"专业人员",按照"专业人员"来看待,依据"专业人员"的标准来培养,更重要的是,还要大量吸纳有教育天赋的人才进入教师行业,不遗余力地提高教师专业地位,打造高品质、专业化的教师教育服务,让整个教师行业成为教师专业人员成长的共同家园。

第二节 国外对有效教师专业发展特征的研究

从效能上看,教师专业发展活动的效能有无效与有效之分、低效与高效之分,促进有效教师专业发展是教师教育事业的使命。客观地看,有效教师专业发展具有一些共性特征,借助这些特征来规避无效、预防低效的教师专业发展,创建高效教师专业发展模式与服务,不断提高教师专业发展水平,是教师专业发展研究的终端意图所在。国外学者从不同角度提出了自己的看法与观点,在此仅对其共同特征做以下梳理。

---

① HOLLINGSWORTH S. "Teachers as researchers". In:Anderson,L. (Ed.),International encyclopedia of teaching and teacher education(second edition)[M]. London:Pergamon Press,1995:16.

② CALDERHEAD J,SHORROCK S B. Understanding teacher education:Case studies in the prcfessional development of beginning teachers[M]. London:The Falmer Press,1997:277-291.

【资料3-1】

表3-1　美国四大全国性教师专业标准的总标准对照表①

机构	总标准
全国教师教育认证委员会	六大核心标准:熟悉学科内容;明白有效的教学策略;反思自己的教学实践并调整自己的教学;能从不同的文化背景角度给学生提供教学;接受教学导师的监督;能把教育技术应用于教学中
州际新教师评估与支持联合会	十大核心标准:掌握学科知识;了解学生的发展特点和学习方法;了解学生文化背景的多样性;熟悉并使用各种教学策略;营造良好的学习环境;善于利用有效的交流手段;制订科学的教学计划;掌握并使用正式和非正式的评价策略;具有反思能力与专业发展能力;具有合作精神
国家教师专业教学标准委员会	五大核心标准:教师应该致力于学生的发展和学习;教师应该熟悉所授学科领域的知识以及该学科的教学方法;教师应该负责学生学习的管理和监督;教师应该系统性地反思自己的行为;教师应该是学习共同体的成员
优质教师证书委员会	四大核心标准:扎实的学科知识;出色的专业化概念和领导水平;优秀的教学实践;巨大的正面影响力

一、实质特征:促进学生发展

教师发展的目的是为了促进学生发展,教师专业发展的终极目标无疑是促进学生全面、快速、健康的成长,教师自己的发展仅仅只是其中的一个桥梁、一种手段而已。那么,教师发展与学生发展间的关联到底有多大呢? 这是确立有效教师专业发展标准的立论之基。

(一)学生发展是判定有效教师专业发展的首要指标

在国外,诸多学者都将学生学习成绩的变化方向与程度视为判断教师专业发展有效与否的首要指标。Blank 等人认为,检验教师专业发展质量的最终标尺是其

---

① 张治国. 美国四大全国性教师专业标准的比较及其对我国的借鉴意义[J]. 外国教育研究,2009,36(10):34-38.

在学生身上展示出来的效果,即与教师相关的学生成绩提高幅度[①];在 Michael 等人研究中,"明显提高学生学习成绩"被视为高质量教师专业发展的第二条指标。[②] 在 Sandra 主笔的报告《教师专业发展:不是一件事情,而是一个过程》中也认为:教师专业发展必须成为提高教育质量的一部分,有效教师专业发展必须用学生成绩的提高来证明自己的"有效"。[③] 美国英语教师协会(NCTE)提出的七条教师专业发展原则中第一条就是"教师专业发展是导致学生学业成功的主要因素",在第六条中还再次做了强调:"最好的教师专业发展模式首先是改进教师实践,其次是促进学生学习,其主要特征是专业发展活动的持续性。"[④]简言之,教师专业发展对学生学习成绩的影响既是客观存在的,又是最具说服力的。美国斯坦福大学著名教师教育专家 Darling – Hammond 以数学教师为例的实证研究也表明:参与基于课程的持续教师专业发展活动的确能够提高学生在州评价中的分数。[⑤] 可以说,几乎在笔者所见的所有有效教师专业发展论述上都直接或间接提高了"促进学生发展"这一终端效能判别标准。正是如此,奥巴马政府多次强调:教师专业发展的首要目的是提高学生的学习成绩表现,促进学生身心发展,"学生发展水平"始终是有效教师专业发展的首要评价指标。

(二)教师专业发展对学生发展的贡献率量化研究

国外学者曾经对教师素质与学生发展之间的关联做了研究,结果如图 3 – 1所示。

① BLANK R K,DE LAS ALAS N. Effects of teacher professional development on gains in student achievement:How meta – analysis provides evidence useful to education leaders[EB/OL]. [2022 – 03 – 15]. http://www. ccsso. org/documents/2009/effects_of_teacher_professional_2009.

② GARET M S, PORTER A C, DESIMONE L, et al. What makes professional development effective? Results from a national sample of teachers[J]. American educational research journal, 2001, 38(4):915 –945.

③ HARWELL S H. Teacher professional development:It's not an event, it's a process[R]. Waco, TX:CORD,2003(21).

④ NCTE. Principles of Professional Development[EB/OL]. (2006 – 11 – 01)[2022 – 03 – 15]. http://www. ncte. org/positions/statements/ profdevelopment.

⑤ DARLING – HAMMOND L. "Target time toward teachers"[J]. Journal of Staff Development, 1999(2):32.

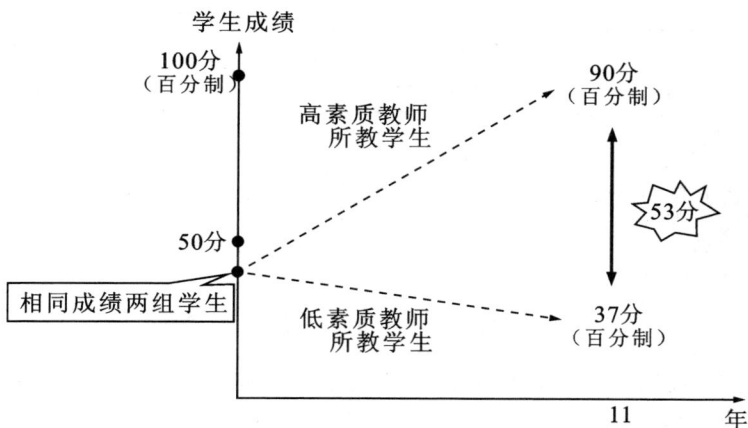

图 3 - 1　教师素养与学生发展关联图①

图 3 - 1 表明,在成绩起点相同的学生身上,优秀教师能够把学生成绩提高大约 53%。这一数据直观地显示了优秀教师的社会贡献水平。

(三)教师专业学习机会与学生成绩间的关联机制研究

另外,新西兰学者还对教师专业学习机会与学生成绩间的关联机制做了分析(图 3 - 2),很具有参考意义。该图表明,教师专业发展与学生学习成绩之间存在着一种"黑箱"式关联机制。在这一关联机制中,教师专业学习机会多寡会通过影响教师实践、学生学习机会等间接波及学生学习成绩;在每一个关联链环中,师生对自己认识和技能获得情况的解释都是未知的,我们也只能借助猜测来建构教师专业学习机会与其教学方式变化、学生学习机会与其学习结果变化间的关联方式及解释框架。尤其令人困惑的是,教师应该怎样改变教学实践以促进学生学习成绩的积极改变,这是摆在研究者面前的一个复杂问题。进言之,教师专业发展与学生成绩间的关联具有三个不确定性:其一,教师专业学习机会不一定导致教师实践的改变;其二,教师实践的改变不一定影响学生的学习机会;其三,学生的学习机会改变不一定改变他最终的学习结果。这些不确定性都使教师专业发展活动与学生学习成绩变化之间的关联具有模糊性与难以预期性。②

①　BARBER M,MOURSHED M. How the world'sbest-performing school systems come out on top [M]. London:McKinsey & Company,2007.

②　TIMPERLEY H, WILSON A, BARRAR H, et al. Teacher professional learning and development[M]. International Adacemy of Education, 2008.

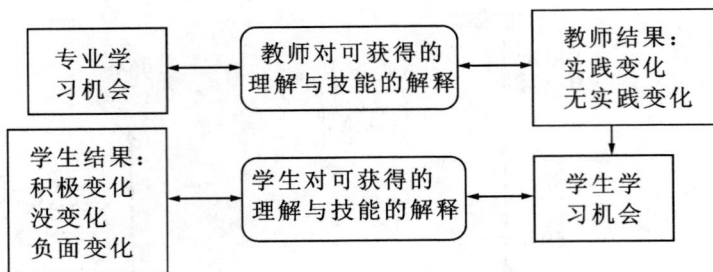

图 3 - 2　教师与学生学习间的"黑箱"式关联①

无独有偶,美国科学研究院学者王素尹等人还对此问题做了进一步的细致研究,结果发现,有效教师专业发展通过三个步骤影响学生发展:专业发展提高教师的专业知识与技能;这些知识技能提高了教师的课堂教学水平;改进后的教学方式提高了学生学习成绩;整个过程都在各种专业标准、课程制度、问责机制与评价活动的指导与监督下进行。美国学者将教师发展与学生发展间的这种连锁机制用图3 -3 表示。

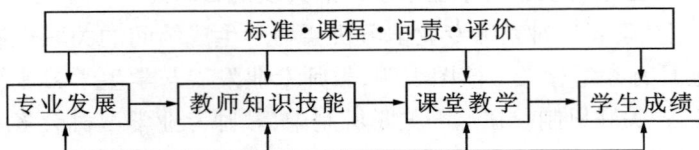

图 3 - 3　教师专业发展如何影响学生成绩

在这一过程中,如果任何一个链环被弱化,学生成绩提高都难以实现,尤其是在第一步,教师必须掌握优质的有关教育活动的行动、设计与实施理论才可能顺利展开。这些理论包括:精细、持续、连贯、聚焦内容、内涵清晰、有力实施的教学理念;基于精心建构、经验证明有效的教师学习与变革理论;内涵明晰、确证有效的行动理论等。在第二步,教师必须有将教师专业发展结果付诸教学实践的动机、信念与技能,努力突破有限资源、人力与跟踪辅导的局限。② 在第三步,教师的专业发展结果必须借助教学活动的媒介来提高学生成绩,且能对学生的进步与收获进行

① TIMPERLEY H, WILSON A, BARRAR H, et al. Teacher Professional Learning and Development[EB/OL]. (2007 - 10 - 12)[2022 - 03 - 15]. http://www. oecd. org/edu/ school/48727127.

② YOON K S, DUNCAN T, LEE S W Y, et al. Reviewing the evidence on how teacher professional development affects student achievement. Issues & Answers[J]. Regional Educational Laboratory Southwest (NJ1), 2007(33).

准确评价与测量。可见,有效教师专业发展与有效学生发展之间还有诸多中间变量的存在,直接用学生发展来判断教师专业发展有效与无效的观念是行不通的。

另外,美国学者 Slabine 将教师专业发展的效能分析置于教育政策生效的链环中来分析(图 3 – 4),这一思路也非常值得国内学者借鉴。

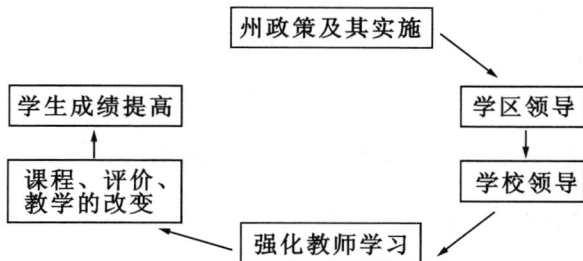

图 3 – 4　教育政策链环中的教师专业发展

Slabine 指出,并非所有的教师专业发展活动,如培训课程、培训会议、网上活动等都能提高学生的学习成绩,只有与国家政策、教育标准、学校发展目标等相一致的专业发展活动才可能达到提高教学质量的效果。[①] 在这一链环中,州教育政策的支持、学区领导的关注以及学校领导对校本研究活动的推动等对有效教师专业发展的创建意义重大。通常情况下,学校领导对教师学习活动的支持是通过培育教师学习共同体或学习型学校实现的,而上述所有因素要有效推进该过程的发生,都必须经由引发课程、教学及其配套评价制度的改变来生效。

（四）不同教师专业发展形态对学生成绩的影响

当然,有效教师专业发展形态与学生学习成绩提高间的关联方式值得我们关注。Baker 等人的研究发现:教师专业发展的效能不仅取决于是否为教师提供了专业发展的机会,而且还取决于它为教师提供的是何种形态的专业发展活动。例如,相对于重视教育学知识的教师培养项目而言,关注学科内容与学生怎样学习的教师培养项目对学生的发展更有效;以教师课堂现场观摩为形式的教师专业发展活动对学生的发展更有效;培训者与教师间的接触时间总量不是学生学习成绩的决定性因素;教师专业发展活动分散开展还是集中开展要视学科而定。[②] 这一研究更进一步凸显了教师专业发展与学生成绩提高间的复杂关联性。由此也可以看

---

① FRANK V V. Evidence of effectiveness a report from learning forward[EB/OL]. [2017 – 10 – 11]. http://learning forward. org/docs/pdf/evidenceofeffectiveness.

② BAKER P. In – service teacher education:Form vs. substance[J]. High School Magazine,1999 (72):46 – 47.

出,有效教师专业发展在促进学生发展上还有许多细节与变量需要研究,二者之间不是线性比例关系。

当然,即便教师发展与学生发展间的关联是错综复杂的,但毋庸置疑的是,教师专业发展一定会影响学生成绩,有效教师专业发展的核心指标(尽管不是唯一指标)一定有"学生发展""学生成绩";教师专业发展不是提高学生成绩的唯一途径,但一定是关键途径。至于用学生发展的哪方面成绩、哪些成绩来评价教师专业发展的效能,这是一个尚需进一步研究的学术问题。

二、形式特征:有效教师专业发展要素的多样化组合

学生发展是有效教师专业发展的聚焦点,体现在教师专业发展活动中,其表现是多样化的有效教师专业发展指标。尽管国外学者所提出的具体教师专业发展"有效性"指标千变万化,但存在共同点、重合点在所难免。在此,我们按照"有效教师发展要素体系描述"的方式来梳理这些具体特征,据此发现其交叉点与共同点。

(一)以有效专业学习机会获取为取向的有效教师专业发展

教师专业发展发生的前提是学校、国家为教师提供了专业学习机会,但对教师教学专业提升而言,并非所有这些专业学习机会都是有效的,只有那些能够把教师深度"卷入"其中,内容实际、过程科学和确实需要的专业学习活动才可能被教师视为一种真正意义上的"专业学习机会"。Hiebert 和 Archibald 指出:有效教师专业发展即高质量专业发展活动,集中体现为教师具有学习新教学方法、策略与经验的实质性机会,即优质教师专业学习机会。Hiebert 认为,有效教师专业发展的核心构成要素是:教师间开展持续合作,以明显提高学生学习成绩为目标,关注学生思维、课程与教学,利用各种理念、方法与机会来观察学生反应并反思教学生效的原因等。[①] 在这些"有效性要素"中,关注学生学习活动与结果是其核心,合作与反思是有效教师专业发展的重要途径,二者共同构成了有效教师专业学习机会的核心要素。Archibald 认为,有效教师专业发展在形式上包括五个重要因素:与学校、国家的专业标准与评价标准相一致;聚焦教学策略的核心内容及其范型;包含主动

---

① HIEBERT J. Relationships between research and the NCTM standards[J]. Journal for research in mathematics education,1999,30(1),3 – 19.

学习新教学策略的机会;为教师间提供共同合作机会;进行跟踪持续的反馈指导等。[①] 在 Archibald 眼中,有效教师专业发展的核心要素是学习新教学策略,符合各种标准是确保教师发展有效的底线,开展教师合作与跟踪反馈是实现有效教师专业发展的手段,它们共同构成了为教师创造有效专业学习机会的行动方向。

(二)以融入实践为取向的有效教师专业发展

尽管我们难以对有效教师专业发展进行准确归因,但国外相关研究显示:当教师专业发展扎根现场,与学校文化、气质相适应,针对特定教师发展需求,同伴相互支持,全体教师协作并持续进行肯定是有效的。[②] 可以说,这已经成为教师教育界的共识。美国国家教师素质综合中心(NCCTQ)认为:有效教师专业发展是嵌入教师工作实践的活动,是与教师工作的需要、内容和方式密切相关的专业发展活动。在这一认识指导下,该组织提出了有效教师专业发展的"五要素",分别是:扎根并服务于教师的日常教学实践;整合进教师每天工作,使之成为教师持续发展的一部分;旨在促进学生学习;直接与日常工作中的学习与应用相关等[③]。进言之,这种融入实践的教师专业发展活动主要是:辅导教师深入一线,帮助教师创建优质课例,教师团队分析学生成绩及教学改进方向,合作开发优质课例,网上讨论电子课例,等等。无疑,将理念与指导融入一线教学,让教师得到最直接的帮助,必然现实地促进教师专业发展水平的提升。另外,美国进步主义研究中心提出的有效教师专业发展标准中"融入实践"也是其关键内容。该中心认为,有效教师专业发展包括五个主要要素,即持续经常进行、工作嵌入、教师合作中改进教学、教学辅导、灵活使用教育技术等。[④] 这五个要素中一以贯之的是"服务于教学工作改善"这一中心目的,其实用性、针对性色彩明显。不仅如此,Darling-Hammond 等学者也认为:有效教师专业发展的首要特征是实践性,具体体现为:合作展开并持续一段时间;必须包括实践时间、教学指导与跟踪指导,应该基于学生课程,并与当地政策一致

① ARCHIBALD S, COGGSHALL J G, CROFT A, et al. High-quality professional development for all teachers: Effectively allocating resources. Research & Policy Brief[J]. National comprehensive center for teacher quality, 2011.

② MENTER I, HULME M, ELLIOT D, et al. Literature review of teacher education for the twenty-first century[R]. Scottish Government, 2010.

③ CROFT A, COGGSHALL J, DOLAN M, et al. Job-embedded professional development: What it is, who is responsible, and how to get it done well (Issue Brief). Washington, DC: National Comprehensive Center for Teacher Quality[J]. National comprehensive center for teacher quality, 2010.

④ DEMONTE J. High-quality professional development for teachers: Supporting teacher training to improve student learning[J]. Center for American Progress, 2013.

起来,嵌入工作并与某些教学要素,如评价、课程、教学等关联起来等。① 这一观点对实践核心性的强调昭然若揭。与之同时,NSDC 也指出,有效教师专业发展的根本特点是与实践密切关联,具体体现为:专业发展应该具有密集性与持续性,与教育实践密切关联;集中在与教学活动相关的具体理论内容上;与学校的创新活动相关;在教师同事间建立了坚强的合作关系;等等。② 其实,"关注教学实践改进"这一主题抓住了有效教师专业发展的关键特征,它与关注学生学习成绩提高共同构成了有效教师专业发展的最重要特征。

【资料 3 - 2】

美国支持教师专业发展以提高留任率③

为了扭转当前教师大辞职趋势,我们需要承认并尊重教师们一直在表达的担忧。目前联邦资金的涌入使得创建植根于自主性、掌握力和目的性的学习文化成为可能,以此来支持教师专业发展,进而提升教师留任率。

1. 给予教师专业发展自主权

要给予教师专业发展时间与发声渠道。最重要的是,在专业学习机会上给予教师代理权和选择权。对教育部门的许多人来说,教师的成长和发展已经成为一种自上而下、一刀切的方法。

领导者应当尽其所能利用他们所掌握的信息,当领导者拥有更好的数据洞察时,他们就可以做出互惠互利的决策。使教育工作者能够成功地吸引学生,而不会被信息或计划所淹没。然后,教师可以专注于他们最擅长的事情,并让每个学生都学有所成。

2. 为教师提供个性化支持

为了创建有效和尊重学生的学习模式,我们必须从基于合规的教师培训和评估转向适应性的方法,从基于能力的专业成长模式和公平的、基于证据的、嵌入工作的辅导开始。

根据每位教师的个人目标为其提供差异化的支持,为教育工作者与学习者树

---

① DARLING - HAMMOND L, RICHARDSON N. Research review/teacher learning: What matters[J]. Educational leadership, 2009, 66(5): 46 - 53.

② DARLING - HAMMOND L, WEI R C, ANDREE A, et al. Professional learning in the learning profession[R]. Washington, DC: National Staff Development Council, 2009.

③ 王靖雯. 美国支持教师专业发展以提高留任率[EB/OL]. (2022 - 07 - 21)[2022 - 07 - 25]. https://untec. shnu. edu. cn/af/81/c26039a765825/page. htm.

立公平的学习文化。以这种方式培养教师,帮助新一代年轻人在思想和心灵方面做好应对当今社会层出不穷的新挑战的深刻准备,并确保每个人都有平等的机会进入这个未来。

3.减轻教师职业压力与倦怠

全美教师联盟(American Federation of Teachers,简称 AFT)对 30000 名教育工作者进行的一项工作生活质量调查显示:71% 的教师报告称,"在没有适当培训或专业发展的情况下采用新举措"被确定为教育工作者最重要的压力因素,并被列为教师离开该行业最常被提及的原因之一。

(三)以聚焦教学内容为取向的有效教师专业发展

2009 年,全美州首席教育官理事会(CCSSO)开展了教师专业发展效能方面的专题研究,并发布了报告《教师专业发展对学生成绩的影响》。在其中,研究者提出了教师专业发展效能的元分析框架(图 3 - 5)。

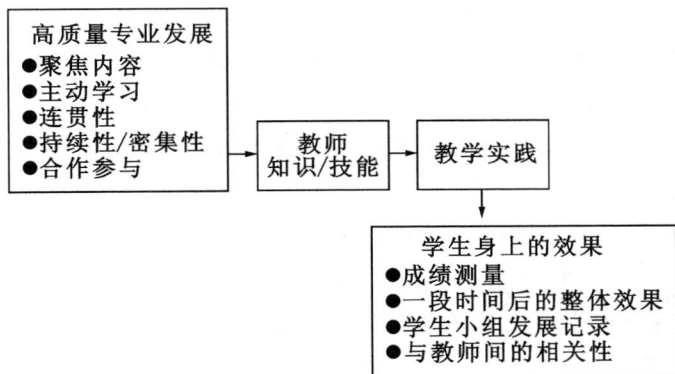

图 3 - 5　教师发展影响学生发展的逻辑模式

图 3 - 5 表明,教师专业发展效能生成的逻辑模式是:在高质量教师专业发展活动影响下,教师的专业知识与技能迅速提高,据此影响教师的教学实践,最终达到提高学生学习成绩的效果。在这一模式中,报告主笔人 Blank 认为:有效教师专业发展,即高质量教师专业发展具有五个鲜明特征,即聚焦教学内容、开展主动学习、主题前后连贯、持续经常展开、合作教师参与。显然,在这一要素体系中,强调对教学内容开展持续的专业研讨、教学指导是有效教师专业发展的核心要素,是提高学生学业成绩的最有力手段。诚如 Blank 所言,"聚焦教学内容"不是教师专业发展中的独立要素,而是作为教师学习目标而存在,是对教师专业发展活动进行元分析的首要遴选标准,所有教师专业发展活动应该以提高教师对教学内容的理解

为中心。① 其中,"主动学习"是有效教师专业发展的重要特征之一,与之相关的教师专业发展活动有:课堂辅导、教练、实习、小组学习、基于专业网络的学习等;集体参与是提高教师专业发展效能的重要途径,扩大集体参与的水平,让每一位教师融入培训,一起开展专业学习活动,是有效教师专业发展的形式特征与构成要素之一。

(四)以凸显教师专业自主权为取向的有效教师专业发展

加拿大学者 Bullock 等人认为,有效教师专业发展的实质是为教师提供种种能够展示其专业发展自主权的机会,这些机会主要包括:将教师视为专业人员,为其提供自主选择那些有研究依据支持且有助于学生成绩提高的学习机会;为教师提供持续、经常反思专业发展经验的机会;为教师提供相互教练、共同分析教学技巧,以及将新老教师联系起来的学习机会;为教师提供对教学手段变革效果进行研究,尤其是积极应对教育中的变革与理念的机会;等等。同时,该学者还指出,有效教师专业发展绝非朝夕之功,它需要教师持续的时间与精力投入,需要有意义、持续的学习机会,需要有机会将所学内容付诸实践并积极反思效果。② 与这一认识相似,美国学者 Baker 与 Smith 也认为,最有效的教师专业发展是促进教师的专业知识、技能与秉性发生明显变化,促使教师获得实质性自主专业发展机会,其主要构成要素是:具体、真实、有挑战性的教师专业发展目标;开展教学方面的策略与观念转变活动;来自同事的支持;见证其专业发展活动对学生学习效能的影响等。③ 可见,该理解的关键词有两个:其一是"学习机会",其二是"自主发展",完全按照自主发展主线来理解教师专业发展,有效教师专业发展其实就是借助教师自己的判断、参与和研究等途径为教师创造自主学习与发展的机会,满足教师专业发展的个性化需要。

(五)以因素分析为取向的有效教师专业发展

在世界银行 1998 年的报告《教师发展产生重要影响》中,主笔人 Craig 指出:有效教师专业发展是内外因素综合影响的结果,尤其是教师的工作环境、教学态度与

---

① BLANK R K, DE LAS ALAS N. Effects of teacher professional development on gains in student achievement[J]. Washington, DC: Council of Chief State School Officers. 2009.

② BULLOCK S, SATOR A. What is effective teacher professional development[J]. EdCan Network, 2015.

③ BAKER S, SMITH S. Starting off on the right foot: The influence of four principles of professional development in improving literacy instruction in two kindergarten programs[J]. Learning Disabilities Research & Practice, 1999, 14(4): 239-253.

教学方式,它们是实现有效教师专业发展的三个重要因素。进言之,有效教师专业发展必须具备以下特点:学校员工的整体教学实力强(如是否掌握所教知识,教学经验的丰富性,教学工作时间的保障,能胜任学校全职工作,等);足够的外围支持;工作态度积极(如对教学有信心,关心教学及其学生,彼此合作,等);工作讲效率;课堂管理能力强;对学生高要求;师生互动畅通;善于组织课程;教学清楚且有重点;经常得到指导评价;教学策略多样化;合理的奖罚激励制度;等等。其中,学校教学实力、外围支持、激励制度和指导评价构成了外围因素;教师态度、对学生要求构成了内在因素,其他是直接影响教师专业发展效能的教师工作方式。与之相应,教师专业发展项目也应该全面关注这些方面,并对参与项目的教师进行针对性的培养与训练活动,以确保教师专业发展的整体效能。例如,教师合作发展活动、教学态度提升活动、教学方法策略培训活动、课堂管理研讨活动等,这些活动都应该列入教师专业发展活动的内容之列。①

此外,新西兰学者 Timperley 等人还对教师专业学习与发展的影响因素做了系统分析,这些因素是:专业发展活动与更大范围内的政策趋势与研究结果相一致;扩展教师实践新理念的时间;外来专家向教师团队引入新理念;为教师提供广泛参与机会;在教师遭遇观念挑战时参与支持这些理念与做法的专业学习共同体;等等。② 正如该学者所言,尽管只有这些因素的耦合才可能产生教师学习机会,但教师专业发展仅仅具备这些条件还不足以引发教师专业实践的深刻变革。换言之,具备这些条件与因素只是教师赢获有效教师专业发展效能的基本前提。

(六)以内容形式兼顾为取向的有效教师专业发展

2004 年,美国学者 Garet 等人在大量调研基础上对有效教师专业发展特征进行了分析。在调研中,研究者走访了 363 个学区,通过网络调查教师 1000 余名,还对 300 多名数学与科学教师进行了小样本调研,对 5 个州的 16 个多样化教师专业发展案例进行了深入剖析。在此基础上,研究者指出,有效教师专业发展具有两维特征,即核心特征维度与形态特征维度。其中,有效教师专业发展的核心特征主要是:关注学科内容知识,即关注的是教师对学科内容的深入理解,而非一般性的教学方法;主动学习,即教师具有多样化的参与有意义教学分析的机会;连贯性,即教师之间进行持续的专业交流与经验分享活动,且这些活动与教育部门制定的课程

---

① CRAIG H J, KRAFT R J, Du PLESSIS J. Teacher development: Making an impact[R]. The World Bank, 1998.

② TIMPERLEY H, WILSON A, BARRAR H, et al. Teacher professional learning and development[M]. International Adacemy of Education, 2008.

标准、评价标准相一致。有效教师专业发展的形态特征主要是:持续时间上,即教师把大量时间用于专业发展活动,花在具体教学内容探讨、主动学习及与其他教师沟通上;形式上,组织系统活动来支持改革,引入新型培训方式,如小组研讨、专业指导等,而非传统的教师工作坊活动或培训会;参与程度上,参与同一专业文化生态,如学校或年级中的教师小组开展的专业发展活动,而非来自不同地区、不同学科组教师开展的独立学习活动等。①

CCSSO 在 2004—2007 年间对 41 个教师专业发展项目进行了评价,从中遴选出了七个对学生学习与教师教学证明具有可测量的改进效果的教师专业发展项目。通过研究发现,这些项目选取的教师专业发展活动具有以下特征:非常关注学科教学内容或如何教授这些内容的教育学知识;每年持续进行 45—300 学时或获取 9—12.5 个研究生学分,一般包括校内专业发展活动与校外专业发展活动;与参训者的学校课程与组织密切关联;含有集中参与活动,尤其是开展名师主持的教学指导与教练活动,与同事展开的课例研究,聚焦学科内容教学知识的培训会,分年级进行的专业学习活动,等等;在学校层面进行,与其他学校紧密合作,等等。② 显然,这一系列的教师专业发展活动也是基于学科教学内容之上的,帮助教师习得学科教学知识是提高教师专业发展效能的主要内容,其他活动形式,如基于学校、年级、课例、课程的教师专业发展活动都服务于教师对学科教学内容的深入理解。

(七)以关注师生需求为取向的有效教师专业发展

Hawley 等人认为,有效教师专业发展的两大评价标准是:是否有利于学生学习目标的达成,是否能够满足教师的专业发展需要。因此,能否满足师生的基本学习需要是有效教师专业发展活动的核心判断标准。在此基础上,他们提出了有效教师专业发展的八大原则,分别是:始于对学生学习目标与成绩的关注,基于对教师学习需要、学习机会与学习的分析,基于学校的工作嵌入式学习,强调合作与问题解决式学习,时间上的持续支持,利用多源化学生评价信息,基于理论认识并利用相关事实与研究成果,将个体、集体学习与更大范围内的组织问题或需求全面关联

---

① PORTER A C,BIRMAN B F,GARET M S,et al. Effective professional development in mathematics and science:Lessons from evaluation of the Eisenhower program[M]. Washington,DC:American Institutes for Research,2004:133.

② WEI R C,DARLING – HAMMOND L,ADAMSON F. Professional development in the United States:Trends and challenges[R]. Dallas,TX:National Staff Development Council,2010.

起来。①显然,这八条原则中,后六条是从前两条延伸出来的,是从教师专业发展内容、形式与手段上满足师生学习需求,确保师生学习目标达成的具体举措。这八条原则体现着学者对有效教师专业发展特征的具体理解。

(八)以创建优质教师专业发展服务为取向的教师专业发展

美国学者魏钟等人认为,有效教师专业发展是优质教师专业发展,其内核是为教师专业发展提供形形色色的优质教育服务。从特征上看,优质教师专业发展活动具有以下特点:聚焦具体课程内容及顺利施教该课程内容所需要的教学知识;作为学校改革的一部分出现,并与相关评价、标准无缝链接;促使教师主动学习并以有意义的方式理解所学内容;全程采取密集、持久与连续的方式进行;与教学分析与学生学习密切相关,正确使用评价信息;与学校集体活动密切相关,在基于学校的教师专业学习共同体或学习团队中进行;等等。这一特征概括让我们清晰地看到了优质教师专业发展活动的关键特征:以科学的组织形式与切实可行的内容服务于教师专业发展实践,努力构建教师满意、有效的教师专业发展服务或项目。

综合上述特征分析,在此我们试图利用关键词词频分析的方法找出有效教师专业发展的公共特征集合,以准确把握国外学者对该问题的共性理解或公共关注点(图3-6)。

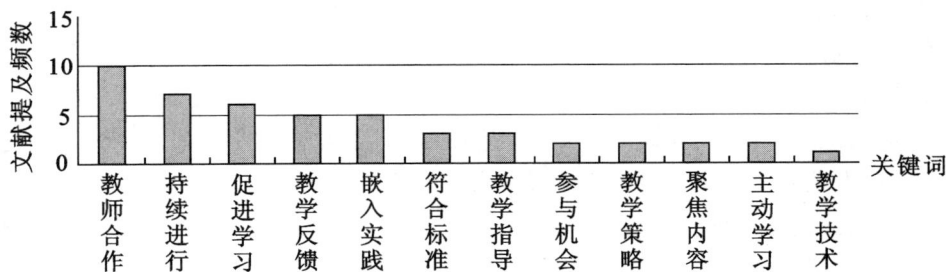

图3-6 国外有效教师专业发展的"关键特征"词频分析

由图3-6可见,国外学者认为,有效教师专业发展的核心特征是教师合作、持续进行与促进学生学习,这三个特征尤其值得学者关注。当然,该分析具有一定的局限性,统计仅限于笔者文中所选定的代表性的有效教师专业发展理解,其参考意义较为有限。当然,该统计结果能够部分反映国外学者的研究立场,有助于研究者获得针对有效教师专业发展状况的一般性认知。

① HAWLEY W D, VALLI L. The essentials of effective professional development: A new consensus[J]. Teaching as the learning profession: Handbook of policy and practice, 1999, 127: 150.

第三节　国外研究对教师专业发展目的的确定

任何教师专业发展都是有目的的活动,都是为促进各种积极社会变化发生而展开的。无疑,教师参与专业发展活动的直接目的是提高自己的专业素养与工作能力,其最终目的是促进学生身心积极、全面、健康地发展,其间接目的是带动社会各项事业的蓬勃发展。这些目的的存在毋庸置疑、人人皆知,在这里,我们更为关注的是教师专业发展的具体目的,这些目的能否实现才是判断教师专业发展活动品质的直接指标。

一、基本目的:更新教师的专业素养

显然,教师参与教师专业发展项目的基本目的是提高自身多方面专业素养,满足教育事业发展的多样化需求,增强自身对教育工作的胜任力与自我专业发展力。正如 OECD 所言,教师专业发展的主要目的是:根据教育领域最新发展需要更新教师的学科知识;根据最新教学目标、教学环境与教育研究成果更新教师的教学技能、态度与方法;促使教师适应课程与教学实践方面的变革;促使教师研发有关课程及其他教学做法的新策略;在教师社群中分享教育信息与专业知识;帮助后进教师实现专业提升,使之工作地更有效;等等。[1] 这些目的可以概括为五个方面:提高专业素养,适应教学变革,创新教学策略,共享先进经验与开展教师帮扶。如果说教师的专业素养主要涉及专业知识、能力、责任及其专业储备,那么,Feinman 也认为教师专业发展的主要目的是更新教师专业素养。他指出,教师专业发展的具体目的是:深化并扩展教师的学科知识理解;拓展更新教师的专业储备,使其与学生的需要与兴趣紧密联系起来;强化教师的专业秉性与研究教学活动的技能;扩展教师的课程领导责任,以领导者身份广泛参与学校与专业生活;培养教师的人格自我等。[2] 这一目的定位其实正是发展教师专业素养的另一种翻版。

在欧盟,中小学教师专业发展的主要目的定位也是"发展教师专业素养",具体包括:使教师具备欧盟核心能力建议中所罗列的各种一般能力;为教师营造基于共同尊重与合作发展的安全而又有吸引力的学校环境;有效胜任学生来源多样化、

---

① OECD(Organisation for Economic Co – operation and Development). The teacher today: Tasks,conditions,policies[R]. Paris:OECD,1990.

② CONCEPT OF TEACHER DUCATION[EB/OL]. (2012 – 09 –01) [2022 – 03 – 20]. http:// www. mu. ac. in/myweb_test/ma%20edu/Teacher%20Education%20 – %20IV.

能力差异悬殊且具有多元化能力与多样化需要的异质课堂教学;能够与同事、家长及更大范围内的社区进行亲密合作;能够通过反思性实践与研究活动来探究新知识、变革教育实践;能在各种工作与教师专业发展活动中使用信息技术;在终身专业发展中成长为自主的学习者。① 这些专业发展目的不仅涉及狭义的教师教学能力、自我发展能力与专业适应能力,还包括在学校及其外围环境中创设更有利的学生发展环境的能力。无疑,这一目的设定具有一定的代表性与全面性,能够体现教育变革时期社会赋予教师专业发展的独特使命。

二、终端目的:培养专家型教师

教师专业发展是一个促使教师实现从新手教师向专家教师,或有经验教师的提升过程,专家型教师构成了教师专业发展的终端目标。相对新手教师而言,专家型教师具有以下鲜明特征:丰富厚实的知识基础;对各种知识在实践中加以整合的能力;基于过去经验对教育情境问题进行直觉判断的能力;研究解决一系列教学问题的愿望;对学生需求及学习过程的深刻理解力;对教学目标的意识;对学习环境的深刻意识;教学的流畅性与自主性;教学设计的高效率;等等②。再如 Glaser 的研究认为:要达到专家教师的要求,教师专业发展活动就应该确立起以下目标:在背景与论域上,专家教师必须在自己的领域与特定的专业背景中达到卓越的程度;在自主性上,专家教师必须能针对专业领域中经常出现的某些事件予以自主的应对;在任务需求与社会情境上,专家教师必须有任务需求的敏感性,以及对其所依托的社会情境的敏感性;在机会与灵活性上,专家教师要能更有效地利用他们的专业机会,更灵活地应用专业策略,应对学生反应;在解决问题的手段上,专家教师有独特的处置教育教学问题的手段,对问题具有独特的理解与看法;在认识模式上,在具体情境中专家型教师能够用一种有意义的认知模式来思考问题;在问题解决上,专家教师在开始时对问题反应较慢,但会借助重要相关信息来实现对问题的有效解决;等等。③ 可见,专家型教师的最主要专业特点是:知识经验的丰富性、问题认识的深刻性、专业发展的自主性、情境反应的灵敏性和教学效能的高效性等。要达到

---

① EUROPEAN COMMISSION. Notices from european union institutions and bodies[J]. Official Journal of the European Union,2007(6):1-4.

② RICHARDS J C,FARRELL T S C. Professional development for language teachers[M]. New York:Cambridge University Press,2005:7.

③ GLASER R. Thoughts on expertise[R]. Pittsburgh Univ Pa Learning Research and Development Center, 1985.

这些目标,Huberman 建议新手教师从三方面努力,即转变角色,承担起学科教学的责任;开展课堂层面的教育实验,关注三重互动——"师—生""生—师""生—生"互动;参与挑战他们现有知识技能的教学活动;等等。[①] 当然,专家型教师是在各方面都能够为新手教师做示范、做榜样的有经验教师,在这一意义上,专家型教师其实是各种理想教师专业素养的化身与集成,教师专业发展就是直接向他们学习、逼近的过程。

三、最低目的:达到教师专业标准

当代教师教育是标准化的时代,达到国家或专业组织制定的教师专业标准要求是教师专业发展的最低目的。教师专业标准是标准内容与实现手段间的统一,它具体阐明了一个国家或专业组织对教师专业发展规定的核心内容以及相应的达标方式。例如英国教师专业标准,它要求教师专业发展达到以下标准化目的:通过职前在职专业发展活动确保教师顺利开展教学与学习活动;培养教师在多样化专业背景中通过创新、变革与持续发展来开展教学活动;向学生及其他利益相关者展示教师员工与学校机构赋予教学活动的专业性与支持学生学习的功能;帮助教师认识到支撑学生学习的教学活动、学习活动与评价活动的种类与质量的重要性;促进教师个体与组织正式认同提高教学活动质量的意义,将教师专业发展视为研究与管理活动的责任之一;等等[②]。简言之,英国开展教师专业发展活动的目的是培养教师的变革意识、学习意识和质量意识,提高教师开展教育教学活动的能力。

欧盟研究报告也认为,美国教师专业发展的共同特征是以专业标准及其资格制度为核心的,其中制定专业发展标准是基础,个人教师专业发展方案是依托,最低水平的教师资格证更新制度是保障,对新手教师进行入职辅导培训是途径。[③] 在美国,目前较为权威的标准是 NSDC 组织制定的教师专业标准。该标准制定于 1995 年,2001 年修订,致力于指导有效教师的专业发展活动。整个标准是从以下问题出发来展开的:所有学生期待指导什么,教师能干什么? 为了促进学生学业成功教师必须知道什么,干什么? 要达到目标,教师发展应该从哪里着手?

① HUBERMAN M. The professional life cycle of teachers[J]. Teachers college record, 1989(1):31 −57.

② ADVANCE H E, GUILD H E, UNIVERSITIES U K. The UK professional standards framework for teaching and supporting learning in higher education[J]. Retrieved April,2011,11:2021.

③ Commission of the European Communities[R]. Improving the Quality of Teacher Education. Brussels,2007.

基于此,本标准包括三个子标准,即背景标准、过程标准与内容标准。在背景标准上,委员会强调三个要素——学习共同体、领导与资源,即把教师组织到教师学习共同体中,依托熟练的学校或学区领导来引导教师专业发展,保障成人学习与合作所需要的各种资源;在过程标准上强调数据驱动、评价、研究支持、设计、学习与合作,即利用学生调查信息来确定教师优先学习内容,利用多渠道反馈信息来引导教师发展、展示教师学习结果,引导教师运用研究活动来开展决策,在设计中利用教学策略达到预定目标,运用有关人类学习的知识来优化教学,培养教师合作的知识与技能;在内容标准上强调平等、优质教学与家长参与,即为学生学习提供支持性环境与高期待氛围,为教师提供基于研究的教学策略,促使家长与其他利益相关者加入教学活动中来;等等。[①] 这一标准在美国教师中获得了较高认同,成为美国教师专业发展的基本标准,在美国教师专业标准体系中具有较强的代表性与典型性。

四、最高目的:推动教育改革

国外学者相信,教育改革与教师专业发展之间是双向、互动的关系,不包括教师专业发展的教育改革不可能取得成功。在这一意义上,推进教育改革是教师专业发展的重要诉求,教师在专业发展上的一些创举常常可能成为引发国家教育改革的起点与线索;国家教育改革必须借力教师专业发展,高度重视教师专业发展,才可能取得满意的改革效果。在非洲纳米比亚,全国借助教师培养体制与制度改革,实现了独立之后国家教育体制向民众教育体制的顺利转变,教师专业发展的功能不可小觑。[②]

进言之,教师专业发展与教育体制改革是相互带动的关系:在教育改革中潜藏着教师专业发展的经验与机会,因为任何科学的教育改革都会给教师专业发展提出要求、指明方向、表达期待,教师会在教育改革大船的驱动下改变专业信念,生成专业技能,调整专业认识,实现专业发展;[③]自主、科学的教师专业发展活动又会反

---

① NSDC Standards for Staff Development (United States, Revised, 2001) [EB/OL]. (2011 – 06 – 23) [2022 – 04 – 01]. http://www. ode. state. or. us/ opportunities/grants/nclb/title_ii/a_teacherquality/nsdc – standards.

② DAHLSTROM L, SWARTS P, ZEICHNER K. Reconstructive education and the road to social justice: The case of post – colonial teacher education in Namibia[J]. International journal of leadership in education,1999,2(3):149 – 164.

③ DARLING – HAMMOND L, MCLAUGHLIN M W. Policies that support professional development in an era of reform[J]. Phi Delta Kappan,1995,76(8):597 – 604.

过来要求变革教育制度与教育政策,为教师专业发展敞开大道、赢得空间,教师专业发展的行动与要求由此可能成为落后教育制度的突破者。学者 Futrell 曾经对美国 9 个学区教育改革现象进行了研究,结果发现:影响教师专业发展与教育改革关系的因素如下:地区关注点,教育改革对当地需求与本土化解决方案的认可;重要资助,学区管理者对教师专业发展活动的资金保障;当地领导,改革要获得学区与学校领导的支持;长远规划,对教育改革,包括教师专业发展进行长远规划;教师参与,把教师及其专业发展视为改革的一部分,这能提高改革成功的可能性;各方合作;时间保障,教师专业发展需要一段时间。① 其中,为教师专业发展提供丰富机会、政策支持与足够时间是影响教育改革的重要因素,相对而言,其他要素在促进教育改革中常常处于辅助地位。

可见,推动教育改革是教师专业发展的重要目的与关键手段,教育改革政策调整是确保教师专业发展的重要条件。学者 Ancess 对这些条件做了梳理,提出了促进教师专业发展的几个条件,分别是:刺激教师探究的动机,为教师提供探究机会,培养教师的创新与探究能力,尊重教师的自主权,灵活的学校组织,支撑性的行政管理,时间、资源与管理制度的灵活性。② 只有满足了这些专业发展条件,教师专业发展才可能真正成为推动教育改革的实质因素与强大动力,教育改革也才可能最终立足于坚实根基之上顺畅推进。

五、核心目的:提高教师的教学能力

其实,教师专业发展活动涉及两大重要任务,即提高教学有效性与支持教师专业成长;前者体现着教师专业发展活动的内在目的,后者体现着教师专业发展的外在目的,二者一内一外,共同推动着教师专业素养与工作绩效的提升。据此,国外学者 Leithwood 指出,教师专业发展应该重点关注以下发展目的的实现,即发展教师生存技能;提高教师基本教学技能;增强教师的教学灵活性;促进教师的专业发

① FUTRELL M H, HOLMES D H, CHRISTIE J L, et al. Linking education reform and teacher professional development: The efforts of nine school districts[J]. Occasional Paper Series. Washington DC: Center for Policy Studies, Graduate School of Education and Human development, George Washington University, 1995.

② ANCESS J. "Teacher learning at the intersection of school learning and student outcomes"// Lieberman, A.; Miller, L. (Eds.), Teachers caught in the action: Professional development that matters[M]. New York: Teachers College Press, 2001.

展;锻炼教师参与决定的领导力等。① 显然,在这一系列教师专业发展目的中,教学能力位于核心地位,成为教师专业发展的主要目的,而其他目的则处于辅助地位。

第四节　国外教师专业发展研究的内容

应该采取哪些活动内容才可能保证教师专业发展活动取得预期效能? 这是一个非常值得我们关注的问题。"教师专业发展内容"不同于"教师教育课程",前者侧重阐明动态的教师专业学习活动及其组合,后者关注的是教师教育活动所选用的知识资源或物质素材;前者与教师专业发展效能的提升直接相关,后者必须经由前一活动的中转才可能实现其预期价值。因此,探讨国外教师专业发展采取的具体活动对教师教育实践具有更直接的指导意义。

一、学习教与学的知识与技能

美国学者 Sabatini 等人的研究指出,教师认为最高效的教师专业发展活动应该优先考虑以下活动内容:教学技能训练,传授学生如何学习的知识,学习把技术融入教学实践的技能,了解其他教师如何教学,教师课堂管理技能培训,等等。② 在这些教师专业发展内容中占主体的是有关教与学的知识技能,其次才是教育技术应用与课堂管理技能培训。这一观点在业界较为流行,绝大多数学者认同该观念。美国学者曾以在职教师专业发展为例探讨了教师专业发展活动的内容,重点提升教师三方面专业素养——教师的应知、应会与应关注的内容③,具体包括:教师的专业知识,包括学科知识和教育知识、教学理论、课程知识、政策背景知识,以及有关多样化学生、学生文化、青少年发展、学习理论、学习动机、学习评价、小组动力学等方面的知识;教师专业技能,包括教学设计、组织教学、利用教学素材与教育技术,管理学生、指导评价学习活动、与同事家长及社区合作、

---

① LEITHWOOD K A. "The principal's role in teachers' development"//Fullan,M. ; Hargreaves,A. (Eds.),Teacher Development and Educational Change[M]. London:Falmer Press,1992.

② SABATINI J P, DANIELS M, GINSBURG L, et al. Teacher perspectives on the adult education profession: National survey findings about an emerging profession[R]. ERIC, 2000.

③ UNITED STATES AGENCY FOR INTERNATIONAL DEVELOPMENT(USAID). First Principles:Designing effective education programs for in – service teacher professional development compendium[R/OL]. (2012 – 06 – 01)[2022 – 04 – 01]. http://www. equip123. net/docs/ E1 – FP_ In – Svc_TPD_Compendium.

与社会机构合作等方面的技能;教育秉性,包括教育信念、工作态度、教育价值观和教育责任感等方面的素养。就美国现状来看,其在职专业发展活动主要集中在四个内容上,即所教学科内容培训、课堂管理培训、针对学生特殊需要的培训以及教育技术使用培训。① 围绕这些教师素养提升而开展教育教学活动是在职教师专业发展的基本内容。

二、教学实践能力训练活动

有学者研究表明:对新教师进行学术能力测试并非考察教师质量的可靠指标,教师教学有效性的许多维度都不是学术能力测试所能预测的。② 因此,与教师专业能力直接相关的应该是教学实践训练,是教育见习实习,是教育经验的持续增长。著名教师教育专家 Darling - Hammond 与 Cohen 等人指出,要提高教师的课堂实践水平,教师专业发展活动应该引入以下活动内容:实践活动、教学辅导、跟踪指导、教师合作(包括共同解决具体实践问题、共享课堂教学经验、共同开展教学研究等)、课堂观摩、教学评价、行动研究、教学反思、研发教学实践模式等活动。③ 这些活动都是可以日常进行的现实教学实践活动。紧密结合日常教学活动,直接服务于教师基本教学能力提升,是这一系列教师专业发展活动的明显特点。

三、面向教学全程的专业提升活动

1998 年,由美国学者 Craig 主笔的世界银行年度教育报告《教师发展产生重要影响》指出:教师专业发展活动应该全面考虑有效教师开展课堂教学活动的全程要求,努力提高教师的课堂胜任力。教师的教学活动包括课前、课中与课后三个阶段,每个阶段都承担着相应的专业发展任务。在课前,教师主要承担的是教学准备工作,具体包括以下内容:理解教学内容,批判性思考教学内容与方法,准备教案、素材与教学空间。在该阶段教师专业发展的内容是:帮助教师理解课程

① DARLING – HAMMOND L,WEI R C,ANDREE A,et al. Professional learning in the learning profession[R]. Washington,DC:National Staff Development Council,2009.

② DECKER P T, MAYER D P, GLAZERMAN S. The effects of teach for America on students:Findings from a national evaluation[M]. University of Wisconsin:Madison, Institute for Research on Poverty, 2004.

③ DARLING – HAMMOND L, RICHARDSON N. Teacher learning:What matters? How teachers learn[J]. Research Review, 2009, 66(5):46 – 53.

开发意图,了解学情并据此剪裁课程,开发有助于学生认识更新的课程,站在学生角度来表达课程内容,等等。在课中,教师承担的主要任务是建立优质的教学互动,其具体内容是:教学中实施并及时调整教学方案,组织并指导学生,评价学生学习活动。在该阶段教师专业发展的内容是:教会教师尽可能把花在有价值学术活动上的时间最大化,指导教师寻求对所有学生都公平的课堂规则,促使他们用恰当方法呈现教学内容,集中精力关注主要教学活动,向学生传达清晰的学习要求。在课后,教师承担的主要是工作是:反思自己的行动及学生反应并据此提高教学效果,与同事分享教学经验体会等。在该阶段教师专业发展的内容是:借助反思评价自己的教学效果,收集课堂教学经验等。① 因此,每一个教学阶段都有具体的专业发展活动内容,根据教学活动有针对性地开展专业发展活动是创建高效专业发展项目的需要。

四、基于专业能力观的"四维"能力发展活动

教师专业发展的核心任务是发展教师专业能力,"教师专业能力"的理解与要素直接决定着教师专业发展的具体内容。正是基于此,美国学者从全新的"教师专业能力"理解出发,提出了全面的教师专业发展内容。他们认为,教师专业能力是教师从事教育教学活动的行动能力,而非其所掌握的"专业知识集合"。进言之,这种能力存在于现实的情境中,有无情境是区分"能力"与"技能"的手段;它是从简单向复杂的进化过程,在关涉多种因素与变量的专业活动中逐步进化是其重要特点;它是基于一系列资源展开的,这些资源可能是知识、技能、态度或其他具体能力要素。"专业能力"是教师在情境中行动并灵活利用资源的品质,是教师为了达到预定专业行动的情境调用资源的能力,有能力的教师能在有限时间与空间中灵活克服情境的局限,实现行动的目的,能力构成了有意识实践活动的一部分,能力通过成功、有力、高效、反复的工作表现来体现,能力就好似一项"过程",它始终处在朝向更高目标的持续追求中。基于这一理解,教师专业发展活动包括四项内容:其一是培养教师知识文化传承能力的活动,毕竟教师是人类知识文化的专业继承者、评判者与解释者;其二是发展教师教学艺术的活动,致力于培养教师创设教学情境、消化理解人类知识文化的能力,培养教师评价学生学习进步情况的能力,以及设计、组织、监督课堂,以提高学生学习成绩与社会性发展的能力;其三是促使教师适应社会与教育背景的活动,具体包括培养

---

① CRAIG H J, KRAFT R J, Du PLESSIS J. Teacher development: Making an impact[R]. The World Bank, 1998.

教师促使教学适应特殊儿童或残疾儿童学习特点的能力,与家长、同事和学生合作的能力,与教学团队合作完成教学任务的能力,等等;其四是建立教师专业身份的活动,具体包括开展个体专业发展活动,建立自我作为教师专业人员的身份,在工作中展现自己合乎伦理、负责任的专业行为等。

【资料3-3】

教师专业发展活动——教师工作坊[①]

本教师专业发展活动由一系列有助于坚实教师教学基础,即操作性教学哲学的工作坊活动构成。这些活动聚焦在以下方面:教学哲学探讨、理解成人学习者与成人有效教学。整个工作坊活动全都是互动性的,关注教师身边的学习经验。在导引材料中主要探讨教师作为促进者的角色,附有一张表述每个活动及其主要领域的表格,在注释中还罗列了相关音像素材。在10个活动中,每个活动都部分包含以下具体内容:导言、目的、材料清单、准备、组织、时间、人数、随访、导师、散发材料、补充性材料。所有专业发展活动都按如下方式展开:小结成人教学活动;畅所欲言谈学习;坦率交流;探讨成人学习者;教师工作;表达赞许或反对;当我教这个内容时我会……;智慧箴言;比千言万语还有效(worth a thousand words)……

五、促进教育理论与教育实践间融合的专业学习活动

学者Helen Timperley在新西兰教育部支助下针对教师专业学习与发展活动进行了大量研究,并为中小学教师提出了以促使教育理论与教育实践间贯通、融合为重心的教师专业发展活动内容规划方案,具体包括:与专业学习内容相一致的专业发展活动;理解专业学习内容的活动;讲授专业学习内容的活动;促进教育理论理解与转化的专业教学活动;促进专业概念理解的讨论与协商活动;理解教学与学习关系的活动;等等。[②] 这些专业发展活动的共同特点是:以提升教师专业学习质量为核心,以促进教育理论与教育实践间的结合与转化为目的,以系列化专业学习与发展活动为支撑,有助于教师教学实践能力的持续提升。

---

① O'CONLIN M. TALKIT. Teaching adult learners Kit. Professional Development Activities for Teachers of Adult Learners[J]. ERIC,1992.

② TIMPERLEY H, WILSON A, BARRAR H, et al. Teacher professional learning and development[M]. International Adacemy of Education,2008.

六、强调嵌入工作的教师专业发展活动

在美国,嵌入工作的教师专业发展活动才可能被视为有效教师专业发展活动,此类活动是优质教师专业发展项目的核心构成内容。NCCTQ 指出,这些活动主要包括:教师与承担教学指导活动的教练一起研究一节课的教学设施,共同实施该课程的教学活动;展开教学团队会议,分析学生成绩,讨论教学改进与共享教学资源的途径;由教学指导教师为教师上示范课,研究具体教学实践的改进方向;教师把自己的教学视频片段发给承担教学指导任务的校外教练,通过网络会议,讨论教学改进的方向等。[①] 由于这些教师专业发展活动与教师工作密切相关,教学指导富有深度,故有助于教师专业发展效能的直接提升。

第五节 国外教师专业发展的模式

所谓教师专业发展模式,就是中小学教师参与教师专业发展活动的一般样式,它常常是一系列教师专业发展活动的组合样板,具有一定的代表性、示范性与抽象性。就其实质来看,每一种教师专业发展模式的背后都有其理论支撑和丰富多彩的实践表现形式,每一种教师专业发展模式都是贯通教育理论与教育实践的一座桥梁,都渗透着一定的教师专业发展取向。因此,掌握教师专业发展的主要模式是灵活设计优质教师专业发展活动,理性驾驭教师专业发展进程的要求。国外学者从不同角度对教师专业发展的模式做出过概括,在此做一梳理。

一、目标视野下的教师专业发展模式

早在 20 世纪 80 年代,英国学者曾对教师专业发展样式进行了分析,并从专业发展目标维度出发提出了四种教师专业发展模式,即有效教师发展模式、反思型教师发展模式、探究型教师发展模式与变革型教师发展模式。[②] 其中,有效教师发展模式强调教师专业发展的目的是增进教育教学活动的效能,提高教师的教学业绩,主要途径是提高教师教育教学能力;反思型教师发展模式强调教师专业发展的目

---

① CROFT A,COGGSHALL J,DOLAN M,et al. Job – embedded professional development:What it is, who is responsible, and how to get it done well (Issue Brief). Washington DC:National Comprehensive Center for Teacher Quality[J]. National comprehensive center for teacher quality,2010.

② MENTER I,HULME M,ELLIOT D,et al. Literature review of teacher education for the twenty – first century[R]. Scottish Government, 2010.

标是反思教育教学的得失,主要途径是开展持续、合作的教师专业发展活动;探究型教师发展模式强调教师专业发展的目标是探究教育教学工作面临的具体问题,主要途径是开展形形色色的教学研究活动;变革型教师发展模式强调教师专业发展的目标是促进教育教学改革,主要途径是尝试新颖的教育教学改革举措。相比而言,教师专业发展的主导模式是有效教师发展模式,其他模式处于辅助地位,其差异主要体现在实现教师专业发展目标的途径不同上。

二、知能转化视野下的教师专业发展模式

21 世纪初,学者 Cochran – Smith 等人在系统梳理文献研究的基础上,从教育理论与教育实践间的相互转化关系角度出发,提出了三种教师专业发展模式,这就是"为了实践的知识"模式、"融入实践的知识"模式与"实践知识"模式。① 其中,第一种模式认为基于大学的研究能够衍生出大量正规的教育知识与理论,将这些知识理论辅助实践能够改进教师的教学实践,因此,教师专业发展的主要途径是开展大学教师教育,学习教育知识理论;第二种模式认为,教师最需要的教学知识是有关实践的知识,或嵌入教育教学实践中的知识,教师专业发展活动的主要途径是引导教师把这些教育理论知识与实践结合起来,使之能有效指导教师的教学实践;第三种模式认为,教育教学知识不能被区分为正规知识与实践知识,当教师有机会在自己工作环境中反思教学实践,开展探究活动时,教师可获得大量有助于有效教学创造的教学实践知识,无须通过大学与教育理论家进行专门生产,故教师专业发展的主要途径是在实践情境中反思、探究教育教学问题,获得自我体认的教学智慧与经验性知识。在教育政策、研究与实践中,这三种专业发展模式是共存关系,在不同情境中教师会启用相应模式,以此来解释、确证或选取提高教学活动效能的不同理念与手段。

三、标准视野下的教师专业发展模式

Gaible E 等人在参照标准的视野下提出了三种教师专业发展模式,即标准发展模式、现场发展模式与自导发展模式。② 这三种教师专业发展模式各有其利弊。

---

① COCHRAN – SMITH M,LYTLE S L. "Beyond certainty:Taking an inquiry stance on practice"//Lieberman,A. ; Miller,L. (Eds.),Teachers caught in the action:Professional development that matters[M]. New York:Teachers College Press,2001.

② GAIBLE E,BURNS M. Using Technology to Train Teachers[EB/OL]. [2005 – 08 – 26]. http://www. infodev. org/en/Publication. 13. html.

（一）标准发展模式

这是教师专业发展的集中模式,较为适用教师专业技能的传播学习活动。这种专业发展模式常常包括工作坊研修、培训课程、喷泉式教师培训等专业学习活动。该模式一般集中探讨教学领域中的新概念,向教师呈现新型教学技能,教给教师最新的教学改革举措,等等。这种模式在培养教师专业意识,推进学习中心式教学方面非常有效,尤其是喷泉式培训,它对优秀教师的大批量培养非常有效,能够为学校发展提供有力支持;但它也有缺点:倾向于技术理性,认为教师一旦获得专业知识与技能就能胜任所有情境下的独立教学。

（二）现场发展模式

该模式侧重让教师在学校或学区中开展教学方法方面的深入训练,其关注的是教师在教学活动中具体实践问题的解决,目的在于促使教师在教学专业方面有深入、长期的发展。这种教师专业发展模式通常集中在中小学、资源中心或教师教育学院,一般方式是新手教师与指导教师共同开展渐进式学习活动,逐步掌握教育学、教学内容与教育技术等方面的知识。这一模式有以下优点:引导教师共同应对一段时期内专业发展面临的问题与需要;鼓励教师利用集体智慧和创造性手段解决教育教学问题;充分关注灵活、持续、深入的教师专业发展;能持续为教师提供特定团队的教师学习机会等;它与学校发展目标关联起来时可能会更有效。该模式的缺点是:费时费力,需要在各方面,包括教学指导、教学方法、教学内容以及课程与教育技术方面训练有素的教师支持;要保证这一教师专业学习网络持续运转需要各方支持,其面临的挑战非常大;无法及时清除教师头脑中的旧观念以及实践中的老做法。

（三）自我导向发展模式

这是一种教师根据工作需要自觉发起,由教师自己设计专业发展方案,以教师独立学习、自主寻求学习资源并及时向优秀教师请教为主要途径的教师专业发展模式。该模式的优点是:它易成为一种教师终身专业发展模式,教师随时可以通过请教老教师,寻求网上帮助等方式及时解决遇到的教育教学难题。其缺点是:缺乏外部监督,教师容易随波逐流,故不能作为教师专业发展的主导模式,仅仅可作为标准模式与现场模式的延伸手段来使用。

可见,当代教师专业发展应该充分利用上述三种模式的优点,即标准模式的理论更新优势、现场模式的方法改进优势、自我导向模式的自由自主优势,积极克服各自的缺陷,如标准模式的技术理性、现场模式的组织困难及自我导向模式的随意无序等,努力创建一种能够聚合其各自优势、现实可行的复合型教师专业发展模式。

四、文化视野下的教师专业发展模式

英国学者 Calderhead 等人看来,世界各国的早期教师专业发展可划分为三种模式,即文化发展模式、技术发展模式与道德发展模式,三种模式在强调教师在不同情况下学习的重点方面存在差异。①

(一)文化发展模式

该模式是"同化(或社会化)教师专业文化模式"的简称,其基本理念框架是:教学是在特定物质环境与观念背景中进行的一项高度严苛的工作,学校的组织结构、有形资源和嵌入在教学制度中的价值观念能够对教师产生强大的影响,甚至决定着教师专业发展的内容、方法与水平,这种影响力常常能够超越教学实践规则影响教师专业发展,教师难逃专业文化的熏陶与渗透。学校是多种价值观交汇而成的复杂综合体,这就决定了新手教师要想完全融入新的学校文化环境中,就必须放弃他们在大学中所习得的一些教育语言和教学思维,换用学校文化中的教师言行与思维方式。这种专业文化适应要求构成了教师入职的压力,教师应对这一压力并顺利被教师专业文化所同化的过程正是新手教师专业发展的方式与过程。

(二)技术发展模式

该模式的全称是教师专业发展的"知识与能力模式",是传统教师专业发展理念的代表性体现。该模式强调:教师需要掌握一定知识技能才可促进课堂实践的顺利展开,掌握一定的专业知识与技能是教师专业发展的现实需要。在过去,该模式强调教师的课堂行为训练,如微格教学、提问技能训练、教师行为控制等;当前,该模式日益强调对教学技能进行理论探讨,以及对教师的教学思维进行专门训练,将其与教师的教学实践结合起来,而不是单单关注教师的行为训练。同时,该模式也强调教育学内容与知识,尤其是专家型教师所强调的专业知识,具体包括儿童知识、教学策略、课程知识、学校规则、学科内容及学习知识等。该模式的支持者相信,如若教师能够掌握这些知识,其教育教学水平可大大提高,进而实现更高水平的教师专业发展目标。

(三)道德发展模式

该模式即"教学作为道德实践的教师发展模式"的简称。它强调,在教学方法

① CALDERHEAD J,SHORROCK S B. Understanding teacher education:Case studies in the professional development of beginning teachers[M]. London:The Falmer Press,1997.

上,教师要关怀儿童,充分考虑他们的兴趣,把他们培养成未来社会的优秀公民。该模式非常强调教师、家长与儿童的重要性及其关系建设,而对教师具体的教学专业发展关注较少,它非常关注教师教学工作的道德维度而非能力维度。与之相应,教师专业发展的首要目标是提高教师的专业道德素养与人际关系经营能力,关注的是学生良好德性的养成;教师实现道德发展的主要途径是接受道德教育,体验师德的重要意义,学会如何设身处地地去体谅和关怀学生。欧洲国家也非常强调教师专业发展的道德实践模式。有学者也曾经把教师专业发展模式分为两种:一种是教学专业主义模式,其立足点是发展教师的理论知识、学科知识与专业能力,强调教师教学技能、学生学习过程与儿童发展知识;另一种是个体成长模式,其立足点是教师的个人理解、反思性、敏感性、同情与自我实现感等,其中就包含着教师的道德实践发展模式。可见,教师发展的道德模式在世界各国普遍存在,值得我们关注。

第六节　国外教师专业发展的途径

如果说教师专业发展的基本组织形式是教师专业发展项目,那么,每一个教师专业发展项目都是一系列具体教师专业发展目的、活动与途径的具体组合形态,理清世界各国教师专业发展具体途径是确保教师专业发展质量持续提升的基础工作内容。进言之,教师专业发展途径是各教师教育主体,包括教师教育举办者与教师个人,在提升教师专业发展水平中所采取的具体操作性路径,它既是教师专业发展模式的基本构成元素,又是实现教师专业发展目标的物质依托。全世界教师专业发展的具体途径有哪些?这是教师教育者较为关注的实践问题。不同学者的审视角度不同,其所关注到的具体教师专业发展途径也就有所不同。

一、多样化的教师专业发展途径

教师专业发展项目具有地域与文化上的差异,不同国家、地区和文化系统中人们感兴趣的教师专业发展途径不尽相同。在此,本书试图先从几个有代表性地区教师专业发展的主要途径探察入手来对世界主要教师专业发展途径做以概览。

(一)OECD 成员国的主流教师专业发展途径

OECD 在其研究中指出:世界各国经常使用的教师专业发展途径大致有九种,但在实践中的使用频率差异较大。这九种专业发展途径主要是:非正式交流、培训课程(包括工作坊)、阅读专业文献、召开教学会议、利用教师专业发展网络、研究

（包括个人研究与集体合作研究）、辅导（包括专门辅导与同伴辅导）、课堂观察访课以及资格证项目等。其中,使用频率最高的是非正式谈话和培训课程,其次是阅读专业文献和召开教学会议等。2007—2008 年,OECD 成员国中小学教师对各类教师专业发展途径的参与频率如图 3 – 7。①

2007—2008年教师专业发展活动参与率

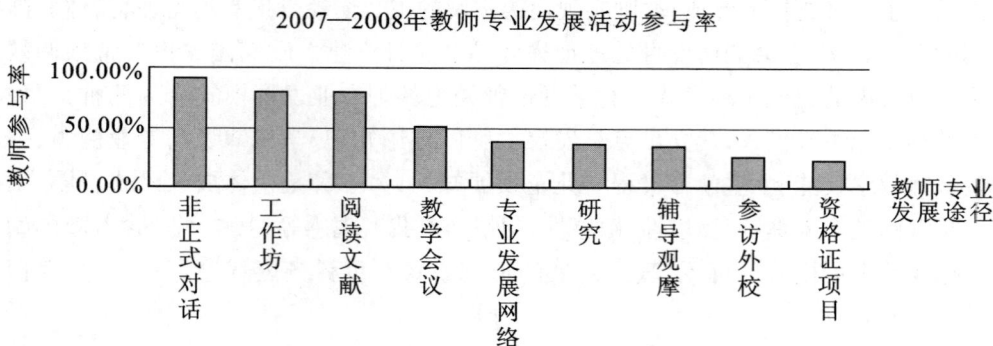

图 3 – 7　OECD 成员国的主要教师专业发展途径使用频率

（二）联合国教科文组织成员国的主流教师专业发展途径

由 Eleonora Villegas – Reimers 执笔的联合国教科文组织研究项目报告《教师专业发展:国际文献综述》对成员国教师专业发展途径进行了分维度的概括。他根据教师专业发展的组织是以群体为主还是以小组和个人为主这一标准,把教师专业发展途径区分为两大类:一类是以某一特定组织或不同教师教育机构间合作为基本组织支持的教师专业发展途径;另一类是借助小规模组织如学校、课堂或个人等为基本组织单位的教师专业发展途径。其中,前一类教师专业发展途径包括:教师专业发展学校、大学—中小学合作伙伴、校际教师交流、学校协作网络等;后一类教师专业发展途径包括:教学督导、学生绩效评价、培训课程、案例研究、观摩优秀教师、教学反思、工作学习、行动研究、教育叙事、工作档案袋、自我导向学习、合作专业发展、教师轮岗、技能训练等（表3 – 2）:②

---

① Creating effective teaching and learning environments: first results from TALIS [EB/OL]. [2010 – 10 – 01]. https://www.oecd.org/education/school/43023606.

② VILLEGAS – REIMERS E. Teacher professional development:An international review of the literature[M]. Paris: International Institute for Educational Planning,2003.

表3-2 联合国教科文组织成员国的主要教师专业发展途径

组织伙伴类	小组或个体类
教师专业发展学校	教学督导
大学—中小学合作伙伴	学生绩效评价
校际教师交流	培训课程(包括工作坊、习明纳、培训会等)
学校协作网络	案例研究、观摩优秀教师、教学反思、工作学习、行动研究、教育叙事、工作档案袋
教师协作网络	自我导向学习
远程教育	合作专业发展
	教师轮岗
	技能训练
	喷泉式培训
	教练/辅导

(三)EU 成员国的主流教师专业发展途径

近年来,欧洲联盟(EU)成员国非常重视教师专业发展项目,着力通过优化教师培训途径来提高成员国教师质量。在 EU 成员国中,主要有以下几种教师专业发展途径较受欢迎(图3-8、表3-3)。[①]

2013年EU初中教师一年中参与的教师专业发展活动

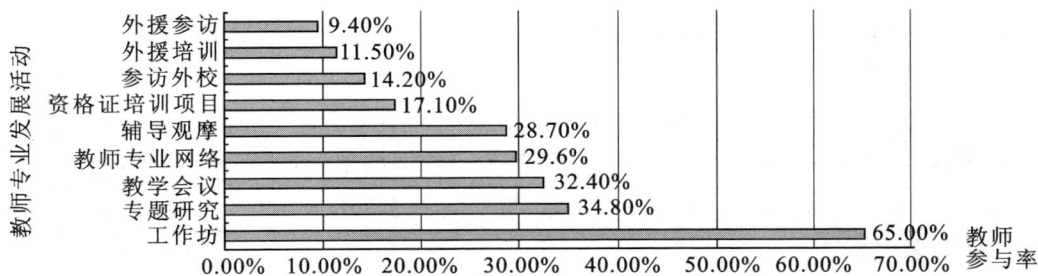

图3-8 欧美国家初中教师专业发展活动

---

① PETER BIRCH, et al. The teaching profession in Europe: Practices, perceptions, and policies [EB/OL]. [2015-07-10]. http://ec. europa. eu/eurydice.

表 3 – 3 　 EU 初中教师 2013 年度参与教师专业发展活动一览表

教师专业发展活动	初中教师参与率
工作坊(包括培训课程)	65.00%
专题研究	34.80%
教学会议	32.40%
教师专业网络	29.60%
辅导观摩	28.70%
资格证培训项目	17.10%
参访外校	14.20%
国际组织或非政府组织援助的在职培训活动	11.50%
国际组织或非政府组织援助的参访活动	9.40%

表 3 – 3 表明,EU 成员国教师的主要专业发展途径是:开展教师工作坊活动,展开专题研讨会议与教学工作会议,以及参加各种教师专业组织或教师协会开展的专业交流活动等。这些专业发展途径是 EU 教师专业提升的重要依托。

(四)美国的主要教师专业发展途径

美国学者 Guskey 曾将美国中小学教师经常用到的教师专业发展途径区分为七类,并对其优缺点进行了逐一分析。[①]

1.培训

主要包括展示、工作坊、示范、模仿、讨论、研讨(习明纳)及座谈会等。其优点是便于知识信息口头分享;其缺点是个性化不够,需要反馈与辅导来补充。

2.课堂观察(或评价)

主要包括观课、反馈以及同伴相互指导及领导督导等。其优点是能够积极影响观课者,便于在讨论反馈中进行观课,减少了培训的单向性;其缺点是时间成本高,需要单独进行观课,且需要精心策略、聚焦问题才能完成。

3.教学改进

具体包括改进课程、项目设计,实施新型教学策略,解决教学问题等。其优点是能够提升教师的专业知识与合作能力,有助于解决真正问题;其缺点是只能让小

---

① GUSKEY T. Evaluating professional development[M]. Thousand Oaks:Sage Corwin,2000:22 – 29.

组从专业发展活动中受益,易于走向保守,需要借助研究活动来指导实践,等等。

4. 研究小组

主要活动内容是研究教师遇到的共同问题,也可能是不同小组研究问题的不同方面。其优点是减少了教师间的隔离,问题研究具有集中性与连续性;其缺点是研究活动易被主导人物所牵制而退化为意见汇集而非真正的问题聚焦性研究。

5. 行动研究

主要活动内容是选择研究问题、决定具体研究行动等。其优点是有助于教师知识形成与问题解决技能的提高,赋予教师以学习、探索的权利;其缺点是需要教师个人积极努力、付诸实践和自觉行动等。

6. 个人导向活动

主要包括发现自己需求、提出个人计划、评价计划的实施程度等。其优点是具有灵活性、选择性与个体性,有利于个人进行反思与分析;其缺点是没有他人介入易于重蹈覆辙,难以与其他领域专业发展相关联。

7. 辅导

主要活动内容是召开例会,通过与有经验教师结对来改进教师教学活动。其优点是教师易从元认知学习活动中获得发展,有利于发展教师的人际沟通技能等;其缺点是需要时间和资源的保证,需要与其他学习者及学校改革行动相联系才可有效。

总而言之,世界各国教师专业发展途径大同小异,其基本公共途径是:教师工作坊、辅导教练、资格证项目和合作专业发展活动等。尽管这些途径内容大致相同,但在不同文化或国家背景中的表现略有差异,努力追求优化高效的教师专业发展途径,是各国教师教育实践的共同目标。

二、美国教师专业发展的具体组织实施

在不同国家以及教师专业发展的不同阶段,教师专业发展所需要的理想途径不尽相同,在深入了解各教师专业发展途径基础上对其进行最优化组织是构建高效教师专业发展项目、促进教师专业发展的一般策略。在此,我们对美国中小学教师的主要专业发展途径做以简单介绍。

(一)教师资格证项目

教师资格证制度是世界大多数国家控制教师行业入口、提高教师专业发展质量的常规手段,为通过教师资格证考试,提高教师职位而参加教师资格证项目是美国教师专业发展的基本途径。目前,美国有两类教师资格证:一类是初入职教师资

格证,主要授予准备从事中小学教师职业的大学毕业生;另一类是高级教师资格证,主要授予通过指定教师专业发展项目的在职教师,后者一般不具有强制性。

据美国劳工统计局测算,美国大约有140万小学教师、60万初中教师与100万高中教师。这些教师的招聘条件之一是参与了教师职前专业发展项目。在美国,每个州具体控制着教师资格证的发证要求与相应标准,一般要求教师具备相应学科专业领域的学士学位,学习过教学方法课程,参加过教育实习,并通过了相应的标准化考试,表明其具备了相应领域从教所需要的普通知识、专业知识与教育学知识。获得一个州的教师资格证之后更容易获得其他州的教师资格证。目前,美国许多州规定,拟入职教师必须在五年中修习了专门的教师培养学士学位课程,并取得相应硕士学位,方可获得教师资格证。所有教师专业发展项目分为两类,即传统教师专业发展项目与选择性教师专业发展项目。其中,前者是大学举办的师范教育,后者是由大学或专业组织、社会机构举办的专门针对少数特殊地区或人群的教师培养项目。当前,后一项目已经成为美国拓展中小学教师来源,促使中小学教师多元化以及教育事业公平发展的重要途径。①

相对而言,教师入职资格证授予的依据是预备教师通过学习培训活动并达到相应教师专业标准,故教师专业标准及其实施制度是教师资格证项目的核心内容。在美国,教师专业发展标准的具体内容构成了教师专业发展项目的活动内容。尽管美国各州教师专业标准不尽相同,但其一般内容均包括:学科内容知识、儿童发展与学习知识、理解多样化学习者、教学策略训练、学习环境探究、人际沟通知识、教学评价、专业反思实践及教师间合作等。② 围绕这些发展内容开展教师专业发展活动构成了美国教师资格证项目的主体形态。

(二)教师专业发展学校

当代世界教师专业发展的另一个明显特征集中体现在教师专业发展正呈现向外扩展的态势,这一"扩张"的三个方向是向中小学扩展,向微观教育实践扩展,向教师职业生涯全程扩展。在这一意义上,教师专业发展学校是承载这三种改革势头的教师专业发展途径。教师专业发展学校是由中小学教师、管理者与大学教师合作的产物,其目的是促进中小学教师与大学实习教师各自专业发展,促进教育理论与教育实践的结合,实现教师职前专业发展与在职专业发展间的贯通与互促。

---

① Literature review on teacher education in the 21st century[EB/OL].[2010 - 10 - 01]. https://www.gov.scot/publications/literature - review - teacher - education - 21st - century/.

② LECZEl D K, GINSBURG M. School management and leadership development:EQUIP1 first principles compendium[M]. Washington DC:American Institutes for Research,2012.

美国教师专业发展学校的核心理念是："通过探索整合教师专业学习与学生学习""在实践背景中进行专业学习"与实现跨越大学与中小学界限的缠结式合作。[①] 在美国,教师专业发展发源于大学所建立的实验学校,这在 20 世纪前期非常流行。但在这一教师专业发展途径中大学利用了公立学校的学生与教师,无形中将中小学视为大学开设教师教育课程的阵地,随之该教师发展途径受到社会的拒斥,最终在 20 世纪 80 年代渐渐消失。到了 20 世纪末,霍姆斯团队与卡内基特别小组出于改革的需要又重新启动了大学与中小学间的合作关系,并得到了美国教师联合会的大力支持。美国学者认为,一方面,基础教育学校需要重建,但没有大学的变革与配合几乎不可能;另一方面,大学教师与中小学教师应该平等参与新手教师专业发展过程,二者在这一过程中具有同等重要性。正是在这一理念支持下,教师专业发展学校在美国中小学教师发展中的地位再次被确立。其实,美国教师专业发展学校具有四个重要意义:其一,在教师发展途径中,中小学生的发展能够同时从教练教师与大学教师身上受益,毕竟他们向学校输入了新鲜的知识与经验;其二,它能促使老教师向教学研究与教学理论保持开放,加强中小学与大学间的专业联系,及时帮助中小学教师更新教育观念;其三,就读大学的实习教师有机会在课堂情境中使用自己的知识技能,同时获益于老教师的实践经验与大学教师的理论知识;其四,大学教师在该途径中也能受益,促使他们将理论研究与中小学实践联系起来,引导大学教育教学理论的健康发展。在教师专业发展学校中,教师专业发展活动的主要内容是,共同指导实习教师授课,开展教学实践问题研讨,推进行动研究与误例研究等,这些活动有助于实现上述四大教育主体,即大学教师、中小学教师、中小学管理者与中小学生之间的合作与共进。美国在《教师专业学校标准》中还提出了教师专业发展学校的具体评价标准,主要涉及五个维度,即学习共同体建设,责任与质量保证机制,合作方式与质量,专业学习的多样性与平等性,以及组织结构、资源保证与作用实现等。[②] 这一标准成为引导美国教师专业发展学校科学发展的指南。

(三)大学—中小学合作

在国外,大学—中小学间的合作也是美国教师专业发展的重要途径之一。大学是教育理论研究的荟萃之地,中小学是教学实践的心腹之地,二者只有在互通有

---

① LEVINE M. Standards for professional development schools [M]. Washington DC: National Council for Accreditation of Teacher Education, 2001.

② LEVINE M. Standards for professional development schools [M]. Washington DC: National Council for Accreditation of Teacher Education, 2001.

无、优势互补中才能催生出更有生命力的基础教育改革。美国学者 Miller 曾指出：中小学—大学间的合作伙伴关系建设有四个目的：为两种截然不同的教育文化建立坚实的共同基础；跨越制度屏障来回应教育实践领域中的需要；确保形成包容性的教育决策；创建教师发展的新基地。① 加拿大著名教育专家富兰也曾指出：建立大学—中小学合作伙伴关系的根本目的是通过聚焦教师专业发展的方式来提高大学与中小学各自的教育质量，因为大学与中小学在培养教师这一点上是相通的，优秀的中小学教师是学校教育质量提升的保证，优秀新手教师的培养是大学教师教育质量的体现。不仅如此，英国学者 Mclaughlin 等人在开展了六年大学—中小学合作伙伴关系建设研究之后指出：如果要想让知识的创新与传播突破个别教师的局限，那么，大学与中小学就必须在结构、角色与关系方面进行彻底的变革。②

在这一合作关系建设上，英国于 2001—2005 年启动的国家合作伙伴项目具有一定的代表性，它试图通过资助大学与中小学合作项目来提高全国中小学职前教师的综合培养能力与质量。该项目涉及九个区，资助小规模的教师专业发展协作研究，其主要内容有，培训辅导教师、开发校本培训素材、拓展校际合作伙伴关系、开展短期培训活动以及协调学校与教育学院间的关系等。在合作中研究者发现，此项工作的最大难点是如何处理好专业发展合作与集中化控制间的矛盾，促使各参与机构之间实现一种和谐而又自由的合作。此项改革的成效也较为明显，它有效地解决了教师在实践中遇到的问题，创造了一种完全"实践导向"意义上的教师专业发展模式，有助于大学认真考虑研究、理论与批判在教师专业建构中的地位。③

上述理念与举措为美国大学—中小学合作伙伴关系的建设提供了方向与思路。20 世纪末以来，美国试图冲破学校运作体制的壁垒，实现大学与中小学之间实质性的合作，并为此进行了深入的探索与创造性实践。1998 年，美国大学曾经和一所智利大学、学区合作，共同开展了大学—中小学合作伙伴关系建设项目。在该项目中，大学教师来自两个国家，他们共同为智利科学教师设计了提升其专业知识与技能的课程，共同组织中小学的教师发展活动。结果表明，所有参与该项目的

① MILLER L. School – university partnership as a venue for professional development[J]. Teachers caught in the action：Professional development that matters,2001,102 – 117.

② MCLAUGHLIN C, BLACK – HAWKINS K. A schools – university research partnership：understandings, models and complexities[J]. Journal of in – service education,2004,30(2)：265 – 284.

③ CAMPBELL A,MCNAMARA O,FURLONG J,et al. The evaluation of the national partnership project in England：Processes, issues and dilemmas in commissioned evaluation research[J]. Journal of Education for Teaching,2007,33(4)：471 – 483.

老师,都获得了许多成功经验,感受到这种教师专业发展活动的效能。2006 年,美国马萨诸塞州克拉克大学还与大学公园示范学校开展了专业合作,双方开展的各项教师专业发展活动,如共同观课、课例研究以及指导新手教师教学设计等,取得了瞩目的成功。① 可见,大学—中小学合作伙伴关系建设具有双赢共进性。

(四)学校协作网络

中小学间的协作、交流和联系中潜藏着促进教师专业发展的无限机遇,中小学学校联盟等组织为中小学教师的校际交流与合作发展提供广阔平台,无疑是加速中小学教师专业发展的有效路径之一。在该教师专业发展途径上做得较为成功的要算澳大利亚。为了充分利用学校协作网络的教师专业发展功能,澳大利亚管理者引入了许多创造性举措。例如,成立校际联络组织——全国学校网络组织,主要目的是推进学校体制的改革,具体工作是实施行动研究与校本改革研究,帮助政策制定者找出阻碍学校教学效能提升的瓶颈。同时,该组织还开展了一项改革研究,即改革环节项目,试图以项目为纽带搭建大学与中小学间的正式关联,共同采取举措促使大学与中小学教师的共同专业发展。参与研究的所有教师均表示,该活动丰富了他们的专业知识与专业能力,尤其是在学习能力、合作能力、研究能力、参与能力以及实践能力上提升很多。② 在美国,这一教师专业发展途径也被广泛利用。例如,美国成立的国际公立学校网络,汇集 17 所公立学校,涉及世界多个国家与地区,在促进教师专业协作与发展方面发挥了重要作用。实践证明:亲身参与这一研究,促使教师获得了专业发展,服务于政策制定的行动研究间接带动了教师专业发展。

(五)教师协作网络

所谓教师协作网络,就是形形色色的中小学教师团体,或教师协会组织,它们构成了教师合作专业发展的重要途径。这些组织能把教师联络起来,一旦遇到问题,教师就可以借助这一组织来共同研究、共同解决,借此带动教师的专业发展。从组织方式上来看,这些协会或团体有些是非正式的,往往借助定期工作会议来维持教师间的工作联系;有些是正式的,常常通过建立相关制度来规范协会内部交流与沟通。Huberman 曾经提出:理想的教师协作网络最好是在同一学校中,或同一年级或学科的不同学校间建立,教师应该加强自律,以产生较好的沟通、研讨与问

---

① DEL PRETE T. Equity and effectiveness:Challenge and promise in a tale of two schools and a partnership[J]. Equity & Excellence in Education,2006,39(1):47 – 54.

② SACHS J. Rethinking the practice of teacher professionalism[M]//The life and work of teachers. London:Routledge, 2005:81 – 94.

题解决效果。① 例如,美国学者曾经组建了这样一个教师协作组织,被称为"实践共同体"。这一组织将来自 14 所学校的 18 名教师凑在一起,这样把各个领域中的专业人士集结在一起,旨在共同探讨优秀教学活动对教师的教学设计、教学实施、教学反思等方面的要求,致力于通过反思交流活动来提高科学教学的效能。这一教师协作网络成为促进美国教师专业发展的有效组织与途径之一。

(六)教学督导

在课堂情境中,教学领导对任课教师的教学方法、思路及设计等进行直接而又具体的指导是较为有效、立竿见影的教师专业发展途径,故在国外很受中小学推崇。在美国,教学领导对教师教学督导的方式大致有两类,其一是传统式,其二是现代式。传统式即检查式,其做法常常是行政管理者进入教室听课、做笔录,并按照相关评价标准对之进行检查对照,看看教师达到了哪些要求,完成之后管理者离开教室,一般不给教师具体的反馈。其目的是为教师的职称晋升与是否聘用给出依据。相对而言,现代教学督导常常是临床式的,这就是临床督导,其具体做法是:在听完课之后,教学领导一般要给教师提出建设性的回馈与建议,目的在于帮助教师改进教学方式,提高教学质量,故颇受教师欢迎,被督导教师常常将之视为自己专业提升的契机。当前,教学督导已经成为美国教师专业发展的常规途径,是促进职前教师专业发展的有力渠道之一。

(七)培训课程与会议

借助教师工作坊、讨论会、工作会议以及参加短训课程等形式来促进教师专业发展是教师在职培训的传统形式。当前,这种教师专业发展途径备受诟病主要是因为这种活动对教师而言只是一次性的参训经验,没有提供相应的跟踪随访,几乎与教师的工作需要无甚关联。但研究者发现:一旦这一专业发展途径与其他教师专业发展途径配合起来,其效能可能非常好。例如,如果把教师工作坊研讨与教师对优秀学校、优秀教师的课堂观摩活动结合起来,参训教师会更容易获得教师专业发展的提升。在美国就有这样一个成功例子。北卡罗来纳教师发展学院为教师设计了以下教师专业发展方案:为 200 名教师培训者开设 40 多个为期一周的专题研讨会,每一次工作坊研讨活动的主题都由教师根据自己的经验、视野与需要提出,整个研讨活动与参训教师的个人实际经历密切相关,参训教师的专业发展提升效

---

① HUBERMAN M. Networks that alter teaching: Conceptualizations, exchanges and experiments [J]. Teachers and teaching, 1995, 1(2): 193–211.

果非常令人满意。① 这一成功例子也表明，没有哪一种教师专业发展途径是最有效的，重要的是在什么情景下使用这一专业发展途径，教师专业发展途径之间怎样配合使用才更有效。

（八）案例研究

课堂教学案例是优质教育经验、教育智慧和教育理念的生动聚合体，借助对精选、身边、亲历的教育教学案例进行讨论、分析与反思来促进教师专业成长是富有效能的教师专业发展途径之一。美国学者曾经指出，案例研究法的思想基础是，知识是建构的，是在承载着鲜活经验的知识基础上形成的，经验的特点是可变性、进化性与因果性，故它能够为学习者找到问题的其他解决答案而非单单的所谓"正确答案"。② 应该说，教育教学案例正是一系列教师工作经验的载体，教师参与案例研究的目的就是参考这些案例，从各种解决方案中找到教育教学问题的最佳解决方案。在美国，案例研究在教师专业发展中较为常用，且很有效能。研究发现，使用案例研究有助于提高实习生的教学推理能力发展。在使用案例研究之后，实习生不仅能在教学中进行高水平推理，而且还能迅速发现课堂教学中的冲突情境并迅速加以应对。③ 当然，要促进新手教师专业发展，教师教育者最好为他们提供有两难冲突的教育教学案例，这样更有助于其教学推理能力的发展。

（九）自我导向专业发展

现代教师专业发展的显著特征是自导性、自主性与自觉性，自我导向的教师专业发展途径对教师专业走向成熟而言意义更大。一般情况下，一旦教师确立了自己认为非常重要的发展目标时，其自我导向的专业发展进程便会被启动。在这一专业发展途径中，教师自己必须承担起自我发展的责任，达成预定的发展目标；管理者与指导者的责任是促进教师专业发展，为其提供相应的指导与支持；要提高自我导向发展的效能，为教师提供必要的反馈非常重要。因此，教师自我导向专业发展的三大要素是，教师自觉、辅导教师指导与及时反馈。在这一教师专业发展途径中，美国学者 Pierce 等人倡导的"基于教师互动的学校变革模式"较有影响力。该模式采取的新型改革举措是，认同教师所希望的学校样式；开展管理者参与的学生

---

① VILLEGAS – REIMERS E. Teacher professional development：An international review of the literature［M］. Paris：International Institute for Educational Planning，2003.

② HARRINGTON H L. "Fostering reasoned decisions：case – based pedagogy and the professional development of teachers"［J］. Teaching and Teacher Education，1995，11（3）：203 – 214.

③ HARRINGTON H L. "Fostering reasoned decisions：case – based pedagogy and the professional development of teachers"［J］. Teaching and Teacher Education，1995，11（3），203 – 214.

需求评价;决定在精选问题上谁是专家,选择参与相互指导的小组成员,组成专家组;专家组探寻应对学生需要、解决以上问题的方式;评价学生成绩与目标达成情况。① 这一教师专业发展方式具有一定的代表性与示范性,非常值得我们借鉴。

(十)合作专业发展

这一教师专业发展途径的主要意图是将教师专业发展活动转变成为小组或团队的形式进行,其提出者是 Glatthorn,具体实施方式有以下几种:通过专业对话讨论教师关心的专业问题;课程小组合作进行课程开发;同伴相互指导;同伴教练互助;合作开展行动研究,解决遇到的教学问题;等等。要提高这种教师专业发展途径的效能,应该从以下四方面努力:创设真正合作的环境,让教师感觉不到压力;管理者提供支持;教师有足够时间完成上述任务;教师在如何有效实施这一模式中接受培训。② 在美国,这种教师专业发展形式常常被用于课程开发中,其一般做法是,教师组成课程小组,共同研发课程教材,评价课程实施过程,分析课程实施的做法,共同改进课程的质量。

(十一)优秀课堂观察

课堂观摩是美国中小学中常见的一种教学研究活动与教师专业发展途径,它能给教师提供向专家教师、同行优秀教师学习的机会,堪称最为实用的一种教师专业发展途径。无论是职前教师还是在职教师,他们都需要这种专业发展机会,它是教师向教学名师、教学名课取经的必经之途。英国学者在其组织的一个教师国际专业发展项目中就采取了这一教师专业发展途径。其做法是:项目组资助英国教师走访各个国家中具有不同文化背景的学校,亲临其境地观察教师的课堂教学及其他教学工作情况,以此促使教师在自己的学校与社区中分享自己通过国外课堂观察获得的教学经验。这也是当代美国中小学校园中最为常见的一种教师专业发展途径,其优势是能有效促使教师之间、学校之间的教学经验交流与共享活动,直接提高教师的专业发展水平。

(十二)技能训练

在教师进入课堂之前对其相关教师专业技能,如提问技能、教学探究技能、小组组织技能等进行预先培训也是促进教师专业发展的有效途径。实践证明,一旦教师熟悉了上述技能,在课堂教学中他们就能渐渐地将之整合到相应教学环节中

① PIERCE D, HUNSANKER W. "Professional development for the teacher, of the teacher, and by the teacher"[J]. Education (Chula Vista, California), 1996, 117(1): 101 – 105.

② GLATTHORN A. Teacher development[M]//International encyclopedia of teaching and teacher education. London: Pergamon, 1995: 41 – 47.

去,不断提高教师课堂教学的质量。美国学者 Joyce 等人表明,教师专业发展的技能训练方式包括五个要素,即通过授课、讨论与阅读文献来探讨相关教学理论;借助视频来呈现技能;在模拟情境中进行练习,在 8—10 年内进行 20—25 次训练;借助同行指导获得效能反馈;开展教练活动,实现培训向真实课堂教学的过渡。① 在美国,有学者曾经采用这一教师专业发展方式,组织教师开展专项技能训练活动,让教师学到更多教学策略,力促教师的早期阅读教学获得成功。②

(十三)教学反思

教学反思是美国乃至全世界较为流行的一种现代教师专业发展途径。舍恩曾经指出,教师是反思性实践者,对课堂教学的情境、过程和经验等进行反思是促使教师专业发展的有力途径。在教师专业发展中,教师作为反思性实践者必须具备以下条件:教师对实践情境产生惊异;对具体情境进行结构化;根据过去知识经验对该情境进行再次结构化;生成下一步行动计划;等等。③ 据此,美国学者 Potter 等人进一步对实践反思做了分类:技术性反思,即在特定时间对课程与教学活动进行反思,以便因教学情境进行调整;实用性反思,即对特定行为的目的与手段进行反思;批判性反思,即对相关理论问题进行发问,如"学生应该学习什么?"④对教学反思的分类让我们看到了各种反思的具体功能及其在教师专业发展中的具体功能。另有学者对如何开展教学反思的操作性方式进行了研究。他们指出,教师的课堂反思活动一般包括四步:其一是在预定问题引导下讨论相关资料信息;其二是为改进实践、进行试验而制订行动计划;其三是阅读有助于深化反思和讨论的专业文献;其四是利用外部促进者,如专家指导等来深化反思过程。⑤ 可见,教学反思其实是借助已有知识经验对具体课堂情境中的问题加以结构化,其目的是帮助教师改进实践,提出更好的行动方案,确保课堂教学质量的持续提高。这一教师专业发展途径具有一定的技术性,需要教师掌握了科学的操作程式之后才可能达

---

① JOYCE B,SHOWERS B. Student achievement through staff development[M]. New York:Longman,1988.

② BAKER S. et al. "Starting off on the right foot:The influence of four principles of professional development in improving literacy instruction in two kindergarten programs"[J]. Learning Disabilities Research and Practice,1999,14(4):239 – 253.

③ CLARKE A. Professional development in practicum settings:Reflective practice under scrutiny"[J]. Teacher and Teacher Education,1995,11(3):243 – 261.

④ POTTER T. et al. Teacher leader[M]. Larchmont,New York:Eye on Education,2001.

⑤ GLAZER C. et al. Overview:The process for collaborative reflection among teachers[EB/OL]. [2000 – 06 – 28]. http:// ccwf. cc. utexas. edu/ – cglazer/reflection – process. html.

到理想的专业发展效果。在美国,多项教师专业发展活动中都直接或间接涉及教学反思活动,它已经渗透到美国中小学教师专业发展的各个环节与阶段。

(十四)专业辅导或教练

在美国,教师教育者对教师进行教学专业上的辅导是促进教师专业发展的常见途径,也是对教师专业发展产生直接帮助的专业发展方式之一。所谓专业辅导,就是教师培训者或优秀教师通过聆听青年教师或新手教师授课、共同探讨教学问题、给出教学改进建议等方式来促进教师专业发展的一种途径。Jones 曾经提出了三类教师辅导方式,分别是:学徒模式,即培训者与被辅导教师之间结成师徒关系,开展一对一的专业辅导活动;能力发展模式,即教练教师按照既定的教学实践标准对被辅导教师进行培训、评价与指导活动;反思模式,即培训者以受辅导教师的"批评性诤友"的身份点评教师的课堂教学情况,帮助其反思改进课堂教学活动。[1] 美国学者 Robbins 指出,在辅导中,指导教师要给新手教师提供多方面的帮助,这些帮助主要包括支持、指导、反馈、问题解决思路点拨,以及在同事圈子里共享资源、经验、好做法与教学材料等。[2] 因此,在美国,教师专业辅导活动其实是为新手教师专业发展提供全面支持的一项综合活动,它要求辅导教师必须接受专门的培训与学习才能胜任,美国学区教育管理的职能之一就是为中小学选聘、培训优秀教练或辅导教师,为学区中小学教学质量提高提供实质性帮助。

除此而外,美国中小学教师发展还采用了许多教师专业发展途径,如教师成长档案袋、研究项目合作、教师轮岗、参与远程教育及教学评价等,在此不再赘述。

三、教师专业发展途径的内在关联

上述美国教师专业发展途径各有自己的特点、优势与局限,中小学及教师专业发展指导者只有在深入了解的基础上才能对其进行科学选配、灵活组合,努力形成效能最佳的教师专业发展项目。无疑,各种教师专业发展途径的特点与功能之间具有一种内在对应关系,尤其是各种具体教师专业发展途径之间势必存在着一种谱系式关联。在此,我们试图按照"组织结构"与"自主水平"对其进行纵横交错的两维分析,以清晰展示上述教师专业发展途径间的内在关联。在该分析中,"组织结构"维度按照"个体—群体"的谱系设计,"自主水平"则按照"被动—主动"的谱系设计,二者纵横交错,构成了剖析教师专业发展途径内在关

---

① JONES M. "Mentors' perceptions of their roles in school – based teacher training in England and Germany"[J]. Journal of Education for Teaching,2001,27(1):75 – 94.

② ROBBINS P. Mentoring[J]. Journal of Staff Development,1999(3):40 – 42.

联的二维参照系(图3-9)。

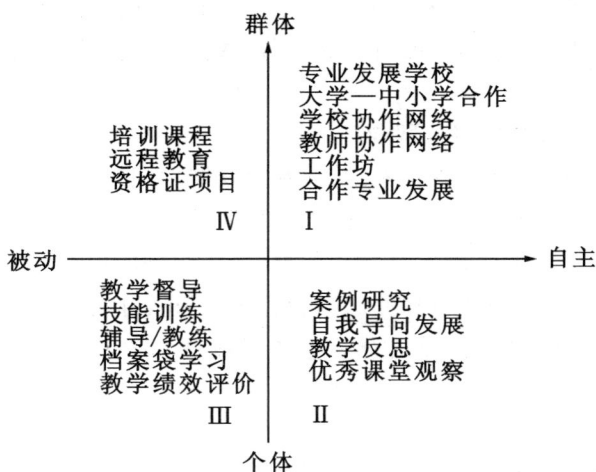

图3-9　美国教师专业发展途径的谱系分析

在上述四个象限中,位于第Ⅰ象限的教师专业发展途径是最能够体现当代美国基础教育改革要求的,因为合作发展与自主发展是理想教师专业发展途径的两大特征,它有助于优质教学经验、知识的生产与分享,但其缺陷是组织成本较高;位于第Ⅱ象限的教师专业发展途径的教师自控性、自主性较大,有利于对教育教学问题进行深入探究,及时满足教师的现实专业发展需要,但其缺陷是缺乏同伴同事间的互促,教师很容易失去参与热情与动力;位于第Ⅲ象限的教师专业发展途径特点是受外在条件制约较大,但有利于基本教师专业发展质量控制,确保最一般的教师专业发展水平;位于第Ⅳ象限的教师专业发展途径常常是传统、经典的途径,其优点是培训效率较高,有利于基本教育理论知识的普及。原则上看,每种教师专业发展途径无优劣之分,是否在实践中选用取决于教师专业发展项目组织者的首位价值追求或教师专业发展面临的现实问题。

第七节　国外教师专业发展的取向与理论

在国外教师专业发展的理念层面,专业发展取向与专业发展理论是其主要体现,在此,特做以分析与介绍。

一、教师专业发展的取向

所谓"教师专业发展取向",就是潜藏在教师专业发展实践背后的主观倾向与思想矛头,它与教师专业发展的现实状况共同决定着具体教师专业发展活动的未来走势。取向决定方向,方向引领实践。尽管教师专业发展态势难以准确预测,但对国家或地区教师专业发展实践背后的取向探察无疑是抓住教师专业发展未来的一根"缰绳"。

(一)教师专业发展的经典取向

英国学者 Calderhead 等人看来,教师专业发展取向应该站在"理论—实践"谱系上去探寻。在这一意义上,我们可以把偏重教育理论的一端定义为"学术取向",把靠近教育实践的一端定义为"实践取向",而位于其两端的即为"技术取向",而个体取向与批判性取向则是超越教育理论与教育实践束缚的两种专业发展取向。这一专业发展取向分类具有一定的经典性与普遍性,当前在国内外较为流行。①

1. 学术取向

该取向强调,教师应该是学科专家,是在教育理论及学科内容方面富有造诣的学者,教师自己的学历与受教育水平决定着他的专业发展优势与方向,接受广博的通识教育有助于教师专业水准的提高,教育知识理论是教师专业发展的根本理论资源依托。

2. 实践取向

该取向认为,教师应该是课堂教学的艺术家,是教学实践的专家。教师的课堂实践经验、教学实践智慧以及个人教学体验等是决定教师专业发展水平的关键因素。进言之,教师专业发展就是增进中小学教师的教学实践经验体验,丰富教师的个人实践知识,帮助教师积累成功教学案例。在这一取向主导下,教师专业发展的主要途径是接受学徒式训练,获取老教师或优秀教师的成功教学经验。

3. 技术取向

该取向强调,教师需要掌握大量的教育知识与教学技能,教师的教育理论知识一旦付诸实践就会自然生成相应的教学技能,这一转化过程具有一定的自然性与技术性。该取向的理论基础是行为主义教学模式,所看重的教师专业发展途径是开展微格教学,进行以能力为本的专业训练。

4. 个人取向

该取向强调,教师的人际关系,如师生关系、同事关系等,是决定教师专业发展的关键因素,学会教学是激发教师人文关怀意识与个人创意的过程,人本主义心理

---

① CALDERHEAD J,SHORROCK S B. Understanding teacher education:Case studies in the professional development of beginning teachers[M]. London:The Falmer Press,1997.

学是这一教师专业发展取向的理论基础。因此,教师教学专业发展的主要内容是培养教师发现个人优势与人性灵光,引导教师利用自己的直觉顿悟或"第六感"来生成教学行为反应,主宰自己的教学实践。

5. 批判性探究取向

这是一种试图促使教师摆脱教育理论、实践经验束缚与限制的教师专业发展取向,它关注的是教师在教育教学实践中表现出来的批判性反思意识与探索能力。该取向认为,学校的作用是增进教师的民主价值观,降低社会不公平现象,实现教育教学的社会改进功能。与之相应,教师专业发展的目的是培养教师的批判实践和反思实践的能力,关注教育教学实践中的不公平现象,促使他们成长为社会变革的代理人。

美国密歇根州立大学教授 Sharon Feiman-Nemser 曾经对国外教师教育中出现的观念取向做了梳理,基本上囊括了上述五种教师专业发展取向(表 3 - 4)。

表 3 - 4　教师教育的观念取向①

提出者取向	学术	实践	技术	个人	评判/社会
乔伊斯 (Joyce,1975)	学术	传统	能力	个性	进步
哈特尼特 (Hartnett,1980)		技艺	技术		评判
蔡克纳 (Zeichner,1983)	学术	技艺	行为主义	个性	质疑
柯克 (Kirk,1986)			理性主义		激进主义
齐非尔 (Zimpher,1987)		临床	技术	个人	批判
肯尼迪 (Kennedy,1987)		慎思行动 批判分析	运用技能 运用原理原则		

---

① FEIMAN – NEMSER S. Teacher preparation:Structural and conceptual alternatives. [J]. Handbook of research on teacher education,1990,212 – 233.

这五种教师专业发展取向在教育实践中普遍存在,值得我们关注。在现实教师专业发展中,这些取向常常交合在一起,让人难以分辨。在这种情况下,把握教师专业发展的主导取向,根据实际灵活定位教师发展取向,是确保教师专业发展实践顺利推进的策略。

(二)教师专业发展的学习取向

在 20 世纪末,教师专业发展也被称为教师专业学习,从学习角度来分析教师专业发展取向具有一定的代表性。美国学者 Guskey[1] 从教师学习角度提出了教师专业发展的六种取向,值得我们关注。

1. 团队学习取向

该取向强调老教师在专业学习组织中的参与度,它认为,新老教师一起参与研讨课堂教学实践方面的观念与问题,共同提高进步,是教师专业发展的重要取向之一。在这类教师专业发展活动中,整个团队成员共同研讨教学实践问题,分享课堂观察经验,不仅对老教师专业发展非常有效,也有利于整个教师团队的共同进步。团队学习取向的教师专业发展活动关注三个焦点,分别是共同面对的实践问题、有效的合作策略与团队成员间的相互评议活动。

2. 同伴互助学习取向

在这种教师专业发展取向中,老教师在指导新手教师中不仅会让新手教师获益,而且其自身的价值观念、专业技能和知识结构等也会发生相应改变。进言之,老教师在指导新手教师的过程中也会激起他对自己教学信念、行为、观念和策略的反省,这是一个双向展开、双方受益的过程,因此,同伴互助更能描述教师专业学习活动对所有参与者的真实影响。

3. 教师作为研究者/实践者取向

该取向强调,在教师专业发展中,老教师始终在开展着行动研究和专业研究活动,它们始终在收集研究结果信息,并据此改进师生的学习活动及其绩效。相对一般课堂学习活动而言,教师专业学习具有情境化、工作嵌入的特点,优秀教师的每一次教学活动都是开展执业者研究的过程,也是对教学活动、教学同伴理解的一次深化过程。在教学实践中,教师不仅是教学问题的生产者、提出者,还是教学实践问题的创造性解决者,教师兼有研究者与执业者两种身份。

4. 教师作为学生取向

当代教师专业发展的主流态势之一是提倡研究与实践有机融合,将教师教学

---

① GUSKEY T. Evaluating Professional Development[M]. Thousand Oaks:Sage Corwin,2000:22 – 29.

活动转变为教师研究、教师学习和教师发展的过程。正是如此,向教学实践学习,向成功经验学习是现代教师专业发展的特点之一,在这一过程中教师更像一位学习者和探索者,而非一个居高临下的知识传授者。该取向赞成大学与中小学建立合作伙伴关系,呼吁与大学教师开展合作教学,要求中小学教师在参与大学研究、指导师范生实习中吸收大学给中小学教师带来的先进理念,甚至从大学最新研究成果中获得专业发展的智慧。

5. 独立学习取向

该取向强调,教师专业发展是一个自我学习的过程,应赋予教师主导自己专业学习和利用自己问题解决框架来应对实践问题的机会,应该关注每个教师在教学中遇到的真实问题与具体情境,毕竟每个教师面临的学生与学习情境千差万别,故此,每个教师在教学实践中需要解决的具体教师专业发展问题及其相应发展方式具有个体差异性,教师在实践中的独立学习与摸索是教师专业发展的主题。由此,这一教师专业发展取向建议教师善于发现自己的学习需要,设计自己的行动计划,评价自己专业发展的效果。

6. 方式整合取向

诸多国外学者认为,教师在专业发展中应该综合采取各种发展框架与策略,努力形成最优的专业发展效果。加拿大教师教育专家富兰曾经指出:应该将教师专业学习与发展活动整合进系统改革中去,即将其与学校发展、教师发展与学生学习整合起来,使之成为教育体制改革的中心。① 在美国,北伊利诺斯大学组织开发了"专业发展途径范例",试图针对学区内的所有地区,包括农村、城郊与城市,及所有层次学校,包括小学、初中与高中采取一体化的教师专业发展模式。由于各地区、各学校情况差异很大,所以,该教师发展模式在设计中还特意关照了灵活性,允许教师根据自己的年级、学科、自身情况以及小组差异选择个性化的教师专业发展途径。英格兰通识教学委员会强调,成功的教师专业发展项目应该是多样化教师专业发展机会与活动组成的综合体,其特点是,广泛引入与学校基本活动相关联的专家知识;倡导同伴支持或相互指导,如课堂观察活动,这能够给教师提供安全的实验环境;观察项目参与者,帮助教师找到自己专业发展的重点与起点;鼓励参训教师参与专业对话,并对教师的对话、反思与转变进行延伸与总结;长期支持教师

---

① A review of literature on professional development content and delivery modes for experienced teachers[EB/OL].[2005-12-23].http://www.oise.utoronto.ca/guestid/ite/UserFiles/File/AReviewofLiteratureonPD.pdf.

专业持续发展;等等。① 这一整合理念有助于教师综合利用各种专业发展方式,在扬长避短、优势共享中取得理想的专业发展效果。

二、教师专业发展的理论

所谓"理论",就是人们基于事实与发展规律提出的对事物理想发展状态的一种主观预想或信念,科学理论是理想性与现实性的结合。其中理想性包含着人们对事物未来发展的理性预期,它是一种有待证实或体认的思想观念;现实性包含着人们对事物发展现状与本质的客观把握,代表着事物发展的内在状况与延伸轨迹。对教师专业发展而言,学者对理想教师专业发展的因素、特征与构成的想象性思考便构成了教师专业发展理论。其实,国外学者对教师专业发展的系统性理论并不多见,而且建构理论并非西方学者钟情的研究旨趣。在此,我们试图从其基本教师专业发展观出发,勾画出这些学者内心信守的基本教师专业发展理论轮廓,以满足我国教师专业发展的理论需求。

(一)建构主义教师专业发展理论

Villegas – Reimers 在对现有教师专业发展研究成果概括的基础上发现,许多学者倾向于建构主义教师专业发展观,主张教师专业发展是教师在教育情境中建构专业经验,改进教育图式,完善专业自我的过程。在这一教师专业发展理论中,有七个关键词非常值得我们去深究:

(1)建构。该理论认为,在教师专业发展中教师是"主动的学习者",他们通过参与具体的教学任务、教学评价、教学观察和教学反思活动来建构教师专业素养,这与"知识传授取向"的教师专业发展观截然不同。

(2)经验。教师专业发展是一个漫长的学习过程。在该过程中教师应对问题、积累经验、融化知识,催化教育教学变革的发生。

(3)背景。教师工作经验的发生是在特定教育背景中实现的,将培训、学习与现实课堂情境关联起来才可能产生真正的教师专业发展现象,教师专业发展必须立足于教师与学生的日常学习活动之上,工作学习是教师专业发展的理想形态。

(4)反思性实践者。在建构主义教师专业发展理论中,情境中的反思与经验生成活动是教师专业发展的关键环节,教师作为"反思性实践者"是教师专业发展的目标定位,教师发展的目的是促使教师在实践中建构教学理论与教学行动。

---

① GENERAL TEACHING COUNCIL FOR ENGLAND. Continuing professional development [M]. London:GTCE,2005.

（5）改革。教师专业发展总是与学校改革密切相关,因为教师新经验的建构总会引发教师专业发展的质变,影响学校发展的连续性,导致既有学校文化的失效。

（6）多维性。在建构主义视野中,教师专业发展总是在具体情境中发生的,它具有个体独特性与多样化维度,学校和教师教育者必须在具体评价教师发展需要、文化观念、学校结构与实践情况的基础上才可能设计出最具个性、最有效的教师专业发展模式。

（7）合作。教师专业素养的建构既是个体行动过程,也是在社群中与同事合作发展的过程,有效的教师专业发展常常发生在专业共同体中,并以人际互动、专业合作的形式展开。

概言之,建构主义教师专业发展观强调,教师专业建构是在特定教育背景中发生的,是以经验形成、反思实践和专业合作为形式的教师素养多维转变过程。

与此同时,新西兰学者 Helen Timperley 等也大力支持建构主义教师专业发展观。他们认为,教师专业发展与专业学习息息相关,"教师专业学习与发展"成为其研究的核心概念。在此基础上,他们对教师专业学习的过程做了分析,并指出该过程的五个鲜明特点:一是专业学习很可能引发教师的实质性变化,但学习的结果与教师的反应只能用"意味"表达而不能直接表明;二是教师专业学习能够实现的是促使教师产生新理解,获得新技能,但仅凭这些知识难以真正变革实践;三是当获得的新理解与其现有观念框架相协调时教师才会接受它;四是一旦这些新理解与教师现有观念框架发生冲突,教师可能会对这些理解产生拒斥;五是经历数次冲突之后,教师会在专业学习背景中展开探究,它可能促使教师专业发展活动持续下去。显然,教师专业学习与发展过程其实就是习得新观念,开展探索行动,建构新理解,最终在其身心上发生隐含性的专业素养变化的过程。①

（二）实用主义教师专业发展理论

在当代美国,实用主义教师专业发展观颇为流行,成为主导美国教师专业发展项目及实践的主导观念。所谓"实用",对教师专业发展而言,就是关注教师专业发展的后果与效能,这些效能的主要内涵就是学生成绩,围绕"学生成绩提高"这一目的来选择、设计教师专业发展活动是该教师专业发展理论的核心内涵。

---

① HELEN TIMPERLEY, AARON WILSON, HEATHER BARRAR, IRENE FUNG. Teacher Professional Learning and Development[EB/OL].[2008 – 10 – 15]. http://www.curtin.edu.au/curtin/dept/smec/iae.

该理论的基本框架如下：①

（1）教师专业学习与发展的核心目的是提高学生的学习成绩，促进学生学术成绩和学习效果的持续提升。

（2）教师专业学习与发展活动的基本组织原则是嵌入实践。教师专业发展活动的实效性体现在它对教师专业能力的实质性提高过程中，因为教师实际工作能力的提高与学生学习成绩提高之间具有同步性与正相关性，故与教师教学工作以及实践需要密切相关是有效教师专业发展的首要原则。

（3）教师专业学习与发展的三大基本途径是合作、反思与反馈。专业发展是个体与集体的共同责任，教师间的有效合作至关重要，教师个体的教学经验反思与教学实践反馈是教师专业学习与发展的内在机制。

（4）教师专业学习与发展应具有科学性。理想的教师专业发展活动具有两个明显特点：其一是有最好的研究活动支撑，其二是所有活动的科学性依托客观的数据与事实。研究活动与数据事实确保了教师专业发展与学生成绩提高间内在关联的存在。

（5）教师专业学习与发展需要各级领导的支持。理想教师专业发展活动应该具有持续性，这就需要各级领导，包括学校、学区及相关社会机构领导的支持。

实用主义教师专业发展理论的内在逻辑关联如图 3-10 所示。

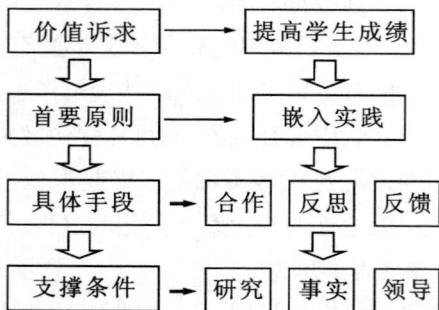

图 3-10　实用主义教师专业发展理论的内在逻辑关联图

图 3-10 表明，教师专业发展是以提高学生学业成绩为核心目的，以嵌入实践

---

① Seven principles of highly effective professional learning[EB/OL].[2015-09-10]. https://www.eduweb.vic.gov.au/edulibrary/ public/staffdev/sso/The-Seven-Principles-of-Highly-Effective-Learning-Guide.

为首要原则,以合作、反思和反馈为具体手段,以研究、事实和领导为支持的教师专业素养提升过程。

(三)情境主义教师专业发展理论

1998 年,在美国学者克雷格(Helen Craig)主笔的世界银行"有效学校与教师"项目报告中提出了另外一种值得关注的教师专业发展理论,其核心理念是强调教师专业发展的情境性特征,是一种因时而异、因地制宜的教师专业发展理念。这一理论的五个核心要素是:优选、变化、过程、策略与变革。在该报告中学者认为,没有最好的教师专业发展方式,只有在不同情境中呈现出来的有效教师专业发展方式,优选出最现实的发展方式是教师专业发展的关键;教师专业发展随时都在进行,并阶段性地达成发展目标;教师专业发展是一个持续的过程而非一蹴而就的一件事情;教师专业发展需要的是因人、因时、因地而异的灵活策略,这些策略的形成必须考虑教师专业发展需求与专业决定;教师专业发展策略的重要目的是促进课堂变革的发生。① 简言之,这一教师专业发展理念的内核是,教师专业发展是依据课堂情境,通过发展策略优选,促进课堂变革发生的持续过程,最适合自己情况的教师专业发展策略是组成最好教师专业发展方式的核心要素。

美国学者 Hilda Borko 在"情境教师学习与发展"理论框架下对教师专业发展理论进行了系统阐述,其所依托的理论就是情境主义学习理论。所谓"情境",就是指植根于多种学科之中的理论视角和研究线路,情境主义者把学习视为社会化地参与组织与个体活动的过程,带着知识进入社会化实践是学习活动的重要特征。Hilda Borko 认为,教师专业发展是一个复杂的社会化学习系统,主要包括四个要素,即教师,在该系统中他们是学习者;促进者,即引导教师建构知识与实践的教练教师;教师专业发展的背景;教师专业发展项目(即 PD 项目)。② 该系统基本构架如图 3 - 11 所示。

图 3 - 11 表明,教师专业发展是在一定的专业发展环境内发生的,在教师专业

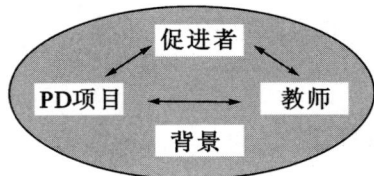

图 3 - 11 情境学习视角下的教师专业发展系统

---

① HELEN CRAIG. Teacher development making an impact[R/OL]. [2008 - 10 - 15]. http://people. umass. edu/educ870/teacher_education/ Documents/Craig - book.

② HILLDA BORKO. Professional development and teacher learning:Mapping the terrain[EB/OL]. [2004 - 12 -01]. http://edr. sagepub. com/content/33/8/3.

发展指导者与促进者的指引下,参与教师专业发展项目,实现的教师专业素养提升过程。在这一过程中,教师是专业发展的主体,教师专业发展背景、促进者与专业发展项目的支持是加速该过程的三大力量。该研究还指出,一个优质的教师专业发展项目应该具有三个特点:在多个地方开展同一项目,在多个促进者的指导下进行,引入多个理论视角。显然,这些改变的焦点之一就是改变教师专业发展的情境,促使教师专业发展快速发生。

在欧盟,教师专业学习共同体模式备受推崇,其依托的也是情境主义教师专业发展理论。该教师专业发展模式的基本理论假设是:其一,教师专业发展的动因是潜在社会情境与工作经验中的专业知识观念与学习活动,这种活动通过教师间的互动、反思、交流活动而被强化;其二,教师参与"教师专业共同体"能够引发教师教学实践变化与学生学习成绩提高。① 研究证明,基于 PLC 组织的教师专业发展能对教师的多方面教学活动产生影响,如教学实践、教学文化、后续专业学习活动、关注学生学习等,尤其是在良好合作氛围、教学评价反馈机制等支持下,其效果更佳。② 可见,情境性参与是教师专业共同体的核心特征,这一参与之所以能够改变教师教学实践与学习成绩,其根源就在于它能够改变教师应对教学情境的策略,引发教师教学方式的变化,故这一理念其实就是情境主义教师专业发展理论的变形。

上述三种教师专业发展理论中,其各自强调的重点虽然不同,譬如建构主义专业发展理论强调的是专业经验建构,实用主义专业发展理论强调的是学生成绩提高,情境主义教师专业发展理论强调的是教学策略生成,但其采取的主要手段基本上是一致的,如合作、反思、实践和研究等,它们都是各种教师专业发展理论所采取的共同手段。可见,同中有异、异中求同是上述教师专业发展理论的共通之处。

【拓展阅读】

1.殷玉新,马洁.国外教师专业发展研究的新进展[J].全球教育展望,2016,45

---

① FRANCESCA CAENA. Educational effectiveness research and teacher professional development:An overview[R/OL].[2011 – 06 – 01]. http://ec. europa. eu/education/policy/strategic – framework/doc/teacher – development_en.

② IMANTS J,SLEEGERS P,WITZIERS B. The tension between organisational sub – structures in secondary schools and educational reform[J]. School Leadership and Management,2001,21(3):289 – 308.

(11):84 – 98.

2. 龙宝新. 论国外教师专业发展的现状与走向[J]. 现代基础教育研究,2016,23(3):25 – 35.

3. 黄孔雀. 国外教师持续专业发展模式评述[J]. 外国中小学教育,2011(2):29 – 32.

4. 张治国. 国外教师专业发展中的五种"过程"模式[J]. 外国中小学教育,2008(3):33 – 37.

5. 裴跃进. 国外教师专业发展的五种模式简介及对我们的启示[J]. 中小学教师培训,2006(11):60 – 63.

6. 蒋茵. 国外教师专业发展的新范式及其对中国的启示[J]. 全球教育展望,2005,34(9):24 – 27.

7. 龙宝新. 当代国际教师教育研究[M]. 北京:科学出版社,2016.

【学后作业】

1. 谈一谈:国外教师专业发展的具体形态与模式方式。

2. 想一想:国外教师专业发展途径有效吗? 为什么?

3. 问一问身边同事:我采取了哪些国外教师专业发展模式方式? 是否有效?

【实践练习】

绘制一份《国外教师专业发展》思维导图,系统全面理解国外教师专业发展的理念、方法与实践。

第四章 教师专业学习

【导学提示】

通过本章学习,达到以下学习目标:

1. 理解教师学习的实质与框架;

2. 领会教师具身学习的原理、形态与优势;

3. 了解教师专业学习力的构成与提升路径;

4. 能够依据教师学习进阶理念设计自己的专业发展规划。

教师教育专业化的核心是教师专业发展问题,教师专业发展的关键是教育智慧的创生与积淀,这一目标的实现离不开教师的学习活动。应该说,实践研究、参加学习与接受培训是教师专业发展的三大基本路径,其中参加学习或教师专业学习(以下简称"教师学习")是教师专业发展的自觉路径,是中小学教师专业发展实践的主体形态与本质内容。

第一节 教师专业学习的实质与框架

在实践中,教师学习的对象与形式是多种多样的:可以向教育实践学习也可以向教育专家学习,可以在反省教育经验中学习也可以在接受教育理论中学习,可以向自己学习也可以向教师教育者学习,可以在工作中学习(即"工作学习")也可以在教师培训课堂上学习(即"专门学习")。正因为如此,有人指出,教师教育活动就是"镶嵌在教和研之间"的"嵌入式学习"。① 应该说，每一种教师学习形式都是一种成就教师、学做教师的方式，如何成师，如何实现教育智慧的增长是所有教师学习活动指向的一个共同目标，故"学会为师"是教师学习基本课题之一。② 在此，特对教师专业学习的本质与框架做以下分析。

一、教师学习的实质：理论成师与实践成师的双轨同期互动

教师有两种基本的成师方式——理论成师与实践成师，其中实践成师是教师的自然发展方式，是教师"从原有的经验出发，生长（建构）起新的经验"③的过程，它是一种与教育实践相依相生的成师方式；而理论成师是教师的人为发展方式，是教师将"公共教育知识内化为个人教育知识"④的过程，它是一种教师在工作场之外展开的成师方式。教师的学习之路是要将两类成师路径整合起来，自觉实现教师的理论成师与实践成师、"自上而下的理论研究"与"自下而上的实践研究"⑤的协作与沟通。因此，对教师教育来说，基于教师学习的教育变革绝非要机械地落实"教师为本"这一教师发展理念，而是要将其着眼点与着手点及时区分开来，努力实现教育理论与教育实践在教师身上的及时沟通与交互推进。对教师发展而言，其着眼点理应是基于"师本"的教育实践，其着手点是教育理论的楔入问题，教师教育活动是一项放眼于教育实践样式的优化、着手于教育理论的输入与授受的教育实践。在这里，教师教育活动干预教师发展水平的主渠道是教育理论的生产和供给。依靠教育理论来打破教师的自然发展方式、加快教师的专业成熟节律是教师教育活动的潜在优势，是专门性的教师教育活动得以发起的内在原因。

到目前为止，教育史上已经出现了两条基本的教师教育道路：一条是培训之路，即单纯关注教育理念与知识输入的教师教育道路，在这条道路中，理论成师的教师发展方式被推向了极致，普通教师的教育实践智慧被边缘化，教师在教育活动

---

① 金美福.两种教师发展模式论比较：兼与台湾学者饶见维先生商榷[J].东北师大学报（哲社版），2004（4）.

② 李志厚.论教师学习的基本追求[J].华南师范大学学报（社会科学版），2006（4）：137－143.

③ 周成海.客观主义—主观主义连续统观点下的教师教育范式：理论基础与结构特征[D].长春：东北师范大学，2007.

④ 陈振华.论教师成为教育知识的建构者[D].上海：华东师范大学，2003：55.

⑤ 周龙影.教育行动研究与教师的专业发展[J].江苏大学学报（高教研究版），2004（3）：25－29.

中的主体性被抹杀;另一条是教育之路,即强调对教师进行以人格、情感和知能为内容的全面教育,这条道路,尽管增加了对教师训练的维度,但教师的发展主动权仍然掌控在教师教育者的手中,教师的教育实践智慧的存在和使用空间日渐被压缩。鉴于此,教师的发展是教师教育者与教师自身协作共谋、密切配合的结果,它需要教育理论与教育实践的协同参与。笔者认为,合乎这一思维的教师教育改革道路就是第三条道路——教师学习之路,其基本特征是:在教师教育者与教师分工协作、两种成师之路——理论成师与实践成师并驾齐驱这一理念的指引下,努力构建一条以教师学习平台建设为基点的教育理论成师与教育实践成师双轨并存、同期互动的教师教育之路,以求实现两种成师之路的优势互补、相得益彰、平衡推进。

在这里,所谓的"双轨并存"意即两种成师之路是并行不悖、互补协作、同步推进、相互回归的关系,二者之间没有偏重关系,有的只是动态平衡关系;所谓"同期互动"意即这两种成师之路在平行发展的同时又相互影响、相互吸收、相互转化。其中,理论成师与实践成师之间的关系是:并存、相倚是前提,是教师学习的条件;互动、转生是教师学习的基本方式;同期、平台是对教师学习时间性与空间性的限定与保障,这一时空共在性是教师学习得以形成的媒介与背景。这一教育道路的基本框架如图4-1所示。

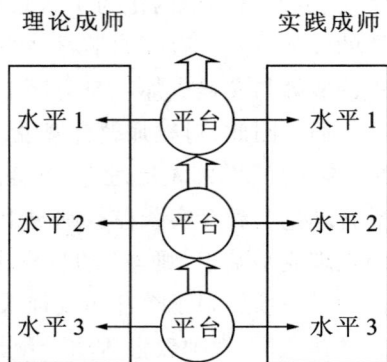

图4-1　教师的两条基本成师之路及其关联

二、教师学习之路的实践框架

基于上述框架,本书认为,作为教师教育变革的第三条道路——教师学习之路,其实践框架理应是这样的:

(一)教师学习发生于教育理论与教育实践的交汇点上

教师学习是一个"知行思交融"①的过程,两种成师路径就如教师发展的两条腿,它们只有在默契配合、平衡推动中才能完成。这样,无论单纯在教育理论中还是单纯在教育实践中,教师的发展都不可能顺利推进,教师教育智慧的生长点常常

---

① 饶见维.教师专业发展[M].台湾:五南图书出版公司.1996:230.

位于教育理论与教育实践的交汇点上,位于教育理论与教育实践的重合区。为什么只有在这一点上教师才会发展呢? 这首先需要对教师的两种发展方式、两种智慧加以区分。首先,教师时刻处于发展之中,但发展的形式是有区别的。在此,根据这种发展是否有新教育活动图式的生成将其区分为两类:适应式发展与创造式发展。前一种发展实际上并非通常意义上所言的教师发展,它是指教师在适应微小环境变化的情况下所产生的发展。尽管在这种发展中,教师的行为方式也会产生一些变化,但这种变化还没有达到使其常规教育活动图式发生质变的地步。显然,这种发展是教师参与正常教育生活的需要,我们甚至可以将其归入教师的本能性教育行为反应这一类,它属于教师的一种自然发展,体现着教师发展过程的连续性。通常所言的教师发展是指后一种发展,即教师在应对教育生活中的新问题、新事件时所发生的并伴有教育活动图式质变的发展。这种发展已经超越了教师自然发展的阈限和速度,故教师必须通过新图式的创生来实现自己在职业内的生存。如前所言,真正有效的教师发展必须是最近发展区意义上的发展,即在教师的可能性发展水平与自然发展区阈限内的发展,这就是在教师教育者引领下的发展。在这里,这种可能性发展水平就是指教师的创造性发展水平。显然,教师学习就是为了实现这种发展,而非自然发展或适应性发展。其次,教育智慧是有类型之分的,大致可分为两种,一种是教育理智智慧,一种是教育实践智慧。前者的功能是帮助教师在头脑中解决问题,其载体主要是教育理论和教育观念;后者的功能是帮助教师在实践中解决问题,其载体主要是教育实践、教育案例及教育事件等。就其关系而言,教育理智智慧必须在转变为教育实践智慧之后才能服务于教育实践,教育智慧就是这两种智慧形态的统一体。故有人指出,教育智慧体现为"理论形态和具有个人特色的实践形态"①。进而言之,教师对教育理论的学习绝不能停留在表面,即对教育理论理解水平上的学习,而应该深入其内部——教育理智智慧的层面,因为教育理论仅仅是搭载教育理智智慧的载体,教师的学习只有在触及教育理智智慧这一层面时才可能实现对教育知识、观念的灵活驾驭,实现转识成智、理论成师。同时,教育理智智慧只是教师学习活动的一个中换站,它只有与教育实践结合并转化为教师的教育实践智慧时,教育理论服务实践的功能才能最终实现。一般而言,教师发展的实质是其参与教育活动的行动图式的不断调适,其发展动力主要来自两个方面,即教育实践难题的刺激和新的教育观念图式(主要来自教师从教师教育者那里获得的教育理论)的楔入。前者是在教育实践中发生的,其直接作用对象是

---

① 金美福.教师自主发展论[D].长春:东北师范大学,2003.

指导教师的教育实践的行动图式;后者是教师在自觉接受教师教育者活动中发生的,其直接作用对象是指导教师的教育实践的观念图式。在教育实践中,这两种动力之间构成一种双趋式关系,共同指向教师的教育素养的提升。当教师的两种图式——观念图式与行动图式在教育活动中相会合时,新的教育活动图式进而在教师身上产生。教师发展的全程就是教师充分利用教师教育者的教育理智智慧和自身的教育实践智慧来主动建构一种实践需要的、合理性教育活动图式的过程。在这一过程中,教师的两种智慧得到了整合、协调、融合,教师的创造性发展得以实现。

由上可知,学习就是一种"转变",就是在观念、理论与行动、实践的交接处发生的智慧创生活动。只有习惯性、机械性的教育实践而没有思维、观念活动的切入,智慧不会生成,学习不会发生;只有思维、观念活动的空转而没有教育行动的伴行或将教育实践这一参照系观在眼中,智慧也不会生成,学习也不会发生。在教师教育领域,完整意义上的教师学习既不会单纯发生在教育实践之中,也不会单纯发生在以教育理论输入为主调的教师教育课堂上,而是发生在二者的交汇点上。在单纯的教育实践中,教师徒有教育实践智慧和行动图式;在单纯的教育理论学习中,教师徒有教育理智智慧。在上述两种情况下,教师都找不到两种图式共在"合生"(怀特海语,即 concrescene)的场合和条件,教师的创造性发展由此难以实现。完整意义上的教师学习活动必需的两个统合点,即以教师身体为载体的两种教育智慧的统合和以学习平台为载体的两种教育智慧的统合。教师只有既具有了一定的实践智慧基础,又具有了从教师教育者那里所获得的理智智慧,两种智慧才可能在同一场景——教师身体中相遇;只有在诸种学习平台中,教师才可能主动地去摄入教育理智智慧,激活教育实践智慧,促使两种智慧发生碰撞、接合[①],为合理性的、高级教育活动图式的产生提供了条件。一句话,教师身体和学习平台是教育活动图式的产床,两种教育智慧在特定时空中的相遇与会合是教师创造性发展和教师学习得以发生的基本条件。

(二)教师学习的一般样式是穿梭式

由上可知,教师学习的基本路线是两种智慧齐步并进、共强共生。这样,实现两种教育智慧的接头,促进教育理论与教育实践的相遇就成为启动教师学习活动的关键一环。然而,在现实生活中,教师的发展总是在两个世界——教育生活世界和教师教育课堂、任职学校与教师培训机构之中来分别进行的。教师没有分身术,

---

① 所谓"接合",它是指"在差异性中产生同一性,在碎片中产生统一,在实践中产生结构"。参见萧俊明. 文化转向的由来[M]. 北京:社会科学文献出版社,2004:241.

他要进行一次完整的学习活动就只能穿梭、往返于这两个世界之间。通过这一"穿梭"，教师在工作学习中获得的教育实践智慧和在专门学习中获得的教育理智智慧就可能发生相遇与汇合，教师学习活动也才可能发生并顺利推进，教师才能在两条成师之道之间"走出"自己的成师之路。为此，周期式地穿梭于教育理论与教育实践之间，让教师在两种教育智慧之间发挥纽带功能，让教师身体成为贯通两种教育智慧、实现教育智慧互生的阵地是教师学习的一般样式。我们可以将这一基于教师学习之路的教师教育模式形象地称之为穿梭式教师教育。在实践中，这种"穿梭"的两个端点或基站是教师任职学校与教师学习平台。在两种基站之间周期性地来回穿梭，不断实现学习类型（即工作学习与专门学习）的转换，让教师一直生存于教育理论与教育实践间的中间区，实现教育理智智慧与实践智慧的频繁互动与互构，正是笔者所言的教师教育改革的新道路——实践成师与理论成师"双轨并重、同期互动"的根本内涵。同时，这一教师教育模式的构建也是出于另一考虑：教师尽管可以由教育实践来成就，由教师任职学校来承担部分责任，但教师任职学校毕竟不是教师发展的学校，而是学生发展的学校，教育学生是其主功能，教育教师只是其辅功能。同理，教师教育机构、教师学习平台的主要责任是发展教师、教育教师，其间接责任才是发展学生、教育学生，组织教师学习活动是其基本职责。在此，对这二者的责任区间加以相对明确区分是出自一种支持专业化进程的考虑。那种试图将教师发展学校与学生发展学校、教师学习平台与教师任职学校混同起来的做法是绝对不妥的，毕竟专业化的提出和推进意味着人类社会发展中的一大进步，这一点已经成为人们的共识。因此，一种高效的教师教育模式必须是将二者适度区分开来的模式，它可以使教师得到各得其所的发展。在教育实践中通过工作学习获得教育实践智慧，在教师教育活动中通过专门学习获得教育理智智慧，在穿梭于教育实践与教师学习平台之间的过程中实现教育智慧的创生与发展，这正是教师实现创造性发展的有效路径。

可见，在教师学习之路中，教育理论与教育实践的接轨是通过教师这一学习主体的穿梭、游弋活动实现的，这就必定涉及一个互动时机的选择问题。教师什么时候进入教师学习平台，什么时候回归任职学校，这是决定这一"穿梭"活动路线的关键问题。为此，我们需要对"同期互动"的内涵加以阐明。所谓"同期互动"，其形态有两个：其一是微观意义上的同期互动，即以教师身体为"理论—实践"交合点的同步性同期互动。它是指教师在从事教育实践时心怀教育理论，在参与教师教育活动时心系教育实践，在实践中融入理论，让理论学习朝向教育实践、走进教育实践，最终让两种教育智慧在教师身上找到相遇点、融合点与生发点，实现两种教育智慧的直接互动;其二是宏观意义上的同期互动,即相继性同期互动。它是指在一段时期内教师根据教育实践或自身发展的需要不间断地回旋于教师学习平台与其任职学校之间。尽管这种互动从瞬间意义上来讲是不同期、不同步的,但将它放在教师发展的更长一个段时期内来看,它又表现为近似"同期"的。我们也可以说,这一互动就是前一互动形式的延伸和放大。

毋庸置疑,宏观意义上的互动就是穿梭式教师教育之路的常见表现形式,"教然而后知困",困然而后知学,就是对这种理论—实践互动方式的一种直接描述。具体来讲,当教师在教育实践中感到无能为力时,尤其是利用自己的工作学习、既有的行动图式、实践智慧难以解决所遇到的问题时,就会产生求助于外来的观念图式、理智智慧来调整自己的行动图式,进而发展自己的教育实践智慧的需要。此时,通过专门学习活动和教师学习平台来发展自己就成为必然。同时,当教师在这种学习中达成了其预期的学习目的,其理论水平及理智智慧就会有一定的增长。此时,教师需要及时回归任职学校来实践这些理论,运用这些智慧,以生成一种能够解决教育实践问题的新图式、新智慧,实现教育理论、理智智慧向教育实践的转化。实际上,任何理智智慧一旦成形就会走上"衰变"的道路,这一"衰变"一般有两种方式:一种是由于该时代教育实践的发展水平超越了理智智慧的适用范围,导致其失去了用武之地,进而发生了衰变;一种是该理智智慧失去了与其原初生发背景及实践间的血肉联系,导致这种理论进入故步自封、脱离实践的境地,其活力因此而丧失,随之导致了衰竭现象的发生。为了防止"衰变",教育理智智慧必须适时地回归实践,以在与实践智慧的结合和新生中保持自己的生命性。可以说,教育理智智慧的生命系于实践,它必须向实践而生,时刻保持一种"向实践性"倾向才可能最终实现生存。教师需要这种来回穿梭,其相继性同期互动才得以延续,两种智慧才能进入到一个良性的发展回环之中。值得注意的是,在这一回环中还存在一个重要问题,即循环周期问题。何时进入教师学习平台来开展学习活动,何时回归任职学校继续其教育实践活动,这都取决于循环周期的确定。在此,实际上存在着两种周期概念,即时间周期与心理周期。前者将每两次"平台学习"(即基于学习平台之上的教师学习)之间的时间认定为教师学习的一个循环周期,如国家规定中小学教师必须每隔一段时间参加脱产形式的继续教育;后者则将教师在教育实践中前后两次体验到教学方式落伍并产生强烈学习需要之间的这一心理节律确定为教师学习的心理周期。本书认为,在教师学习中,为了保证互动的同期性,保证教育理智智慧与实践智慧间的密切关联,我们需要研究的是基于心理节律的心理周期而非基于时间段的时间周期。在教师学习中,严格按照心理周期来转换教师学习形式,实现工作学习与专门学习交替主导,确保教师发展的连续性与学习阶段间的衔接性是两种成师方式实现平行同期互动的重要内容。

显然,这种周期互动式教师学习与回归式教育中所倡导的教师教育理念稍有不同,主要体现为三点:其一,回归式教师教育关注的是,教师一旦长期"泡"在教育实践之中,其专业知识可能会老化,故需要不间断地回归大学来"充电",关注焦点是教师的知识;而穿梭式教师教育理念强调的是教师的教育实践智慧需要在摄入理智智慧时才可能实现创造性发展,故教师智慧的发展必须不间断地回归教师学习平台,以从教师教育者那里摄取新的教育理智智慧,学习教育理论只是其表面形式,其关注焦点的是教师的智慧,即杜威所言的在考察(实际)情况出现的必然性和可能性,从而对事做出估量的能力①。其二,回归式教师教育中教师回归的是大学校园,是为了知识更新而回归,而穿梭型教师教育中教师"回归"的是教师学习平台,是为了教育理智智慧而回归。显然,教师学习平台是多种多样并且可以存在于教师所有教育时空的(如信息网络平台),是可以内置于教师的教育实践中的(如校内教研组开展的各种观摩教学活动),而大学校园是固定的,无法随意变更其位置,它最多只是一个教育理论的生产商和供应商而已。其三,回归式教师教育中回归的方向是单向的,即教师向大学校园的回归,教师发展是沿着专业知识的线路连接起来的;在穿梭式教师教育中,这种回归是双向的、双通道的,即既有从学习平台向任职学校的回归,又有从任职学校向学习平台的回归,故称之为"穿梭"。在"穿梭"中,教师是围绕教育智慧的增长线被"串联"起来的。沿着教育智慧这条增长线,穿梭式教师教育模式将教师的发展建立在了教育理论与教育实践和谐共生的道路之上。

所以,双轨平行互动是教师学习之路的基本特征。其中,"双轨"保证着两条成师之路的相对独立性与完整性;"互动"意味着教师发展的两条路径之间是相互贯通的;而"同期"则是两条成师之路密切衔接、融为一体、周期性贯通的重要保证。具有这一特征的教师学习,其具体表现形态必然是穿梭式的。"双轨""同期""互动"是教师教育的第三条道路——教师学习之路的骨架和关键词。

(三)教师学习的支撑点是学习平台建设

教师教育变革的第三条道路的构建是建立在对学习概念的全新理解之上的,其含义绝非教育、培训意义上的学习,而是工作学习与专门学习、理论学习与实践学习的合成物。与培训意义上的学习相比,教师学习不只是受训教师的向人学习、

---

① 菲利普·劳顿,等.生存的哲学[M].胡建华,等译.长沙:湖南人民出版社,1988:241.

专门学习,还是教师的工作学习与向己学习,以及教师教育者与教师间的相互学习的统一。只不过是在教师发展历程中来看,教师教育者的学习是辅学习,其向教师的学习从属于教师的学习,并以教师学习质量、教师发展水平的提高为指向和目的。有效的教师教育不仅是一种能够为教师当下发展提供优质服务的教育,还是一种具有自我发展性和生命力的教师教育,这种生命力和发展性就来自教师教育者向自己的服务对象——教师的学习,学习他们的实践智慧与教育思维。通过这种学习,教师教育活动与教育实践间的契合度与适应性不断提高。相比而言,教师的学习是教师教育活动中的主学习,是丰富其教育活动图式、增强其对教育生活应变力的基本路径,它构成了教师教育活动的轴心与内核。在这里,无论是主学习还是辅学习,它们都是以服务于教师发展为共同特征的,是在教师学习平台上连为一体的,因为教师教育者与教师之间的互动就是在教师学习平台的支撑下完成的。

与教育意义上的学习相比,教师学习促进教师发展的方式绝非单一以教师接受教师教育者的外在影响为主的外向学习、向人学习的过程,还是一个向内学习、向己学习的过程。也就是说,在教师教育活动中的教师实际上有两个:一个是教师教育者,一个是教师自己。这就构成了一个复合式学习回路:从表象上来看,教师学习是一个在教师教育者引领下的向他们学习理论观念、理智智慧的外向学习活动,即"教师—教师学习平台—教师教育者"之间的互动回环;从内在活动过程来看,教师学习也是一个教师回顾、再现、体悟、重构自己的实践经验、实践智慧的内向学习活动,即教师的"经验自我—学习平台—观念自我"之间的互动。这两个学习过程实际上都是靠教师学习平台来维系的:在外向学习中,教师学习平台就是教师教育者释放自己功能、展示自己的教育认识,输出自己的教育理智智慧的讲坛。由于教师学习平台具有可流动性、可超越时空、可重复利用以及可选择性(如空中教室、网络课程等)的特征,故能够集结大批优质的教师教育课程资源,突破教师教育者直接教学、在场学习的局限,如教师来校学习不便、不容易获得自己最需要的知识、难以找到处于自己最近发展区内的课程资源等。而教师学习平台的介入就能克服这些局限,从而实现对教师教育课程资源的优化配置、优质资源共享,为两种教育智慧的充分接触、深度互动创造了条件。故此,有了教师学习平台,教师自身的教育经验、智慧更容易被全面调动,教师教育者的理论、智慧也更容易得到全面展示和优选过滤,两种教育智慧更容易找到结合点。

可见,教师学习平台建设是将第三条教师教育变革之路支撑起来的一个擎天柱。在教师教育中,所谓"教师学习平台"是指联结教师教育者与教师的一切课程资源,是包括教育经验、教育影响、教育工具和教育媒介等在内的一个总体。一般而言,这些课程资源有一个相对集中的具体聚合点,如教师教育课堂、虚拟空间(如网络社区、虚拟空间、教育平台等)、教师发展学校、教师教育中心等。在教师教育中,教师的主学习实际上就表现在教师向以教师教育者为总设计师而构筑起来的诸种教师学习平台的学习,就是借助于教师学习平台这一综合展台来与教师教育者的理智智慧全面沟通、互动的过程;教师教育者的辅学习实际上就是他们通过这一学习平台来诱导、培育教师的教育观念、理念、行动图式及实践智慧,并及时以教师的新认识、新智慧为原料来更新、磨炼自己的教育认识、理论和思维图式,进而将其融入教师学习平台,不断充实教师的课程资源的过程。在这里,教师学习平台就发挥着传导教师教育者的理论、理智智慧,汇聚教师的观念、实践智慧,实现不同教师、不同教师教育者的观念、智慧杂生、融通的功能。可以说,教师学习平台是由教师教育者与教师携手创建起来的一个教育资源汇聚、融通、共享、共生的公共发展平台,而非单纯是一个教师教育资源的储存库。

由此,要全面协调教师教育中的工作学习与专门学习、理论学习与实践学习就有必要构建一种口径开阔、灵活多样、需求导向型的教师教育系统。在这样一个系统中,单凭教师教育者的单打独斗、固守课堂是不行的,它还需要善于凭借教师教育者群体、综合教师学习平台的开发来帮助教师完成其学习任务。为此,教师教育者需要沿着两个维度来延伸自己:其一是由个体向群体的延伸,善于发挥整个教师教育者群体的力量和智慧来影响教师,实现教师教育者群体内部的联合与同盟,聚合整个教师群体的优质智慧资源;其二是由身体向外界的延伸,善于利用一切最先进的信息技术、媒介手段、现代设备等来物化自己的理智智慧,实现教师理智智慧与其身体的分离和扩大化再生产。这样,教师教育者就需要借助教师学习平台的建设来完成这一使命,需要在他与教师之间楔入"教师学习平台"这一中介因素。在此,教师学习平台就是输送教师教育者的教育理智智慧的中转站,就是教师教育者群体教育智慧的汇聚点,就是优质教师教育课程资源的放大器和传送带。有了这样一个中介,教师不仅可以及时获取最优质的教育资源,而且还可以不受工作时间的限制穿梭于教师教育课堂与学生学习课堂之间,实现两种教育智慧之间的及时对流与同期互动。在此,教师教育者的教育力量及其对教师教育活动的主导功能将悄然地转至幕后,通过教师学习平台的建设来发挥其主导功能将成为他们介入教师发展过程的主要方式,虚拟空间将成为教师教育活动赖以进行的第二教室。总之,在教师学习之路中,教师学习平台建设是实现教师的两种成师之路同期互动的基本硬件和根本保障。

第二节　教师具身学习的形态

当前,效能低迷问题正成为影响教师教育事业持续发展的"瓶颈":一方面,职前教师教育有限性问题①决定了师范教育只可能作为教师职业准备教育而存在,它不可能造就出真正意义上的卓越教师;另一方面,职后教师培训"过度关注超越、剥离身体的思维训练和知识传递"②,培训效能"来得快、走得快"这一现象备遭社会诟病,成为促使国家教师培训体制不断调整的潜因。面对双重挑战,教师教育研究者一直试图探明教师教育效能生成的内在机制与关键旋钮,由"教师教育"走向"教师学习"便是这一探索的重要路向之一。其实,一切教师成长现象都源自教师亲身的学习实践,而"为何学、学什么、怎样学"则构成了教师学习链环上的三个节点,由此构成了教师学习的三个重要分支理论——价值论、课程论与方法论。其中,教师学习方法论肩负的使命是阐明教师学习的发生机制,而当前学界流行的具身认知和具身学习研究正是从理论根源上回应了上述教师教育中存在的症结问题,故迅速成为当代教师学习研究的新视点。本书试图从具身认知理论出发,对教师具身学习的内核与机制问题做以探究,以期为未来教师学习形态变革提供启示。

一、教师具身学习的内涵与变革

具身学习诞生于学习理论研究史上的三次蜕变:在行为主义看来,学习是身体行为的塑造;在结构主义看来,学习是认知结构的调适及其内蕴的心理运算;在新认知主义来看,学习是主体全身在场的情景互动。后者就是具身学习,与离身学习和书斋学习相对,其显著特点有三:涉身性,学习必须经由身体而非大脑来发生;情景性,学习必须经由主体与情景间的互动来实现;生成性,学习是主体在情景互动中被自然塑造的产物。具身学习的提出挑战着传统认知主义的学术立场,成为对教师学习现象最具解释力的一套学术理念系统。具身学习思想向教师学习领域的迁移导致了"教师具身学习"的诞生,如何科学认识"教师具身学习"的内涵构成与发生机制,就成为本研究关注的焦点问题。站在具身学习的立场上看,教师具身学习具有其独特的思想内涵与实现路径。

---

① 刘涛,龙宝新.论职前教师教育的有限性[J].教育学术月刊,2012(4):60-62.
② 毕亚莉,张永飞.教师专业学习的身体性路径研究[J].当代教育科学,2019(3):47-51.

【资料 4 - 1】

把身体、生活打开，生命才能真正打开①

教师具身学习方式通常表现为体验性、反思性以及活动性学习，是一种交互式学习的复杂思维，主张"三个统一"。

整体性与交互性的统一。

具身学习是物理、生理和心理过程的耦合循环，将心智"嵌入"身体之中，身体"嵌入"环境之中。

情境性与文化性的统一。情境意蕴：认知行为是在具体情境、语境和文化的价值中立行为，是嵌入环境之中的价值关涉行为。

文化语境：培训需求、问题创设、现实性教学场景、个体经验、学习风格、教师身体的参与和心智。

学习方式：教师参与式学习培训、小组合作学习、影子研修培训、自主探究学习。

虚拟性与现实性的统一。在虚实融合环境中，丰富的媒体和资源打造拟真化的学习情境，立体呈现学习对象，使学习者通过多模态感知信息，实现对所学内容的全面理解。

"认识你自己！"这是一句著名箴言。我们要驾驭自己、发挥自己，游刃有余做自己，就要先认识自己。具身学习，以身体之，以心验之，形成生命觉知的学习场，从接受学习到具身学习，从离身旁观者到具身建构者。把身体打开，把生活打开，把生命的可能性打开。

(一)教师具身学习的内涵

与离身学习相对，教师具身学习是教师在亲身与环境互动中形成的一种学习类型，是教师全人内嵌于环境中生发出的一种学习形态，它的诞生意味着教师学习史册上的一次历史变革与返璞归真。应该说，人类学习的朴素形态就是具身学习，而基于符号知识的离身学习只是人类知识存量达到一定水平后产生的一种非自然学习形态。所以，具身学习是教师离身学习的始基与渊源，教师具身学习包括三重内涵。

---

① 周建军. 学校教育要福祉孩子，首先要让老师"具身学习"如何成为完整的人［EB/OL］.
［2022－01－17］. https://new. qq. com/rain/a/20220117A01IW300.

1. 教师学习是实时感验

教师学习首先是教师身体与其外围环境、情景、世界之间发生的一种交互实践,而教师身体对外部环境的根本响应方式是感验,即知觉、直觉、经历、体验,整个感验的结果是多模态经验体验的生成,而不仅仅是传统认知理论中认为的学习仅仅是大脑对外物符合的抽象加工。显然,感觉、感应、感悟到的东西都具有现场性和即时感,正如学者所言,"认知是具体的个体在实时(real time)的环境中产生的,储存在记忆里的认知信息并非抽象的符号,而是具体、生动的,同身体的特殊感觉通道相联系"①。科学研究表明:具身学习是借助主体"先天的身体图式、本体感受器、模块交互能力、镜像神经元"②来与置身其中的环境进行互动与会话,而不仅仅通过表象、符号、概念来进行交互与交流;教师学习发生的部位首先是身体,其次才是大脑,大脑学习归属于身体学习,并经由身体学习来实现。这两点事实表明:教师学习是教师身体与环境间发生的即时性、多通道交互活动,教师具身学习具有鲜明的时间性、空间性与交感性。在学习中,教师身上发生的每一丝感应都是鲜活而又灵动的,都是活生生的实时感验的涌流。从这一角度看,教师学习是教师身体与环境情景间的一次交感、一次交换、一次对话,这一学习现象是无法用枯燥的知识信息交换所能够解释的。

2. 教师学习是身体对话

对教师个体而言,学习是身体与环境间的一场对话;对教师群体而言,学习是教师身体间的一场对话。如果说教师向同事学习的方式是主体间交往,那么,这一交往首先是在教师身体间展开的。有学者指出,"以身体为基础的主体间性,即我们通过身体化的表现,通过身体的姿态,通过模仿和互动与他人分享我们的存在"③,这就是主体间学习的基本机理。以教师间专业技能的示范与学习为例,教师借助对对方身体活动的感知、观察、效仿来进入对方的世界,借助身体间独特的对话方式——身体意象交流来实现双方间身体经验体验的交换与分享。所谓身体意象,是指主体"对自己身体的知觉经验、信念、情感态度"④等,人们之间的思想交流、观念分享是建基于身体意象交流之上的,身体意象交流是主体间最原始、最可靠、最真实的交流方式,也是教师身体间对话的原生态语言。有研究表明,"个人通

① 叶浩生.具身认知:认知心理学的新取向[J].心理科学进展,2010(5):705 - 710.

② 何静.身体意象与身体图式[M].上海:华东师范大学出版社,2014.

③ JOHNSON M. The meaning of the body:Aesthetics of human understanding[M]. Chicago & London:The University of Chicago Press,2007. 51.

④ 何静.身体意象与身体图式[M].上海:华东师范大学出版社,2014.

过自身的动作知识来推测他人的动作意图,即人通过自己的身体体验理解并认知他人"①。读懂身体的语言、语法是教师间深度分享经验、传递教育技艺的必经之途。在具身学习中,教师身体间相互传递的内容主要是身体感觉、身体意象、身体姿态,它们是教师从同事那里学到最为隐秘的教育技艺、专业诀窍的秘密通道。无疑,回归这种本真的教师互学路径,是使当代教师培训焕发生机的必由之路。

3. 教师学习是自然连续体与统一体

教师具身学习有两大鲜明属性,即自然性与连续性,整个学习过程好似一个连续体、统一体与生态体,发生在教师的日常生活世界与工作实践中。从自然性角度看,教师学习始于其身体对外物、外界的自然感应、自发反应、知觉反映,是"内嵌于一个'感觉—行动'的动力循环过程中"②的自动反应和自发行为,而非知识理论学习那样,是由人的意志发动、大脑驱动、身体被动的指令化过程,正所谓"认知依赖于有血有肉、能感觉、会运动的身体的体验"③,是主体在情景中"对身体姿势和身体运动无意识的调适(身体图式)"④,是人的经验、体验、直觉的自然涌流与生发过程;从连续性角度看,教师学习是"心智—身体—环境建立平衡的动态过程"⑤,是"身—心—环境"间发生的自然整合过程,是教师的身体、大脑与环境间交互作用的产物。所以,任何教师学习活动都同时具有三重属性——具身参与性、情景摄入性与内在交互性,教师的身体、大脑、环境就镶嵌在教师学习这一连绵流程中。正如有学者所言,"心智'嵌入'在身体中,而身体则'嵌入'在环境中,环境通过身体制约和影响心智活动"⑥。在教师学习中,身体、大脑、环境始终是联动、联盟、联合的关系,不存在游离于这一过程的孤立要素与环节。

(二)教师具身学习的三重变革

在具身学习视野中,教师学习发生了一次变革性的蜕变,这一变革深刻改变了

---

① 杨子舟,史雪琳,荀关玉. 从无身走向有身:具身学习探析[J].教育理论与实践,2017(5):5-8.

② 郑旭东,等. 论具身学习及其设计:基于具身认知的视角[J].电化教育研究,2019(1):27-34.

③ 杨子舟,史雪琳,荀关玉. 从无身走向有身:具身学习探析[J].教育理论与实践,2017(5):5-8.

④ 何静.身体意象与身体图式[M].上海:华东师范大学出版社,2014:42.

⑤ 杨子舟,史雪琳,荀关玉. 从无身走向有身:具身学习探析[J].教育理论与实践,2017(5):5-8.

⑥ 杨子舟,史雪琳,荀关玉. 从无身走向有身:具身学习探析[J].教育理论与实践,2017(5):5-8.

教师学习的动力、方式与机制,迎来了教师学习思维的一次重构。

1. 动力变革:由"主观意志"到"情景压力"

传统教师学习观念认为,教师学习主要是主观意志、学习动机驱动大脑运转的过程,是以知识、符号和理论为内容,以认知结构的同化顺应为机制,以概念理解、认识获得、技能形成和态度转变为结果的过程,其动力源是教师的主观意志与学习动机。这一教师学习观一直指导着教师教育实践,成为一切教师专业发展实践的元定理。其实,教师观念世界的改变不一定带来教师行为系统的即时转变,不一定引发教师实践世界的同步响应,因此,这种教师学习动力系统受到当代教师教育研究者的质疑。具身学习认为,教师学习的原动力是"情景压力"而非"意志驱动",或者说,后一动力具有第二性,并建基于"情景压力"之上。具身认知理论认为,教师学习的新动力系统是,"将认知看作是智能体不断嵌入环境中实时的、适应性活动的动力系统",其根源于"心智、身体和环境之间的动态平衡"。① 该动力系统的具体表现是:教师身体与周遭教育环境间产生的不适感,教师身体对教育情景的直觉反应,教师身体在新教育情景中感受到的压力感,以及在教育实践中教师身体"被实践带着走"的实践感。其实,"实践本质上是个线性系列",是"一个由事件组成的累积系列,一道既稳定又新颖的经验之流"。② 栖身实践中的教师身体无疑会感受到一种随波逐流、被实践召唤的感觉,这是推动其教师学习活动发生的原始动力机制。还有学者指出,在承担实践任务中,人"几乎没有过多时间去思考和建立最佳的反应机制和行为模式。这导致其知觉行动和学习结果往往伴随着很多偶然。学习者当下的直觉反应成为具身学习的主要形式。"③进言之,教师在教育情景中的"直觉反应"形象再现了诱发教师身体学习行为的动力形态——情景压力。

2. 方式变革:由"脑学"到"身学"

长期以来,人们相信学习发生的部位是脑部而非身体,"脑学"是学习的基本样态,其运转方式是脑神经网络间的信息传递与思维加工,是抽象符号的运演与计算。反映在教师身上,教师学习是脑部活动,是指令、观念、信息、思想向大脑的传输与运演,在这一过程中教师身体只是"刺激的传导器和中枢指令的效应器"④,是

① 毕亚莉,张永飞.教师专业学习的身体性路径研究[J].当代教育科学,2019(3):47-51.

② 梅斯勒.过程—关系哲学:浅析怀特海[M].周邦宪,译.贵阳:贵州人民出版社,2009:21.

③ 郑旭东,等.论具身学习及其设计:基于具身认知的视角[J].电化教育研究,2019 (1):27-34.

④ 叶浩生.身体与学习:具身认知及其对传统教育观的挑战[J].教育研究,2015(4):107.

教师头脑学习发生的车间与皮囊,机械性与被动性是其根本属性。在具身认知框架中,这种教师学习观被超越,教师身体被视为教师学习发生的枢纽与关键部位,能动、真实、多样的教师学习活动就发生在教师身体之中。一方面,教师学习是涉身、全身、亲身参与的活动,一切悬空于教师身体之上的学习对教师来说具有一种陌生感、疏离感,都难以带来教师身体图式、行为习惯的根本转变;另一方面,教师学习发生的真实状态是其身体的感应,即情景性的直觉、知觉、情绪、经验、体验等,正所谓"教师身体是教师感知、体验、情绪的存在之所"①,一切外来知识、观念、思想、理论对教师最终学习影响的发生都必须借助上述身体感应来实现。学者研究指出,身体运动直接获得的原初体验是种种"触觉体验","身体的'触觉意向性'通过身体的运动机能表现出来"②,它才是链接人的身体与世界的真实通道。换言之,"身体的感觉及运动成了学习的关键,人是通过身体来认识世界的"③。在这一意义上,教师学习的基本形态是"身学",是身体与周遭世界接触中发生的种种感应活动,教师是通过身体来认识世界、作用世界、改变世界的。

3. 机制变革:由"表象媒介"到"镜像反映"

在传统教师学习观念系统中,教师学习离不开表象与符号,因为制造表象、加工符号、处理学习是大脑的核心功能,其中表象更具有基础性,它既是客观现象的反映,又是抽象符号的前身,与之相应,教师学习的机制就是丰富表象的生成与运演,是人用表象来构筑世界、塑造主体、引控身体的理性实践。随着具身认知的出现,"表象瓶颈"问题日益凸显,因为"当情境要求认知主体快速、连续地做出反应时,认知主体无法形成关于环境的完整心理模型以获得行动计划。"④基于这一现实问题,国外研究指出:"心灵不是内在模型和表征集聚的特殊内在场所,而是一个大脑、身体和环境整合的、相互交织的复杂系统的活动和过程。"⑤面对这一困局,科学家发现了一种特殊神经元——镜像神经元,打开了人的身体与环境直接交换的一条特殊通道——知觉通道,开启了教师学习研究的新纪元。相对大脑反映而言,基于知觉与镜像神经元的身体反映具有多模态性、多维立体性,而非单一的知

---

① 毕亚莉,张永飞. 教师专业学习的身体性路径研究[J]. 当代教育科学,2019(3):47-51.

② 李金辉. "身本"体现:一种触觉现象学的反思[J]. 江海学刊,2012(1):64-68.

③ 杨子舟,史雪琳,荀关玉. 从无身走向有身:具身学习探析[J]. 教育理论与实践,2017(5):5-8.

④ EPELBOIM J. Deistic codes, embodiment of cognition, and the real world[J]. Behavioral and brain Sciences,1997,20(4):746-746.

⑤ CLARK A. An Embodied Cognitive Science? [J]. Trends in cognitive Science,1999,3(9):345-351.

识信息传入,其中包含着动觉直觉、内省经验、本体感觉、感觉"通觉",成为综合反映外部世界的一种特殊形态——镜像式反映。① 从这一角度看,"镜像神经元就成为连接认知和身体的通道"②,教师身体对外部世界的认知首先源自一种镜像式知觉反映,源自人的身体意象、身体知觉,而不像传统认知理论所想象的那样,教师仅仅通过简单、机械的概念符号来认识世界、作用世界。其实,人天生获得了一些行动图式——身体图式,其特异功能是"通过对身体姿势和身体运动无意识的调适,使得世界中许多有意义的部分被整合到我们的经验中"③。显然,这种"无意识的调适"发生的原因就在于人的镜像神经元的存在,它为我们解释教师具身学习的发生机制提供了客观证据。

二、教师具身学习链环分析

在阐明"教师具身学习"含义之后,我们将转向另一个重要问题:教师具身学习是如何进行的? 无疑,教师具身学习一定是一个可持续的链环,而非片断性要素的机械拼接,连续性、自然性、流体性是教师具身学习的固有特征。进而思之,具身学习有三个关键节点——身体、环境与互动,其中身体是学习的发生部位,环境是学习资源的储存部位,互动是身体与环境交互作用的工作部位。教师具身学习就是教师身体在情景压力驱动下引发身体感应、生成学习经验体验的过程,基于情景压力的启动机制、"身体—情景"交互的感应机制、身体学习经验的生发机制构成了教师具身学习的关键链环,它科学解释了教师学习的三个关键问题:学习动因问题——教师为什么要学习;学习方式问题——教师怎样学习;学习结果问题——教师学习收获什么。具体如图4-2所示。

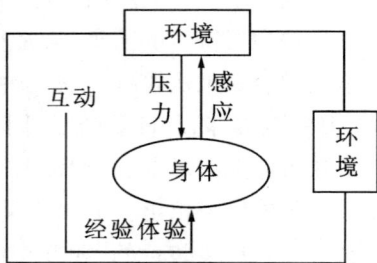

图4-2　教师具身学习的
链环过程图示

图4-2表明,教师具身学习的核心是内嵌于环境中教师身体与周遭环境间发生的一场互动,即在环境压力下教师身体对环境产生的感应反映,这一互动的结果是教师学习体验经验的获得与形成。与之相应,教师具身学习包括三个关键环节:情景压力驱动、身体感应发生、学习体验经验的获得。

① 李金辉."身本"体现:一种触觉现象学的反思[J].江海学刊,2012(1):64-68.
② 叶浩生.镜像神经元:认知具身性的神经生物学证据[J].心理学探新,2012,32(1):3-7.
③ 何静.身体意象与身体图式[M].上海:华东师范大学出版社,2014:6.

(一)情景压力驱动

如上所言,教师具身学习的始发点是情景压力的作用,这是因为"认知、身体和环境形成一个动力系统,认知是身体的物理属性同社会环境相互作用的结果"①。在常态下,教师身体、大脑、环境三者间处于一种平衡状态,一旦外界环境中加入了新信息、新刺激,尤其是加入了那些引发教师身体不适的信息、刺激,身体、大脑与环境间的平衡态由此被打破,身体与环境间的互动调适机制随之启动。进言之,在具身学习中,教师学习行为的发生不是始于大脑中的认知失调,而是始于身体与环境间的状态失调;这种失调一旦发生,教师会感受到一种情景压力或实践感,其身体会被这种实践感、压力感牵着走,引发教师身体图式或日常行为图式的调适反应。有学者指出:"具身的事实影响或前意向性地构造了与意识和认知过程相关的知觉、记忆、想象、信念、判断等。"②所以,是身体内嵌于环境的事实及其本体感觉、身体意象等决定着教师学习的命脉,而非传统认知理论所认为的那样,学习始于学习者的自觉意识、认知失调与自由意志。质言之,人的身体不是被大脑指令牵着走的,而是被情景带着走的,一切外来知识学习都必须经由环境媒介来实现。诚如杜威所言,"儿童是在环境中学习的,教育儿童也是以环境为中介的"③。教师具身学习的原理也是如此,环境情景与教师身体意向、行动图式之间是高度契合关系,即是说,认知失调只可能导致教师大脑学习活动的发生,而难以将学习效果延伸到教师全身,演变为教师的全身学习行为。

(二)身体感应发生

身体不仅会自动响应环境的变化并产生压力感,而且置身环境中的身体还会对周遭环境、身边世界进行感应,在环境中产生身体感应是人的一项本能,这一感应的结果必然带动主体的身体行动轨迹发生变化,这就是教师具身学习发生的潜在原理。研究表明:教师身体与环境互动的中介是镜像神经系统的激活,其互动的媒介是多模态的知觉反应,其互动的直接表现是各种知觉、直觉、经验、体验、意象的生成,具有明显的全通道性、多维度性、整体参与性,而不像表征表象思维那样,学习仅仅是大脑的某一部位、身体的某一点位、认识的某一局部被激活、在参与。有学者指出,"认知的发生不仅涉及身体构造、神经结构、感官和运动系统等的参与,还涉及身体的感受、体验、经历等经验层面的嵌入"④,这就是身体感应的具体

---

① 李恒威,盛晓明.认知的具身化[J].科学研究,2006(24):84－190.
② 何静.身体意象与身体图式[M].上海:华东师范大学出版社,2014:5.
③ 杜威.杜威教育名篇[M].赵祥麟,王承绪,译.北京:教育科学出版社,2006:119.
④ 张良.论具身认知理论的课程与教学意蕴[J].全球教育展望,2013(4):27－32.

体现。进言之,教师身上存在两种行为图式:一种是原生的、伴随婴儿出生就具备的种种身体图式,一种是在后天环境中习得的新行为图式,后者是教师具身学习的主要内容。这种学习行为的前身是教师身体在与环境互动中形成的种种经验体验,其形成的一般流程是:经验环境—身体感应—身体反应—图式生成,它表明:教师学习是整个身体与周围世界、周遭环境间的一次感受实践,是教师身体经由知觉通道与外部世界互动互联的结果。在这一意义上,"认知是被身体及其活动方式塑造出来的",而非"运行在'身体硬件'之上并可以指挥身体的'心理程序软件'"①,与教师身体共生共长是教师具身认知的鲜明特征。

(三)学习体验经验生成

身体与环境间的交感、交互都会导致教师学习体验经验的形成,它构成了教师具身学习链环中的尾环。研究发现,人在活动情景中的具身方式有两种,即情境具身和想象具身,不同具身方式会产生不同的学习体验经验:在情景具身中,教师的学习具有现场感、真切感,一系列身体感应与经验自然涌现而出;在想象具身中,教师的学习具有虚拟性、仿真性,教师在经验虚拟情景环境中生成的是替代性经验、虚拟现实经验。在当代,随着3D、4D以及虚拟现实的出现,基于仿真场景的学习经验随之诞生,并在职前教师学习中被频频使用。就学习经验体验的发生机制来看,教师亲历场景、亲感现场、亲身遭遇是其生发机理。这种学习体验经验形成的方式不是语言转达和符号借用,而是现场触发下在教师身体上发生的一种涌现现象——学习经验体验好似泉水一样从教师身体中"冒"出来。有学者指出:"表征和计算并不是理解和建构人类认知活动的唯一方式,隐喻和模拟才是映射和建立概念意义的最根本基础。"②其意即,"隐喻和模拟"机制是教师身体应对外部世界、建构存在意义的基本方式。一旦教师用身体模拟他人身体的表现,比拟他人身体的姿态,响应环境对身体的暗示时,学习体验经验会不断涌现,真正意义上的教师学习成果随之出现。

三、面向具身学习的教师学习形态变革

由上述分析可知,教师具身学习是"基于身体感知的即时性行动"③,是"大脑、

---

① 叶浩生.具身认知:认知心理学的新取向[J].心理科学进展,2010(5):705 – 710.

② 郑旭东,等.论具身学习及其设计:基于具身认知的视角[J].电化教育研究,2019(1):27 – 34.

③ 郑旭东,等.论具身学习及其设计:基于具身认知的视角[J].电化教育研究,2019(1):27 – 34.

身体以及环境的各个因素耦合而生成的动态系统"①,具有涉身性、情景性、生成性等特点。在这一新学习系统中,教师身体成为教师学习的中心,教育环境成为教师学习的资源,身体感验成为教师学习的车间。与理性教师学习观相比,大脑、课堂、意识日渐淡出幕后,在具身学习的视野中,传统教师学习方式面临着挑战与变革,"情景创设—身体卷入—互动交感—知觉反馈"成为现代教师学习的新流程、新形态。

(一)情景创设:改变教师身体的感觉

知识源自大脑,大脑栖身身体,身体嵌于环境,"在与情境相互对话,大脑、身体以及环境三者组成了一个动态的统一体"②,这是教师学习面临的基本事实,它决定了身体才是教师与外部环境接触、互动、作用的界面,环境是引发教师学习、中转教育资源、传导学习能量的必经链环,教师身体学习活动是在环境的怀抱与触发中发生并进行的。更进一步看,情景是更微观、更贴身、更感人的环境,是最具鲜活性、亲身性、直接性的近身环境,理应成为教师学习发生的直接部位与真实现场。因此,创设学习情景,融入学习资源,诱发情景压力,引发身体知觉,敦促教师与近身情景间的互动与交感,正是启动教师具身学习的首始链环。具身认知研究得出的一条重要结论是:"认知信息不仅储存于大脑和身体结构之中,还储存于周围的环境之中。"③所以,身体可以通过"适应物理环境和人际环境"从而获得其中承载的认知信息,尤其在人际互动中,大量的信息寓于环境之中,成为节省交际语言的物质依托。在教师具身学习中也是如此,学习情景创设是有效传递学习信息、传送学习资源、还原知识原形、提升学习魅力的便捷路径。国内学者也指出:具身认知的重要含义之一是"'扩展认知的传统概念',不仅把身体,而且把环境的方方面面包含在认知加工中"④。这一观点再次表明:教师具身学习效能首先取决于周遭环境情景的品质与营建,通过人工创设真实学习情景、技术再造逼真学习场景可以大幅度提高教师学习的效能,扩展教师学习活动的信息容量。在国外具身学习探究中,研究者引入了一系列富有创意的举措,譬如,将工作场景转化为游戏场景、开展

① 张良.论具身认知理论的课程与教学意蕴[J].全球教育展望,2013(4):27-32.
② 张良.论具身认知理论的课程与教学意蕴[J].全球教育展望,2013(4):27-32.
③ 杨子舟,史雪琳,荀关玉.从无身走向有身:具身学习探析[J].教育理论与实践,2017(5):5-8.
④ 叶浩生.有关具身认知思潮的理论心理学思考[J].心理学报,2011(3),589-598.

角色扮演、表演教育剧等。① 其结果,鲜活的教育场景激活了学生多模态体验,提高了学生的身体参与度,大大提升了学习效能。我们相信:这一具身学习的探索与经验同样适用于教师具身学习实践。

(二)身体卷入:把教师身体带入情景

在具身学习中,学习不再是身体离线、心灵独转的活动,而是嵌入身体和环境的活动,其中"嵌入环境"意味着知识生发于情景,而"嵌入身体"则意味着的身体的卷入与实践,意味着身体全面介入学习的过程。学者认为,"认知植根于身体,而身体则以进化的方式由环境塑造"②。教师身体不仅仅是学习发生的动因所在和学习发生的实体部位,更是经历学习活动的结果与产物。在这一意义上看,没有身体的进入、参与、活动、变化,具身学习根本不可能存在、发生,正所谓"身体的经验在情境的展开中获得实现"③。有理由相信:教师身体具有吸附体验经验、生产体验经验、调适体验经验的特殊功能,一切寓于学习情景中的知识、信息、观念等被教师身体经历之后都可能转变成为"身体的痕迹"并储存下来。当然,教师身体与其身体图式、身体意象、身体经验等是同在同体的,进入教师学习情景中教师身体绝非纯粹的肉体,而是具有文化吸收力、经验生产力、自我调适力的身体。正是在这一意义上,教师身体始终在学习情景中发生着自我进化、自我蜕变,其对外界教育问题与情景的知觉力、反应力始终处在持续增长中。应该说,与新学习情景的每一次相遇都是教师身体进化的一个契机,都是教师身体从外部世界汲取成长营养的一个站点。

(三)交感互动:用交互重塑教师身体

身体与环境好似教师具身学习的两端,二者间的交互交感意味着教师学习的真正发生,感应反应是教师身体响应学习情景的基本方式。从教师身体与周遭环境互动的方式来看,大致有两种:一种是交感,即教师身体对外部环境信息产生了共鸣、共情效应,导致一种身体体验的形成,其基本特征是身体不与环境发生信息的交换,只发生身体能量的共生现象,这一体验是教师学习专业态度、专业精神、专业信念、专业情操、专业价值观的情感机制,是教师人格形象形成的物质渊源;一种是交换,即教师身体与外部环境信息间发生的交换、交流、共享、共生现象,通过交

---

① CROWDES M. S. Embodying sociological imagination:Pedagogical support for linking bodies to Minds[J]. Teaching Sociology,2000(1).

② 杨子舟,史雪琳,荀关玉. 从无身走向有身:具身学习探析[J]. 教育理论与实践,2017(5):5-8.

③ 邱关军. 从离身到具身:当代教学思维方式的转型[J]. 教育理论与实践,2013(1):61-64.

换,外部环境中承载的教育信息会浸入教师的身体,影响教师身体图式,引发教师行为方式的悄然转变。无疑,不经过教育环境转载、复原、稀释的专业知识观念是难以与教师身体发生共鸣、共生、共享反应的,因为教师身体对外部世界发生感应反应的前提条件是:这些信息一定是具体、具象、具形式的,而非抽象、单维、片面的符号。进言之,身体始终以整体为单位对整体的现象、事物、情景发生感应反应,那些抽象的知识符号必须经由具体现象、具体形象、具体事物的搭载才能输入到教师身体中。正是如此,身体认知世界的方式是:"当认知活动开启后,不断涌入的感觉信息将通过持续影响学习者的快速认知加工而影响任务完成过程中与外界环境的交互。"①这就是整体式、知觉式、全通道式的"身体—环境"交互方式。教师正是经由这一方式实现了对外界知识、信息的输入、加工与摄入。

(四)感觉反馈:持续优化教师学习效能

教师具身学习是一个持续调整、不断完善的闭路循环系统,其重要构成环节是感觉反馈,即教师身体经验的返回传入。学者指出,"具身学习不仅需要学习者身体的积极参与和投入,同时,更需要其对特定情境中的自身行为、感受、思想和经验等进行主动反思和感悟"②,这就是以教师身体感觉为主要内容的反馈传入系统。其实,人的学习反馈系统的主要形式是伴随学习全程的反思,即舍恩所言的"行动中反思""对行动中反思的反思"与"对反思描述的反思"③。其中最为根本的反思形式是"行动中反思",具体体现为人在学习中返回传入的动觉信息、直觉反应、知觉经验、情感状态等。这些返回传入信息的共同特征是感验性、直接性、全通道性,没有加入任何中间信息处理系统,而非像机器那样,只接受一种形式、一个维度的信息形态。在具身学习中,一切返回传入信息影响人的唯一部位是教师身体的状态,唯一关注的问题是先前感受到的环境压力消失了没有,或者说身体与外界间的平衡态是否找到。如果这一平衡态未找到,教师身体与环境间的交感互动持续存在,学习活动持续进行,教师身体图式处在持续重构状态之中;如果这一平衡态达成,教师身体与环境间的交感互动暂时停止,本阶段教师找到了相对稳定的身体行动图式。在教师学习中,身体感觉反馈信息的传入有效改进了教师身体学习方式,提升了具身学习的效能,推动了教师学习循环的持续优化。

---

① 郑旭东,王美倩,饶景阳.论具身学习及其设计:基于具身认知的视角[J].电化教育研究,2019(1):27-34.

② 郑旭东,等.论具身学习及其设计:基于具身认知的视角[J].电化教育研究,2019(1):27-34.

③ 舍恩.培养反映的实践者[M].郝彩虹,译.北京:教育科学出版社,2008:27.

总之,在具身学习视野中,教师学习是在情景与身体间发生的一场多元交感与多通道反馈实践。其中,情景是教师学习发生的重要环境与物质依托,身体是教师学习发生的关键部位与主体条件,交感互动是教师学习发生的一般机制与运转方式,而感觉反馈则是教师学习的返回传输与校正系统。在一个完整教师具身学习单元中,教师只有全身投入、经历环境、感验体验、双向交互,才可能促成教师真正学习现象的发生,而在传统教师学习中,大脑、知识、意志、表象成为教师学习装置的关键要素,教师学习日渐异化成为身体离场、体验缺失、情景退隐的过程,成为教师身体接受教师头脑、教育观念、教育意志控制的过程,教师学习变成了教师一厢情愿的事情。更进一步看,传统教师学习把教师成长视为一场观念洗脑、身体训练的机械过程,而教师具身学习则将教师成长视为身体主动、情景交感、图式生成的复杂过程。在当代教师专业发展中,顺利实现两种教师学习形态间的自然转换与协作互生,自觉推进教师学习方式的转型升级,是增强教师专业学习力,提升教师专业学习效能的现实诉求。我们相信,学习是教师心灵的修炼、全身的修炼、一生的修炼,是教师身体在优质成长环境中发生的一次自觉升华实践,是教师遭遇情景、进入情景、带动情景、转变情景的全人生长旅程。教师成长绝非仅仅是其脑部世界、精神宇宙、意志心灵中的观念转变、想法更新,更是教师全人、全身的整体转变与真实进步。如果能从教师身体经验体验角度来思考教师的现实发展道路,优化教师专业成长的环境与场景,那么,当代教师一定能够找到一条"脚踩大地、贴地行进、创生发展、全人转变"的正途。

第三节 提升教师专业学习力

当今,培养成长型教师、拓展教师的专业成长力,为教师专业终身、持续、高效的专业发展奠基成为教师教育系统肩负的重要使命。教师专业成长不是匀速直线上升的过程,在不同时期教师成长的加速度是不一样的,这就是教师专业成长力。正如物理学所言,力是产生加速度的原因。专业成长加速度的存在决定了教师专业成长具有周期性和波动性,教师专业成就的巅峰水平代表着教师终身专业成长的高度与境界,教师教育为教师终身持续发展奠基就是为提高教师专业成就的巅峰水平而储存潜能和爆发力。正是在这一意义上,我们认为,探究教师专业成长力的类型与来源显得格外重要,对这一问题的探明很有可能彻底重构现有的教师专业发展制度与体系,导致当代教师教育实践发生由"专业知能干预"下的他主模式走向"成长动力供给"下的自主模式的根本转变。进而言之,在一切导致教师专业发展或成长加速的原因中的首要因素无非是专业学习,无论是理论知识学习还是实践学习,他们都是教师专业成长的根本生力源和发力点。正是基于这一认识,我们认为,教师专业成长力的根本类型之一理应是专业学习力。剖析这一教师专业成长促动力,对其追根溯源,是强化教师专业实力潜能,保持教师专业成长迅猛势头的可行方法。

【资料 4 - 2】

《中国教育现代化 2035》(节选)

培养高素质教师队伍,健全以师范院校为主体、高水平非师范院校参与、优质中小学(幼儿园)为实践基地的开放、协同、联动的中国特色教师教育体系。强化职前教师培养和职后教师发展的有机衔接。夯实教师专业发展体系,推动教师终身学习和专业自主发展。

一、教师专业学习力的蕴含

事物的成长需要水分与养分的供给,动物的成长还需要蛋白质、葡萄糖和氨基酸,人的成长更需要文化信息与精神意志的注入。人与外界环境之间发生的这种信息、精神养分的摄入活动就是学习,"学习是一种必需,它是自我保存和生长过程的一部分"①。同有机体生长一样,教师专业成长是同化作用大于异化作用的结果,是其从实践活动、周围环境(通过教师经历)和他人教育经验、教育认识、"优势生存策略"(赵汀阳)中汲取成长所需养分并不断充实自我的结果。"生命中最值得投资的是自己,给自己最佳的投资是学习。"②学习是教师蓄积潜力、壮大自我、形成优势,提高对教育实践的胜任力、影响力、调控力的必由之路。教育实践是一种专业实践,其所面对的是复杂模糊、瞬息万变、价值冲突、难以把握、难以捉摸的教育情境。其中,教师的每一个教育行动都具有尝试性的特点,在教育观念、实践图式、工作技能等方面的储备丰富程度直接决定着教师在教育实践中的成功概率。因此,教师到底需要哪些知识技能才能胜任教育工作需要谁都无法预知,唯一肯定的是,与教育工作高度相关的所有知识技能都有助于教师工作效能的改进,教师对专业知能的需求是未知数。换个角度讲,那些在专业实践中表现出色的人员所"实际拥有的知识"(舍恩)才是教师专业知识结构的完美形态与典范,而这一知识结

---

① 杜威. 杜威教育名篇[M]. 赵祥麟,王承绪,译. 北京:教育科学出版社,2006:104.

② 常作印. 做一个"变态"的老师[EB/OL]. (2010 - 04 - 05)[2022 - 10 - 03]. https://www. fyeedu. net/Info/124375 - 1. htm.

构始终是处于变动、重构、发展中的。只要教师专业实践被启动,这一知识结构就开始形变,一些新生实践性知识被加入进来。因此,专业知识结构形变与专业实践之间存在着一种伴生关系,对它而言研究者同样是难以言明的。鉴于此,我们认为,基于完美教师素质结构设计与分析的教师教育模式显然是站不住脚的,以教师教育者为主导的教师教育体制是存在严重缺陷的。杜威指出,"生长的能力需依靠别人的帮助,也有赖于自己的可塑性"①。要让教师在专业实践中游刃有余,唯一的出路就是走向"教师自主学习"模式,即在培育教师学习力的基础上让教师走上一条"实践导向—资源搜索—自我消化—教师辅导"的教师专业成长模式。在这一新模式中,一切促成、促使、促进教师学习活动有效展开的力量供给成为其原发点与支撑点。在此,我们将这一在教师与教育环境互动中驱动、促成、促进其专业快速成长的力量总和称之为"专业学习力",它是教师在学习活动中表现出来的驱动力。

彼得·圣吉指出:"未来唯一竞争优势是比你的对手学得更快的能力。"②专业学习力是教师专业飞速成长的秘密武器。学习力为教师提供了驱动学习资源、理解教育情境、探究教育现象、深入专业实践内部的精神力、认知力与发展力,是教师在专业社区竞争中胜出,在专业实践中迅速成熟的动力支柱,是教师专业成长能量的孕育者。学习是教师身体与教育环境的一种关联方式,专业学习是教师与外界教育环境交换信息、获取专业发展资源、充实专业自我的基本途径,专业学习力是加速教师自然成长节奏、改变教师专业发展方式的根本原因与关键变量。只讲"如何学习""学习什么",不讲"为什么要学习"的教师专业成长方式是脆弱的、肤浅的、无意义的,是"一叶障目,不见泰山"式的。只有探明促成教师专业成长的内在动因——专业学习力,教师专业成长才可能步入一条持续、强劲的快行道。从某种意义上说,教师教育的根本目的不是要把那些为实践所证明有效、有用的通则、知识、技能强加给教师学习者,而是要让他们从内心深处懂得"教师为什么要学习""促使教师学习发生的原因是什么"这些本原性问题。也就是说,"学习的动因"比"学习的方式内容"更重要,"学习的发生问题"比"学习的路径选择"更重要。教师学习发生的原生形态是一种"力",是教师自觉不自觉地趋近外界教育资源、寻求应对当下遭遇的教育难题(即眼下不解决不行的实践问题)的有效对策的客观需要和生存方式。这就是专业学习力。我们认为,只有牢牢抓住专业学习力这条主

---

① 杜威.杜威教育名篇[M].赵祥麟,王承绪,译.北京:教育科学出版社,2006:126.
② 彼得·圣吉.第五项修炼:学习型组织的艺术与实务[M].郭进隆,译.上海:上海三联书店,1998:4.

线,教师学习的其他问题,如方式与内容问题就可能迎刃而解。教师教育实践的目的不是要用现成的专业知识技能来规划教师的未来发展轨道,而是要呵护、润泽、壮大教师的专业学习力,让其真正成为学习过程的主宰者和责任人,努力创建一种有深度、有力度、有根基的教师辅导体系。正如舍恩所言,在专业学习中"有助于他们的各种接入与其说是教学,毋宁说更像辅导培训"①。

二、教师专业学习力的构成

成长是生物体的根本属性,是其生命体的存在形态。作为专业人员的教师,只要置身于教育情境之中,专业成长的现象就会发生,而促成这种专业成长的根本机制就是专业学习。正如有学者所言,"深深的学习意识、浓浓的学生意识以及厚厚的学者意识"是教师专业成长的"内在性指标"。② 完整教师专业学习的发生需要两种基本力量的推动:其一是学习原动力,其二是学习操作力。前者负责为教师专业成长提供基本能量和驱动力,这种力量具有盲目性,它只有和教师学习目的相结合,将之导引到教师专业学习活动中才可能转变成一种现实的专业学习力,这就是学习内驱力;后者负责为教师专业成长提供操作方式与具体途径,如引导教师建构吸纳新理论、新观念,推进教师在共同体中完成教育经验总体的共享,帮助教师用专业眼光"框定"教育情境使之富有教育意义,辅助教师研究教育问题并创新在教育情境中的生存策略等等,它们分别构成了促进教师专业成长的理论吸收力、经验借鉴力、情境理解力和问题研究力。其中,前两种专业学习力构成了教师的"习得性学习力",后两种构成了教师的"表现性学习力"③。具体如图4-3所示。

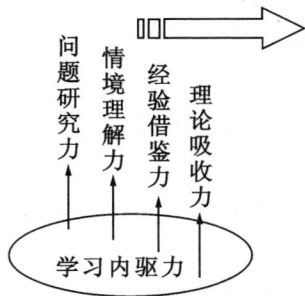

图4-3　教师专业学习力构成图

(一)学习内驱力

教师专业学习的原发点是教育实践要求、专业成就动机与自我实现愿望,是教师改变专业自我、积极应对教育情境挑战、赢得专业社区认可的成长需要。一旦教师产生了从事教育专业的职业定向,其参与职前学习活动的内在动机就被引发;一

---

① 舍恩.培养反映的实践者[M].郝彩虹,译.北京:教育科学出版社,2008:31,143.

② 胡东芳.从"教"者走向"学"者:论教师内涵性专业发展路向及其实现[J].教育发展研究,2010,30(12):71-76.

③ 朱元春.对教师教育中教育实践的重新审视[J].教师教育研究,2007,113(5):35-39.

旦教师步入教育职场,专业学习成为其适应教育环境的生存性需要,这种需要的产生几乎是身不由己的;一旦教师跨过了胜任期,产生了成就名师的职业要求,专业学习会成为其专业发展、自我超越的高级需要。专业学习需要伴随教师专业成长的每个阶段,每一次教师成长现象的产生都源自教师的专业学习内驱力,并伴生出新的专业学习内驱力。从发生学上来讲,专业学习内驱力的发生是教师与外界教育环境失调、失衡、不适现象的出现。无论是外界教育环境的变化超出了教师专业自然成长的节奏,还是教师专业自我实现的主观要求超过了教育实践的一般要求,都会导致教师专业学习内驱力的发生。从某种意义上说,专业学习(包括理论学习与实践学习)是教师改变其相对专业发展水平①的唯一路径。教师专业素质的每一次更新与飞跃都必须求诸专业学习,专业学习内驱力的发生具有其必然性,任何拒绝或无视专业学习内驱力的教师只有两条出路:轻则专业衰退,重则被教育职场淘汰出局。如上所言,专业学习内驱力只是教师专业发展实践可以运用的一种动能或势能,它只有能量、活力却没有方向,故它只有被运用到教师对教育理论的吸纳、教育情境的理解、教育经验的借鉴、教育问题的研究等这些实践方向上去时,才可能找到其用武之地和释放对象,进而转化成为教师的专业学习操作力。毋庸置疑,这一力量的大小是与教师专业学习成就与专业成长效果呈正相关的,故诱导教师的成长需要、激发教师的成就动机,是加速教师专业成长进程的永恒主题与奠基性工程。

(二)理论吸收力

理论是从前人教育经验、教育活动中提炼出来并为教育实践所验证,或为专业社群所认可、认同的教育认识结晶体,它是一种高智慧成分、高理性含量的认识工具,是人们形成解决现实问题的预案与策略的资源依托。没有经过科学教育理论验证的教育实践对策很可能是一种低效或盲目的教育活动对策,经过教育理论预先检验的教育策略在教育实践中成功的概率与把握肯定要大一些。"思想领先一步,你就领先一个时代。"②教育理论是促使教师专业成长的智库,对教育理论的吸纳与积累是夯实教师专业实力的手段,是教师专业成长的加速器。当今是教育理论规模化生产的黄金时期,教育理论的增速远远超过了教育史上的任何时期,当代教师就生长在教育理论的"海洋"之中,善于汲取教育理论的智慧是教师专业成长力飞升的关键。当前,虽然人类教育理论实现了"量"的剧增,但在"质"上却参差

---

① 相对专业发展水平是指在专业社群中教师与同行相比较而呈现出来的专业水平高低状况。

② 常作印. 做一个"变态"的老师[EB/OL]. (2010 – 04 – 05)[2022 – 10 – 03]. https://www.fyeedu.net/Info/124375 – 1.htm.

不齐,尤其是社会亟须的高效优质教育理论依然属于一种稀缺资源。对成长型教师而言,能否积极吸纳那些有助于自己专业潜力攀升的教育理论是其成长的焦点所在,它构成了衡量教师理论吸纳力品质的核心指标。在理论吸纳力上,教师的专业学习力来自以下三个方面:

其一,对教育理论的鉴别力,其意指教师针对自身教育实践需要从教育理论"海洋"中搜索、寻觅有效教育理论的能力。教育理论不是解决所有教育问题的"万能钥匙",教育实践问题的解决也不可能求助于某一个教育理论来实现,教育实践、自身专业成长最需要的是针对解决特定问题有特效的教育理论组合或者"理论配方"。因此,教师必须善于根据自己的教育实践内容与专业成长状况来选取对自身而言最优化的教育理论。

其二,对教育理论的吃透力,其意指教师对教育理论内核——教育精神的把握程度。从某种意义上说,每一个教育理论都是研究者沿着某一视角对有限、类似的教育现象进行深度思考的产物,这就决定了其对特定教育问题的解决是有局限性的,其迁移力是有限的。在教育理论中最具迁移力、影响力的应该是其中所蕴藏的教育精神,如热爱教育对象的精神、以变应变的精神、适度中庸的精神等,它们构成了教育理论的精髓。只有吃透了它们,教师才可能在教育实践、教育难题面前游刃有余,彰显专业品质。

其三,对教育理论的延伸力,意指教师结合自身体验经验对教育理论的误区盲区进行甄别、修正以及对其加以合境遇化的解读、变通和再造的能力。教育理论学习的重点不是要坚守它,而是要发展它,是要结合教育实践对其进行延伸,使其更符合教育实践的需要,形成一种对特定实践情境而言量体裁衣式的"实践理论"。"S = E + E"(S 是"success",第一个 E 是"education", 第二个 E 是"experience")理论指出,"成功是教育加经验的平衡"[1]。从"教育"中教师获得的是知识理论,是"学历",而从"经验"中教师获得的是实践智慧,是"经历",教师的专业成长是"经历 + 学历",是在教育理论与教育实践的结合中形成第三种理论——"教育实践理论"。它正是教师对教育理论延伸的结果,是教师教育理论延伸力的直接体现,它体现着教师"自由驾驭各种观点的能力",即"超然的接受"能力。[2]

(三)经验借鉴力

"最好的学习力,绝不是取得哈佛、耶鲁的博士学位,而是不断从生活中汲取知

---

① 徐小平. 学习力:低景气时代的成长力[EB/OL].(2010 - 12 - 24)[2021 - 02 - 07]. ht-tps://max. book118. com/html/2020/1223/6014122232003040. shtm.

② 舍恩. 培养反映的实践者[M]. 郝彩虹,等译. 北京:教育科学出版社,2008:113.

识、能量和动力的能力"①,这就是经验借鉴力。换个角度看,教师专业成长力来自教育经验的增长,这种经验有两个生成之源:一个是自我的教育经历,一个是对他人教育经验的借鉴。就其功能来看,自我教育经验增长是教师专业自然生长的表现,而对他人教育经验的借鉴则是教师专业自主发展的途径。对教师个体而言,不一定同行的所有教育经验都会进入自己的眼帘、引发其学习与效法意识,只有那些对解决教育实践问题有特效的教育经验,那些其他教师在长期摸索中形成的对教育实践的独特应对方式才可能构成教师自愿学习的对象。从这一意义上看,这些教育经验是其他教师在教育生活中形成的比较优势所在,是每个教师应对教育实践难题的独有法宝和秘密武器,正是它们在形成着该教师与其他教师的区分度与差异性。显然,教师对这些教育经验借鉴的方式与水平是决定着其最终发展水平的关键因素,是教师专业学习力的核心构成要素。教师对他人教育经验的借鉴效果取决于三个因素:

其一,对他人教育经验的敏感阈限。对学习意识敏锐的教师而言,其他教师身上有稍强于自己的教育经验就可能引起他的注意与察觉,被他们作为新经验、好经验来接受,而对学习意识迟钝的教师而言,即便在其他教师身上存在明显强于自己的教育经验也难以引发其学习意识与需要。这种对教育经验差异的敏感度就构成了教师对外界教育经验的敏感阈限。

其二,对他人教育经验的接收方式。针对他人教育经验,教师不仅要肯学、愿学,而且要会学、善学,教师对新教育的接收方式直接决定着其专业成长状况。教育经验总是存在于教师个人的生活世界之中,它是与其教育经历、教育情境、个性风格等融为一体的,教师要想将其从中剥离出来就必须采取一些有效的方式与技术。不同教师之间教育经验的沟通与交流方式有多种,如经验交流、课堂现场切磋、观课听课、课堂视频赏析等。经验接收方式的差异直接决定着教师经验学习的效果与水平,并折射出教师学习力的状况。

其三,与他人教育经验的结合效果。他人的教育经验毕竟是外来的,它只有融入教师自身的经验结构或主体结构中才可能真正成为教师专业自我的一部分,实现对其专业成长的促进效能。他人教育经验向教师自我的内化与结合进程大致可分为三步:嵌入—磨合—融合。在"嵌入"环节中,外来教育经验仅仅停留在教师的观念或大脑中,还未和教师自我的经验结构相化合、相结合;在"磨合"环节中,新经验与教师自我的认知结构发生了相互作用(其主要形式是同化与顺应),推进

---

① 徐小平.学习力:低景气时代的成长力[EB/OL].(2010-12-24)[2021-02-07].https://max.book118.com/html/2020/1223/6014122232003040.shtm.

了教师专业自我的转变;在"融合"环节中,在与新经验作用中,教师的新专业自我形成,新教育经验转变为教师专业自我的有机构成。可见,对外来教育经验的结合能力是教师专业成长力的重要构成。

与上述三个因素相对应,教师的经验借鉴力就包括三种:经验察觉力、经验接收力与经验结合力,它们从教师对教育经验的接触、吸收与结合三个角度体现着教师的专业学习力。

(四)情境理解力

教师学习的对象不仅包括他人创制的教育理论、教育经验,还包括自制的教育经验、教育认识。教师不仅是教育理论、教育经验的消费者,还是教育理论、教育经验的生产者。在教育经验、个人教育理论的创造中,教师自导着自己的专业成长历程;在观课、上课的实践中,教师凭借自己对课堂教学情境的认识与把握,凭借对教育问题的发现与揣摩延伸、丰富着自己的教育经验。任何教育经验、教育认识都始于教师对教育情境的感知、解读与定义,"情境定义"的能力是教师专业成长力的又一构成,它是教师专业成长的萌发点。舍恩指出,"在真实世界里,实践问题并非以良好结构展示在实践者面前",实际上,"呈现在他们面前的根本不是问题,只不过是杂乱而模糊的情境"。[①] 教育情境是一个多因素复合体,模糊性、多义性、多维性是其明显特点。教师对教育情境的定义与理解实际上是一个理论眼光介入的过程,是我们"从不同方面对问题情境进行框定"[②]的过程,是教师对教育情境看法的形成过程。"看法决定做法",教师用什么眼光与视野"看"教育情境,用什么方式去"看"教育情境、锁定教育问题,直接决定着教师有效教育行为的生成。针对同一教育情境,不同教师的理解力不同、看法不同,其对教育情境的应变力、干预力也就不同。在不同教师教育行为差异的背后是其对教育情境的理解力和审视眼光的差异。教师对教育情境的理解力主要包括两个方面:

一是对教育情境的解释力。所谓"解释",其实质是将一定理论视角嵌入教育情境的过程,是用一定理论立场或视角来分析教育情境,并借此把控教育情境的实质及走向的能力,它实际上体现的是教师将教育理论与教育情境相匹配的能力。教育情境选择着教育理论,这种选择的基础是用多种教育理论来解释教育情境,形成教师认识教育情境的多种视野与眼光,尽管对特定教育情境而言只有某一教育理论具有专门适用性。教师对教育情境的解释力源自两方面:其一是认识视野的广度,其二是认识情境的深度。一般而言,相对深刻、稳妥的教育理论对教育情境

---

① 舍恩.培养反映的实践者[M].郝彩虹,等译.北京:教育科学出版社,2008:4.
② 舍恩.培养反映的实践者[M].郝彩虹,等译.北京:教育科学出版社,2008:5.

的解释会更客观,更有助于教师对教育情境做出高效、精准的反应。教育理论与教育情境的结合势必导致一种教育认识意向的产生,这种意向的可行性与正确性直接取决于主体所选用的教育理论的适切性。

二是对教育情境的判断力。对教育情境解释的结果是大量教育意向、行动倾向的产生,教师必须对其做出理智选择与判断,以之作为自身教育行动生成的最终依据。教师对教育情境的判断不是随机的,而是循着教育情境延伸的自然态势和教育行动的大方向做出的。在教育情境中教师受到双重力量的带动:一方面,他被教育情境推着走;另一方面,他在自我意志的主宰下自主地走。教师对教育情境的能动性就在于它要顺着教育情境的自然之"势"行进,并灵活机智地导引这种走势的延伸方向,形成教师个性化的自主成长之路。因势利导是教师应对教育情境的基本方式,教师对教育情境的判断是实现这种因势利导的抓手。教师对教育情境的判断主要有以下内容:对教育情境的性质判断,看它是有利于教育目的实现还是有碍于教育目的实现;对教育情境的价值判断,看该情境对教师专业成长是否构成挑战与助力;对教育情境的态度判断,看教师是积极应对还是回避,等等。在教育情境中,教师既要将教育判断的做出根植于教育情境之中,又要善于从种种情境走势中摆脱出来,实现对教育情境的自觉引控。因此,教师对教育情境的判断力实际上是指教师融身于教育情境之中做出"超情境"的、脱身于教育情境的教育判断的能力。

(五)问题研究力

问题隐藏在教育情境中,隐藏在教育现象的背后,教师专业成长始于对这些教育问题的把握与思考,教师向教育实践学习的实质是向教育问题学习,是围绕教育问题而展开的探究活动。如果说学习有两种:一种是结论中心式学习,一种是问题中心式学习。那么,理论学习与经验学习属于前者,它是教师对间接经验的吸纳活动,而问题研究活动则属于后一种学习,它是教师对直接经验的吸纳活动。问题是在教育实践中不经意地涌现出来的一种阻滞教师成长的困境,它召唤着教师全力以赴地面对并为之求解。跨越了问题的屏障,教师专业获得了成长;在解决问题中积累着教师的专业学习力,在解决问题的方式与效果中展现着教师的专业成长力水平。正如有学者所言,"教师的思考意识和研究姿态就是教师成长的潜质。如果判断一位教师未来的发展状况,就看他是否具有思考的习惯、研究的精神和持续的行为"[①]。在教育实践中,教师面对的"问题"有两种:其一是学者们探讨的学术问

---

① 胡明珍.教师成长力源于研究态势[J].教书育人,2009,326(28):27.

题,其二是教师个体在教育实践中面临的真问题。对前一问题的研究产生的是学术成果,对后一问题的研究产生的是实践效果。对这两种问题的研究都能够促进教师专业的顺利成长。问题研究考验着教师的专业成长后劲,对那些面对教育问题积极关注、机智求解、努力攻克的教师而言,其自主发展的基础会变得日趋厚实,从而可能在新的教育实践中表现出卓异卓越的专业技艺(舍恩);而对那些在教育问题面前置若罔闻、呆板懈怠、麻木回避的教师而言,其专业成长的速度会变得日益缓慢,成长周期会被延长,教师专业发展水平必然受限。一句话,教师对待教育问题的态度与方式直接与教师专业成长相关联。在教育实践中,教育情境召唤着教师专业成长,教育问题挑战着教师专业成长。教育问题是刺激教师专业成长的引擎,是激活教师专业潜质的酵素,是盘活教师专业发展资源存量的车间,在问题研究中成长是教师专业成长的常态。在问题研究力中有以下三个部分需要关注:问题抓取能力、问题剖析能力和对策形成能力。其中,问题抓取能力是指教师从复杂多变、模糊混沌的教育情境中发现新问题的能力,能否抓住核心问题、关键问题是决定研究效能的首要因素;问题剖析能力是指教师对研究的问题进行多维剖析与透视,进而抓住问题的关节点、把握问题的实质、把问题看透的能力,它是形成有效解决对策的基础;对策形成能力是指教师针对特定问题制订出有效解决预案与行动计划的能力,是教师组合、优化各种解决措施的能力,它是教师问题研究能力的综合体现。这三方面能力分别构成了教师问题研究力的三个子项目,问题形成力、问题分析力与问题解决力,是教师学习力的最直接体现。

第四节　教师学习进阶的理念与实践

教师专业发展是教师教育的价值归结点,而教师学习则是教师专业发展的根本路径,为教师学习提供"接天连地"的指导与服务是教师教育事业的天命所宿。长期以来,众多教师教育者误以为"教了即学了,学了即学会",无视教师学习主体及其学习层级的存在,无限夸大教师培训的能量,甚至机械地用"教师教育"概念代替"教师学习""教师专业发展",致使我国教师教育深陷"短路"与"悬空"危机,无法真正走进教师学习者的心灵世界,教师教育的功能难以充分彰显。2006 年,美国国家研究理事会首先提出"学习进阶"这一概念,掀起了细化学习过程、重视学习层阶、评价阶段性成效的学习观,敦促当代教师教育者放弃简单、肤浅、线性的教师学习观,转向重过程、分阶段、有层级的教师学习系统建构,无疑代表着当代世界教师教育变革的重要向度。正如有学者所言,近年来美国之所以重视学习进阶的理念与研发,其实质就在于"一方面帮助学生循序渐进地形成完善的知识体系,另一方面关注教师不同阶段的专业发展"①。遗憾的是,世界教育领域中,科学教育的学习进阶研究风靡全球,而"教师学习进阶"研究则门庭冷落、令人心寒! 正是基于此,本书试图对"教师学习进阶"的核心理念以及教师教育改革问题做以探究,以期引起教师教育界的关注。

一、促进教师学习进阶:当代教师教育系统升级的应然路向

理想的教师教育系统是立体的,它具有长、宽、高三个重要维度:"长度"代表着教师教育的时间跨度,终身化是其标志;"宽度"代表着教师教育的空间跨度,全面化,即用教师职业实践中形成的道德、知识、能力、情感、人格等教育资源多角度影响教师专业成长是其标志;"高度"代表着教师专业素养持续攀升的水平跨度,梯级化晋级是其关键内涵。遗憾的是,当代我国教师教育系统的"第三维"研究恰是一个人迹罕至的盲区,"一次受训、全面达成、终生管用"被视为理所当然,成为教师行业的民间教育哲学。我们不禁要问:一次教师培训的效力到底能够持续多久? 教师专业发展目标可否在一次培训中达成? 教师职业生涯中经历的多轮培训难道是同级同质培训吗? 每轮培训到底与教师专业成长阶段有多大契合性? 其实,教师专业发展是质与量的统一:"质"代表的是每一个成长阶段特有的专业思维方式,"量"代表的是教师专业成长所达到的真实成就水平,笃信量变而忽视质变正是诱发当代中国教师教育一次性、悬空性、离散性这三大"症候"的症结所在。

(一)当代中国教师教育的三大"症候"与归因分析

专业化、一体化、标准化、大学化、高端化是当代中国教师教育的显著特征,开展专业资格教育、三段教育一体化、出台专业标准、大学教师教育主导、卓越教师培养计划升级等勾画出了当代中国教师教育系统的主画面。这一教师教育系统具有三个明显症结:

1.一次性

一次受训、内容相似、五年轮回是我国中小学教师教育系统设计的第一个弊端,正所谓"年年岁岁花相似,岁岁年年人不同"。以国家《教师教育课程标准(试行)》为例,整个目标按照"目标领域"与"课程设置"两大维度设计,笼统地倡导"终身化"取向,只设置终端教育目标,却很少考虑教师专业成长的阶段性特点,没有学

---

① WILSON M. Measuring progressions:Assessment structures underlying a learning progression [J]. Journal of research in science teaching,2009,46(6):716-730.

段性"课标"支持,容易给人一种误解:在职前教育阶段就能够达成这些终端教师培养目标。学习进阶理论认为,学习是螺旋式递进过程,因为"概念学习并非线性的,学生需要不断在新情境中重温概念,以深化对概念的理解"①;学习轨迹是"多元多段、较为复杂"的,即多个概念、多种能力同时发展,每个概念、能力分层级形成,正所谓"学习轨迹一般涉及几个进阶层级,以层级间为主、层级内为辅,需规划多个学习阶段"②。可见,学习活动具有循环性、层阶性,学习者对核心概念的理解与深化是有"阶"的,每一个完整学习活动都是由若干"学阶"构成的。作为学习活动的下位概念,教师学习也不可能在一次学习活动中"一次形成",而必须在经历多次学阶递进之后才可能完成。实践也告诉我们:教学专长、教学观念的形成是复杂的、曲折的、非线性的过程,"某些专业体验和支持会在特定领域触发成长,而在不熟悉的新环境中可能会出现技能层次临时的倒退"③,在整个过程中"教师需要元认知知识来持续不断地完成这个学习循环",这就决定了,教师专业成长势必是在多元轨迹线路、多次环境互动中曲折前进的。如果盲目按照单通道直线上升的思维来安排教师教育活动,其教育效果无疑是低层次的。进言之,当代中国教师教育效能不彰,其根本症结就在于这种"一次性"教师教育思维的根深蒂固。

2.悬空性

悬空性是我国教师教育的第二个明显弊端,即教师教育内容与活动的设计立足于"抽象教师"的假定之上,是基于研究者的主观经验与理论分析之上,很少沉降到真实的教师专业认知层面与心灵世界中去,无法与教师专业成长的真实状态特征相契合。在教师专业发展标准与目标制订上,重视专家调研而忽视心理测试,看重理性推测而忽视专业测评,笃信教师专业发展阶段的理论预设而忽视教师真实概念理解状况,由此导致教师学习活动的设计无形中脱离了教师的真实思维水平。这种"悬空性"有两大体现:

其一是"学习需求崇拜"。其表现是:在实践中,教师培训需求调研盛行,但其科学性值得质疑,教师真的了解自己的专业发展需要吗? 不一定。没有科学的测试做支撑,没有高品质课程资源供给,教师的真实专业需要不仅难以准确呈现,还

① 翟小铭,郭玉英,李敏.构建学习进阶:本质问题与教学实践策略[J].教育科学,2015,31(2):47-51.

② 郭玉英,姚建欣.基于核心素养学习进阶的科学教学设计[J].课程·教材·教法,2016,36(11):64-70.

③ 肖丹.基于《示范核心教学标准》的美国中小学教师学习进阶[J].教师教育学报,2014,1(5):21-28.

随时面临被曲解或误传的风险。

其二是"理论家假定"。其表现是：教师教育内容安排往往是基于"教师是一个教育理论家"这一隐形前题或设定展开的，其结果是：教师教育课程的主体是教育知识，职业技能被视为教育知识的应用延伸，"植根实践、能力为本、知识为辅"的科学教师学习理念始终难以得到认可与践行，肤浅的教师教育行动滋生蔓延。

早在2001年美国国家研究理事会就指出："知道学生知道什么"是学习进阶研究的起点。正因为如此，欧美国家基础教育研究中尤为强调"基于事实、数据的研究与设计"，为学习进阶开发指出了一条科学方向。其给教师学习进阶研究的启示有：所有教师教育内容与活动安排必须首先搞清楚"教师学习者知道什么""教师学习者已经会干什么"这两个问题，然后才是教师学习需求分析与教师教育活动安排问题。显然，造成我国教师教育悬空性的原因是对教师认知与思维现状的忽略，而专业测试恰恰是补齐这一短板的一把利器，构建基于教师学阶测试的教师教育系统是中国教师教育改革的大势所趋。

3. 离散性

我国教师教育课程、教师培训活动设计往往是分维度、分序列来进行的，例如，按照专业信念责任、专业知识能力、专业实践体验等教师素质维度来设计课程标准；再如，按照"专家讲座—研讨研磨—实践观摩"这一序列来设计教师培训活动。其最大特点是，关注教师一线实践需要而不是核心观念逐步形成，使教师教育活动陷入功利化、琐碎化的困局，不利于系统、连贯的教师教育系统形成。如果说理想教师教育系统好似一棵大树，其主干一定是教育教学领域的大概念，它将琐碎的教育知识、技能、态度关联起来，成为一个教师教育活动的有机体。有学者指出，"大概念是指一种强有力的解释模型，是能够用于解释和预测较大范围自然界现象的概念"①，教育领域中的基本核心教育概念正扮演着"大概念"的角色。然而，当代中国教师教育系统的设计几乎都是理想教师素养及其相应课程资源图谱的分解，而没有严格依照教育大概念这一主干来展开，导致教师教育活动常常是分领域、分模块、分素养来编排的，许多与教师工作相关的知识、技能、态度要求被简单地打包在教师教育课程群落之中，其内在的连贯性、系统性难以保证。在学习进阶理念中，学科大概念好似所有学习内容的"中心骨架"，是将所有学科知识能力串联起来的一道主线，它为其他琐屑的知识点、能力点、素质点提供了牢靠的固着点与融合点，在它的牵引下学生学习变成了一件顺藤摸瓜的事情。这一理念对教师学习

① 孙影,毕华林.科学教育中学习进阶的开发模式研究述评：以 Chem Query 评价系统为例[J].全球教育展望,2015,44(8):104－113.

水平的提升有明显指导意义。在教师学习进阶开发中,如若按照核心教育概念,如教师、教育、课程、教学等系统连贯、有序地设计教师教育活动流程与课程资源体系,据此持续深化教师对核心概念的理解,促使以核心概念为轴心的教育概念网络在教师大脑设计中逐步形成,我国教师教育的现实效能势必大大提升。

针对上述三个短板,构建循环性、一致性、连贯性教师教育系统无疑是当代中国教师教育改革的方向,而教师学习进阶理念正是构建这一新型教师教育系统的最佳导航与理念支持。对教师成长而言,每一个概念的深度理解与熟练运用都要经历多个梯度来达成,需要的是与教师的专业思维方式高度一致且连贯持续展开的教师教育系统来支撑。因此,将学习进阶理念迁移到教师学习领域中去,用"教师学习进阶"理念重塑中国教师教育系统,其现实意义是非凡的。

(二)走向教师学习进阶

人类学习形态是形形色色的,但万变不离其宗的是对学习规律的承认与遵循,学习进阶理念对教师学习进阶领域无疑具有可适用性。其实,只有按照进阶的理念来设计教师学习进程,契合教师学阶特征,其学习效果才有保证。否则,忽视教师学习层阶现象的存在,缺乏对学习层阶的遵循意识,教师教育活动只会继续受困于"实效性质疑"。走向教师学习进阶,向我国教师教育系统植入"学阶"的观念,构建教师学习连续体,是创建有效教师教育的客观要求。

1. 从"学习进阶"到"教师学习进阶"

学习进阶发端于学生学习领域,要将之引入教师学习领域,无疑需要做必要的"形变"与"调适"才有可能。学生学习的对象是普通知识能力,而教师学习的对象是专业知识能力;学生学习的层阶划分历史悠久,而教师学习的层阶划分研究则刚刚起步。这就决定了教师学习进阶必定有独特的内涵与后来居上的开发路径。

从本意上看,学习进阶的核心内涵是:某一知识能力在学习者身上发生的持续性发展过程,其典型理解是:"学生连贯且逐渐深入的思维方式的假定描述"[1],"对某一核心概念的理解以及对某种技能的掌握连贯且逐渐深入的典型发展路径"[2],"学习者在相关内容领域获得发展的连续性描述"[3],以及"学习或者探究某主题

---

① NATIONAL RESEARCH COUNCIL. Taking science to school:learning and teaching science in grades K－8[M]. Washington,D C:The national academies press,2007.

② 郑曼瑶,张军朋."学习进阶"的研究及其在物理教学中的应用[J].物理通报,2014(12):2－6.

③ 肖丹. 基于《示范核心教学标准》的美国中小学教师学习进阶[J].教师教育学报,2014,1(5):21－28.

时,其思维方式的连续且不断精致化发展的描述"①,等等。这些描述中有四个关键词:"学习者、大概念、思维方式发展、连续性描述",其侧重点是关注学习者对某一大概念真实的、阶段性、渐进性的理解方式变化。据此,本书认为,教师学习进阶是教师学习者对某一核心教育概念或"教育大概念"真实的、阶段的、渐进的理解变化过程,它关注的是教师学习进程中真实显现出来的轨迹、路径与梯级。形象地说,教师学习好似"爬楼梯",其起点水平或"脚踏点"是职前发展状况,其目标水平是专业概念理解成熟、教学专长形成,二者间是由一个个层阶或台阶连接起来的,每一个层阶就是一个"教师学阶",经由这些学阶渐次攀升、逐步达到专业成熟的过程就是教师学习进阶。正如国外学者所言,教师学习进阶描述的是教师"在核心教学标准各级指标下,教学实践复杂性不断增强的教师学习递进发展的层次"②。

2. 教师学习进阶的完整构成

作为一个基本概念,教师学习进阶很容易理解,但要将其行动化、实操化,还需要完整实践系统的搭建。围绕教师学习进阶这个问题,研究者还必须关注四个延伸性问题:其一,教师素养是在什么维度上进阶? 其二,如何划分教师专业学习过程中的"学阶"? 其三,如何定位教师学习达到了哪一学阶? 其四,应该用什么课程与活动来干预教师学习进阶过程? 对这四个问题的回答依次是:教育领域中的"大概念"(即核心概念)、学习达到的水平层次(即学阶)、学阶测评工具、教师教育干预变量等,它们共同构成了教师学习进阶系统,推动着教师专业认知、专业思维、专业能力、专业态度等素养的梯次式发展。教师学习进阶的完整系统图示如图4-4。

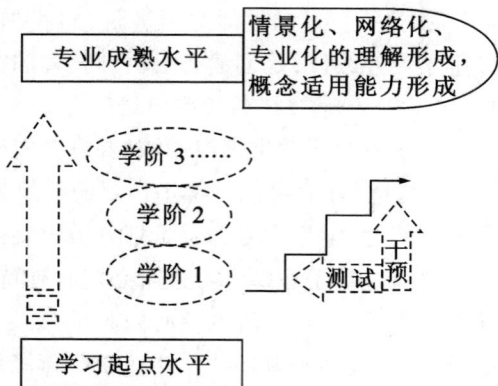

图4-4 教师学习进阶图

---

① SMITH C L,WISER M,ANDERSON C W,et al. Implications of research on children's learning for standards and assessment:A proposed learning progression for matter and the atomic - molecular theory[J]. Measurement:Interdisciplinary research and perspectives,2006,4(1-2):1-98.

② CCSSO's lnterstate Teacher Assessment and Support Consortium. lnTASC Model Core Teaching Standards and Learning Progressions for Teachers 1.0[EB/OL]. (2013-05-10)[2022-11-05]. http://www. ccsso. org/Documents/2013/2013_INTASC_ Leaming_Progressions_for_Teathers. pdf.

图 4-4 表明,教师学习进阶是教师素养经由核心概念理解日渐深化而实现的由专业起点水平向专业成熟水平不断迈进的过程,该过程由若干可测的学阶组成;教师专业成熟的标志是其对核心教育概念的理解日益情景化、网络化、专业化且能灵活适用于特定教学情境。借助教师教育活动来干预教师学习过程,促使其发生进阶升级现象,是教师教育服务介入教师专业成长的基本方式。整个教师学习进阶现象由三个子系统构成:概念理解系统、学阶测评系统与教育干预系统。三者交互作用、有机配合,共同推动教师专业学习水平的持续提升。国外学者研究认为,学习进阶的四个构成要素是进阶变量、水平层次、学习表现、测试评价,与之相应,教师学习进阶也包括核心概念理解、层次及表现、学阶定位测评等构成要素,增加"教师教育干预"环节则使这一过程更符合教师教育的现实需要。

由上可见,引入教师学习进阶思维,基于教师学习进阶理念来重构我国教师教育系统,无疑是上述三大教师教育系统症结的有力克星。在本研究中,我们期待在教师学习进阶理念的指导下构筑出具有渐进性、连贯性、可测性的教师教育系统,为教师专业学习搭建一种坚强有力的教育支持系统。

二、教师学习进阶的核心理念剖析

有学者指出:"教师成长是朝着高水平实践特性发展的一个连续统。"[1]教师学习进阶的实质是建立教师专业发展的连续统,促使教师认知发展阶段与教师教育服务间实现"无缝对接",由此构筑出一种始终处在教师"最近发展区"的教师教育服务系统。从这个角度来看,让教师成为学习者,成为清楚自己专业发展层级的专业学习,是教师学习进阶研究的前提。相对于传统教师教育理念,教师学习进阶理念的先进性就体现在它所依托的全新教师学习观,对这种新型教师学习观面貌的刻画有助于我们精准把握教师学习进阶与传统教师教育观之间的分界线。

(一)演进式教师成长轨迹的预设

教师学习是教师专业思维方式与教师教育活动间的互促共进过程:教师用自己已有认识视野、教育思维来同化吸附外来教育知识经验,建构自我的教育经验系统或教育认知地图,这种因新教育知识经验而发生的教师专业自我或教育认知地图重构过程就是教师成长。显然,一旦外来教育知识经验与教师个体知

---

① 肖丹.基于《示范核心教学标准》的美国中小学教师学习进阶[J].教师教育学报,2014,1(5):21-28.

识经验之间找到了接触点或共生点,教师学习活动就会发生,否则,在教师身上就会产生大量的过度学习、虚假学习、无效学习。与之相应,教师专业成长是渐进累进的过程,是经历若干专业发展阶段而抵达专业成熟的过程,每一个阶段的标志就是一套相对固定的思维模式、认知方式的存在,它好似一道台阶,教师一旦跨越了这一学习梯级,全新的发展模式会被开启。因此,对准这一学习梯级开展教师教育活动是决定教师教育活动有无效能、效能大小的关键因素,只有教师教育活动与教师发展层级上的主导思维方式之间发生共鸣或反应,有效教师学习活动才可能发生。从这一角度看,传统教师教育的理念基点是教师的激进性成长观,即任何教师都可以接受最高发展层级的教育知识观念,并瞬间消化理解,直达教师专业成长阶梯的最顶层。相对而言,教师学习进阶的理念基点是教师的演进性成长观,即新手教师要接受最高层级的教育知识观念必须经历"多轮学习循环",借助多个"中间概念"或"辅助阶梯"的中转才可能最终消化。在此,每一个"中间概念"其实就是教师在特定认知阶段理解教育领域"大概念"的中间产物。受学习进阶观念的启示,我们相信:"教师学习进阶"中的关键词是"进阶",其中的"进"字关注的是教师成长过程,关注的是教师对教育领域核心概念理解的日渐深化过程;"阶"字关注的是教师成长过程中的阶段性、关键点与发展阶梯,它是教师演进式学习中必须翻越的一道道坎。有学者认为,在大概念理解过程中发生的"不再是零散的知识堆砌,这本身是一种价值转换的过程"[①],这一价值转换点就是"学阶"的显现点。与学习进阶一样,教师学习进阶的实质内涵就是"以核心概念为主线,内容之间逐渐演进,最终实现概念构建"[②],以此为教师构筑起一道道"概念轨迹"或"专业发展阶梯"。

(二)迷思概念中的教师学习线路

传统教师教育其实是一种短路式、直梯式教育,即教育知识观念不经过教师吸收、揣摩、质疑而直达教师头脑与心灵世界的教育,称之为"灌输式教育"亦不为过。相对而言,教师学习进阶观则认为,教师成长是非线性、有波折、有回路的复杂过程,教师教育者向教师学习者传达的知识理论随时都会遭遇教师的质疑、反弹甚至隐性的抵抗,迷思概念的存在便是这一现象的实证。所谓迷思概念,就是教师在学习中产生的一些与核心教育概念不一致的模糊概念、存疑概念,它们常常留存在

① 翟小铭,郭玉英,李敏. 构建学习进阶:本质问题与教学实践策略[J]. 教育科学,2015,31(2):47-51.

② 翟小铭,郭玉英,李敏. 构建学习进阶:本质问题与教学实践策略[J]. 教育科学,2015,31(2):47-51.

教师的脑海中,并常常以经验概念的外形体现出来。可以说,迷思概念就是经验概念走向科学概念的中间物或过渡概念,有无迷思概念的存在是检验教师深度学习是否发生的依据之一,迷思概念是教师真正学习发生的前兆。就其产生根源来看,迷思概念源自新概念与教师日常概念之间的冲突,一旦教师的日常理解、思维模式、认知图式难以消化新概念,难以将其同化、合理化,教师的思维方式会随之发生适应性变化,这是一次艰难的自我调适与专业认知图式重构的过程,是教师专业认知图式遭遇反常规现象时发生的"冲突"反应,会使教师陷入疑惑、困顿、焦灼、迷茫的状态,迷思概念就是在这种状态中产生的。应该说,迷思概念显现是教师专业认知图式转换发生的显示器,它是教师真正学会专业概念的必经阶段,是教师专业思维发生质变或教师学阶跃升的中转带。所以,有学者指出,"'阶'的产生从本质上是由于学生的许多迷思概念","迷思概念的研究对于确立'阶'有重要理论意义"。① 在迷思概念的媒介中,教师学习攀登的是步行梯,而非直升梯,这就是教师学习进阶观。一般而言,不经过迷思概念阶段的教师学习都处在教师专业发展的量变阶段,而经由迷思概念阶段发生的教师学习大都处在教师专业发展的质变阶段,教师面临新概念时的"迷思"反应其实就是教师新旧概念理解的转换点。在迷思状态中,教师身上不仅会出现疑惑不解等应激反应,还会激活教师全部知识经验,据此展开专业推理、自我调适的自觉努力,最终学会"像教师一样思考",而这正是教师专业学习的至高目标。正如有学者所言,"并非初学者不能推理,而恰恰是他们不能像化学家那样推理,或用化学家的学科知识进行推理"②。在概念迷思状态中习得专业的推理方式正是迷思概念带给教师学习者的一件特惠礼物。

(三)核心教育概念的融贯串联

从知识内容的组织性来看,教师学习可以分为两类:碎片学习与整合学习。所谓"碎片学习",就是内容零碎、杂陈一起的学习形态,其具体表现是:学习内容的选择维度多样、逻辑跨度较大、主线骨干不清、主题聚合度不高等。这种学习常常在"实践需要"或"工作相关"等名义下随意编选学习内容。所谓"整合学习",就是学习内容的主题主线异常清晰的学习形态,其具体表现是:学科大概念一以贯之、学习内容间高度紧凑、毗邻概念间梯度合理、衔接自然等。无疑,传统教师学习基本上是以碎片学习为主的,尽管许多学者会强辩其内在逻辑性与整合性,但这种逻

① DUIT R. Bibliography STCSE:Students' and teachers' conceptions and science education[EB/OL].[2022-08-10].http://www.ipn.uni-kiel.de/aktuell/stcse/stcse.html.

② 孙影,毕华林.科学教育中学习进阶的开发模式研究述评:以 Chem Query 评价系统为例[J].全球教育展望,2015,44(8):104-113.

辑线路基本上是粗线条或强加式的,其精细度远远难以满足教师进阶学习的需要。

在"在整合中发展"理念指导下,教师学习进阶是教师对核心教育概念的理解不断精致化、情景化、网络化的过程,是一个核心概念日益多维化、多态化、具象化的过程,是核心概念内部逐步分化、外部联结丰富的过程。其结果,两条大概念衍生线,即概念发展序列线、概念联系辐射线日渐清晰,核心教育概念及其衍生线在教师的教育世界中演变成为一条纵横交错的概念网状图(图4-5)。这就是教师学习进阶所依托的整合学习线路。

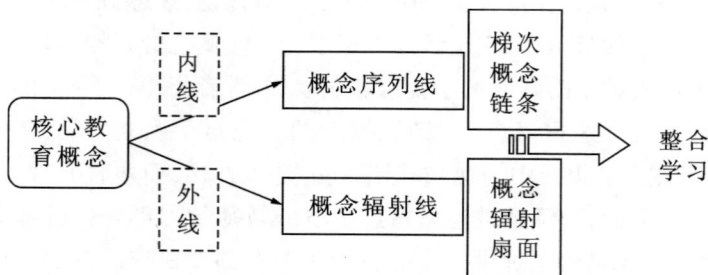

图4-5 核心教育概念的衍生线

图4-5表明,教师学习进阶是以核心教育概念为主线的知识衍生与整合,这一主线由两条支线——内线与外线构成。其中内线是核心教育概念逐级分化的轨迹,由此会形成一个由不同层级中间概念构成的教育概念序列,即梯次概念链条;外线是概念与各种教育生活具象关联中形成的各种概念适用方向,每个概念适应方向会衍射出一道概念辐射线,所有概念辐射线围绕核心教育概念构成了一个概念辐射扇面。两条核心概念衍生线路都逼近一个目标状态——网络状整合型概念网络,导致了知识整合学习在教师身上的发生。正如学习进阶那样,"学生对记忆的事实、公式、潜在的迷思概念建立起成对联结,当学生建立起大量整合的联结时,便达到了深层次的概念理解"①。与之相应,深度教师学习发生的另一重要标志就是网络状概念关联的形成。

(四)"建模+实证"的互动学习观

传统教师教育秉持的教师学习观是单向的、单线的,其内在假定是:教育知识技能的传授必定会带来教师素养的自然成长,教师教育者只要控制好教师教育影响源即可,无须顾及这种影响的现实效能。实则不然,这一预设具有两个明显疑

---

① 孙影,毕华林.科学教育中学习进阶的开发模式研究述评:以 ChemQuery 评价系统为例[J].全球教育展望,2015,44(8):104-113.

点:其一,教师教育影响源是否真的会见效很少有人去验证过;其二,衡量教师教育影响源品质的尺度不可能是专家推理,而是其现实社会效应或教师学习者事后生成的专业获得感。进言之,教师教育质量是建立在双向互动,即教育影响与教育实践、教师教育者与教师学习者间的双重通道互动基础上的,真实有效的教师学习观必须是互动学习观。所谓互动学习观,其内在含义是:教师学习是其在与教育影响源间的反复互动回环中发生的,是在授受双方的多轮互动磨合中推进的,绝非一个机械单向的"授—受"传导过程。为此,教师学习进阶观强调,教师学习是在两个互动回环中展开:一个是"假设—验证"的回环,即教师教育者基于一定的教育假定、学阶建模来开展教师学习活动,然后借助测评、验证、取证等数据收集工具来反馈其实际教育效应,对预定教育假定进行返回调整,即对其加以验证、证伪或调适,这是一个促使教师教育假定持续进化的过程;另一个是"教学—发展"的回环,即借助教师教育者自构的教师教育活动、教师教育资源来干预教师学习过程,实施专业教学活动,收集教师发展效能数据,并据此调适其教育影响与方案,教学干预与效果反馈之间构成了一个完美闭环。正是如此,国外学习进阶理论认为,学习进阶是一种"验证性进阶研究"或"建模 + 实证"的思维[1],是一种"教学辅助下的发展(instruction – assisted development)"[2]。前者强调:每一个教师学阶水平的勘定都应基于事实及实践反馈来进行;后者强调,每一次教师学习进阶都是在教学干预下螺旋升级的,教师教育要考虑的关键问题是"如何铺设路径促进发展"[3]。无疑,互动学习的基本构成单元就是回环。每一个回环都是一次理念与实践、教师教育者与教师学习者间相协调、相融合、相逼近的过程,都是真实教师学阶水平"显露"的契机。从这一角度看,教师学阶是在教育理念与教育实践间的碰撞、互适、相向运动中显露出来的,基于真实的教师学阶水平来调配教师教育方案才能创建高效教师教育服务的枢纽链环。

三、面向教师学习进阶的教师教育行动路线

教师学习进阶其实是由两部分构成的:其一是教师认知思维方式的阶段性呈

---

[1] 姚建欣,郭玉英. 为学生认知发展建模:学习进阶十年研究回顾及展望[J].教育学报,2014,10(5):35 – 42.

[2] DUSCHL R,MAENG S, SEZEN A. Learning progressions and teaching sequences:A review and analysis[J]. Studies in science education,2011,47(2):123 – 182.

[3] 郭玉英,姚建欣.基于核心素养学习进阶的科学教学设计[J].课程·教材·教法,2016,36(11):64 – 70.

现;其二是教师教育影响的梯次性供给。二者之间无缝匹配与交互催生是教师学习进阶的全景图。因此,教师学习进阶开发的意图是为教师核心知识与关键能力的持续发展拟定一条科学线路,并借助效能测试与教育服务来有效干预教师学习轨迹,努力凸显教师教育活动的整体性、连贯性与梯次性。在此,本书将从教师学阶开发的意图、方法、模型三个角度对当代我国教师教育行动线路图做以分析。

（一）意图:研发引领教师专业发展的系统模型

意图决定线路、方法与方向,改革意图是联结各事物构成要素的轴心点,阐明教师学习进阶开发意图是科学推进开发进程的起始点。学者认为,在学习进阶研究上,"与其倾全力于构想完美贴合认知过程的表征方式,倒不如将研究重点放在能促进学生发展的系统模型"①。这一观点切中学习进阶开发的要害,对教师学习进阶开发无疑也具有指导意义。推而广之,教师学习进阶开发的意图是要设计出一套严格基于教师学习轨迹且能促进教师学习发生、展开、深化的教师教育模型,构建教师专业发展与教师教育影响间的无缝对接方式。教师学习进阶涉及三大核心要素:教师学习阶段、教师教育课程、教师发展评价。三者间构成了一个交互影响的闭路循环(图4-6)。

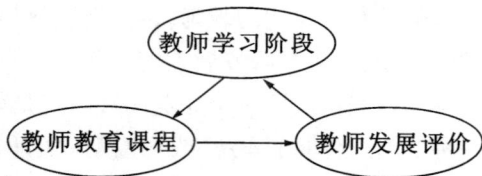

图4-6 教师学习进阶的核心要素及关联

图4-6表明,教师学习进阶开发涉及的三个关键要素教师学习阶段(或"教师学阶")、教师教育课程与教师发展评价,其中,教师学习阶段是教师对核心教育概念理解及适用能力的发展水平层次,它决定了教师教育课程安排及实施;教师教育课程是用以适应、干预教师学习阶段变迁的主要影响源,其实施效果有待于教师专业发展效能测评来检验;教师发展评价是甄别教师学习水平层次、判定教师教育课程实施效能的主要工具,其核心功能是:使教师学阶水平可视化,勘定教师教育课程与教师学阶间的"离心率",指导教师教育课程保持适度的挑战性与鲜明的迭代性,促使教师教育课程与活动的安排恰恰处于教师学习的"最近发展区"之内。

在这一框架中,教师学习进阶开发的核心内容是:基于教师学阶层次开发相应教师教育课程与学阶测评系统,梯次性地推动教师专业学习层级持续升级,搭建出一个引领教师专业发展的教师教育系统。为了开发出这一系统,教师教育研究者需要做好三项准备:绘制教师学阶构成图、实施教师学习阶段测评、开发学段型教

---

① TABER K. Modelling learners and learning in science education[M]. Berlin:Springer,2013.

师教育课程。它们构成了教师学阶开发的核心工作内容。

(二)方法:引入全景图法与逐级进展法

教师学习进阶开发是当代教师教育改革的核心环节,其焦点是教师学阶开发方法探究,在借鉴基础上形成创造性教师进阶图谱无疑是中国特色教师学阶开发的科学思路。在国外,目前已经出现了两种较为成熟的学阶开发方法,这就是全景图法与逐级进展法,将其予以变通并引入我们的教师学阶开发实践无疑具有重要意义。

所谓全景图法,就是以教师对核心教育概念的阶段性理解为基础,利用纵横交错的概念网络图式来反映教师学阶演进状况,并据此设计教师教育课程的内容与活动,为教师专业学习设计出科学的谱系图。基于全景图法设计出的教师学习进阶图一般由三个要素构成:进阶起点、概念网络、进阶终端。三者间用单向箭头连接,凸显教师学习构成的梯次性、关联性与连贯性。以下是基于教师课程概念理解设计出来的教师学习进阶假想图(图4-7),其科学性有待于后续教师发展评价来验证与完善。

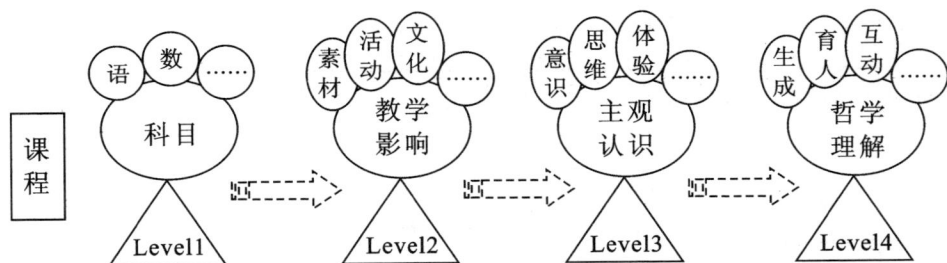

图4-7 基于课程概念理解主线的教师学习进阶全景图

图4-7表明,教师学习者对"课程"这一核心教育概念的理解分为四个梯级,即"科目—教学影响—主观认识—哲学理解";在每一学段,教师的课程认知方式是不一样的,依次经历了"大众日常理解—客观理解—主观理解—哲学理解"四个层级;教师教育活动只有遵循这四个阶段拾级而上才可能见效。

所谓逐级进展法,就是从认知科学角度出发,借助教师专业发展水平测评工具,逐步探测教师专业发展中表现出来的多个成就水平,据此科学划分等级,构建教师学习的层级系统。这一开发方法重视测评工具的全程辅助,关注教师真实学习过程中体现出来的阶段性差异,重视教师专业思维方式的质变,故具有较强的探索性与客观性。借鉴国外科学学习进阶理论研究成果,我们可以把教师专业学习思维方式划分为五个等级(表4-1)。

表4-1　教师核心概念学习层级递进图

水平	层级名称	关键概念理解特征	教师教育课程匹配
Level5	整合	能以核心概念来统整某一类观念理解,并建立起本观念与相关学科间的跨学科联系;能对指涉现象进行科学解释,并灵活适用于现实	开展概念外延教学、关联教学,如课程功能教学、课程社会学教学等
Level4	系统	能协调理解教育事物的多个具体要素间的互动变化关系,能对指涉现象进行专业解释	分析核心教育概念指涉的教育活动运行系统
Level3	关联	能建立起概念术语与教育事物的多个具体特征间的关联,能对指涉现象进行多角度解释	核心教育概念内涵教学,利用变式抓住核心概念的关键特征
Level2	映射	能建立起概念术语与教育事物的某个具体特征间的映射、对应或指称关系,能对指涉现象进行表层解释	
Level1	经验	具有与核心概念相关的日常经验、零碎事实或前概念,能描述出概念指涉的教育现象	感知相关现象,如教育生活中的课程现象、教育案例等

借助上述两种方法,教师学习进阶开发便具有了具体操作程序的支撑,同时也为我国教师教育政策制定、教师教育方案设计提供了理念依托。

(三)模型:构建服务教师学习进阶的教师教育新体系

教师学阶开发是科学教师教育系统设计的心脏,围绕这一学阶晋级图来优化教师教育工作系统是本研究的落脚点。我们相信,基于自然学阶升级的教师专业成长线路是教师教育系统设计的本体依据,教师教育事业存在的意义是催生教师学阶升级现象的发生,助推教师学阶超前递升。要实现这一目标,就必须研发出一种基于教师学习进阶的教师教育工作系统,形成教师学阶递进与教师教育活动干预交互促进的全新教师教育系统架构。

依据上述分析可见,面向教师学习进阶的教师教育工作系统起码由三个子系统构成:教师学阶系统、教师评价系统与教师教育系统。三者间的基本关系是:教师学阶系统是教师教育系统的物质基础,教师教育系统是推动教师学阶系统运转的外力驱动,教师评价系统则是两者间的调适者与媒介者,其功能是确保教师教育影响始终位于教师学阶的最近发展区之内。更进一步看,教师学阶系统由三个要素——起点学阶、中间学阶与终端学阶构成,每一次学阶递进都有两条路径可循:一是自然成长路径,二是教育催发路径。教师评价系统的三个主功能是:鉴别教师学阶层级水平、监测教师学阶变化态势、判定先期学阶分级假定的科学性。教师教育系统主要包括三个要素——目标、课程、活动,围绕教师教育目标而研发课程、组织活动,助推教师学阶晋级是其主要任务。教师教育工作系统的运行如图4-8所示。

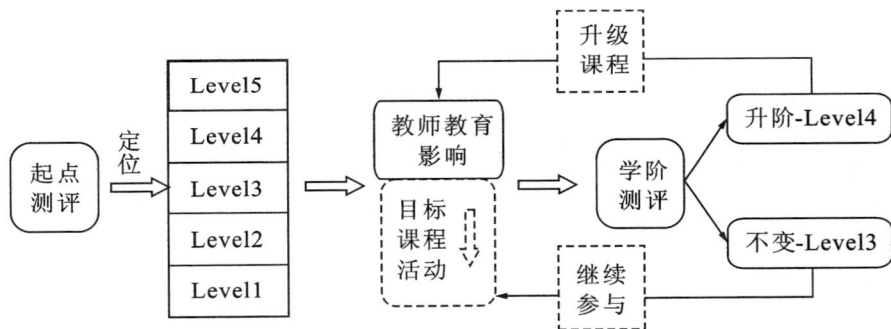

图4-8　教师教育工作系统运行图

图4-8表明,基于教师学习进阶的教师教育系统包括三个环节:一是起点测评环节,其内容是:借助教师发展测评,准确判定教师所处的学阶位置,开始教师教育工作的系统干预;二是教师学习环节,即借助教师教育影响对教师学阶水平进行干预,助推教师学阶递进的发生;三是学阶测评与反馈调节环节,即借助教师学阶测评,对教师教育影响的效能进行评定,判断教师学阶变化情况,并据此升级教师教育课程,或保持教师教育课程的难度、梯度、挑战性等不变。无疑,构建这一基于教师学阶划分与测评的教师教育工作循环正是创造高品质教师教育服务系统的核心要义。

【拓展阅读】

1. 郭玉英,姚建欣.基于核心素养学习进阶的科学教学设计[J].课程·教材·教法,2016,36(11):64-70.

2. 姚建欣,郭玉英.为学生认知发展建模:学习进阶十年研究回顾及展望[J].教育学报,2014,10(5):35-42.

3. 章勤琼. 给教师专业学习的建议[J]. 教学月刊(小学版·数学),2022,638(9):1.

4. 钟亚妮. 教师专业学习视域中的高质量教师发展:基于国际研究的探讨[J]. 中国教师,2022,350(7):26-30.

5. 贾再俊. 国内外教师专业学习共同体实证研究的回顾与反思:基于2000—2020年相关文献的统计[J]. 肇庆学院学报,2022,43(4):66-71.

6. 吴刚. 面向未来的教师专业学习[J]. 上海教师,2022(2):2-3.

7. 祝刚,钱冬明,钟丽波,等. 迈向专业学习3.0:乡村振兴背景下新生代乡村教师专业发展路径[J]. 新课程评论,2022,68(6):58-66.

【学后作业】

1. 谈一谈:教师专业学习的内涵与实质。

2. 想一想:相对教师知识学习,教师具身学习的优势在哪里?

3. 问一问身边同事:我的专业学习计划是否符合教师进阶学习原理?

【实践练习】

针对自己的专业学习经验进行反思,站在教师专业学习力提升角度上分析其科学性与合理性。

第五章　国内教师培训

【导学提示】

通过本章学习,达到以下学习目标:

1.了解中国特色教师培训体制的演进;

2.知道我国教师培训体系建设的现状与改进;

3.领会教师培训服务供给侧改革的重要性;

4.会依据我国教师培训新理念来改进自己的专业发展实践。

在高质量基础教育事业建设中,教师是首要性、关键性、能动性的资源。优质教师师资源源不断的供给决定着我国基础教育综合实力的实质性增长。正是基于此,实施教师培训,促进中小学教师专业发展,是我国基础教育政策的根本支撑点,是近现代以来中国基础教育事业后来居上的根本原因所在。本章将在梳理近现代以来,尤其是新中国、新时代我国教师教育改革发展经验和现状基础上科学地研判未来我国教师培训事业发展态势,为中小学教师提供理念与经验参考借鉴。

第一节　国内教师培训制度的建立与发展

我国中小学教师培训工作在近现代并未引起足够的重视,但建立、推动教师培训工作体系建立的要求与行动一直没有停止过。

一、近现代教师培训制度的建立

在近代史上,1904 年《奏定初级师范学堂章程》中规定:"初级师范学堂应设置旁听生,以便乡间老师宿儒,有欲从事教育者来学堂观听,即可便宜多开小学,而寒土亦可借资馆地。"这一制度设计中本身就有出于教师培训工作的考虑。1905年,《上海私塾改良总会章程》提出"设立师范讲习所""改良塾师知识结构"的设想,并要求"另等经费,设立师范讲习所。请师范毕业生数人按期轮流到会所,与各私塾教员及有志教育诸友研究教育之理,教授之法"。这一教师培训工作的设想令人赞赏。同年,江苏武阳"专为各私塾之有志教育者"设立了高等小学附设师范传习所,讲授教育学、教授法、管理法、历史、地理等课程,意味着这一设想的付诸实践。其具体教师知识经验传习方法是:"一定期传习,在所内直接教授之;一通信传习,为略远而未能直接听讲者设之;一巡回传习,联络数乡,由担任之教员巡回传习,周而复始。"在这一理念、行动的带动下,我国教师培训工作进入史册,成为弥补教师职后工作经验不足的重要举措。研究表明:从1902年到1906年,我国不仅设立了师范学堂,还设计了师范传习所、师范促成所等机构,后者具有教师培训机构的部分属性,实质上承担了中小学教师培训工作的职能。

民国时期,教员讲习所成为我国中小学教师培训的主要机构。1912年,南京临时政府将清末的临时及单级两种小学教员养成所改为"小学教员讲习所",并进一步将其区分为两类:正教员讲习所和副教员讲习所。1915年,又将其改为"师范讲习所",学习年限1年或2年,招收现任或愿任小学教员者,使之进修、补习成为专科教员,成为预备性教师培训工作的重要形式。

在抗日战争时期,塾师改良培训、质量提高培训成为我国教师在职培训的基本形式。1935年6月,国民政府教育部颁布《实施义务教育暂行办法大纲施行细则》,要求各省市师范学校、规模较大的小学内"设置塾师训练班,招收私塾教师,予以短期之训练,传授短期小学课程之教材及教学方法"。1937年,还颁布了《改良私塾办法》,规定主管机关应于寒暑假或适当时期,举行塾师训练班或讲习班。同时,质量提高类教师培训工作也受到重视。在该时期内,为满足兴学对中小学师资的应急需求,各地纷纷创设简易师范、短期师资训练班,试图缓解中小学师资数量不足。1944年,颁布《各省市中心国民学校及国民学校教员进修办法大纲》,要求各省市举办下列具有教师培训性质的业务,如出版进修刊物、开展教师巡回辅导、举办进修班及函授学校等。同时,1945年5月又颁布了《各省市小学教员假期训练实施计划》,通令各省按照实施计划有步骤、分期、分班办理中小学教师假期训练班等,一定程度上发挥了教师培训工作的特有功能。

总体来看,作为初创时期的教师培养培训工作,该阶段中小学师资培养工作主要由逐步规范化的师范教育体系来担任。教师培训工作与师范学校融合发展、零散开展,满足了这一时期基础教育学校教师最基本的培训与发展需求,但在办学培训质量上还难以和当代教师教育相比。

二、新中国教师培训制度的发展

1949年新中国成立,基础教育事业百废待兴,教师培养培训工作成为当务之急,举办师范院校、发展教师职后培训承载着亿万人民的教育期待。在随后70多年中,我国教师教育事业经历了"兴起—转型—提质"的发展阶段,基础教育学校教师培养培训呈现勃勃发展生机。

职后培训是中小学教师专业持续发展的重要链环,对于新中国建立初期而言,其重要性毋庸置疑,它承担着为中小学在职教师基本业务能力培训的重要职责。从新中国成立初期至今,我国中小学教师培训工作经历了历史性蜕变与阶段性升级,目前已经发展成为促进我国基础教育事业优质发展的支撑力量。随着基础教育事业发展重心的不断转变,我国中小学教师培训的内容、形式、主题始终处在与时俱变之中,呈现三个典型发展阶段。

(一)业务合格培训阶段(1949—1985)

在新中国成立初期,由于基础教育事业处在急遽扩展阶段,许多具有基本文化知识但未经过师范专业学习训练的知识分子走上教师工作岗位,对其及时进行教育教学专业培训,使其具备基本的教育教学资质,就显得尤其重要。1949年12月,第一次全国教育工作会议在北京召开,会上提出了"加强教师轮训和在职学习、培养大批称职教师"的教师培训工作目标。1951年8月,第一次全国师范教育会议召开,重点讨论在职教师质量问题,建议各地建立教师职后学习制度,举办教师业余进修学校,鼓励教师通过函授等方式参与培训,提高中小学教师的业务能力与水平。为了响应这一工作目标,1952年9月,教育部要求各地加强中小学教师在职进修,筹办教师进修学院、函授师范学校和教师业余学校,确保教师培训工作的顺利开展。1954年以后,教育部先后颁布《关于举办小学教师轮训班的指示》《关于加强小学在职教师业余文化补习的指示》,明令各地举办小学教师轮训班,要求对文化程度在高小毕业以上以及不及初师毕业程度的小学教师进行一定期限的训练,使其在主要学科方面达到初师毕业文化水平。与此同时,1957年11月,教育部通知要求试行《关于函授师范学校(师范学校函授部)、业余师范学校若干问题的规定(草案)》,对小学教师在职学习做了进一步规定。1977年8月,邓小平提出了《关于科学和教育工作的几点意见》,"要研究如何提高教师的水平""要加强师资培训工作"就在之列,随后向各地下发了《关于加强在职教师培训工作的意见》。

1978年4月,教育部发出《关于恢复或建立教育学院或教师进修学院报批手续的通知》,省地市三级教师培训网络逐步形成。1980年8月,教育部印发了《关于进一步加强中小学在职教师培训工作的意见》,从教师培训规划的制定、培训机构的建设、教学计划的统一、考核制度的建立、办学条件的改善、师训工作的领导等七个方面,对教师培训工作做了全面规划。经过紧锣密鼓的推进工作,我国中小学教师培训工作进入规范化、制度化的发展阶段。

(二)合格证培训阶段(1986—1992)

为了全面提高在职教师质量,20世纪90年代,我国开始系统考虑教师专业水平提升问题,教师合格证书培训在全国范围内启动,揭开了教师培训工作的新篇章。1985年《中共中央关于教育体制改革的决定》颁布,其中指出:"要争取在5年或者更长一点的时间内使绝大多数教师能够胜任教学工作。"自此,教师合格学历、合格证书培训成为教师培训工作的主体内容。1986年9月,国家教委颁布《中小学教师考核合格证书试行办法》,启动了中小学教师考核合格证书制度,规定中小学教师考核合格证书分为"教材教法考试合格证书"和"专业合格证书"两种。为了确保教师专业资格达标,国家教委还配套颁布了《关于加强在职中小学教师培训工作的意见》,在职教师的学历补偿教育与专业合格培训工作同步启动。1991年12月,国家教委印发了《关于开展小学教师继续教育的意见》,提出了今后10年内有计划地提高小学教师学历层次的同时,要大力开展小学教师继续教育,有步骤地将中小学教师培训工作重点从学历达标转移到开展继续教育上来。1992年5月,国家教委还提出了《关于加快中学教师学历培训步伐的意见》,提出建立函授、卫星电视教育、自学考试"三沟通"培训初中教师的办学模式。1993年2月,中共中央国务院颁布了《中国教育改革和发展纲要》,对中小学教师培训工作提出了全新要求,"进一步加强师资培养培训工作""到本世纪末,通过师资补充和在职培训,绝大多数中小学教师达到国家规定的合格学历标准,小学和初中教师中具有专科和本科学历者的比重逐步提高"。《中国教育改革和发展纲要》的发布表明:我国搭建起了全员参与、形式多样、学历补偿与合格培训并举的中国特色教师培训体系,我国教师培训工作的新格局基本形成。

(三)依法培训阶段(1993—2010)

教师培训工作的全面展开需要法律制度的支持,《中华人民共和国教师法》的颁布开启了教师培训工作法制化的新阶段。

1993年10月,《中华人民共和国教师法》颁布,其中明确规定:"参加进修或者其他方式的培训"是教师享有的权利,"各级教师进修学校承担培训中小学教师的任务",并明确要求:"各级人民政府教育行政部门、学校主管部门和学校应当制定教师培训规划,对教师进行多种形式的思想政治、业务培训。"1995 年 3 月,《中华人民共和国教育法》颁布,建立和完善教师终身教育体系成为教师培训工作改革的新方向,我国教师培训工作法制化建设基本完成。在这两个法律文件的指导下,1999 年 9 月,教育部发布了《中小学教师继续教育规定》,再次强调"中小学教师继续教育,是指对取得教师资格的中小学在职教师为提高思想政治和业务素质进行培训""参加继续教育是中小学教师的权利和义务"等,还对中小学教师继续教育的内容、类别、组织管理、条件保障、考核与奖惩做了具体规定,成为我国教师继续教育、教师培训工作的"根本大法"。

(四)"国培"引领阶段(2010—至今)

党的十八大以来,党和国家对教师培训工作的重视再次达到一个新高度,启动实施国家级教师培训成为这一时期我国教师培训工作中的里程碑。2010 年,在《国家中长期教育改革和发展规划纲要(2010—2020 年)》精神指引下,教育部、财政部印发了《关于实施"中小学教师国家级培训计划"的通知》,正式启动"国培计划",包括北京大学在内的 18 个教育机构参与实施"中小学教师示范性培训项目"和"中西部农村骨干教师培训项目"。2012 年至 2017 年,中央财政投入"国培计划"专项经费超过 100 亿元。2013 年还启动实施了中小学教师信息技术应用能力提升工程,为解决中西部农村地区教师队伍发展问题做出了历史性贡献。在"国培计划"带领下,我国教师培训事业开始走向创新、高效、变革的发展阶段。

第二节　国内教师培训的现状与改进

进入 21 世纪以来,我国基础教育学校教师的培养工作进入新阶段:一方面,教师职前职后一体化培养格局迅速形成,由"师范教育"走向"教师教育"、推进基础教育学校教师职前职后培养一体化理念持续深入,彻底改变了职前培养与职后培训缺乏整合的局面;另一方面,一系列教师教育改革思潮蜂拥而入,教师培养专业化、大学化、综合化、标准化、卓越化等改革理念付诸实施,中小学教师教育改革进入百舸争流、千帆竞发的时代,国家教师教育顶层设计日益完善,面向高质量基础教育改革的教师教育体系日渐成型。尤其值得关注的是国家层面出台的三个重量级教师教育改革文件,即《国家中长期教育改革和发展规划纲要(2010—2020 年)》(2010 年)、《中共中央　国务院关于全面深化新时代教师队伍建设改革的意见》(2018 年)、《中国教育现代化 2035》(2019 年)等,彻底改变了我国教师教育事业的布局与方向,我国中小学教师培育工作呈现出勃勃发展生机。就整个基础教育学校教师教育改革总方向来看,其基本路向在《教师教育振兴行动计划(2018—2022年)》中得以清晰表达,这就是"加大对师范院校的支持力度,不断优化教师教育布局结构,基本形成以国家教师教育基地为引领、师范院校为主体、高水平综合大学参与、教师发展机构为纽带、优质中小学为实践基地的开放、协同、联动的现代教师教育体系"。

教师培训是我国一体化、终身化教师教育体系的重要组成部分,它承担着支持教师职后持续专业发展,造就教学能手、卓越教师与教学名师等重要使命,教师培训体制的科学化、教师培训活动的品质化对于全面提升我国教师队伍整体素质具有重要意义。在当前,我国教师培训事业发展的关键链环是培训体制、培训队伍、培训内容、培训方式等,对这些环节进行全面关注是构筑高品质教师培训服务供给侧的基本思路。

一、教师培训体制

教师培训体制是我国教师培训事业的顶层架构,是指各级各类教师培训机构、主体、项目必须遵循的制度体系及其内在相互制约、交互影响的作用关系,所有具体教师培训活动的开展都必须在国家教师教育体制的宏观调控之下进行。在每一轮国家教师培训事业改革之前,培训体制改革具有先驱性、导向性。进入21世纪以来,我国中小学教师培训体制大致经历了三次重要变革:

(1)逐步开放阶段。2001年,国务院颁布了《关于基础教育改革与发展的决定》,提出了日渐开放的中小学教师培训体制建设蓝图,其中指出,"完善以现有师范院校为主体、其他高等学校共同参与、培养培训相衔接的开放的教师教育体系",甚至允许"以有条件的师范大学和综合性大学为依托建设一批开放式教师教育网络学院"。在这一体制设计下,2002年,教育部印发《关于"十五"期间教师教育改革与发展的意见》,要求建立"以现有师范院校为主体,其他高等学校共同参与,培养培训相衔接,体现终身教育思想的开放的教师教育体系"。从此,我国教师培训事业逐渐摆脱教育学院办学系统的控制,逐步向师范院校、综合大学、网络学院开放,新的教师培训体制开始形成。以山东潍坊教师培训体制改革为例,该市采取了"培训上'超市',选课点'菜单'"的新局面,呆板的中小学教师培训工作被逐步激活。①

(2)走向灵活阶段。2010年,中共中央、国务院印发《国家中长期教育改革和

---

① 王水玉. 运行新机制,全面展开新一轮教师培训工作:山东省潍坊市中小学教师培训体制创新策略[J]. 新课程研究,2006(1):10-12.

发展规划纲要(2010—2020年)》,提出了"统筹扩大继续教育资源""构建灵活开放的终身教育体系"的方案,甚至"鼓励学校、科研院所、企业等相关组织开展继续教育",致力于"为学习者提供方便、灵活、个性化的学习条件"。这一政策的出台为我国教师培训事业开辟了广阔的天地与舞台。形形色色的培训机构,包括市场性培训公司开始介入中小学教师培训工作,教师培训的机构与主体开始走向多元化,培训项目招标成为教师培训管理工作的常态。

(3)走向现代化治理阶段。2018年,中共中央、国务院印发了《关于全面深化新时代教师队伍建设改革的意见》,对教师培训工作管理引入了治理体系现代化的新思路:一方面,强调充分尊重教师的培训权利,提高教师在培训工作中的自主性与选择性,即"推行培训自主选学,实行培训学分管理,建立培训学分银行,搭建教师培训与学历教育衔接的'立交桥'";另一方面,要求加大教师培训工作的标准化、制度化建设,先后出台了《中小学教师培训课程指导标准(师德修养)》《中小学教师培训课程指导标准(班级管理)》《中小学教师培训课程指导标准(专业发展)》等标准化文件,以及《中小学幼儿园教师在线培训实施指南》,来推进教师培训工作的规范化、标准化建设,以此确保自主化时代教师培训工作的质量与品质。在这一理念指引下,我国开始持续弥补教师培训事业的短板——乡村教师培训,通过"三级三类"教师培训体系建设来"建立健全乡村教师成长发展的支持服务体系",全力提升乡村基础教育学校教师的培训质量。2019年,《中国教育现代化2035》颁布,这一全新教师培训体制被再次予以强化,即要求"夯实教师专业发展体系,推动教师终身学习和专业自主发展"。一种以自主发展为基础,教师培训服务供给侧丰富为调整的新时代中国特色社会主义教师培训体制逐步成型。

二、教师培训队伍

教师培训队伍的主体是教师培训者及其团队。教师培训者也称"教师培训师",是指"给教师做培训的人,是培训教师的老师"。[①] 其具体指涉对象是,教师培训项目的设计者、管理者,直接承担培训授课任务的研究者、教学者与示范者。教师培训队伍质量是教师培训项目实施质量的首要决定因素。换个角度看,基础教育学校的教师培训队伍主要构成是"相关专业的主讲教师、负责培训工作的管理人员和策划人员、统筹设计培训课程的课程设计者、培训工作的项目主持、教学材料的制作人员、对培训进行评估的专家、为培训工作提供业务保障的辅助人员等"[②]。

---

① 吴海英.2035教师培训者角色的转型[J].吉林省教育学院学报,2020,36(1):13-16.
② 魏毅.县级教师培训者培训的思考[J].教育,2013,279(33):15.

2018 年,教育部等五部门印发的《教师教育振兴行动计划（2018—2022 年）》中明确提出:"实施骨干培训者队伍建设工程,开展万名专兼职教师培训者培训能力提升专项培训。组建中小学名师工作室、特级教师流动站、企业导师人才库,充分发挥教研员、学科带头人、特级教师、高技能人才在师范生培养和在职教师常态化研修中的重要作用。"这一文件表明,教师培训者、培训师队伍建设被提高到一个史无前例的地位上来。在当代中小学教师培训工作中,教师培训者不仅承担着培训项目策划者、设计者、实施者、监管者、评价者、服务者等角色,而且还要扮演教师专业引领者、教师发展教练者与培训工作研究者等角色,其中引领、陪同与示范是教师培训者的核心职能,走向多样化是当代教师培训者角色转型的重要体现。① 在中小学教师培训队伍建设中,当代教师培训实践更为关注培训者的专业化、团队化建设问题。

第一是培训者的队伍构成问题。当前,我国中小学教师培训者队伍的主要构成是:各级各科教研员、一线优秀教师、高校研究人员及教育行政管理人员。② 乌鲁木齐职业大学教师培训学院主要开展面向中小学教师的职后培训工作,其教师构成是当前我国教师培训队伍的又一缩影,其主要培训者构成是:高校的学者、专家,来自中小学一线的优秀教师、市(区)教研室教研员,培训院校的专兼职教研员、教师等。③ 在此,以福建教育学院举办的 2020 年小学英语学科骨干教师省级培训项目为例,④对其培训者构成做以分析(表 5 - 1)。

表 5 - 1　福建教育学院小学英语教师培训项目的培训者构成分析

编号	培训内容	培训教师	专业背景
1	教师职业道德解读与实践导行	教师教育专家教师	教育理论研究者
	英语听评课理论与实践指导		
	培训方案解读与破冰活动		
	英语教学设计理论与实践指导		

---

① 吕俐敏,卢杨.教师培训者的角色意识:引领、陪同与示范[J].北京教育学院学报,2013,27(4):9 - 11.

② 李玉明,梁秀香,黄元胜.我国中小学教师"培训者"研究分析[J].延边教育学院学报,2021,35(2):165 - 169.

③ 王新梅.乌鲁木齐市中小学教师培训者团队建设中问题与对策[J].乌鲁木齐职业大学学报,2017,26(2):63 - 66.

④ 小学英语学科骨干教师省级培训课程安排表[EB/OL].[2022 - 09 - 20].https://wenku.baidu.com/view/16ef5c389f3143323968011ca300a6c30d22f13c.html.

续表

编号	培训内容	培训教师	专业背景
2	充分挖掘教材内涵,让学生从感知走向运用及层次递进式的小学英语有效教学探究	小学名师	教育实践者
3	小学英语功能交际教学	域外培训专家	教师培训师
	小学英语交际活动设计		
4	小学英语朗读技巧	英语科学专家	学科专业研究者

同时,教师对培训者的期待程度也能反映理想的教师培训团队构成。2017年,基于江西省中小学教师培训项目的调研表明,中小学教师期待的培训者构成如表5-2所示。

表5-2　中小学教师期待的培训者

专家类型	次数	观察值百分比 (选择次数/总人数)
高校专家博士	179	40.4%
各级教研员	118	26.6%
中小学名师	293	66.1%
经验丰富的一线教师、教学骨干	404	91.2%
教育行政部门领导	33	7.4%
其他	5	1.1%

第二是培训者的素质期待问题。还是以2017年江西省中小学教师培训项目的调研为例予以说明。该调研表明,最受教师欢迎的教师培训者具有以下特征:理论水平高、教研能力强、熟悉教师情况、长于课堂课程改革等(表5-3)。一句话,教师培训者应该具备"实践+激情+方法+理论"等专业素质,在该方面专业性表现突出。①

---

① 王新梅.乌鲁木齐市中小学教师培训者团队建设中问题与对策[J].乌鲁木齐职业大学学报,2017,26(2):63-66.

表 5 - 3　最受欢迎的教师培训者的素质特征

专业素质	次数	观察值百分比（选择次数/总人数）
较高的教育理论水平	191	43.1%
较强的教育科研能力	183	41.3%
熟悉中小学校和教师的基本状况	347	78.3%
熟悉中小学课程或课程改革	246	55.5%
较丰富的教育或学科教学经验	337	76.1%
机智、幽默、有激情	317	71.6%
有专业的培训技能,自身讲课方式灵活多样	315	71.1%
较高的师德修养或职业境界	170	38.4%
其他	2	0.5%

第三是培训者专业化的问题。中小学教师培训师的专业成熟需要一个过程,即由培训师、高级培训师向资深培训师发展的阶段性过程,一般要经过"职业储备期—兼职期—专职期—专业期—巅峰期"[①]这一发展路径,资深培训师是培训师专业发展的最高目标。[②] 喀什大学的基础教育教师培训实践与研究表明:教师培训队伍的专业化要求培训师借助专业发展过程持续提升其职业信仰、专业知识、培训能力,发展其培训经验、培训技能,形成独特的培训专业能力体系。这一能力体系包括:扮演好教学者、管理者和研究者三维互动的角色,着力提升其培训教学胜任力、培训管理胜任力和培训研究胜任力。要促进中小学教师培训师的专业发展,可以采取多种方法,实践表明:试讲制、优胜劣汰制、师德考核制及培训效果评估制等是促进培训师尽快走向专业成熟的有效制度保证。

第四是培训者团队建设的问题。教师培训师在团队中成长,团队建设是提升教师培训队伍整体质量的必由之路。当前,温州市的中小学教师培训团队建设经验较为有效,其具体做法是:配齐、配全、配优师训员;加大专业培训力度,全面轮训师训员;组织校本培训;实施培训者专业发展评价制度;制定教科研奖励制度等。[③]

---

① 余新.教师培训师专业修炼[M].北京:教育科学出版社,2012:31.
② 李中亮.教师培训师专业发展研究[J].中国成人教育,2015,364(3):85 - 87.
③ 吴思孝.培训者优先发展:温州教师培训者队伍建设实践[J].中小学教师培训,2013,321(4):8 - 11.

第五是培训者的培训问题。据从事中小学教师培训的培训者反映,当前我国中小学教师培训队伍面临的主要问题是:队伍力量不强、队伍素质不高、岗位吸引力小、缺乏系统培养等,加强培训者培训至关重要。在这种形势下,如何深入开展培训者培训问题备受关注。吉林教育学院培训者在教师培训师专业标准分析的基础上提出了针对培训师专业能力点的培训方案(表5-4)[1],成为后续我国加强中小学教师培训者培训工作的改进方向。

表5-4　县级教师培训师培训的能力点选择

培训师课程能力点				
维度	需求分析	方案设计	课程开发	项目管理与服务	教学组织
能力点	问卷设计 问卷统计 结果分析 培训标准分析	主题选择 目标确定 周期设计 方式方法 结果考核	故事力 理论应用 主张落实 实践效果 教学教研	项目设计 理念课程 设计与实施 项目管理办法 奖惩措施 服务策略	团队建设管理 分工要求落地 效果鉴定

当前,县级教师培训者培训是基础教育学校培训师培训的重点。目前,这些机构中针对培训师培训采取的主要方法是:分层法培养,具体方式是集中培训和分散自修法;实践环境培训,具体方式是在校实践和交流反思等。这些方式对培训师培训而言具有一定的针对性与科学性。[2]

三、教师培训内容

培训内容即培训课程,是教师培训计划方案的核心内容。教师培训内容的原则与优化是决定中小学教师培训质量的关键要素。从国家层面看,教育部颁布的一系列教师课程相关指导文件对中小学教师培训课程内容的指导性日益增强,2011 年教育部出台《教师教育课程标准(试行)》,2012 年发布《"国培计划"课程

---

[1] 李德胜,袁文力,姜恩建.县级教师培训者队伍发展现状与提升路径[J].吉林省教育学院学报,2021,37(1):28-32.

[2] 李德胜,袁文力,姜恩建.县级教师培训者队伍发展现状与提升路径[J].吉林省教育学院学报,2021,37(1):28-32.

标准(试行)》,2017 年颁布《中小学幼儿园教师培训课程指导标准》,2020 年又出台了"师德修养、班级管理、学习与发展"三个培训课程板块的统一标准,我国中小学教师培训内容的规范化、科学化程度越来越高。就其核心培训内容来看,标准的基础教育学校教师师德培训内容是"理想信念""道德情操""扎实学识""仁爱之心",教师专业发展培训课程内容是"专业发展规划""专业知识学习""专业实践研修"等。同时,在教育部、财政部最新颁布的教师培训发展规划文件——《关于实施中小学幼儿园教师国家级培训计划(2021—2025 年)的通知》中指出,当前我国中小学教师培训的主要内容包括三个板块:一是教师核心素养培训,即统筹思想政治、师德师风、业务能力培训,加强教师理想信念教育,开展"四史"教育,正确的历史观、民族观、国家观、文化观教育,信息技术改进教育教学的信息素养培训;二是基于教师培训课程指导标准的培训,具体包括学科德育培训、教学实施培训、学生评价培训、家庭教育指导培训、基础教育新课程标准培训、道法语文历史三科统编教材培训,体音美劳等紧缺学科教师培训;三是国家安全、法治教育、生态教育、国家通用语言文字、幼小衔接、少先队工作、预防校园欺凌等方面的专门培训。

从培训实践角度看,教师培训需求调研是中小学教师培训内容形成、更新的原发性动力,某些科学、可信的培训需求调研直接决定着中小学教师培训项目中的内容确定。2017 年学者调研表明,学员最喜欢的培训内容是任教学科专业知识、新课标、新教材、新课改方面的知识、教育新理念(表5-5)。[①]

表5-5 江西中小学教师喜欢的教师培训内容

培训内容分类	次数	观察值百分比 (选择次数/总人数)
师德教育	83	18.7%
教育新理念	228	51.5%
任教学科专业知识	307	69.3%
新课标、新教材、新课改方面的知识	241	54.4%
心理健康教育	175	39.5%

---

① 罗爽.乡村中小学教师培训者队伍现状调查与建设策略研究[D].南昌:江西师范大学,2018.

续表

培训内容分类	次数	观察值百分比 （选择次数/总人数）
网络信息技术	217	49.0%
教育之外的相关跨学科跨行业知识	103	23.3%
其他	2	0.5%

还有福建省的调研表明,基础教育学校教师最喜欢的培训内容依次是:课堂教学实践能力培训、学科专业知识培训、教育问题诊断与研究能力培训以及教育理论素养培训等(图5-1)。① 这一调研成果为中小学教师培训内容选择提供了依据。

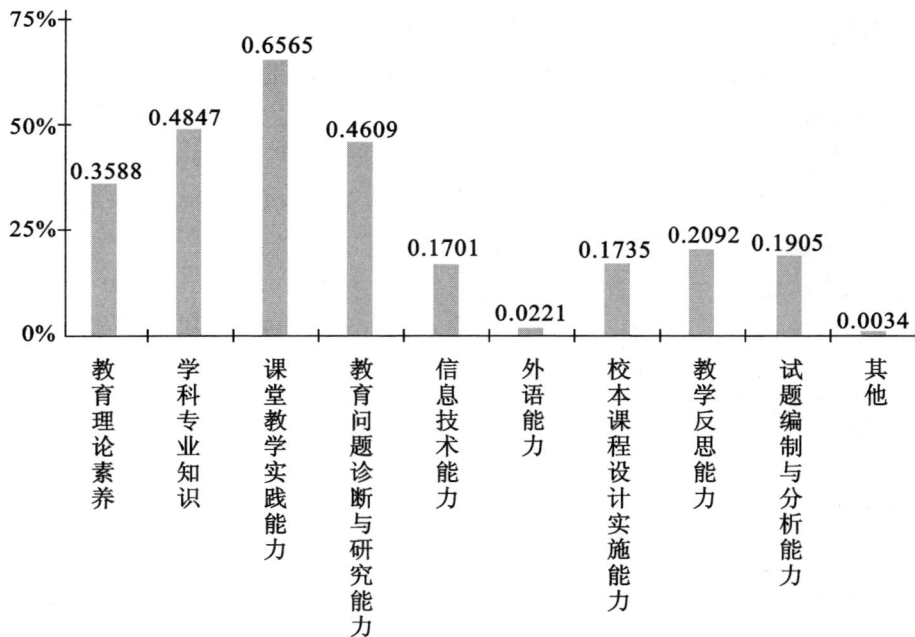

图5-1　福建中小学教师喜欢的培训内容

2019年,河南大学初中思想政治教师培训者调研表明:在发展学生核心素养培育要求下,初中教师缺乏的是专业发展与学科内容知识、以学生为中心的教学设

① 彭庚.标准化教师培训课程的价值取向及其实践路径[J].福建教育学院学报,2020,21(10):104-106,124.

计知识、教学目标任务分解知识、教学设计创新知识、学习分层教学设计知识、教学设计创新知识等,补偿或强化这些知识成为教师培训的内容。①

就教师培训现实状况与问题来看,这些培训内容在培训项目中的体现是多样而丰富的。当前我国中小学教师培训中面临的主要问题是:忽视生成性课程目标的达成,课程资源多元性不够,课程整体质量不高,选修课程、实践课程比例不够,课程评价落后等,针对这些问题开展教师培训课程建设具有迫切性。② 在河南大学初中思政教师培训中设计了一系列的基于现场、基于学员需求、基于实践的"主体参与性"实践活动内容,主要包括:基于反思团队的集体研磨活动、基于教学现场的"教学示范与诊断评估"活动、教学示范、理论引领、任务驱动活动、"同课异构"活动、教学效果现场诊断评估活动等,有效回应了教师训前调研的结果。③ 在吉林省2020年"省培计划"中,在"按需施训""分层培训""个性化培训"理念指引下,针对基础教育学校班主任培训实际,项目策划者设计了选择性、菜单式的课程体系。课程内容主要是:班集体建设、班级活动组织、学生发展指导、综合素质评价、沟通与合作等,同时针对学员学习需求差异开设了分层选学的主题课程,着力提升中小学班主任的核心专业能力。④ 吉林省教育学院培训者在调研基础上,基于库伯学习圈理论,按照"经验唤醒、梳理旧经验—经验反思、建立新认知—专业补偿、形成新理论—实践应用"这一教师学习发展流程,为基础教育学校设计出了以"模块—专题—实施模式"为主线的教师培训课程,具有一定的引领性与专业性(如表5-6)。

表5-6 吉林省教育学院设计的教师培训课程

课程模块	实施模式	专题
"通识引领"模块	"主题学习"工作坊	课程学习导引 互联网+教师专业发展新风向 转型:走向2035的中国教师

---

① 梁国民.核心素养视域下教师培训课程设计与实施[J].河北广播电视大学学报,2019,24(5):72-75.

② 周冰洁.中小学教师远程培训课程设置现状研究[D].银川:宁夏大学,2018.

③ 梁国民.核心素养视域下教师培训课程设计与实施[J].河北广播电视大学学报,2019,24(5):72-75.

④ 王敬.基于《中小学教师培训课程指导标准(班级管理)》的班主任主题式培训实践探索:以吉林省"省培计划(2020)"班级管理能力提升培训项目为例[J].中小学教师培训,2022,428(3):20-24.

续表

课程模块	实施模式	专题
"专业能力"模块	"世界咖啡"工作坊	培训问题与归因 培训沙龙:培训问题解决与方法创新(系列专题)
	"六顶思考帽"工作坊	"六顶思考帽"在培训中的使用
	"翻转式培训"工作坊	翻转式培训及其教学结构
	"团队建设"工作坊	基于学习共同体建设的破冰活动设计 (同课异构,平行选修)
	"技术实操"工作坊	UMU—希沃—培训信息化平台(三个专题平行选修) 问卷星在培训中的使用(系列专题)
"专业知识"模块	自修补偿	内容:培训师研究、培训技术与方法、培训政策与理论 (提供二维码)
"微培训"模块	课前微培训	内容:培训小技术、培训小方法、培训小资讯

在信息化时代,面向教师自主学习、自主培训、分层分类精准培训的新形势,福建教育学院培训者提出了建立教师远程培训课程超市资源库的构想,描绘了未来我国中小学教师培训内容体系的未来发展蓝图。[①]

对教师培训内容的指导方面,教育部通过发布项目实施指南的方式来引导教师培训内容的持续优化。2020年,教育部为了贯彻《中共中央　国务院关于全面深化新时代教师队伍建设改革的意见》精神,发布了11个"国培计划"教师培训项目实施指南,其中与基础教育学校教师直接相关的是《新教师入职培训指南》《青年教师助力培训指南》《骨干教师提升培训指南》,其建议的培训内容设置情况如表5－7所示。

---

① 张倩.教师远程培训课程超市资源库构建研究[J].福建教育学院学报,2021,22(11):21－23,32,129.

表 5 - 7　培训指南中规定的中小学教师培训内容

序号	培训指南名称	培训内容规定	培训流程设计
1	《新教师入职培训指南》	职业领悟与师德践行 教学常规与教学实践 班级管理与育德体验 教学反思与教研基础 教育理论与专业知识补偿	需求诊断、集中研修、跟岗学习、在岗实践
2	《青年教师助力培训指南》	师德修养 专业理念与学科知识 学科育人与教学反思 信息技术与学科融合	诊断示范、集中研修、研磨提升、规划成长
3	《骨干教师提升培训指南》	职业信念与教育情怀 教学创新与学生发展 信息素养与技术应用 教学反思与教学研究	能力诊断、集中培训、名校访学、实践创新、总结提升

　　从教师培训内容引领方面来看,教育部"名师领航工程"的卓越教师培训课程体系具有一定的示范性与代表性。2018 年,教育部启动并开始实施首届"国培计划"中小学名师领航工程,着力培养造就一批具有鲜明教育思想和教学模式、能够引领我国基础教育改革发展的卓越教学名师,基础教育学校名师培养是其主体构成。为此,"名师领航工程"北京师范大学培养基地构建了包含六大核心要素的卓越教师培训课程,对于完善卓越教师培训体系具有重大意义。这一课程体系的核心内容是以教育信念、教学模式与理论、教师领导力为主题。其中,教育信念课程旨在促进学员树立服务国家的职业信念,包括保障国家发展质量的职业信念、促进国家发展公平性的职业信念以及推动国家发展创新性的职业信念;教学模式与理论课程旨在提升学员教师审视教学实践、凝练教学模式与理论、创生教学模式与理论的能力;教师领导力课程旨在帮助学员教师形成一定的专业领导力包括教学领导力、组织领导力和泛领导力。①

　　从教师培训课程内容建设趋势来看,走向集成化、模块化、区域化是其典型特

　　① 朱旭东,廖伟,靳伟,等.论卓越教师培训课程的构建[J].课程.教材.教法,2021,41(8):23-31.

征。兰州市七里河区教育培训中心培训者着力集成教师培训课程,克服其琐碎化、随意化的设置现状。在该区的"骨干教师核心素养提升专题培训"中设置了"线上共享课程"和"线下集中课程"两大模块。其中,"线上共享课程"下设了"策略共建课程"和"精神濡染课程"两个子模块;"线下集中课程"下设了"专家课程"和"学员课程"两个子模块。其中,"专家课程"模块下设了"骨干教师课程建设""骨干教师教学主张""骨干教师专业成长""骨干教师课题研究"四个类型的专题课程,分别由四名本土专家主讲;"学员课程"模块下设了"课前微课程"和"课后微课程",由学员根据自己学科专长认领后主讲。① 这一培训课程设置有力推动了中小学教师培训方式与内容的变革。

四、教师培训方式

　　教师培训方式是指中小学教师培训活动的具体实施方式与组织形式,是教师培训活动中参训教师、培训者在具体培训环境中的互动方式。当前,我国中小学教师培训方式正处在变革、创新发展时期,一系列全新教师培训方式大量涌现,如传统的专家讲座培训、名师工作坊培训、同课异构培训、课例研究培训、影子式培训、课题研究培训等,还有最新提出的一系列新型培训方式,如温州市教师教育院提出的参与研究式培训、北京教育学院提出的微讲座培训、祁门县教师进修学校提出的以课领训式培训、湖南省中小学教师继续教育指导中心倡导的自我研修培训、北京市中小学中日渐受宠的云平台培训等。在全新培训发展形势下,教育部在 2013 年下发了《关于深化中小学教师培训模式改革全面提升培训质量的指导意见》,要求强化基于教学现场、走进真实课堂的培训环节,通过现场诊断和案例教学解决实际问题的培训形式,着力提升中小学教师培训的效能,对当前教师培训方式转变产生了重要影响。2015 年,国务院办公厅印发《乡村教师支持计划(2015—2020 年)》,明确要求"按照乡村教师的实际需求改进培训方式,采取顶岗置换、送教下乡、网络研修、短期集中、专家指导、校本研修等多种形式,增强培训的针对性和实效性",代表着薄弱地区国家倡导的主要教师培训方式。2017 年,教育部颁发《乡村校园长"三段式"培训指南》,基础教育学校校长培训的主要方法是:集中培训、影子培训、返岗实践、工作坊研修、"送培进校"诊断式培训工作等。2021 年,教育部、财政部联合下发了当前我国中小学教师培训的纲领性文件——《关于实施中小学幼儿园教师国家级培训计划(2021—2025 年)的通知》,对未来一段时期内我国教师培训

---

① 杨小燕.区域教师培训课程设置的三个走向[J].课程教育研究,2020(2):196.

方式改进提出了更为清晰的发展蓝图,即"推进以教师自主学习、系统提升、持续发展为导向的"国培计划"改革,实行分层分类精准培训,建立教师自主发展机制,探索教师自主选学等模式,推进人工智能与教师培训融合发展"。与之相适应,国家倡导的培训方式:一是线下集中培训、在线培训、校本研修融合的混合式培训;二是教师自主选学式培训,即开展教师自主选学试点,根据教师专业发展的不同阶段制订个性化、周期性的发展规划,建设选学服务平台,教师自主选择培训项目,探索教师自主发展机制;三是整校研修模式培训,探索学校教师整体开展培训活动的新模式;与学历教育相衔接式培训,即完善学分认定登记制度,强化"培训学分银行"建设,推进教师培训与学历教育衔接。可见,这一规划文件更加强调中小学教师培训在方式选择上的自主式、融合式、整校式,教师培训工作的新景象正处在形成中。

实践调研最能反映哪些培训方式受到教师的喜爱。福建省某调研表明,基础教育学校教师最喜欢的培训方式依次是:名师课堂观摩、名校跟岗研修、案例分析、实践指导、专家理论讲授等(图5-2)。① 其主要特征是:实践类培训受宠,理论知识类培训喜欢度相对较低,这与教师自身的工作需要与经验结构是直接相关的。

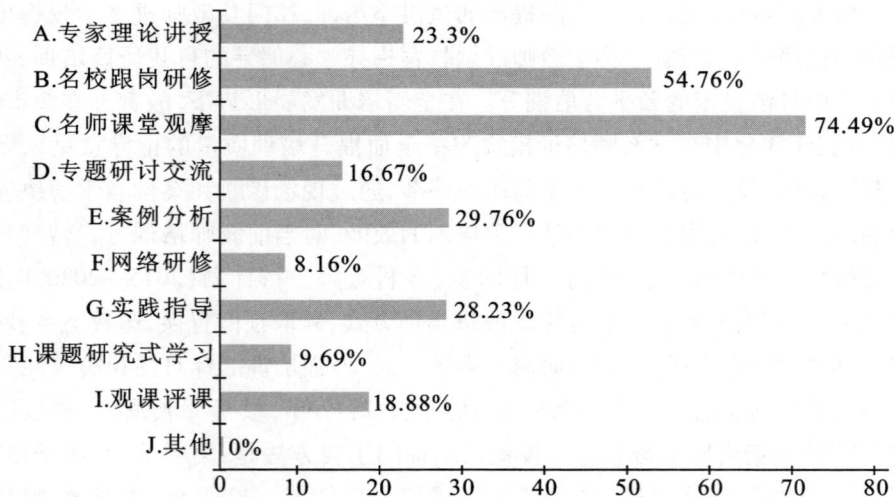

图5-2 中小学教师喜欢的培训方式

① 彭庚. 标准化教师培训课程的价值取向及其实践路径[J]. 福建教育学院学报,2020,21(10):104-106,124.

　　同时,中国教育发展战略学会、中国教育科学研究院的调研也表明:近九成教师认为探究式教师学习将会被大力提倡,其次是小组合作学习、情境化学习与个性化学习等(图5-3)。[①] 这一研究成果表明:走向自主化、探究化、个性化是中小学教师培训方式的未来走向。

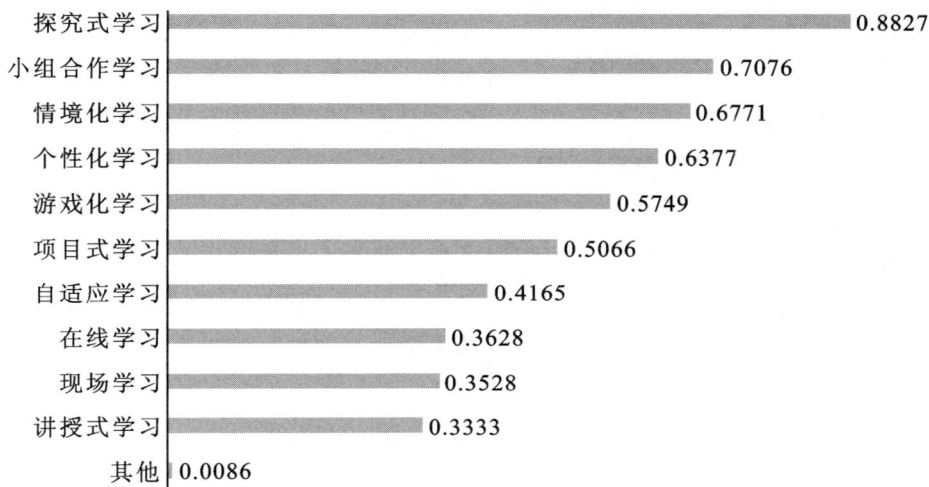

学习方式	数值
探究式学习	0.8827
小组合作学习	0.7076
情境化学习	0.6771
个性化学习	0.6377
游戏化学习	0.5749
项目式学习	0.5066
自适应学习	0.4165
在线学习	0.3628
现场学习	0.3528
讲授式学习	0.3333
其他	0.0086

图5-3　未来倡导的中小学教师学习方式

　　结合上述分析,近年来我国教师培训方式处在迅速更迭状态之中,在此以教育部"国培计划"示范项目年度实施方案为基础,对近三年我国中小学教师培训的主要方式做以分析,并对今后的发展方向加以规划(表5-8)。

表5-8　教育部"国培计划"示范项目教师培训方式分析(2018—2025)

项目	时间	培训项目类型	倡导的培训方式	培训方式改革
1	2018	培训团队高级研修	集中培训与网络研修相结合	分类进行培训能力提升
		名师领航研修	集中培训、网络研修、访名校培训、交流访学、返岗实践、成果展示	分阶段递进式

① 中国教师未来教育认知调查报告[EB/OL]. (2022-01-25)[2022-10-01]. https://www.shangyexinzhi.com/article/4551602.html.

项目	时间	培训项目类型	倡导的培训方式	培训方式改革
1	2018	骨干校园长培训项目	采取问题诊断、案例分析等培训方式	
		紧缺领域教师培训	集中面授与网络研修相结合	
		网络研修创新项目	集中面授与网络研修相结合	
		建设示范性教师工作坊和基于网络的校本研修	示范引领校本研修转型提质	
2	2019	培训者团队高级研修项目	集中培训与网络研修相结合	创新信息技术与教师培训融合应用模式,探索本省教师自主选学培训制度
		骨干教师校长培训项目	分学科分年度进行为期一年的在职连续培养,采取问题诊断、案例分析等培训方式	
			集中面授与网络研修相结合	
		统编"三科"新教材培训	集中面授与网络研修相结合	
3	2020	培训团队高级研修项目	针对培训实践问题,嵌入参与式、工作坊、自主性的学习活动,网络研修 + 集中面授	创新设计培训试点,开展区域教师标准化培训,探索本省教师自主选学培训制度,运用人工智能、同步课堂等新技术开展培训
		骨干教师校长培训项目	采取问题诊断、案例分析、返岗实践、行动研究等多种方式,网络研修 + 集中面授	

续表

项目	时间	培训项目类型	倡导的培训方式	培训方式改革
3	2020	骨干教研员新教材新课标培训项目	网络研修＋集中面授	
		名师名校长领航研修项目	三年一周期的跨年度、分阶段、递进式培训	
4	2021—2025	培训团队高级研修	按照岗位角色和任务职责分类进行专项培训,开展周期性、递进式研修,自主选学、集中培训、网络研修,范例剖析、集中研讨、个别诊断	创新信息技术与教师培训融合应用模式,带动形成教师发展机构、高等院校、培训机构、中小学校幼儿园"四位一体"的教师专业发展支持服务体系,开展教师自主选学等培训模式探索
		名师名校长领航工程	三年一周期的跨年度、分阶段的连续培养	
		中小学领导人员示范培训	跨年度、分阶段的连续培养	
		紧缺领域骨干教师示范培训	线上与线下混合形式进行专项培训	

从当前中小学教师培训方式走势来看,菜单化、自主式、校本式是其明显态势,这些方式综合应用与整合创新的结果是一系列教师培训模式的形成。例如,重庆市开州区教师进修学校提出的"三段九环"教师培训模式,其意在通过培训三段——"培训前""培训中""培训后"和每一个阶段的"三个环节"优化,即"培训前"的需求调研、前置研修和"师之师"培训,"培训中"的互动展示、体验内化和针对性引领以及"培训后"的实践转化、跟踪优化和考核评价等九个环节着手,系统提升中小学教师培训质量。① 除此之外,还有江苏师范大学提出的"跟踪关怀模式"与许昌市教师进修学校提出的"JTJ"培训模式。前者要求在关怀理论指引下对参训教师进行跟踪,借助真实场景现场进入、开放理解对话形成、思

① 黎万江."三段九环"教师培训模式探索[J].教书育人,2022,774(8):50－52.

维锻造实践开展、动机审察证实引领等四步来提升国培教师培训效果;① 后者在培训实践中构建了"JTJ"阶梯式培训模式,即由基础层("J")、提升层("T")、精英层("J")三个递进阶段构成的多元化教师培训平台体系。② 当然,目前中小学教师培训模式改进中,自主选择式日渐成为主流。例如青岛市教育局的 2018 年教师培训项目,其特点是实施个性化教师培训,它分三步进行,分别是:需求调研、课程研发与教师自主选学。教师通过个性化平台自主选择培训课程,获得继续教育学分与培训结业证。③

五、教师培训评价

要确保中小学教师培训项目完成的质量,就必须对项目实施的全程、要素与效果进行评价,教师培训评价是教师培训工作良性循环、持续改进的现实依托。近年来,国家对教师培训项目开展的评价工作日渐走向科学化、多元化、精准化。从教育部等相关行政部门颁布的政策文件中看得清清楚楚:2020 年,教育部颁布《中小学幼儿园教师在线培训实施指南》,其中明确要求"合理设计评价,科学检测学员收获与培训成效",利用教师培训效果监测来提升培训工作质量,其具体措施是:"充分利用在线平台的数据统计功能,综合考察学员的活动参与、任务完成等情况,综合运用定量与定性评价,实现评价的全过程性、及时性和精准性。"紧接着,2021 年教育部、财政部颁布《关于实施中小学幼儿园教师国家级培训计划(2021—2025 年)的通知》(以下简称《通知》),对教师培训项目评价工作又有了新举措,即"健全教师发展评价、培训综合评价机制,全面推进教师培训提质增效",教师发展性评价与培训项目综合评价成为教师培训项目评价的新重点。为了落实这一评价改革思路,《通知》中提出了四条重要评价改革具体举措:一是强化培训过程评价,即"通过大数据评估、参训学员网络匿名评估、专家抽查评估和第三方评估等对项目实施过程及成效进行监管评估";二是推进培训机构评价,即"完善培训机构资质准入标准";三是引入培训项目等级评价机制,即"探索建立项目等级制度,倾斜支持

---

① 马翠,程岭.跟踪关怀模式:新时代教师培训跟踪辅导的重要选择[J].中小学教师培训,2021,421(8):10-13.

② 陶兰月.构建"JTJ"培训模式 满足教师发展需求[J].河南教育(基教版),2020,494(Z1):46-47.

③ 青岛市教育局关于开展中小学幼儿园教师个性化培训的通知[EB/OL].(2018-04-17)[2021-10-03].http://www.yincaikejiao.com/blog/20180417-477.html.

精品项目、淘汰不合格项目",并且"鼓励绩效考评优良的单位连续承担同类培训项目";四是推进评价过程的信息化,即"推动教师培训信息化管理系统的功能优化,将具备利用信息化手段进行培训过程管理的条件和能力作为培训机构遴选的重要指标之一,精准记录教师培训信息,对教师学习过程和效果进行综合评价,适时提供反馈和跟踪指导"。这四条举措表明:国家日益重视教师培训项目评价体系建设工作,试图借助评价机制建设来助推培训项目实施质量提升,切实提升中小学教师培训效果。

其实,我国对教师培训项目评价规定最为细致的是 2020 年教育部出台的各类教师培训项目实施指南。2020 年,教育部为了规范国家级教师培训项目实施,教师工作司连续制定了《教师培训者团队研修指南》《新教师入职培训指南》《幼儿园新入职教师规范化培训实施指南》《全国中小学教师信息技术应用能力提升工程 2.0 整校推进实施指南》等在内的 11 个"国培计划"项目实施的指南,其中与中小学教师培训直接相关的有《新教师入职培训指南》《青年教师助力培训指南》和《骨干教师提升培训指南》。这三个文件中对相应培训项目评价制度的设计如表5-9。

表 5-9　教育部教师培训项目《培训指南》中的培训评价制度设计

序号	项目	指导思想	具体评价方式
1	《新教师入职培训指南》	坚持过程性考核与终结性评价相结合的原则,采取量化评价与定性考核相结合的方法,分类实施	对培训机构考评:省级教育行政主管部门组织;调研座谈、问卷抽查、现场展示、第三方评估等方式
			对任职(跟岗)学校考评:由县教育行政主管部门组织;新手教师访谈、问卷调查、实地考察、资料抽检、绩效考核等方式
			对培训指导教师考核:由县教师发展中心和所在学校组织;领导评价、教师座谈、问卷调查、成果展示、绩效评估等方式
			对新手教师个人考评:教师任职学校和指导团队组织;指导教师评价、与学生及其家长访谈、成果展示、基本功测评、考试考核等

序号	项目	指导思想	具体评价方式
2	《青年教师助力培训指南》	对承担机构培训实施、对送培区县和学校的有效协同开展评价	培训过程评价:学习行为记录、培训成果分析、同伴互评等;考核评价结果与培训学分挂钩
			训后改善评价:开展"四说两看一发现",即采取参训教师本人说、学生说、同事说、领导说的方式考察教师训后的发展变化
3	《骨干教师提升培训指南》		项目评价:省级教育主管部门组织实施考核评价;学员满意度调查、项目实施抽查、档案材料审查等
			学员评价:培训班班主任、导师、工作坊坊主、送培学校领导等实施多元评价

由表5-9可见,当代我国教师培训项目评价日渐强调多元评价、发展评价与全程评价,评价方式上也呈现千帆竞发的发展态势,既有座谈、问卷、成果展示、第三方评价、教师满意度评价,又有"四说两看一发现"、基本功测评等,教师培训工作质量监控体系日益完备。

在教师培训项目评价实践中,我国各级教育行政机构日益重视的评价方式是"精品培训项目"遴选,这一评价结果在教师培训界享有较高声誉。截至目前,教育部教师工作司已经颁布过两批"'国培计划'精品培训项目":2019年,教育部公布了《首批"国培计划"精品培训项目名单(2019—2021)》,北京师范大学的"学前教育骨干教师培训项目"等9个项目荣获"'国培计划'精品项目";2020年,教育部教师工作司印发《关于公布第二批"国培计划"精品培训项目的通知》,北京教育学院的"体育美育骨干教师培训项目"等11个项目荣获第二批"'国培计划'精品培训项目"荣誉称号。这些精品项目的评选有利于发挥优质培训项目的示范引领作用,推动教师培训项目的改革与完善。除此之外,教育部还开展了优秀培训工作案例表彰工作。2017年8月,吉林省教育厅选送的"健全支持服务体系,助推乡村教师专业发展"等33个"国培计划"优秀工作案例成为教育部公布的首批优秀工作案例;2020年11月,教育部"国培计划"——中小学骨干教师培训项目执行办公

室印发了《关于公布"国培计划"十周年优秀典型案例的通知》,河南省选送的《"T
－UPW"培养模式下的河南大学名师领航工程》等50多个优秀培训实践案例入
选。不仅如此,各省也陆续推出优秀典型培训项目案例评选工作,同样具有示范引
领的功能,如安徽、陕西等省都在教育部遴选前在全省范围内开展了国培计划精品
项目、优秀培训实践案例等遴选工作,带动了省域范围内改革教师培训工作模式的
实践。

六、我国中小学教师培训工作展望

当前,尽管我国基础教育学校教师培养培训工作发生了翻天覆地的变化,教师
职前职后培养工作呈现勃勃发展生机,但也有一系列难题与挑战摆在了广大教师
教育改革者的面前,其中最值得关注的问题包括:教师教育者专业化建设进程缓
慢,国内师范院校普遍缺乏"双师型"教师教育者,县区教师发展中心缺乏懂理论
的教师培训师;教师培训工作效能不彰、教师参训热情不高,参训教师普遍反映出
对理论培训、高校培训"不感冒"的现象;教师教育信息系统建设无法与当前教育
改革的新形势相适应,教师教育云学习平台、云培训平台功能发挥有限;等等。针
对这些问题,当代我国教师培训工作改进的新走向日渐明晰。

(一)建立教师培训工作新机制

目前,我国职后教师发展将更大程度上依托教师培训体系来实现,尤其是在高
质量基础教育改革呼声下,在社会对优质基础教育资源需求日益强烈的形势下,高
质量教师培训体系建设将成为事关我国基础教育优质化发展的新节点,教师培训
工作正迎来信息化、多元化、自主化、校本化的历史性调整,建立全新的中小学教师
培训工作新机制显得日益重要。就当前教师培训工作经验与认识来看,培训界日
渐达成共识的是:其一,每个教师都是具有丰富差异性的学习者,都有一条独特的
专业发展轨迹,教师培训服务资源的搭建只能适应它而不能僭越它,个性化教师培
训服务资源建设将引领未来我国教师培训领域;其二,教师培训工作一定是教师自
己的事情,自身愿意、自愿投入、自主选择、自我发展、自我负责是教师培训工作向
教师教育生活世界、教师职业生涯融入的植入点,教师自我发展机制是教师培训工
作的首要机制,这在最新教育部国培计划实施通知中表述得尤为清楚;其三,教师
培训工作需要在"离校"与"在校","线上"与"线下"之间找到最佳的平衡点,尤其
是日前教师工作负担偏重、线上培训资源云集的新培训环境中,如何借助教师学习
方式的优化、培训项目设计理念的升级、培训评价方式的改进来构筑充满活力的教
师培训工作新机制,就显得异常紧迫。可以预知,未来我国教师培训工作的新机制

有:以教师自主选学、学校整体推进为改革基点,以教师培训服务招标入市、教师培训资源智能化改进、线上线下培训联动为基本内容,利用多样化的"人—课"(即教师学习者与教师教育课程服务)匹配方式,实现教师培训活动的个性化、自主化与灵活化,一种更革命性、灵通性、人性化的中小学教师培训工作机制将会形成。同时,可以想象,随着"双减"政策的深入实施、教师减负工作的深入推进,我国基础教育将全面步入素质教育的轨道,学生个性化发展要求将衍生出一系列全新教师素质要求与教师培训项目。克服现有教师培训工作体系的弊端,开辟中小学教师培训工作的新格局,将成为未来一段时期我国教师培训事业改革的新主题。

(二)加快教师教育者队伍专业化建设

无论是职前教师培养还是职后教师培训工作,它们都需要一支专业性较强的专职教师教育者队伍的支持,加快教师教育者队伍专业化建设是整体提升我国教师教育事业品质的攻坚工程。我国教师教育者专业化发展,具有三个典型特征:一是教师教育者专门行业尚未形成,教师教育者队伍以兼职为主,大量师范院校教师、教师培训课程讲师是以教师教育者为副业或第二职业的;二是教师教育职业专业化制度尚未建立,尤其是教师教育者的专门资质研究滞后,对教师教育者的专业资质认定工作还没有启动;其三是教师教育行业的现有教师教育从业者具有教育理论或教育实践"一头沉"现象,能够自由穿梭于教育理论与教育实践之间,给中小学教师提供全面、有效、专业指导的教师教育者还是凤毛麟角。基于这一现状,我国在未来一段时期必将加大教师教育者的专业化建设进程,其主要内容包括:一是强化师范院校学科教学论教师队伍,借助分类培养、分类考核等机制加速这支队伍的专业化成长,使其真正成为"上得了厅堂,下得了厨房"的高胜任力型教师教育者;二是改善县区教师发展中心教师队伍的素质,借助鼓励教师在职攻读研究生学位,引进具有一线经历的研究生,加大教育教学理论研修等手段,有效解决这支教师教育者队伍的理论性短板。

(三)深入实施面向智能化教师教育改革工程

信息化、智能化是当代教师教育改革发展的关键词,将人工智能、信息科技融入教师教育工作是当代基础教育学校教师培养培育工作的关键内容。目前,国家正大力推进国家智慧教育公共服务平台建设,一系列教师教育课程资源将在线上运行,线上云平台将成为我国未来教师教育的重镇。其实,教育部一直在推进教师教育精品课程、一流课程、慕课课程等建设项目,我国已经蓄积了海量的教师教育课程资源,为教师教育改革提供了强有力的资源服务。摆在目前的工作是如何利用人工智能技术将这些资源全面盘活、高效运作,充分发挥其潜能。为了适应这一改革要求,教育部在全国布设了近百个"人工智能助推教师队伍建设行动试点",全力推进面向智能化教师教育改革工程,人工智能辅助教师教育必将是我国新时代教师教育改革发展的重要组成部分。无疑,在人工智能与教师教育相融合中,我国将在教师教育管理智能化、教师教育智能化资源平台建设、"人工智能＋教师教育"智能实验室建设、教育教学技能智能实训平台建设、教师个人数字画像、教师教育课程咨询、教师专业发展效能跟踪评价等领域充分利用智能赋能优势,推进我国教师教育事业主画面的革命性变革。

【资料 5 – 1】

教育部　财政部关于实施中小学幼儿园教师国家级培训计划①
(2021—2025 年)的通知(节选)

(二)推进重点改革,完善高质量精准化的培训机制

3. 完善教师自主发展机制。强化分层分类,实施精准培训。完善线下集中培训、在线培训、校本研修融合的混合式培训,推进教师常态化学习。开展教师自主选学试点,根据教师专业发展不同阶段制定个性化、周期性的发展规划,建设选学服务平台,教师自主选择培训项目,探索教师自主发展机制。开展教师培训整校研修模式改革探索。完善学分认定登记制度,强化培训学分银行建设,推进教师培训与学历教育衔接。

4. 创新教师发展协同机制。建立师范院校、地方政府、中小学幼儿园协同开展师范生培养、教师专业发展和教育教学改革的机制,建设国家教师教育改革实验区。深入实施教师发展"一对一"精准帮扶,各省规划、协调域内发达县区对口帮扶乡村振兴重点帮扶县,健全优质学校与乡村小规模学校、乡镇寄宿制学校手拉手协同发展机制。

5. 推动人工智能与教师培训融合。支持有条件的地方、高校和机构探索"智能＋教师培训",建立基于大数据的教师专业发展测量与评估机制,对教师精准测评、指导,实施智能化、个性化、交互性、伴随性培训,形成人工智能支持教师终身学习、持续发展的机制。

---

① 教育部　财政部关于实施中小学幼儿园教师国家级培训计划(2021—2025 年)的通知[EB/OL]. (2021 – 05 – 13)[2022 – 11 – 15]. http://www. moe. gov. cn/srcsite/A10/s7034/202105/t20210519_532221. html.

第三节　国内教师培训供给侧改革

众所周知,增加有效教师培训服务供给,扩大卓越教育人才产能,是推进基础教育深度综合改革的有力举措,也是促使社会主义教育事业又好又快地发展的焦点链环。当前,随着广大教师在培训服务中话语权的日益增强,需求导向、学校定制型培训服务的流行,我国传统教师培训服务悄然走向衰落,操作性教师培训方式盛行,理论更新型培训备受冷遇,培训内容成了投其所好的"菜单"。① 在整个教师培训"轰轰烈烈"假象的背后潜藏着平庸化、低端化、媚俗化的新危机……在这种情况下,启动教师培训服务供给侧结构改革,促使教师培训事业实现由"需求侧拉动"向"供给侧推动"的转变,成为确保我国中小学教师培训事业良性发展、持续走强的客观要求。习近平指出,"在适度扩大总需求的同时,着力加强供给侧结构性改革,着力提高供给体系质量和效率,增强经济持续增长动力"②。将这一理念迁移到教师培训领域,我们可以说,在持续激发教师参训需求的同时,重点改进教师培训服务供给侧的结构、水平与品质,为中小学教师提供灵活、多样、有力的教师培训服务,为其专业发展提供最强大的动力与智慧支持,是当前我国教师培训服务体系改革的重中之重。

一、教师培训服务供给侧的特点

相对经济学意义上的"产品供给侧"而言,我国当前教师培训服务供给侧具有自身的特殊性,即它还不完全是一种商品意义上的服务供给,市场机制只是浅层介入了教师培训服务的供给环节,整个培训服务供给方对教师需求的反应力还稍显迟钝,反应的精准性、灵敏性与效能性还远远不够。进言之,现阶段我国教师培训服务供给侧具有以下五个特点。

(一)公益性

从我国教师培训服务的供给方来看,无论是国培、省培还是校本培训,培训服务还主要由国家教育行政部门与中小学校方提供,教师在这一培训服务体系中主要属于培训服务的消费者与享用者。由此,许多教师将教师培训提供视为国家与校方提供的一种福利,是教师任职中的一项义务。培训服务提供方——国家与培

---

① 姚洁.教师培训:从"任务型"向"服务型"嬗变[J].教育研究与评论,2012(1):49-51.
② 习近平在中央财经领导小组第十一次会议上的讲话[EB/OL].(2015-11-10)[2022-04-15].http://politics.people.com.cn/n1/2019/0227/c1001-30905220.html.

训需求方——与教师之间几乎不发生权利对等的双选关系。其实,培训服务供给侧与教师发生直接关联的是教师的专业发展利益,这一关联主要是长线或长效关联,且受益面直接是教师,间接是国民教育事业,供需关系属于"长链关联",要实现市场取酬相对较难。在这一意义上,我国教师培训服务属于公益性产品,必须由国家提供,这一服务的供给侧具有鲜明的公益性。相对而言,一般产品供需关系属于"短链关联",产品供给方是自负盈亏、自主发展的市场主体,企业尤为重视产品供需关系的"市场信号",甚至将其视为一个事关企业生死攸关的信息来捕捉,而在教师培训服务中,这种状况基本上是看不到的。

(二)能动性

相对一般产品供给侧而言,教师培训服务供给侧具有较强的能动性、自主性与可控性。这是因为教师培训服务涉及因素较为简单,即经费、设施、培训者与培训方案等,其中最具能动性的是经费调集与调配环节。教育行政部门与学校可以轻易通过改变培训经费的使用方向与方式来迅速组建培训资源,调整教师培训服务的供给侧,国家甚至可以借助经费配置来大手笔、大范围地改变教师培训的方式、方案与重点。相对而言,一般产品供给侧调整的能动性、机动性较差,这是因为企业要想改变产品结构、转换行业,需要考虑更多制约因素,如成本回收、人事调整、从业经验、风险评估和市场预测等,这就决定了企业要调整供给侧困难重重、周期较长,面临诸多来自市场的实际困难。

(三)本土性

我国教师培训服务范式相对固定,具有较强的本土化、地域性特点,几乎不具备国际流通性与全球输出能力,甚至各层次的教师培训,如省域培训、县域培训、校本培训等也都受特定区域的限制,其跨区域流通性相对较弱。近年来,一批国外教师培训服务,如蒙特梭利教师培训、华德福教师培训等纷纷输入我国,而我国教师培训服务向国外输出的能力较弱。其中原因在于:其一,我国教师培训服务与我国国情、教育传统、民族语言高度统一,着生在我国教育文化生态之中,并形成了别具特色的"中国模式",将其从文化情境母体中剥离出来较为困难;其二,我国教师培训服务应我国基础教育改革要求量身定做,具有一定的特适性与专门性,难以在国外广泛推广。教师培训服务的本土性特点决定了我国教师培训需求难以像留学生教育一样"溢出"国外,教师培训服务难以走出国门参与国际竞争,教师培训服务供给侧改革是在国内进行的一种探索与尝试性改进。

(四)易组合

教师培训服务供给侧具有明显的可组合性,即各种培训服务要素,如人员、资金、方案、课程、设施等之间可以灵活组合,从而创造出多样化的教师培训服务形态。在一定时空范围内,教师培训机构完全可以在充分调研的基础上,立足先进培训理念来聚合优质培训资源、精英培训者、精品培训方案等,迅速打造出为培训对象量身定做、质量过硬的培训服务,及时满足不同层次、不同阶段、不同学科教师专业发展的合理需求。正因如此,在没有资金激活的情况下,大量教师培训服务以"潜在"形态存在,众多教师培训要素散布在整个教育系统之中。相对而言,一般产品生产线的组织与调整相对困难,它不仅要考虑各个生产要素间的组合方式,需要较长的调整周期,还要考虑组合之后各要素间的磨合,考虑能否制造出具有市场竞争力的新产品。这一磨合、出新过程较为复杂,这也正是许多企业长期经营一个产品,不愿意轻易转行的原因所在。在这一意义上,优质教师培训服务的打造与培育相对容易,教师培训服务供给侧结构性改革面临的阻力较少。

（五）见效复杂

教师培训服务具有长效性、后效性与隐效性,其对教师专业发展有没有影响,作用到底有多大,这是一个难以评估的事情。教师在经历一段时间培训后,只要教师在专业情感、专业效能、专业认识和专业实践等中的任何一方面略有改进与变化,或者教师在参与某一培训活动之后"获得感"明显,我们就可以模糊地评定这种教师培训服务是有效的。但教师专业发展与教学成绩的取得能否精准归因于这一培训活动,答案必然是否定的。其实,教师专业成功是环境、机遇、参训与个人努力等多因素交互作用的结果,难以简单地归功于培训。加之,教师培训服务对教师专业发展的效能常常需要一个"发酵"过程才可能显现,有时需要评价者去仔细体验才可能发现,甚至有时需要细微地观察才能够领略到,这就决定了教师培训服务的生效方式具有较大的复杂性、模糊性、滞后性与曲折性,教师任教班级学生的考试成绩及其变化对教师培训服务效能的显示度是有限的,这也正是当代教师培训服务产品"市值"似乎不高的根源所在。不同于其他产品,其效益可以直接用企业的"利润"来显示,这一"刚性效果"是可见可查、极具说服力的。可见,教师培训服务供给侧调整的复杂性就在于:改革者难以及时从培训服务供给调整中获得直接、直观、精准的反馈信息,这一调整的科学性、有效性更多依赖于改革者专业的直觉、常识。

二、供需关系中的教师培训服务供给侧

从系统论角度来看,教师培训服务与培训市场之间形成了一个供需自调系统,

教师对培训服务的需求与教师教育机构提供的培训服务之间形成了一组交互作用关系,如何保持二者间的动态平衡是教师培训活动赖以生存的生命线。在这一组供需关系中,最具原生性、涌现性、模糊性与爆发性的是"培训需要",教师培训活动对"教师"这一参训主体的关注、尊重、理解就体现在它能否及时捕捉培训需要信息并主动予以满足上。

(一)教师培训需求的自发性与循环再生性

在教师培训服务供求系统中,"培训需要""培训需求"不同于"培训者的想要"。前者是教师专业发展中自然产生的客观要求、合理要求、内在要求与现实要求,是在教师专业最近发展区内发生且符合教师专业成长规律的适宜性专业发展要求,后者则属于教师在自身工作情境中随机产生并亲口表达出来的一些偶然要求、具体要求、感性要求;教师的部分"培训想要"与教师"培训需要"之间是一致的关系,而有些"培训想要"可能与教师的"培训需要"毫无关联,甚至彼此相悖。正如有学者所言,"我所需要的东西不依靠思想或我的想法,而是依靠世界本身是什么的方式"。① 因此,引导教师理性区分自己教师专业发展中的"培训需要"与"培训想要",并在专家的辅助、诱导下帮助教师分析、澄清自己对培训活动的合理需要、真正需要、专业需要和客观需要,使培训在教师"真需求、真实际、真参与、真自主"的基础上帮助教师学会在工作中去"真思考""真研究"和"真实践",这才是构筑有效教师培训服务的科学思路。②

值得关注的是,教师培训需要具有两个重要特点:自发性与循环再生性。所谓自发性,是指在培训服务供求关系中,培训需要始终处于自主性、内发性、决定性的地位,它要求教师培训服务供给与之相适应,否则,这种培训服务可能会被教师搁置或漠视,难以产生预期效能与市场需求;所谓循环再生性,就是指教师培训需求一旦被供给方满足,这种需求不会销声匿迹,而是会激发出更为高级的培训需要,进而对培训服务供给提出更高的要求,以此来不断拉动教师专业发展水平递次攀升,促使其实现专业上的一次又一次超越。正是由于这两个特点的存在,教师培训需求在培训服务供求关系中始终处于发起方,它是教师专业发展能量的生发源与动力源。

(二)教师培训服务供给的相对被动性

教师培训服务供需关系中的另一侧是培训服务供给,培训服务供给也有其复杂性。如前所言,由于教师培训需要的上述特殊性,在供需关系中教师培训服务供

---

① 王立."需要"的规范性[J].哲学动态,2010(10):79-84.
② 汪文华.大数据时代的教师培训变革[J].教师教育论坛,2015(4):32-33.

给具有多样性、层次性、反应性与被动性等特征,否则,它就难以与培训服务之间形成真正意义上的供求关系。

其一,在良性供需循环系统中,教师培训服务的多样性、层次性是与教师培训需求的多样性、层次性相一致的,如何打造出与教师培训需求"大致相符且适当调高"的培训服务是供给侧调整的核心使命。当然,"大致相符"不等于"完全相符",因为"完全相符"只会导致教师培训供给简单机械地迁就、顺应教师的培训需求,而难以实现教师培训"在顺应中拔高"的目的。因此,如何在教师专业最近发展区内创造出适度高于教师专业发展需求的多样化、多层次教师培训服务,让培训服务供给侧超越被动地位,获得更大的自主权,是教师培训服务供给侧改革的焦点。

其二,在培训服务供需关系中供给侧的被动性是相对的,如果供给侧能够有效响应并引领教师培训需要,它极有可能在教师身上创造出新的专业发展需要,进而在整个培训服务供需系统中占据主动地位。任何优质、高端、合身与有创意的教师培训服务都具有无限的"物欲"与"魅力",它能以培训需要"诱因"的形态激活、激发、激励教师的更高培训需求,带动教师专业持续、快速、健康、高效地发展。所以,教师培训服务供给侧是主动性与被动性的统一,变"被动"为"主动"的关键环节是教师培训服务供给侧能否按照理性、科学、道德的原则来选择教师的培训"想要",聚焦教师的合理培训"需要";能否以创造性的方式生产出更具吸引力、冲击力与高效力的教师培训服务,实现供给侧服务与教师合理专业发展需要间的无缝对接。相反,如若教师培训服务一味迁就、附应教师在工作情境中随机生发的"培训想要",最终会与教师真正培训需求间产生错位、越位、缺位和"失联",这种培训服务只可能永远被置于被动地位。山东烟台市的一项调研显示:"41%的教师最希望由市内外名优教师、学科带头人等一线同行来主讲,其次最希望由一线同行与教研员等专业人员配合讲,占36%;最希望听市内外教科研部门的专家、教研员等专业人员主讲的占23%"。① 由此可以推知,大多数教师的培训需求集中在教学经验分享水平,不大重视将教师培训视为"专家引领下的教学反思活动",这正是制约教师培训服务效能的根源所在,创造高端教师培训服务供给,刺激教师培训需求结构层次上移,是带动我国教师培训走出低谷、转型升级的入手点。

可见,"供给能够创造需求,需求也会倒逼供给",教师培训服务供给的健康发

---

① 管锡基,等.教师培训:整合力量才能更高效:山东省烟台市中小学教师专业培训现状的调查研究[N].中国教育报,2013-06-03.

展离不开供给侧与需求侧间的"协调平衡和良性互动"。[①] 在精准把握教师合理培训需求的基础上,创造性地开发出尽可能与教师培训需求无缝对接的教师培训服务供给,是当前我国教师培训服务供给侧改革的实质内容与艰巨使命。

三、管理培训需要——供给侧拉升教师培训服务质量的途径

培训需要是培训服务的着生点与发力点,培训服务是培训需要的催生剂与实现者。在教师培训供求关系中,教师培训需求既是培训者引导培训走向的直接抓手与市场信号,又是教师培训服务供给侧的直接服务对象,更是教师培训服务供给改进的行动起点。不同于一般商品,消费者需要什么,其对象异常清晰,即要么是一件具体的商品,要么是对某一商品新属性、新功能的期待;而教师培训服务需求则是教师对自身专业短板与发展潜能的觉知觉察,其所期待的教师培训服务正是能够弥补自身专业短板的培训服务,或者是能够让自己的专业潜能得以彰显的培训服务。这就决定了教师培训服务供给侧改革在教师专业发展中肩负着两大使命:其一是补短,即帮助教师补足专业短板,满足一般专业成长需要;其二是培优,即助力教师迈向专业卓越,实现专业成功需要。要实现这两大使命,教师培训服务供给侧改革必须秉承"基于专业需要,提升专业需要,升华专业需要,满足合理需要"的理念,努力提高自身激发、引领、满足教师专业发展需要的能力,借此拉动教师培训服务质量的持续攀升。

(一)测试培训需要

任何教师培训改革都是从激活、释放供给侧的潜能开始的。[②] 毕竟教师培训需求在培训服务供需双方中始终处于买方的地位,教师培训机构唯有从供给侧改革入手才可能找到主动掌控培训需求的行动方略。任何需要的产生都有物质的诱因,在诱因出现之前,一切需求都是潜在的、待激发的。对教师培训服务需求而言,其诱因既可能是一种具体培训服务样式,也可能是对理想教师培训形态的一种想象与展望。其实,多数情况下教师在参训中并不完全清楚自己真正的培训需要,尤其是在新培训样式、新培训概念出现之前,教师的科学培训需要根本无从产生,一般教师心中持存的只是一些模糊的培训想象碎片,它有待于培训专家对之加以集成、加工、物化。正是如此,一旦教师培训服务供给侧创造出了丰富多彩的教师培训服务类型、层次与样态,教师在与之接触时就可能产生明确的培训需要指向,此

---

① 车海刚."供给侧结构性改革"的逻辑[J].中国发展观察,2015(11):1.
② 车海刚."供给侧结构性改革"的逻辑[J].中国发展观察,2015(11):1.

时,教师的真正培训需要才可能产生、成形,并变得日益清晰、准确。在这一意义上,多样化的教师培训服务就好似测试教师真正培训需要的试剂或量表,它能够引导教师去澄清、发现自己真实的专业发展需要。

(二)创造培训需要

表面上看,教师培训需要是原生或自生的,好似"无源之水""无本之木",其实,任何教师培训需求的生成都是有原形的,其原形建构的基础正是教师经历过的某一具体教师培训形态。进言之,直接催生教师培训需求的培训活动原形是教师在观念中对既有培训形态加以修饰完善、优点拼接之后形成的"培训服务完型"。在这一意义上,当代教师培训服务的品质决定了教师对理想培训服务的想象空间或最近发展区。其实,在教师培训服务供给侧改革中,睿智的培训者能参照教师专业发展的规律与新理念,基于教师培训期待,有机地融入自己的创意、想法与智慧,进而创造出一种比教师想象还要科学、有效、独特的教师培训服务形态,以此激活教师参训的新要求、新动机。在教师培训服务供给侧改革中,满足教师培训期待并非教师服务打造与创新的终点,而是创造更合理、更科学的教师培训服务形态的起点。任何不对教师培训需要进行鉴别、分析、改进与提升的教师培训服务供给都是短视性行为,任何不能调动更高层次培训需要的教师培训服务供给都可能是低俗的。教师培训服务供给侧改革的理念起点是,基于教师需要,优化教师需要,刺激更高级需要。正因如此,我们可以说,教师培训服务供给侧改革的实质是"不断地创造出自己新的需要,而且创造出需要新的满足方式"①。

(三)引领培训需要

如上所言,仅仅关注"满足教师培训需要"的培训服务是粗陋的,甚至可能成为迁就教师专业无能、专业无知、专业无理性的短视行为。当代教师培训服务供给侧改革的最终目的是"引领教师培训需要",借助培训需要的引控从根上升华教师培训需求,为打造更高级的教师培训服务提供强大推力。在我国教师培训史上大致出现了三代教师培训形态:第一代教师培训是指从新中国成立初期到20世纪90年代期间的培训阶段,其面临的根本问题是解决教师学科知识欠缺的硬伤问题,属于教师培训服务供给主导的时代;第二代教师培训特指世纪之交"国培"盛行时代,即从1999年教育部颁布《中小学教师继续教育规定》开始,一直到2010年教育部、财政部联合颁布《关于实施中小学教师"国家级培训计划"的通知》之间这一培训发展阶段,其面临的根本问题是解决好教师专业发展不足问题,订单式培训成为

---

① 赵士发.论合理需要的基本规定[J].马克思主义哲学研究,2003(1):111–117.

这一时期教师培训发展的最高水平代表;第三代教师培训是指刚刚启幕的教师培训服务供给侧改革的时代,其面临的根本问题是解决好高端教师培训服务的供给问题,实现供给侧创新对教师培训需要的引领。在新时代,教师培训服务质量提升的直接入手点不再是供给侧的量增问题,而是供给侧与高级教师培训需要的对接问题。在这种情况下,教师培训服务的研发就不能简单地呼应、附应教师的原始培训需要,而是要通过结构化高端培训服务的创造来催生教师的专业成功、自我超越需要,及时矫正、点化他们的不合理需要,升华他们的积极专业需要,让培训需要引领成为教师培训服务质量飙升的重要抓手。例如,在当前,翻转课堂作为一种新型课堂形态在全球获得了瞩目,教师培训要通过对这一教学形态的引介来催生教师的参训需要,使之能够与国际化教学改革形势保持同步。

(四)拦截培训需要

当然,教师培训服务供给侧的基本职能是满足教师培训需要,只不过这种“满足”不再是“有求必应”式的,而是在满足之前首先要对这些需要进行鉴别、校正、优选与提升。当然,一般教师培训需要大都处在教师培训专家与机构的可掌控范围之列,但对于优秀教师而言,其培训需要可能会高于一般教师,尤其是在没有高端培训服务满足其培训要求时,教师培训需要随时都可能发生“外溢”现象,要么,教师会试图从本区域外,甚至国外获得其所期待的教师培训服务;要么,他们会考虑从网络空间获取此类培训服务。本区域教师培训机构及培训专家提供的培训服务随之不再成为其培训活动热衷的对象。一旦出现教师培训“外溢”的迹象或现象,教师培训服务供给侧必须及时组建针对性培训服务,“拦截”培训需求“外溢”,尽可能使其培训需求在本区域培训机构内得到充分满足。这就是“培训需求拦截”现象。换个角度来看,与培训需求压抑一样,培训需求外溢也是一种培训服务供给侧运转不良的信号,它为教师培训服务改革提供了又一风向标,成为培训需求倒逼供给侧改进的强大推力之一。

(五)物化合理培训需要

培训需要是教师专业发展的信号,创造教师培训服务供给,满足教师合理的发展需要,是教师培训系统的根本功能。当然,教师培训需要有“明示的需要”与“暗示的需要”之分,有成长的需要与成功的需要之分,有眼前需要与长远需要之分,有体验到的需要与潜意识中的需要之分,教师培训服务供给的任务是从教师培训需要混合体中区分出教师发展中的真正需要、内在需要、深层需要,将之上升为教师发展的“合理需要”,并借助优质培训服务要素、资源的凝练和组合来打造出物化形态的教师培训服务,以此实现对教师合理培训需要的精准满足与持续引领。所谓合理培训需要,就是促使教师成为教师,促使教师不断优秀、迈向卓越的专业发展需要,就是合乎教师成长规律、教师自身实际与道德理性原则的发展需要,如何将这些需要物化为一种有形、有效、具体的教师培训服务形态,仍需要教师培训机构与专家认真地去钻研、揣摩。真正有效的教师培训服务绝不可能是培训要素的简单拼合过程,它需要培训机构精确对准教师培训需求特点,并借助系列化、层次化、阶段化的教师培训服务持续供给与反复调适才可能最终满足教师的专业成长需要。一旦这一供需适配过程完成,一种为教师量身定做、富有效能的教师培训服务就可能显现,教师培训服务的暂时供需平衡态才能宣告初步形成。

【资料5-2】

完善资源供给结构,让资源更充分①

我国教师队伍规模庞大,结构复杂,差异性大,培训需求更新快。要解决教师培训资源供给的问题,需要建设教师数字化学习平台,实现对优质资源的汇聚与共享。同时,要完善资源供给结构,在资源的主题、类型、建设主体等多维度综合考虑、合理配置,保障基础性资源在结构分布上的合理性和充分性,让各级各类教师都能获得充分的资源供给。

从资源类型维度看,既需要提供教师培训类资源,也需要提供教学类资源,为教师培训、专业成长与教学实践的相互融合、贯通提供一体化的资源支持。从资源主题维度看,既要提供学科类资源,也要均衡考虑时政类、通识类资源供给,如思政师德、心理健康、劳动教育、安全教育、学校管理、师生评价、作业命题、家校社沟通等。从资源建设主体维度看,既要有专家团队主导研发的结构化、预设性资源,也要吸纳一线教师在参训过程中形成的有价值的生成性资源。

四、我国教师培训服务供给侧改革的基本思路

教师培训服务供求关系的实质是一种市场化的资源配置方式,如何将稀缺的公共培训资源,如资金、人才、设施等配置到最优秀的教师培训服务供给方,让那些为社会提供最优质教师培训服务的机构从中获益,催生出更优质的教师培训服务,这才是建立教师培训服务供求关系的核心意图。相对而言,培训需求具有原发性、涌现性与模糊性,而培训服务具有反应性、自觉性与意识性。故此,在教师培训服务供需循环系统中,教师培训服务供给侧改革只能在尝试性、创造性地应对教师培

---

① 任友群,冯晓英,何春.数字时代基础教育教师培训供给侧改革初探[J].中国远程教育,2022(8):1-8,78.

训需求中逐渐实现教师培训服务供需关系的高位均衡。因此,我国教师培训服务供给侧改革的基本思路是:培育市场、市场选择、鼓励创新、研发高新培训服务、加速培训专业化进程等。

(一)弱化行政干预,培育教师培训服务市场

对教师培训服务而言,供给侧改革首先是一种教师培训服务供求机制的改革,其次才是具体的教师培训服务内容与方式的更新,因此,没有培训服务市场这一"基础设施",教师培训服务就无法获得有效的需求信号,教师培训需求的满足更无从谈起。在早期计划经济时代,我国教师培训服务严格按照专家"想当然"的设想来打造,教师没有对自身"专业发展需求"的意识,没有表达自身发展需求的机会,导致教师培训需求被压抑到教师的潜意识、无意识之中。可以说,在这一时代,教师的培训需求只会随着教师培训行政指令波动——国家要求学什么,教师就被迫产生学习指定内容的需求。一旦教师培训服务市场形成,广大教师将成为培训服务市场的客户,教师培训供给方被迫向教师客户征询培训需求,教师专业发展要求就可能获得自由表达的机会与条件。可以想象,在这种形势下,教师培训需求就可能被无限激发,甚至可能形成对教师培训服务供给方改革的倒逼之势。所以,培育健康的教师培训服务市场,打通自下而上的教师培训需求表达线路,转变教师培训服务的形成方式,是当代我国深化教师培训供给侧改革的客观要求。

(二)抑制教师低端培训服务需求,迫使劣质教师培训服务退市

健康的教师培训服务市场一旦形成,它就可能形成对低端教师培训服务的"挤压"之势,自然会将劣质教师培训服务清理出教师培训服务市场。从道理上看,似乎要做到这一点很简单,但实际上,在当前形势下,我国教师培训服务市场发育缓慢,陈旧教师培训的传统根基难以一下子被拔掉,新式教师培训难以在短期内获得广大中小学教师的认同,教师培训领域中的顽固势力还将存在一段时期……在这种情况下,教育行政部门必须主动出击,通过行政干预、资源供给、培训管理者等方式来逐步削减劣质教师培训服务供给,引导中小学教师理性地表达自己的专业发展需求,选择教师培训服务,从根源上切断劣质教师培训服务的生发点。在必要情况下,教育行政部门应该建立教师培训服务入市前的审核机制,及时组织专家开展培训服务方案的专业审查,守住教师培训服务市场的"门槛",保证教师培训服务供给侧的基本品质要求,不给低劣教师培训服务以可乘之机。当然,这些举措都只是临时性的,一旦教师培训服务市场基本成熟,培训市场对劣质教师培训服务的过滤、免疫功能增强,这一审核机制将会形同虚设,无须继续存在了。

（三）鼓励教师培训服务创新，催生教师多样化教师培训需求产生

显然，当代教师培训服务供给侧改革的前提是，继续扩大教师合理培训需求，充分利用广大教师培训需求的膨胀以及对品质期待来倒逼教师培训供给侧改革。从这一意义上看，激发教师培训需求是确保整个改革劲头十足的关键支点，是确保教师培训服务供给侧改革持续推进的枢纽环节。其实，教师培训需要是多样化的，这些需要有"自然的需要"与"自觉的需要"之分，前者始于教师工作环境的激发，后者始于教师工作改进、专业成功、迈向卓越的要求，而后一需要的满足则主要依靠教师培训服务的持续创新与深化改革来实现。如前所言，培训服务供给刺激培训需求、调控培训需求，这一切都源于教师培训服务供给正是教师培训需求的诱因或刺激物，任何自觉的教师培训需求都是培训服务供给与教师专业发展要求间有效匹配的结果。有学者指出："就供给结构而言，应该是双线作战：'消解旧供给'与'创造新供给'。"①因此，只有鼓励教师培训机构大胆创新、勇于创造，它们才能为社会提供丰富多彩的教师培训服务，激起教师多种多样的培训需求，促使教师培训需求的良性循环——"培训服务引发培训需求，培训需求满足后激起教师更高级培训需求"的形成。借助这一思路，教师培训服务才可能获得源源不断、持续再生的培训需求支撑，教师培训服务供给侧改革由此获得强大的动能保障。

（四）开发高端教师培训服务，激励教师高级培训需要形成

教师培训服务供给侧改革的焦点在于国家能否为教师开发出高端教师培训服务，形成对整个国家教师培训服务系统的拉升之势。在教师培训领域，高端教师培训服务并非"培养高端教师的培训服务"，而是培训形式、内容、方案与教师"发展性需要"高度契合的培训服务，其显著特点包括：个性化，即满足教师、学校的工作特点与成长需要；高效能，即能够帮助教师在其专业发展区内获得最大程度的进步与成功；高创造力，即在先进培训理念指导下，对培训形式、手段、内容等进行科学整合基础上创造出一种独特的教师培训服务形态，其中蕴含着非同一般的创意与魅力，能够达到"激活教师的深层培训需求，激起教师的强烈参训欲望"的特殊效果。高端教师培训服务是稀缺性的教师培训服务产品，它既是市场竞争的结果，更是教师培训专家在已有培训服务基础上认真揣摩、反复试验、不断升级的结果。在当前，国家在培育健康的教师培训服务市场与竞争环境的同时，应该加大对优质教师培训服务的关注度、支持度，积极推行"重视研发、专业指导、鼓励创新、专项扶持"的政策，促使这些教师培训服务通过"精益求精、平等竞争"的方式脱颖而出，

---

① 毕于榜.供给侧改革应与需求改革相结合[J].环渤海经济瞭望,2016(3):38-39.

使之为我国教师培训服务起到示范作用。无疑,没有高端教师培训服务,教师身上很难生发出高端教师培训需要,毕竟教师对理想教师培训服务的想象力是有限的。教师培训服务机构应该充分释放专业想象力、创造力,潜心钻研教师培训深层需求,开展专家智慧碰撞,在大胆开展教师培训服务改革实验基础上积极构建高端教师培训服务,让培训机构生产出的教师培训服务产品更具引领性、示范性与专业性的品质。

(五)推进教师培训服务专业化,提高培训服务对教师专业素养提升的贡献力

教师培训服务供给侧改革的实质是促使教师培训服务供给结构的调整,最大化地满足教师专业发展的有效需要,这就需要教师培训机构去研究教师培训需要、创新教师培训服务供给、扩大优质教师培训服务总量,使教师培训活动成为一项名副其实的事业,一门精益求精的专业,而非教育事业的附属品、寄生物。在这一意义上,教师培训服务必须走专业化的发展道路,必须走上一条自主研发、独立生长、自我发展的道路。所谓专业,就是一种具有专门性、独特性的行业,是需要独特的理论体系、实践系统、人才队伍、研究梯队来支持的特殊行业,教师培训服务的专业性就体现在教师培训理念、方法、队伍的专业性上,就体现在它为广大教师提供的培训服务品质与对整个教师培训系统的服务能力上。教师培训服务构建的枢纽环节是优质教育理论与教育实践在参训教师身心中的融通与互生,这是因为对教师而言,优质教师培训服务既非纯粹高深教育教学理论的堆砌与杂陈,也非纯粹名师教学经验的宣讲与复制,而是在引导教师在习得新理念、借鉴新经验中深入反省自己的教育哲学、教育图式,实现"先进理论—优秀经验—教师自我"间的交融与共生,同步实现教师的教育眼光更新、实践智慧创生与专业自我重构这三重转变,让教师真正在分享教师培训服务中实现专业品质的全面进步。因而,教师培训服务的专业化与培训环境中教师工作方式的专业化之间具有同构性与同步性,衡量教师培训服务专业化水准的标尺就是其对教师专业素养提升的能力与效果,就是其对教师专业发展的贡献力!

【拓展阅读】

1. 余新.教师培训师专业修炼[M].北京:教育科学出版社,2012.

2. 姚洁.教师培训:从"任务型"向"服务型"嬗变[J].教育研究与评论,2012(1):49-51.

3. 陶李刚."扶放有度"在教师培训中的实例应用:以区域名师培养工程为例[J].中小学教师培训,2022(11):22-26.

4. 彭昊,唐智松. 我国教师培训研究热点、前沿方向与未来展望[J]. 教师教育学报,2022(6):155 – 164.

5. 邸磊,高山艳."三级协同"教师职后培训制度化运行的路径与成效[J]. 中小学教师培训,2022(10):1 – 6.

6. 蔡金法,陈婷,孙琪琪."问题提出"主题式培训促进小学数学教师专业发展:专访美国特拉华大学蔡金法教授[J]. 教师教育学报,2022(5):1 – 8.

7. 刘筱,王少愚. 高质量教师培训:复合生态与共生共赢式体系构建[J]. 宁波大学学报(教育科学版),2022(5):31 – 39.

【学后作业】

1. 谈一谈:梳理中国特色教师培训体系形成的主要脉络。

2. 想一想:我国为何要推进教师培训服务供给侧改革?

3. 问一问身边同事:我的参训理念与心态与国家要求一致吗?

【实践练习】

对我国教师培训服务供给侧改革建言献策,争取得到相关部门、领导的采纳或认同。

第六章　国外教师培训

【导学提示】

通过本章学习,达到以下学习目标:

1.领会国外教师培训的丰富内涵;

2.了解国外教师培训的现状与改革;

3.掌握国外教师培训的丰富路径;

4.借鉴、学习国外科学的培训理念与路径,改进自己的参训方式与质量。

如果说一个国家的社会发展力来自其教育的变革力,那么,我们完全可以肯定地认为,这种变革力的源头活力无疑是教师及其平凡的课堂生活。教师,就是一个民族发展蓝图的塑造者,教师质量是关涉一个民族发展前景的关键变量,教师培训是世界各国支持教育发展的重要环节。鸟瞰当代世界教育改革的盛况,我们不难看出,关注教师、发展教师、投资培训、优化培训日益成为世界教育改革的一个亮点。2011 年,美国奥巴马政府在其《教师教育改革与改进计划》(*The Obama Administration's Plan for Teacher Education Reform and Improvement*)中向全美国人宣示:"从学生进入学校的那一刻起,决定他们成功的最重要因素不是肤色或父母收入,而是站在教室正前方的那个人……美国的未来取决于教师。"[①]。不仅如此,美国教师专业社区也对该问题认识深刻,决定美国中学教育走向的重要专业组织——NCTE 曾在其报告中明确强调:"教师是所有教育项目中最重要的因素之

---

① UNITED STATES DEPARTMENT OF EDUCATION. Our future, our teachers: The Obama Administration's plan for teacher education reform and improvement[R]. (2011 - 09 - 01) [2022 - 04 - 20]. http://www.2ed.gov/inits/ed/index/html.

一,只有教师才能够对各个教育阶段上的教育过程实施负起责任。"①不仅如此,整个世界教育改革者都已认同这一观念,并将其作为新时期教育改革的理念之基。在拉美,教师被视为"链接人们对教育体制的社会期待与具体教育结果的关键链环"。② 在欧洲,教师质量与学生成绩间是一种"重要而又积极"的关联,它被视为"用以解释学生表现、教师培训与学生成绩间关联的最重要校内因素"。③ 每每在学校教育质量、学生成绩表现受到责难的历史时刻,整个社会、教育专家都会不约而同地在教师质量上寻求归因,都寄希望借助教师培训来攻克这一棘手问题。如果说教师职前教育是新手教师的专业启蒙、能力催生阶段,那么,在职培训则是教师专业发展的枢纽阶段,是卓越教师造就的决定性阶段,是教师教育改革的发力点与聚焦点。一切最高端、最深刻、最有力的教师教育理念与实践都将在该阶段得到全面系统的检验,每一种教师教育的能力与效能必然在该阶段得到综合评估。当代教师教育改革实践证明:职前教师充其量只能培养一个"熟练的新手"或"半成品型教师",而不可能造就一名真正具有"教育智慧""教育才艺"的"适应性专家"。正是基于此,我们认为,国家教师教育事业的核心链环在职后培训而非其他,在职培训是镶嵌在教师教育大厦巅峰上的最璀璨的一颗"明珠"。

第一节　国外教师培训的内涵

作为一个历史悠久的实践领域,"教师培训"所指涉的实践领域似乎早已边界清晰,相对而言,我们最缺乏的是对这些领域的解读与认知,缺乏的是在具体时代境遇中对"教师培训"的逼真理解。每一个概念都是"指涉对象"与"功能蕴含"的合成体,其中,前者是相对恒定的,而后者是跟随时代不断变化的。当"教师培训"一旦被用诸全新的培训目的、培训内容、培训形式,教师培训活动本身便具有了全新的功能组合形态,"教师培训"的既定概念最终会突破原有的"定义"框架,最终将会被重新定义。最初,"教师培训"是指针对教师开展的相关专业知识与技能培训活动;而在当前,随着"教师教育"概念的提出,教师培训功能的多样化,教师蕴

---

① Concept of teacher education[DE/OL]. (2012 – 09 – 01)[2022 – 04 – 20]. http://www. mu. ac. in/myweb_test/ma%20edu/Teacher%20 Education%20 – %20IV.

② JUAN CARLOS NAVARRO, AIMEE VERDISCO. Teacher Training in Latin America:Innovations and Trends[R]. (2000 – 08 – 01)[2022 – 04 – 20]. http://www. iadb. org/sds/edu.

③ ANGRIST J D, LAVY V. Does teacher training affect pupil learning? Evidence from matched comparisons in Jerusalem public schools[J]. Journal of labor economics,2001(2):343 – 369.

训的"概念"正在与时俱变,对之进行细化斟酌显得尤为迫切。

(一)"教师培训"不是"教师教育"

在国外学者眼中,"教师培训"不同于"教师教育",对二者加以对照有助于我们明晰"教师培训"的当代内涵,在教师培养中,"培训"是指学习实用的课堂技能,即"掌握具体教育情境中实现具体目标而需要的具体技能",而"教育"是指对有关教育教学模式的抽象知识学习,它"聚焦在一些更抽象,更开放的概念,如写诗等",教师教育的目的主要是培养教师掌握通用、反思性实践者所需要的理念与大量专业知识;具体技能的培训有助于增进教师对其背后概念的理解,而抽象教育知识的获得有助于教师去实现具体教育教学目标;二者经常携手出现,以专业学习活动为内涵交际,他们间的区别主要集中在"意图"上:"教育"的意图在于增进心智;而"培训"的意图在于增进表现。[①]从这一意义上看,实用性、具体性、实战性是教师培训活动的基本内涵,教师培训是与一线教育教学实践联系最为紧密的教师专业发展活动,相对而言,教师教育只是教师参与培训活动的知识奠基与理念启蒙环节而已。

国外学者穆尔(Moore)、彼得斯(Peters)、阿西夫(Asif)等人的看法与此大同小异。他们认为,"培训"一词的使用语境是与具体技能或能力习得相关的情境,受训者的学习内容常常是具体而又有针对性的,训练是其必需构成要素,其效果是通过完成某一项工作体现出来的;而"教育"一词常被用于较为广泛、抽象、一般的学习领域,且与知识、理解与认知、精神、价值观等心理领域密切相关,其效能往往体现在人的一切相关实践领域的普遍提高上。在某些情境下,我们只能用"培训"而不能用"教育",二者间的分界线较为明显,如培训军人使用防毒面具。将之应用到教师发展上,"培训"教师与"教育"教师具有截然不同的内涵,"培训"教师意味着将高级思维与认知技能置于教师学习内容之外,它主要涉及的是机械学习过去的教学方法与技能,整个过程中没有理解、创新与变革;而"教育"教师意味着发展教师的理智与认知能力,帮助教师扩展教育视野,参与广泛的专业学习领域,以便让受教者去应对不确定、难预期的未来课内外情境。[②] 总之,教师培训更多涉及的是教学的方法、技能,不太涉及理论性的知识背景,其最大优势是教师的行为领域

① EMILY PATE. Between teacher education & teacher training[EB/OL]. (2003 - 11 - 01)[2022 - 04 - 20]. http://www. ehow. com/about_6646562_ difference - between - teaching - training. html.

② FAROOQ ASIF. Philosophizing the concepts "teacher training"[J]. International journal of academic research and reflection,2013(1):15 - 21.

发展明显，而教师教育更多与教育理论和教育实践同时关联，因为没有教育实践的配合，教育理论难以被真正习得，其最大优势是教师的认知领域发展迅速。基于此，学者 Schofield 将"教师培训"归并于"教师教育"之中。①

可见，"教师培训"与"教师教育"间是部分与整体的关系。教师教育是始于职前培训、持续教师专业生活全程、包括后续在职培训的持续过程。在整个专业发展全程中，教师都必须以"学习者"的身份出现，否则，其专业发展随时都可能中断，将逐渐被教师行业所淘汰。尤其是当代，教师培训面临着助推教改、发展学校、变革社会等多项社会使命，教师培训活动成为关联教师、学校与社会的枢纽链环。在这一语境中，教师培训活动已成为教师教育系统最为关键的一个子系统。

（二）"教师培训"不是"员工发展"

在国外，"教师培训"具有广泛谱系，人们常常将它和教师的"在职发展""专业发展""课程改革与实施""组织更新""职员教育"和"继续教师教育"等关联起来。② 尤其在实践中，人们甚至将"教师培训"与"员工发展""教师专业发展"混为一谈，因此区分二者间的内涵与功能显得尤为必要。其实，"员工发展"经常是指向员工传播某些信息、理念、知识等方面的短期教师工作坊或培训课程。③ 在这些活动中教职员工常常是被动的，而"教师专业发展"常常是指教师终身持续展开的教师培养活动，它常常围绕综合性、更加主动的教师学习活动展开，并以教师小组与学校群体的形式开展。④ 相对而言，促进"课程改革与实施"，加速学校"组织更新"只是教师培训的延伸功能，难以构成教师培训的核心内涵。在教育实践中，教师培训一般是指"针对所有学校员工展开的教师专业发展活动"⑤，其中受训对象既有正式教师又有非正式教师，既有管理者又有普通教师，有时是偶然临时举行的

① SCHOFIELD H. The Philosophy of education：An introduction［M］. London：George Allen &Unwin Ltd，1972：34.

② ROGER NEIL. Current models and approaches to in－service teacher education［J］. British Journal of In－Service Education，2006，9（12）：58－67.

③ A LIEBERMAN，L MILLER（Eds. ）. Teachers caught in the action：Professional development that matters［M］. New York：Teachers College Press，2001：45－58.

④ VILLEGAS－REIMERS，ELEONORA. Teacher professional development：An international review of the literature［M］. Paris：IIEP－UNESCO，2003.

⑤ United States Agency for International Development（USAID）. First principles：Designing effective education programs for in－service teacher professional development compendium［R/OL］. （2012－06－01）［2022－04－25］. http：//www. equip123. net/docs/ E1－FP_In－Svc_TPD_Compendium.

工作坊讨论,有时是连续举行、系统规划的教师专业学习活动。其中,在职进行、针对实践、专业发展、面向全员是当代教师培训活动的四个核心概念。由此可见,在职教师培训是一项系统工程,它具有最高的概括力与兼容力,优质教师的形成不仅需要教师专业发展培训,更需要对学校管理者与相关后勤工作者的全员培训才可能实现,因为所有教职工的整体发展是培训主体——专业教师有效发展的环境与条件。总结为一句话,教师培训的实质是促使教师持续专业发展,教师培训的目的是全体员工素养提升,教师培训的附带功能是促进课程改革实施与学校组织更新。

(三)教师培训是自觉、参与持续的实践活动

拉美国家正受到来自国际社会的大幅度教育援助,一系列全新的教师培训理念纷纷输入,教师培训"概念"正处在变革时期。在拉美,教师培训被视为"教育机构实施的一项教师主动参与、集体商议的持续性教育实践活动",教师在培训活动中的角色、地位、参与方式发生了迅速的变化。这些在职培训活动中,中小学教师一般要完成三项发展任务,即提高学术成就与教育活动效果;促进教师实现完整意义上的自我发展与持续的专业更新;强化教师对社会及其工作社区的"敬业精神"等。[1] 从这一概念可以看出,当代教师培训不再是单纯的专业知识、专业经验分享活动,其根本内涵是让教师对自身专业发展活动抱有更高的发展愿景与职业使命,努力在培训活动中实现专业自我,包括专业认知、自我意象、发展动机、专业信念、专业理想、专业前景、专业使命等的全面提升与持续变革。

(四)教师培训是持续教师专业发展的过程

在通常意义上,国外学者将"教师培训"理解为教师的"持续专业发展"过程,即教师入职后参与各种"促进教师知识发生变化,促使教师技能更有效应对实践问题的活动"[2]。从类型上看,教师持续专业发展有四种:有效教师发展模式、反思型教师发展模式、探究型教师发展模式与变革型教师发展模式。当下世界教师持续专业发展的主要模式是有效教师发展模式,它强调技术性的一面;反思型教师发展模式在英国较为流行,强调的是教师间持续性与合作性专业学习活动;探究型教师发展模式强调的是教师工作中的明显研究取向;变革型教师发展模式要求将教学

① VALLE VICTOR M. Technical guideline for in – service teacher training(For Latin American and Caribbean Countries)[R]. Organization of American States, Washington, D. C. 1982.

② The International Alliance of Leading Institutes. Transforming teacher education redefined professionals for 21st century schools[R]. (2008 – 06 – 01)[2022 – 04 – 25]. http://www. highered. nysed. gov/NCATECR.

视为一项变革活动,以此激发教师专业的辩论性活力。① 从时间上划分,它包括入职培训阶段与在职培训阶段。

入职培训阶段一般指教师参加工作后刚开始 1—3 年中参与的教师培训活动。这一阶段是教师离职的高危期,教师培训活动支持是帮助新手教师度过这一危险期,提高教师留职率的有力手段。美国一项教师入职培训项目研究表明:全国教师在入职后前六年的留职率为 56%,而参加了该项目的教师留职率高达 88%。② 进言之,32% 的教师留职是教师入职培训的功劳。在该阶段,国外举行的教师培训活动通常是个性化的导师培训、课堂观察、反思与课例研究、行动研究、引导教师参与合作性组织文化等③。在美国,为了确保教师顺利入职,各学区一般为新手教师提供系统化的入职支撑性项目。据统计,美国公立学校中有 56% 的教师在入职前三年中参加了正式的入职支撑性项目,一般都有辅导教师或有经验教师的手把手指导。④

在职培训阶段是指教师职业心向稳定之后持续整个教师职业生涯的教师培训活动。国外研究表明,职前准备教育根本不可能满足教师终身专业发展的需要,而且在入职前,许多高级、实际的教师专业发展需要根本不可能产生。由此,教师在职培训就显得异常重要,它构成了卓越教师成长的核心环节。在该阶段,教师的专业知识、经验、能力已经有了一定程度的积累,其专业发展目标是超越当下专业发展水平达到更高水平的"专业自由"境界,故教师职后专业持续发展常常是"自我导向"的,培训专家必须给予他们一定的专业自主权才能实现,对许多高素养教师而言,自我教育、自我发展、自我设计比外来培训更重要。同时,本阶段教师培训活动也应该强调问题导向,即引导教师捕捉自己教学中的关键问题,并借助教师团队的力量来研究这些问题,使教师在教学实施、班级管理、职业情意等方面得到实际发展。应该说,是否强调自主性、问题性是上述两种培训的分界线。

研究表明,专业发展需求与课程领导(或教学领导)是决定教师在职培训效能的两大关键指标,就前者而言,发现骨干教师的专业发展需要,据此设计出个性化、

---

① IAN MENTER. Literature review on teacher education in the 21st century[R].[2022 - 04 - 25]. Scottish Government Social Research.

② MOIR,ELLEN,BARLIN. et al. New teacher mentoring:Hopes and promise for improving teacher effectiveness[M]. Cambridge:Harvard Education,2009.

③ HOWE E R. Exemplary teacher induction:an international review[J]. Educational Philosophy and Theory,2013,38(3):287 - 297.

④ ERIC HIRSCH, JULIA E, MICHAEL S KNAPP. Revisiting what states are doing to improve the quality of teaching:An update on patterns and trends[M]. Washington: University of Washington, 2001.

甚至是量身定制式的教师培训与辅导项目,是引领教师专业发展的关键策略。①就后者而言,有效课程领导、学校领导对教师专业发展至关重要,他们可以有针对性地帮助教师克服缺陷,及时发现他们教学中的创新点,通过"小组建设、选择教师头目、合作探究与反思活动、专业辅导"②等四个策略来支撑教师的专业发展活动。国外研究表明,有效的长期教师培训活动影响教师专业发展的主要方面依次是:教学设计(51%)、教学风格(43%)与教学评价(40%)。③ 显然,在职教师培训是教师培训活动的主体与骨干,它构成了学者探究的焦点,优化教师培训活动的思路与组织对于国家基础教育品质提升而言意义重大。

第二节 国外教师培训的具体样态

教师培训具有明显意图,即促进教师专业发展,但在不同的国家、文化、社会背景下,这种意图的表现形式是多样化、境遇化的。有学者指出:"儿童教育的质量不仅取决于教师是否具有从事其工作必需的知识与技能,还取决于他们能否对为让所有孩子达到最佳学习水平这一任务而负责,而行动。"④这种"行动"自然也包括参与教师培训活动。总体而言,为创造最优的学生学习水平而努力是教师培训活动的终极目标,各国教师教育者对这一目标的具体理解与定位是千差万别的。

一、教师培训目的概览

当前,世界各国教师培训目的的侧重点大同小异,对之加以概览有助于我们对该问题予以全面把握。资料显示,国外教师培训目的主要集中在以下六个方面:

---

① MOORMAN H,NUSCHE D. School leadership development strategies:building capacity in Victoria,Australia. A case study report for the OECD activity Improving School Leadership[R]. Paris:OECD,2007.

② ELEANOR DRAGO – SEVERSON Helping teachers learn:principals as professional development leaders[J]. Teachers College Record,2007,109(1):70 – 125.

③ BOYLE B,LAMPRIANOU I,BOYLE T. A longitudinal study of teacher change:What makes professional development effective? Report of the second year of study[J]. School Effectiveness and School Improvement,2005(1):1 – 27.

④ Concept of teacher education[DE/OL]. (2012 – 09 – 10)[2022 – 04 – 25]. http://www. mu. ac. in/myweb_test/ma%20edu/Teacher%20Education%20 – %20IV.

（一）发展教师的专业能力

一般认为，所有教师教育活动，包括职前教师培养与职后教师培训活动，其目的一般是一致的，即发展"三维教师能力"，即西方学者所言的教师在所有教育教学实践，如教学设计、教学方法选择、教学内容把握、教学活动组织、社区家长联络、教学评价实施等活动中所必需的专业知识、专业技能与专业责任意识。例如，美国举办的"河畔教师培训项目"，其确定的教师培训目标是：促进教师个人与专业发展，提高教师的教学有效性；培养教师专业方面的能力、技能、知识，确保学生实现学业成功与健康发展。① 其中，发展教师的专业责任与情感是国外教师能力的重要内容，是确保教师专业持续发展的关键条件，这是因为教师专业的开展不仅需要专业理解与认知，更需要对教师行业的执着坚守、持续的责任与无限的热诚，需要教师在行业实践中持续增长的非智力性因素。从某种意义上看，教师专业发展的高度不仅取决于其是否具有胜任教师的天资与头脑，更取决于他对教师职业的良知与热情。在教师的在职培训中，教师教育者（包括教师辅导者，如 mentor 与 coach）应该培养教师对"职业化意识与教师职业承诺"②，发展他们"成就有责任公民的能力"③，唤醒他们"强烈的伦理意识""有志于从教的使命感"与"关怀学生的意识"④等。

【资料 6 – 1】

英国小学教师专业能力举例⑤

1. 胜任所有小学课程教学；

2. 对小学生发展负责；

3. 组织课堂与学习资源，创建学生勇于展示的积极学习环境；

4. 以学生喜欢的方式设计、准备、呈现教学内容，促进学生的全部能力在课堂

---

① RIVERSIDE LEARNING CENTRE. Teacher training programme：An overview［EB/OL］.（2015 – 05 – 06）［2022 – 04 – 30］. rlc. schoolriverside. com_ images_file_Teacher Training Overview.

② USAID. First principles：designing effective education programs for in – service teacher professional development［R/OL］.（2012 – 06 – 01）［2022 – 04 – 30］. http://www. equip123. net/docs/E1 – FP – In – SVC – TPD – Compendium.

③ AGGARWAL J C. Development and planning of modern education［M］. Vikas Publishing：New Delhi，1993.

④ HELEN CRAIG. Teacher development making an impact［R/OL］.（1998 – 11 – 30）［2022 – 04 – 30］. http://people. umass. edu/educ870/teacher_education/ Documents/Craig – book.

⑤ Prospect primary school teacher［EB/OL］.（2014 – 08 – 01）［2022 – 04 – 30］. http://www. prospects. ac. uk/primary_school_teacher_job_description. htm.

中实现；

5. 针对学生进步情况给家长和其他教师提供反馈；

6. 为某一门课程协调教学活动与资源，在专业领域中支持同伴工作；

7. 与其他教师合作，共同计划、合作完成工作；

8. 组织参与学校课外活动；

9. 善于联络同事一起合作；

10. 善于和家长、学校管理者或学校董事会一起工作；

11. 最大化地参与学校以学校资源筹集活动；

12. 在必要情况下能与其他专业人员，如心理咨询师等合作。

（二）发展教师的元认知教学策略

元认知是人的一种高级认知思维能力，元认知知识与能力的获得有助于教师教学设计、实施、评价能力的整体提升。国外学者认为，教师培训的关键是教给教师一定的教学策略，但具体教学策略具有多样性、可变性与难以穷尽性，故教师培训应关注的不是那些具体的、一般的教学策略，而是在各项教学活动中对教师工作具有普遍迁移与促进效能的特殊策略——元认知策略。教师培训的目的是发展教师的元认知，即教师的元认知知识、元认知技能、元认知体验与元认知监控等。为了达到这些目的，美国学者要求教师培训者向教师教授以下具体的元认知策略，如意元集组块策略、建构框架策略、概念图策略、隐喻使用策略、高级组织者策略、预演策略、图像策略和助记术策略等。[①] 教师一旦习得了这些策略，其教学设计、教学反思、教学创造力等方面就获得迅速发展。

（三）发展教师的"适应性专长"

对所有在职教师而言，最重要的不是他们在培训中获得了诸如教学过程、教学实践、教学分析、教学改进等方面的知识，而是看其如何利用这些知识，在实践应用中生成一种"适应性专长"。借助这一专长形成过程，教师能够把对教育教学活动的一般理解转变为教育教学的实践智慧，让知识、理念、技能、理解在实践中获得整合与综合。正如有学者所言，教师培训其实就是"通过一系列的教师学习手段——集体会议、工作坊讨论、观察、讨论与浸入课堂，使参与者形成教学观，获得新技能，

---

① PERSICHITTE. Instructional strategies for metacognitive development：An in－service design ［EB/OL］.（1993－07－01）［2022－05－03］. www. ERIC. com.

把习得技能付诸实践,最终成为一名反思型实践者"①。所谓适应性专长,是指教师"将知识灵活应用到课堂情境的一种能力"②,教师在职培训的终极目标理应是形成这种"专长"而非简单地习得专业知识、技能,也就是说,专业知识、技能的习得是职前教师教育的主要任务。无疑,教师要形成这种"适应性专长",就必须参与反思性实践与行动研究,参与教师学习共同体或其他教师实践社群,开展专业交流与实践研讨。只有在专业实践活动中,教师的这种专长才可能表露出来,最终成为被教师同行认可的专家型教师。

(四)发展教师的自我分析与发展能力

这是当代国外教师培训中最为关注的培训目的之一。在职培训生效的两大前提是确立教师自我发展的地位与给教师提供自我发展的机会,自我发展始终是教师职后教育生活持续更新的立足点。正如有学者所言,教师培训的目的是要落实教师在教育实践中的两大角色:其一是让教师成为教学情境中学生学习活动的"激励性激励者、支撑性支撑者与仁慈的促进者",使他们善于发现学生的才能、潜能,使之得到最充分的发挥;其二是成为学生社群的积极成员,促进学校课程的更新,使课程始终与学生变化中的个性化需要保持相关性。显然,落实这两个目的的根本依托是教师自己,培训者与辅导教师不可能越俎代庖,故教师培训必须关注教师的自我发展意识与能力培养。

在国外,教师的自我发展能力主要包括以下三类:其一是自我分析与筹划能力,即发展教师的自我关怀能力,以促使他不断自我调整,以适应形形色色的物理环境与社会背景;为教师提供自我学习、自我反思、反思吸收新观念的能力,发展教师"自我导向"的学习与思考能力,以及自我批判的能力等;发展教师掌握分析、自我评价、自我调整以及创新与革命的能力。③ 其二是教学研究能力,主要包括发展教师观察、推理与概括能力④,发展教师的课堂观察、文档整理、教学分析、反思性

---

① Riverside learning centre. Teacher training programme:An overview[EB/OL]. (2015 – 05 – 06)[2022 – 05 – 03]. rlc. schoolriverside. com_ images_file_Teacher Training Overview.

② USAID. First principles:Designing effective education programs for in – service teacher professional development Compendium[R/OL]. (2012 – 06 – 01)[2022 – 05 – 03]. http://www. e-quip123. net/docs/ E1 – FP_In – Svc_TPD_Compendium.

③ Concept of teacher education[DE/OL]. (2012 – 09 – 01)(2022 – 05 – 03]. http://www. mu. ac. in/myweb_test/ma%20edu/Teacher%20 Education%20 – %20IV.

④ AGGARWAL J C. Development and planning of modern education[M]. Vikas Publishing:New Delhi,1993.

探究等技能。其三是课程本土化能力,即针对国家、地区的政策与标准来创造本土化课程,培养教学实践区域化、本土化的能力。在印度、拉美、非洲等国家,发展教师的自我发展能力同样已成为教师培训活动的核心目的。

【资料6-2】

印度教师培训的目的①

1. 发展教师的自我关怀能力,以使教师能够调整自我,适应形形色色的物理环境与社会背景;

2. 发展教师在孩子面前像个孩子,在成人面前像个成人的能力;

3. 发展教师成就一名负责任公民的能力;

4. 发展教师掌握学校中教给他的学科内容的能力;

5. 发展教师的技能、专长与经验;

6. 发展教师去行动,去观察,去推理,去概括的能力;

7. 发展集中精力与注意力来利用所有人脉与资源去最大化地提高业绩的能力。

(五)拓展教师专业素养

从某种意义上看,教师在职培训的目的是拓展教师的专业视野、教育知识、教学技能与职业品性,不断延伸职前教师教育的效力,增强教师应对现实教育问题的能力。如果说职前教师教育是教师专业发展的启蒙阶段,那么,在职教师培训则是教师专业发展的提升阶段,用"拓展"来表述教师培训活动的目的再恰当不过了。Feinman-Nemser指出,在教师培训阶段教师专业发展的目的有五个:一是深化扩展教师的学科内容知识;二是拓展更新教师的知识技能库存,使其能与学生的需求与兴趣有效联系起来;三是强化教师教学研究的秉性与技能,提高教师的自我发展能力;四是拓展教师的领导责任,使其能以课程领导的身份广泛参与学校生活与专业生活;五是培育教师的个人自我。② 可以说,这五个目的的概括让我们看到了教师培训的核心任务与目标,看到了教师培训活动"始于职前、高于职前"的本性所在,看到了教师在职培训与职前教育间的连续性与差异性所在。

---

① AGGARWAL J C. Development and planning of modern education[M]. Vikas Publishing, New Delhi, 1993:260-261.

② FEINMAN-NEMSER SHARON. From preparation to practice:Designing a continuum to strengthen and sustain teaching[J]. Teachers College Record, 2001(6):1013-1055.

在职前培养基础上拓展教师专业素养几乎是世界各国在职教师培训的核心目的。OECD 组织在 2010 年教育发展报告中指出,教师培训的目的是更新、发展、扩展教师在职前教育阶段获得的专业知识,获得更新的专业技能与专业理解。这是因为教师在一生中都需要接受教师教育,持续培训是教师补充职前教师教育不足,获得提高学生成绩等更多技能的重要工具,改进教师在职培训就必须把学校作为教师学习最重要的地方。①

再如国际非政府组织——职业研究与发展中心在其 2003 年的报告指出,教师职后专业发展的核心任务是延续并深化教师的职前专业发展,这些"延伸"主要包括以下内容:深化教师所教学科知识;细化课堂技能;与个人在教育中的优势发展领域保持同步;创生并为专业领域贡献新知识;增进督导学生的能力,为学生提供有效反馈与方向性指导等。② 这些目的的提出体现了教师在职培训作为"教师持续专业发展"的"持续性"特点,更能突出职后教师培训的独特性。

(六)培养有效教师

培养有效教师是国外教师培训目的的重要整合点,有效教师所需要的各种能力、素养都属于教师在职培训的目的之列。当前,世界各国对有效教师的需求异常迫切,教师培训质量提升任重而道远。以美国为例,在 OECD 国家中,美国教师质量排名在 15 名开外③,加之招生增加、小班化改革推进、大批教师退休,美国对有效教师的需求剧增。正是在这种情况下,美国尤为重视有效教师的培养与供给。美国管理体制改革经验表明,对高效学校体制而言,最重要的是做好三件事,即让适当的人成为教师;把教师培养成为有效的教育者;确保学校系统向每位儿童传递尽可能最好的教育。④ 其中,有效教师培养成为美国教育改革与发展的关键环节。

---

① PAULINE MUSSET. Initial teacher education and continuing training policies in a comparative perspective—current practices in OECD countries and a literature review on potential effects[R]. (2010 - 10 - 01)[2022 - 05 - 03]. www. oecd. org/edu/calidadeducativa.

② RICHARD W. Riley. Before it's too late:A report to the nation from the national commission on mathematics and science teaching for the 21st century[R/OL]. (2000 - 09 - 27)[2022 - 05 - 03]. http://www. madscience. org/files/web/pdf/Beforeits toolate.

③ FULLAN M. Large - scale reform comes of age[J]. Journal of Educational Change,2001(10):101 - 113.

④ LINDA DARLING - HAMMOND, PUTH CHUNG WEI, ALETHEA ANDREE. How high - achieving countries develop great teachers[EB/OL]. (2010 - 08 - 01)[2022 - 05 - 03]. http:// edpolicy. stanford. edu.

　　所谓"有效教师",即优质教师,特指那些"智力较高,熟悉学科内容,在课堂管理、学术能力方面表现优秀,具有较高学历,对学生态度积极"的教师。[①] 有效教师往往具有多样化的教学风格、人格特质与素养结构,而且人们认为其"有效"的原因也是多样化的。例如,有些教师被视为"有效",主要是因为他教学业绩优异、热爱教学,而有些教师则可能是因为他坚持学习,善于解决问题或对社会贡献大,善于处置社会关系。[②] 相对而言,在不同的地域,有效教师还是有大致"共识"可言的。在美国,一位成熟的有效教师大致具备以下特征:了解学科内容;用适当的教学法来讲授教学内容;利用并掌握合适的教学语言;营造并维系有效的学习环境;发现学生及其集体的需要与兴趣并给予回应;反思其教学及学生的反应,并根据教学环境进行必要改变;有强烈的伦理感;致力于教学;关怀他们的学生;等等。[③] 一名普通教师要具备上述素养,显然需要持续的教师培训与自我发展来支撑。在欧洲,学者对有效教师的理解更具有系统性与全面性,有效教师的造就不仅需要培训与辅助,更需要学校、社会、国家的支持。进言之,有效教师是有效的教学、有效的学校培训与有效的国家教育体制合力作用的结果,其中教师培训占据着举足轻重的地位(图6-1)。

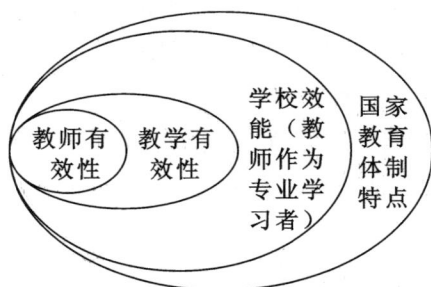

图6-1　有效教师形成的"洋葱"结构[④]

　　① LACZKO - KERR I,BERLINER D. The effectiveness of "Teach for America" and other under-certified teachers[J]. Education Policy Analysis Archives,2002(10):37.

　　② HUBERMAN,MICHAEL,MATTHEW B. MILES. Innovation up close:How school improvement works[M]. East Sussex:The Falmer Press,1984.

　　③ HELEN CRAIG. Teacher development making an impact[R]. (2021 - 05 - 07)[2022 - 05 - 03]. http://people. umass. edu/educ870/teacher_education/ Documents/Craig - book.

　　④ FRANCESCA CAENA. Educational effectiveness research and teacher professional development:An overview[R]. (2011 - 06 - 01)[2022 - 05 - 03]. http://ec. europa. eu/education/policy/strategic - framework/doc/teacher - development_en.

图 6-1 表明,有效教师是宏观视角与微观视角的复合,其中教师个人的有效性特征居于最核心位置,而课堂教学的有效性与教师所在学校的学习培训环境位于中层,国家的教育政策与体制位于外层。在这一体系中,有效教师形成是多主体、多方位协同的结果,而教师学习与培训是造就有效教师的核心环节。

二、教师培训的类型

从培训目的角度看,教师培训可以分为不同的类型。根据教师培训意图来选择不同类型的培训,有针对性地开展教师培训,是优化教师培训服务的现实要求。美国学者 Kennedy 据此划分出了九类教师培训形态①,它们分别是:

(1)普通培训。主要培训内容是教学技能和少数实用性教学内容,常常借助专家的讲座与讲授来实现,其主要目的在于改进教师的课堂教学表现;

(2)学位课程。常常是大学教师培训服务的核心内容,其目的在于丰富教师的专业知识,但其缺陷是探讨一些与学术前沿无关紧要的教育学知识,容易与教师的教学实践相脱离;

(3)补偿性培训。重在针对个别教师的缺陷设计出量身定制的培训指导服务,其目的在于照顾教师间的专业发展水平差异,但不利于增进教师的专业自信,无法面对全体教师展开,无法支持校内全体教师的专业发展;

(4)喷流式培训。这是一种节约资源的培训方式,其做法是定期由培训专家或辅导教师对全校教师进行集中培训,其培训意图在于短期内提高教师的整体专业素养,但它往往忽略了教师基于课堂实践与探讨的原创性学习,减少了教师间合作学习、分享交流的机会;

(5)基于标准的培训。即依据学区与教育行政部门制定的教师专业发展标准组织教师培训活动,其培训目的在于达标,这种培训一般具有较强的系统性与规划性,相对而言灵活性较差,难以满足教师个性化学习的要求,培训内容较为狭窄、有限;

(6)教练(辅导)。即通过辅导教师与受训教师间建立师徒式关系,对全校或个别教师进行深入实际的指导,其目的在于将培训嵌入受训教师的教育生活中去,构建细致入微、能深入教师工作细节的培训服务,其优点是教练与受训教师间便于展开自由研讨,提高培训的深度,但缺点是教练或导师需要较强的沟通能力,是一

---

① KENNEDY A. Models of continuing professional development: a framework for analysis [J].
Journal of Inservice Education 2005(2):235-250.

个教学上的"全能手",这不是一般培训者所能达到的;

（7）实践社区。这是一种借助建立教师学习共同体、教师学习社区等来开展教师培训的方式,其目的是让全体教师在参与集体专业学习中都有所提高,其优点是全体社区成员的潜在知识经验基础可能为整个社群所共享,其缺点是容易限制个别教师参与培训的主动性与创造力,他们容易在讨论中随波逐流;

（8）行动研究。即授课教师对课堂问题进行研究,自己寻找解决方案的培训形式,其目的是提高教师的自我发展能力与问题解决能力,其优点是与课堂教学紧密相关,便于教师对各种可能做法进行尝试比照,学校层面展开的行动研究还能够培养教师间的协作能力,使教师整体得到更好的专业发展;

（9）变革性培训。这是一种将前述培训模式融合在一起的培训类型,受训教师一般要有强烈的自我更新意识,整个培训有严格的日程,其目的是促使教师在培训中改变自己的专业认识与行动,引发推动学校教育教学的整体改进。

上述九种培训类型的分类具有一定的代表性,它让我们清楚地看到了教师培训目的的差异性与多样化。培训目的决定培训类型,培训类型决定了培训内容与方式的选择。在教师培训活动设计中,培训者确立培训类型意识,有助于其深入理解教师培训的意图,实现培训活动与培训意图间的有效对接。

三、教师培训的主体与机构

在国外,教师培训活动的组织主要是由教师培训的主体——教师培训者与教师培训机构来完成的。从培训组织者角度来看,教师培训的主体有三类:国家行政部门、学校管理者与教师培训者,相对而言,教师培训者的主要构成是教练,或导师,或辅导教师,后者最为普遍,他们和学校中的教学领导是决定教师培训质量的两个关键人物;从培训机构来看,可谓形形色色、不一而同,教师（培训）中心是教师培训的主要机构,其具体形态多种多样,满足了教师培训多样化的发展需要。在此,我们将对教师培训的主体与机构分别做介绍。

（一）培训者

在国内,教师培训活动的培训者主要是教育研究专家与一线优秀教学名师,前者主要负责对中小学教师进行集中培训,其主要形式是专题报告,而后者的主要责任是对新手教师及校内其他教师进行业务培训。近年来,一线教学名师参与教师集中培训的现象越来越普遍,教育教学研究专家的培训机会大有减少势头。总体来看,国内教师培训者很少深入一线对个别教师进行深入、跟踪性的辅导与培训,对培训"后效"关注较少。在国外,受训教师的主要培训者是教练或辅导教师,他们常常具有一线教学经验,具有一定的教育理论修养,接受过专门的训练,经常深入一线对教师进行"一对多""一对一"的专业指导,一定程度上克服了我国培训者"沉不到"教师群体与教学底层中去的缺陷。

1. 国外辅导教师的职能

在培训中,国外辅导教师在教师培训中肩负着以下培训职责:帮助教师更新中小学课程与学科中的内容知识;指导教师学会使用《教学指南》《教师手册》或其他教学用书;发展教师的反思性实践技能与问题解决能力;促进教师间的合作,促使他们的教学信念与教学实践发生积极的变化;等等。① 这些职责的共同特点是对教师的学科素养、专业技能、自我发展、协作发展等方面的素养提升全面负责,在教师专业发展中起辅助者、促进者、咨询者与引导者等功能角色。国外学者指出,当代世界教师培训正发生着一场由"能力为本培训"向"问题为本的教师教育"的范式转变,教师培训的主要任务变成了发展教师的信心、责任与能力,变成了"建立并维护教师关系、信息交流、探究思想、讨论疑难、分享经验,与教师共创未来"②。在这一形势下,辅导教师的角色正发生着历史性的转变,即由教育教学活动的"评价者""监督者"向"辅导者""促进者"的转变,辅导教师的工作重心放在了为教师创建一种"反思性、合作性、关怀性、分享质疑的环境"上。③ 由此,辅导教师的设立对教师发展而言异常重要,其主要职责正是帮助教师发现问题、探究问题、解决问题,使辅导教师成为教师专业发展的得力助手。

2. 辅导教师的角色

在培训活动中,随着教师专业发展水平的变化,辅导教师在教师专业发展中的角色需要不断转换。从教师专业发展中的关注点变换的角度来看,教师专业发展大致经历四个阶段:关注自己是否胜任的初入职教师阶段,关注自己教学活动是否规范的教学发展阶段,关注学生学习效果的教学效能提升阶段与关注自己教学创新性的独立教学阶段。在四个阶段中,辅导教师都有存在的必要,只是其角色与功

---

① MEMON M, LALWANI F, MEHER R. Mentoring as an alternative approach to in – service teacher education in Balochistan:Some successes and challenges. In I. Farah & B. Jaworski (Eds.), Partnerships in educational development[M]. Oxford:Symposium Books. 2006:103 – 117.

② PRING R. Standards and quality in education[J]. British journal of educational studies,2010 (1):4 –22.

③ ANDERSON E,SHANNON A. Towards a conceptualization of mentoring[J]. Journal of teacher education,1988(39):38 –42.

能发生了相应变化(表6-1)。对初入职的新手教师而言,辅导教师的角色是示范者,对教师进行手把手的指导,进行课堂示范,帮助教师学会从事教学设计、教学组织、教学评价,形成对"好课"的认知,努力上出符合学校要求的一节课等是辅导教师的主要职责;在教学发展阶段,辅导教师的主要角色是教练,即对教师教学行为进行观察、评议、指点及建议,帮助教师不断改进教学,克服教学缺陷,迅速提高教学的水平与质量;在教学效能提升阶段,教师发展的主要关注点是学生学习,辅导教师的角色是教师的"批判性益友",其职责是对教师的教学活动进行"挑刺",与教师共商教学改进、效能提升的良策,帮助教师形成学生学习效果提升的教学对策;在独立教学阶段,教师发展的关注点是教学创新与变革,关注的是独立教学风格的形成,辅导教师的角色变成了共同探究者,与教师共同探究、共同学习、共同发展是辅导教师的新职责。可见,辅导教师在教师专业发展中扮演的一般是三种角色,即反思型教练、共同研究者与阶段性指导者的混合体,帮助教师学会学习、学会发展、学会反思、学会研究是辅导教师的主要使命。

表6-1　各专业发展阶段中辅导教师的角色变化①

教师专业发展阶段	辅导教师的角色
新手教师	示范
指导教学	教练
关注学习	批判性益友
独立教学	合作探究者

　　在加拿大,辅导教师在教师培训中承担着三重角色,即服务者、帮助者与支持者。作为教师发展的服务提供者,辅导教师要对教师的专业定向进行辅导,尽早稳固教师的专业信心;作为教师发展的帮助者,他应该发挥促进教师间合作、进行专业辅导与教师角色示范等作用;作为教师发展的支持者,他应该做好受训教师的密友、咨询者与鼓励者(图6-2)②。

　　① I. FARAH, B. JAWORSKI (Eds.). Partnerships in educational development [M]. Oxford: Symposium Books,2006.

　　② THE ALBERTA TEACHERS' ASSOCIATION. Mentoring beginning teacher program handbook [EB/OL]. (2021-05-07)[2022-05-03]. http://www.teachers.ab.ca/SiteCollectionDocuments/ATA/Publications/Professional-Development/Mentoring_Beginning_Teachers.

图6-2　加拿大辅导教师的三重角色

3. 辅导教师的日常工作内容

在国外,辅导教师进入学校之后,其日常辅导工作内容大致包括以下项目:与教师分享研讨一日教学活动计划,帮助教师改进教学活动设计或工作安排;与教师分享、反思教育教学活动中形成的新经验;寻找教师群体中存在的问题,以之作为议题来举行教研会议;与教师一起探讨解决这些问题的方法与途径;为实施新的学习方案制订行动计划;评价、分析教师工作中形成的有关提高学生学习成效的新经验;与教师研讨他们在学习、专业、管理、后勤等方面遇到的其他问题等。[①] 借助这些工作内容,辅导教师把对教师个体及群体的专业指导深深嵌入到教师的日常工作中去,实现了与参训教师共享优质教学经验、先进教改理念,解决教师面临的教学问题等专业培训功能。

4. 辅导教师的管理体制

在国外,许多国家的辅导教师在国家教育体制中自成一体,为教师教育教学问题的解决提供了一种常规性的工作机制。以巴基斯坦为例,该国建立了三级辅导教师体制,基层辅导教师在实践中解决不了的问题可以逐级提交,由上一层级的辅导教师解决,确保不同层面的问题在不同管理层面得到有效的解决。这三级辅导教师体制的组成包括:

校级辅导教师团队。这是最基层的辅导教师组织,一般由在该校承担培训任务的辅导教师组成,其主要工作机制是每月召开为期两天的工作研讨活动,及时解决全校教师辅导活动中存在的难题或共同问题。辅导教师小组的组长负责及时收集每一位辅导教师发现的教育教学问题,并通过组长研讨会的形式来解决这些

① MEMON M, LALWANI F, MEHER R. Mentoring as an alternative approach to in-service teacher education in Balochistan:Some successes and challenges In I. Farah & B. Jaworski (Eds.), Partnerships in educational development[M]. Oxford:Symposium Books,2006:103-117.

问题。

学区辅导教师组织。该组织一般由学区教育长官负责,其主要工作机制是每月召开一天的专题工作会议,参加人员主要包括学区内所有辅导教师,以及教师学习资源工作小组成员,主要研究学区内各所学校提交上来的教育教学工作问题。

教师学习资源工作小组。该组织为省级辅导教师组织,一般由中小学教育长官负责,其主要职能是协调、监督、管理辅导培训教师项目,及时解决各学区辅导培训活动中不能解决的现实问题。

显然,在这三级教师培训体系中,整个辅导教师系统肩负着教育教学问题的消化解决与下情上传等功能,辅导教师机构在教师与行政管理机构之间扮演着媒介者、协调者角色,由此构成了问题探究型教师培训范式的重要工作链环。

5. 辅导教师的素质要求

辅导教师的素质状况是其胜任该职位职责,充分发挥指导职能的基本保证。澳大利亚学者认为,一名合格的辅导教师应该具备"4A"素质结构,即意识(awareness)、自主(autonomy)、可靠(authenticity)和有效(achievement)。[①] 其中,辅导教师的"意识"主要包括对教学实践训练重要性的意识,对自身工作复杂性的意识,对教师反思在教师专业决定中的重要性的意识,对多样化教学方法与策略的了解,对师生之间、导师与受训教师之间关系动力学的认识,对教学与培训中的情感性因素的意识等;辅导教师的"自主"品质包括自主地选择培训的方法、策略与手段,努力提高教师培训的效能,有较强的责任意识等;辅导教师的"可靠"品质包括善于激发教师的教学动机,全面介入学习过程,具备有效的人际沟通能力,尊重教师间个体选择的差异,等;辅导教师的"有效"品质涉及自己的辅导工作与教学成绩是满意的,有能力批判性地反思课堂教学及其结果,善于反思受训教师单项工作的教学效果与受训教师辅导经验改进的整体结果,善于反思自己的工作状况,有能力分析教师的培训活动并提出改进建议,有能力为教师专业发展寻求创造更多机会,等。总之,辅导教师的核心素质体现在价值观念、辅导艺术与工作能力三个方面,要成为一名合格的辅导教师,必须具备丰富的工作经历并且接受专业的训练才可能达到上述素质要求。

① MARIA BORTOLUZZI. Teacher mentor in secondary school: Linking innovation in teaching, pre-service and in – service teacher training in Italy[EB/OL]. (2021 – 05 – 07)[2022 – 05 – 10]. http://www. fisica. uniud. it/URDF/girepseminar2003/abs/bortoluzzi. htm.

(二) 教学领导

教学领导是学校领导、区域教育管理者的辅助角色,他们是中小学教师的另一特殊培训者。在过去,国外中小学的学校领导,如校长与其他教学管理者通常是纯粹教育行政人员,长期游离在教师培训活动之外,行政领导与教学领导两重角色相互分裂,容易滋生"外行管内行"的弊病,成为学者与教师诟病的对象。近年来,国外培训专家认为学校领导、管理人员与地区教育管理当局官员等人员缺乏培训,教育素养低下,是制约教师培训效能的瓶颈。在此形势下,把学校领导与相关教学管理者纳入教师培训对象之列,使之同时具备胜任教学领导的素质,促使学校领导及区域教育管理者同时肩负双重职责——行政领导与教学领导,是优化学校管理工作的现实要求。其实,在当代国外教师培训实践中,教学领导既是培训的主体,也是培训的对象,他们是培训效能的重要决定者。

首先,学校领导是教师的培训者。在日常教育工作中,校长对教师进行培训的方式至少有两种:一种是学校管理的教师培训活动,即校长在日常管理事务中展现自己的教育思想与教学理解,尤其是在决定教师培训活动安排,评价教师教学业绩等活动中潜移默化地影响教师的教育素养形成,这是一种无声的教师培训;另一种是日常教学研讨活动中的培训,即校长与教师一同工作,阐发自己教育观念,贡献自己教育智慧,与教师共同解决专业问题,这是一种嵌入日常教育工作中的教师培训活动。无疑,在校长、学校管理者行使权力的地方都会无形中传播其教育思想,影响教师的教育认识与教学行为。

其次,学校领导通过参训才能成长为教学领导。由于在学校中所处的地位特殊,一旦学校领导获得了较好的培训,成为名副其实的教学领导,在实践工作中他们又可能成为一般教师的培训者。例如,学者 Barrow 等人指出,通过学校管理者与教师的并肩培训,就能够使他们"充分发挥教学领导职责,在实施课改或改进学校、片区、学区工作中为教师提供有力的教育指导与支持"①。

最后,学校领导及行政管理者参与教师培训还有其他积极意义。一方面,一旦学校领导通过培训成为学校、学区中的教学领导,那么,教师专业发展很有可能被体制化,使之成为学校中的一项日常工作,成为学校发展的基本途径,学校管理就可能走出官僚体制的影响,不断迈向科学管理、专家领导的方向。这对学校发展而言意义重大。另一方面,一旦学区教育管理者在参训中获得了教学领

① BARROW K,BOYLE H,GINSBURG M, et al. Cross − national synthesis on education quality report No. 3:Professional development and implementing activelearning, student − centered pedagogies [M]. Washington DC:EQUIP1/American Institutes for Research,2007.

导的素养、视野与能力,他们可能调整自己的行政立场,站在教师、学校的角度为学校与教育改革着想,为学校与教师发展提供服务,彻底改变不良的管理思维。正如有学者所言,"如果学区管理者不参与在职教师专业发展活动,他们可能会认为教师的新知识、新理念对他们是一种威胁"[1],其结果是产生学校与教学改革的障碍。

(三)培训机构

在国外,教师在职培训机构主要是中小学与形形色色的教师培训中心。这些培训中心有些是公立的,有些是私立的,还有一些培训活动由各种教育专业协会举办的。从经济属性上看,有的是公益性的,此类培训机构的出资者常常是国家各级政府、各种国际组织与一些慈善基金组织;有些是盈利性的,此类培训机构常常以公司的形式运作,其市场化色彩尤为明显。在此,我们以美国的教师培训机构为例加以介绍。

在美国,教师培训服务的提供者主要是学校与学区,培训者主要来自本区教师、学区教师、专业咨询师、本校教师和课程资料出版者,全国教师培训形式千差万别、难以统一。除此之外,美国中小学教师参加的是各种各样的教师中心举行的培训活动。资料显示,全美大约有近600余家以各种名义存在的教师中心,如职工发展中心、教育合作社、培训综合机构、社区实训基地、学习资源中心等。从设置上看,此类培训中心一般可分为七类,其中独立培训中心,一般由当地教师自愿组织创办,其对教师培训需要反应敏感,组织活动高度灵活,但经济来源很不稳定;接近独立的培训中心,一般与大学或公立学校关联,教师可以自愿参加,培训活动非常关注受训教师与项目领导的要求;专业组织举办的教师中心,这类中心常常受专业组织主导,关注点较为狭窄,一般以某一学科或专业领域的培训内容为主;单一运作的教学中心,此类中心较为常见,常常受某一教育机构管理,该机构通过教师培训实现整个机构的发展目标;自由合伙型教学中心,其形式通常是学校与大学自由合作,不受政府规定限制,整个项目的运作服从两个机构的共同目标;自由联合教学中心,其特点是由三个或三个以上机构自愿发起建立起来的培训组织,其目的是借助教师培训共同推广一些教育项目;立法或政策性的培训机构,此类机构的培训活动对教师具有一定的强制性,它以州县为主要举办主体,教师培训项目较为复杂

---

① GINSBURG M. Improving educational quality through active – learning pedagogies:A comparison of five case studies[J]. Educational Research,2010(3):62 – 74.

且经常变化。① 多样化的教师培训机构体现着美国教师培训的市场化特征,有利于促进教师培训项目质量的提高。

四、教师培训的内容

培训内容是所有教师培训活动的主体构成,利用培训内容的优选与组织来影响教师专业发展是教师培训活动彰显效能的基本手段。一线教师需要哪些培训内容自然是无法人为设计的,它与教师的工作情境与发展要求是密切相关的。如何发现教师的工作与发展需要,并据此打造科学的教师培训内容框架,是世界各国都需要解决的一大培训难题。尽管各国教师培训内容五花八门,但在其背后无疑有共性可言,毕竟教师专业发展具有一定的跨国、跨文化特征。在此,我们试图在总览各国教师培训活动内容的基础上分析其共性与科学性所在。

(一)世界各国教师培训的共同内容

关注基础教育与教师培训是联合国教科文组织的重要话题。2006 年,联合国教科文组织在调研基础上指出,世界各国中小学教师培训内容集中在四个领域,即通识教育,旨在提高教师的一般教育背景与社会常识;教学培训,主要包括研讨教师所教学科知识体系、探讨学生学科学习特点、发展教学实践技能、学习新颖教学策略、学习教育技术知识等;专业伦理教育,即强化教师工作的专业性与教师专业伦理意识;变革社会所需的知识技能学习,即教给教师与动态社会变革相关的知识与技能等。② 联合国教科文组织对教师培训内容的阐述具有一定的代表性,能够大致反映世界各国教师培训的核心内容。

美国学者在其教师教育改革报告《教师发展影响深远》(Teacher Development Making an Impact)中对世界各国教师培训内容进行了更进一步的细化与梳理,集中归纳了十二条系列化培训内容,这些内容大致可分为三个方面。③

1. 课程与教学培训

这是各国教师培训的核心内容组成,包括六条内容:教学胜任力培训,如教师所教学科知识、教学经验等;师生互动培训,包括教师应该善于与学生沟通,关注特

---

① ROGER NEIL. Current models and approaches to in – service teacher education[J]. British Journal of InService Education,1986(12):58 – 67.

② UNESCO Institute for Statistics[EB/OL]. [2022 – 05 – 10]. http://www. uis. unesco. org/Pages/default. aspx.

③ HELEN CRAIG. Teacher development making an impact[R]. (1998 – 11 – 30)[2022 – 05 – 10]. http://people. umass. edu/educ870/teacher_education/ Documents/Craig – book.

殊学生,如给受挫折的学生以专门关怀等;课程组织培训,如教会教师按照学习目标、学习策略来选取教学内容,并按照一定的主题与序列加以组织等;聚焦课堂活动培训,即引导教师按照一定逻辑顺序并用清晰的语言来上课,努力提高学生课堂参与度的专业技能培训;多变教学策略培训,即教师针对学生学情差异、学习需要不断变化教学做法方面的培训;教学专业发展支持性培训,即辅导教师利用各种教师专业发展活动确保有效教学的实现。

2. 课堂支持培训

这是各国教师培训的重要内容,是确保教学效能的重要条件,主要包括四条内容:课堂管理培训,即有助于教学目标达成的安全有序的学习环境建设与学习纪律管理培训;课堂监督与评价培训,即不断检查学生进步情况,并给予反馈与激励,促使其学习动机与成绩持续提高的培训;奖励与刺激系统培训,即教师通过各种奖励、寻求家长帮助、告诉学生进步情况及目标评价等手段来增强学生学习毅力的培训等。

3. 专业精神培训

这是各国教师培训的关键内容构成,它是确保教师教学活动富有活力的精神动力条件,包括两条内容:一是积极教学态度培训,主要包括教师对教学的信心、对学生的积极态度以及同事间的合作关系等内容;二是对学生的高期待,即教导教师应该对学生学习成绩持有相对较高的期待,相信学生都能够取得成功。

(二)各国教师培训的具体内容

世界各国教师培训内容是共同性与差异性的有机统一,这些差异体现在各国教师培训的具体内容的区别上。

1. 美国教师培训的内容

进入 21 世纪之前,美国教师培训活动是以各种各样的项目来组织实施的,一般教师培训项目大致包括三个板块的内容,即教与学的哲学、成人学习者的理解以及有效教学。为了改进教师培训效能,许多学者试图借助调查工具来反映受训教师对培训内容的期待,结果表明:一线教师希望增加以下五个具体培训内容,即教学技能训练、教学知识、有关如何学习的知识、教育技术与教学活动的整合、教学经验分享与课堂管理改进等。[①]

据调查发现,美国教师培训内容比重大致如表 6 - 2 所示。

---

① SABATINI,JOHN P,DANIELS,et al. Teacher perspectives on the adult education profession:National survey findings about an emerging profession[EB/OL]. (2000 - 10 - 01)[2022 - 05 - 10]. www. eric. com.

表 6 – 2　美国教师培训内容的构成①

教师培训内容	所占比重
学科内容知识	23%
课堂管理	18%
学生中心教学	15%
教育技术知识与技能	14%
其他	30%

上述培训内容板块构成了美国教师在职培训的基本内容,教师对其认同度依然有待于提高。即便是当前,美国中小学教师对在职培训的内容颇有异议,集中体现在三个方面:培训内容与教师日常教学实践联系不紧密;过于通用化,与中小学课程和教师直接面临的教学问题相脱钩;培训活动较少,校外培训者经常一上完课就了事,很少回过头来进行跟踪指导。②针对这些问题,美国各州、各校教师培训机构不断进行培训内容优化。在此,我们以"美国进步中心"为例来呈现其他选择性教师培训机构向中小学教师提供的教师培训服务内容。

一方面,在教学内容设计理念上,美国进步中心强调以下五个方面:与学校发展目标、各州各学区的质量标准与评价要求相一致;重视核心内容以及学科内容教学策略的范例性培训;融入教师主动学习新教学策略的机会;为教师合作提供机会;把跟踪指导与持续反馈加入教师培训内容。这些教学内容设计理念无疑具有一定的先进性与指导性意义。这种主动适应生活、学校与教师要求的教学内容设计思路代表着当代美国教师培训改革的重要趋势之一。

另一方面,在具体教学内容设计上,该中心开发出了"五板块"培训内容框架。这五个板块分别是:持续性的常规培训活动,主要包括课堂观察、课例研究、教学评价、小组研讨、研讨会议等;工作嵌入学习,主要包括日常教学实践指导、融入工作日的培训、旨在提高学生成绩的指导、与辅导教师一起工作授课、教师小组分析学

---

① LINDA DARLING – HAMMOND, RUTH CHUANG WEI, ALETHEA ANDREE, et al. Professional learning in learning profession:A status report on teacher development in the United States and Abroad[R]. National Staff Development Council and The School Redesign Network at Stanford University as part of their multi – year study,2009.

② LINDA DARLING – HAMMOND, RUTH CHUANG WEI, ALETHEA ANDREE, et al. Professional learning in the learning profession: a status report on teacher development in the United States and abroad[R]. National Staff Development Council and The School Redesign Network at Stanford University as part of their multi – year study,2009.

生成绩并共享教学经验、教学促进者为教研组上示范课、利用教学视频开展远程研讨会议等;教师合作提高,包括校内合作、跨年级合作,帮助教师更新教学策略与方法;辅导,即与辅导教师共同观察教学、进行课例研讨,在这个过程中学习教学专家的新颖教学理念与经验;运用教育技术,即利用"课堂评分系统""课堂""我的教学伴侣"等教学评价软件或教学网站对教师进行远程教学辅导,克服现场指导、即时指导的困难,远程促进教师的专业发展。①

【资料6-3】

美国教师培训活动的过程②

美国教师培训一般采取"工作坊"研讨活动举行。这些活动主要是对自己亲身执教经验的相互交流。在交流中,首先,参训教师会呈现一段引导性材料,来讨论教师作为教学活动促进者的角色。这些材料可能包括一份描述每个学习活动,聚焦几个领域,并且会出示带有文字注释的视频资源。在每十个学习活动中都含有如下一些或全部学习环节或要素:情境导入、目的呈现、资源清单、展示内容、组织讨论、设定时间、人员分组、跟踪随访、主持教师、散发材料、补充材料等。在进行中,培训活动常常按照如下方式进行:得出教学的结论;针对学习畅所欲言;坦率发言;探讨成人学习者的特点;教师自己组织;赞扬或反对;发表"尽管与我无关,但我还是……";"在我授课时我会……";发表至理名言;价值千金的精辟言说……

2. 英国教师培训内容

在英国,中小学教师很容易获得参加各种机构组织的教师培训活动的机会,而且国家、学校鼓励教师参加与履行其工作责任相关的持续教师专业发展活动,不断提高自己的工作能力与专业素养,满足学校发展的现实需要。这些培训活动有些在校内进行,有些在地区教育当局建立的教师培训中心举行,教师按照自己的情况有选择性地参加。无论是哪种机构组织的教师培训活动,它一般包括以下主题内容:课程问题研讨;教学目标设计与评价;针对个别教师的具体要求开展的培训活

---

① JENNY DEMONTE. High - quality professional development for teachers: supporting teacher training to improve student learning[EB/OL]. (2013 - 07 - 15)[2022 - 05 - 10]. www. american-progress. org.

② LEA LUND LARSEN. Review - knowledge about the effect of teacher training[EB/OL]. (2009 - 06 - 01)[2022 - 05 - 10]. http://nck. au. dk/fileadmin/nck/CL/Review_ - _Knowledge_a-bout_the_effects_of_Teacher_Training.

动;专业精神培育;教学创造与改革问题研讨;教育技术培训等。①

3. 欧洲教师培训内容

近年来,欧盟非常重视教师培训活动,经常利用调查并形成报告向各成员国提出教师培训改革建议。2011 年,欧盟发布了年度报告——《面向 2020 年教育与培训报告:专题工作小组"教师专业发展"》(*Education and Training* 2020 *Thematic Working Group* '*Professional Development of Teachers*'),大力倡导以"工作嵌入、小组合作"为特点的教师专业学习活动。在这些活动中,教师培训活动的内容主要包括以下项目:学校文化分析;教学实践同伴观察;小规模课例研究;小组研讨活动;针对新课程、新教材或辅助学校提升计划而开展的学校发展与改进活动;学生课堂行为模式的案例研究;等等。② 这些培训活动小而实用、易于操作、形式活泼,对中小学教师具有一定的吸引力。

纵观上述培训内容,我们可以看出,当代国外教师培训内容的共同特征是:实用化,即强调培训内容与教师实际工作需求之间的对接,努力摒弃教师培训内容遴选中的"假、大、空"现象,紧密联系教师教学实践中面临的问题与关切,积极创建"草根式"教师培训活动;变革性,即教师培训内容尽可能联系教学改革形势,释放教师的教学创意,让教师培训成为教学改革的助燃剂与助推器;现代化,即强调教育技术培训,善于利用远程教学辅导来扩大教师培训的空间,增加教师培训的覆盖面,为教师提供及时的教学咨询与专业辅导;低重心,即日益关注校内、课内的培训内容,关注教师同伴之间的共同研讨,为教师提供最贴心的培训服务内容,相对而言,专家培训、理论讲授等内容在教师培训课程中的地位有日益弱化的趋势。这四个特点较为明显,对我国教师培训活动的设计很有借鉴价值。

五、教师培训的途径

随着教师培训活动的不断更新,那些单单依靠专家讲座形式的培训日渐退出历史舞台,一系列新颖的教师培训途径出现。所谓"培训途径",就是教师培训机构或培训主体启动、组织培训活动、培训内容的具体方式,是其达成培训目标、完成培训任务所采取的各种渠道。法国学者 Shira R. Reicher 研究发现,教师培训的基

---

① Prospect primary school teacher[EB/OL]. (2014 - 08 - 01)[2022 - 05 - 10]. http://www. prospects. ac. uk/primary_school_teacher_job_description. htm.

② FRANCESCA CAENA. Education and training 2020 thematic working group "professional development of teachers"[R]. (2011 - 06 - 01)[2022 - 05 - 10]. http://ec. europa. eu/education/policy/strategic - framework/doc/teacher - development_en.

本途径大致有四个,即利用积极思考机会、组织系列会议、创建挑战性互动与为课堂提供广泛支持。①这些渠道具有一定的抽象性。显然,有效的教师培训离不开科学培训渠道支持,每一种具体培训渠道都有其独特的时空结构与组织架构,都有其独特的优势与功能。在教师培训中,灵活组合与综合选配各种培训渠道,打造最优化的培训服务,是各国变革教师培训活动的一般策略。在此,我们以美国为例来看看国外教师培训所采取的多样化途径。

(一)公立学校培训中的教师培训途径

在美国,在职教师参与培训的渠道是多样化的,教师培训项目是整合这些培训途径的载体,它们常常以社会化的形式向所有中小学教师开放。美国教师培训在不同范围内举行,有的在学科内、学校内、学区内,有的在社区内、全国内,呈现一定的层次性。不同范围与层次的教师培训在途径上会略有差异。美国教师培训的一般途径有以下几种:②

(1)继续教育。其主要内容是让受训教师继续学习大学专业课程与教学理论,继续攻读学位的教师还会得到一定的经济资助或专业奖励。

(2)参与专业组织活动。即中小学教师以会员身份积极参与各级各类教师专业组织举行的会议,倾听他们对教育教学实践工作的建议,了解本学科最新研究成果,共同分享学科教学的专业经验。以物理教师为例,他们可以参加区域性物理学协会、州科学协会、国家科学协会等组织的专业交流活动。

(3)工作坊与相关机构组织的培训活动。即中小学教师参与大学、学院、博物馆、企事业、研究所、专业组织、教师工作坊等组织的研讨交流活动,参训教师不仅可以获得经济补贴,还可以获得继续教育学分,甚至研究生学分。这是美国鼓励教师参与教师培训的重要举措。据 OECD 调查发现:OECD 国家(包括美国)中小学教师培训采取的主要途径是:理念培训会、工作坊研习、校本活动(如学校研究小组活动)与教师个人专业发展活动(包括校外活动)等,其中最为常见的就是一次性

① SHIRA R. REICHER. Urban teacher in - service training: Building teacher resiliency[EB/OL].(2005 - 11 - 08)[2022 - 05 - 10]. http://www. nasponline. org/conventions/handouts2008/posters/PO% 20058% 20Urban% 20Teachier% 20In - Service% 20Training% 20Handout% 20Final. doc.

② AMERICAN ASSOCIATION OF PHYSICS TEACHERS. The role, education, qualifications, and professional development of secondary school physics teachers[EB/OL].(2009 - 01 - 01)[2022 - 05 - 10]. www. aapt. org.

工作坊学习活动。①

（4）暑期研究或工作经验交流。即教师参与大学、学院、博物馆、企事业、国家实验室等机构的研讨活动，参与教师教育项目中的研究经验交流等均被视为教师培训的形式与途径。

（5）辅导活动。在美国，学区或地方教育局经常聘用一批有经验的教师担任中小学教师的指导教师，及时对他们进行专业、理念与实践上的辅导。在实践中，辅导教师一般承担的是促进者、咨询师与教学行为仲裁者等角色，他们通过帮助教师观察课堂、分析课堂、认识课堂、评价课堂，引导教师改进课堂互动与管理，向教师传播教育教学知识与方法策略等途径，直接促进教师专业水平的提高。当前，美国教师辅导活动一般包括以下四类具体内容：一是教学心态方面的辅导，如帮助教师降低教师职业倦怠，减少教师间的隔阂；鼓励教师进步，分享教师的成功；培育一种学习与分享的良好氛围等。二是教学改革方面的培训，如为教师做参谋，一起创造新教学理念；和教师探讨最好的教学法，并将之付诸实施等。三是评价方面的培训，如为教师提供一种非威胁性的评价方法，鼓励教师持续进行自我评价等。四是教育技术方面的辅导，如对教师进行网络技术方面的指导等。借助指导教师的辅导活动，中小学教师可能在工作中获得最为实际、最有效、最急需的帮助，从而有助于其专业上的迅速提高。

（6）论文发表。即培训者指导教师将培训、教学、实践中形成的一些认识与体会写出来，及时在时事新闻、电子小组、网页、期刊上发表出来。在条件允许时，教师还可以出版著作，系统整理自己的教学经验与理念，借此扩大优质经验与先进理念的分享范围。

（二）市场性培训项目中的教师培训途径

在美国，许多市场运作的教师培训组织也会举行一些教师培训项目，其培训途径更加灵活。在此，我们以美国教师培训机构——SHAPE America 提供的教师培训途径为例做以探讨。②

（1）全国或地区性组织举办的年度专业学术会议与展览会。许多有影响力的中小学教师专业组织常常会举办年度性的专业学术会议与教育教学成果博览

---

① MUSSET P. Initial teacher education and continuing training policies in a comparative perspective：current practices in OECD countries and a literature review on potential effects[J]. OECD Education Working Papers，，2010(48)．

② SHAPE America. Professional Development[EB/OL]．(2015－05－01)[2022－05－10]．http：//www.shapeamerica.org．

会,吸引全国范围内相关专家与教师出席。在这些会议上,通过专家学者、教学名师与一线教师间的交流与对话,以及教学改革与研究成果的生动展示,中小学教师可能了解到教学改革的最新动向,教学实践中出现的最好做法与策略,以及教学评价与设计中采用的新工具,等等。这无疑是对中小学教师的一次优质培训。

（2）工作坊研讨。这是中小学教师中经常开展的教师培训活动之一,是国外教师培训的基本途径。在工作坊中,每个参与教师都有其角色,如坊主、主发言人、一般参与人员等,大家围绕共同关心的教育教学改革问题各抒己见、自由发言,在实践问题探讨中分享教学经验与智慧,提高自己的专业素养。

（3）在线学习。美国教师培训机构常常通过各种教师培训网站来对教师进行远程辅导。这些网站上常常上传有大量的课例资源、研究成果,为教师社区提供互动交流空间,教师可以通过浏览网页、与辅导教师远程互动、参与论坛讨论等途径,随时获得培训与指导。

（4）研究与论文发表。鼓励教师参与课题申报与研究,开展校本课题研究,从事形形色色的课例研究、行动研究、课堂观察等研究活动,并发表相关成果论文,教师同样可以从中获得自己急切需要的专业知识、工作经验、问题解决方案。开展结合实际问题的研究是美国教师实现自我发展与提升的重要途径,是教师职后专业发展中最重要的教育举措。

（5）获取继续教育学分。在美国许多州,中小学教师参与相应培训活动之后将会获得一定的继续教育学分,成为教师参加教师培训的证据。一般情况下,教师参与一些学校或州规定的教师培训项目、学术研究会议等后就能获得一定数量的继续教育学分。这是鼓励教师参与教师培训的一种有效途径。

六、教师培训系统的要素构成

教师培训活动是一个多因素、多环节、多侧面参与的复杂系统,它需要社会、学校、教师个人等多方面支持与配合才可能有效运转。分析教师培训系统的要素,找准教学培训质量的控制点,是全面、深入理解教师培训活动的重要视角。在国外,许多学者对教师培训系统展开了探究,并形成了一些值得关注的研究成果。

(一)教师培训系统的"双要素论"

欧盟近年来尤为重视教师培训,将之作为提高欧盟教育竞争力与区域影响力的重要手段。学者认为,教师培训的主要形式是在职专业发展,是教师的专业学习活动,其目的是要让教师有效应对激进的社会变革,努力实现五重目标,即随时保持自我更新状态,勇于实验尝试,进行反思性实践,与同事共享知识经验,开展教育变革。在这种情况下,有效的教师培训或教师学习活动包括两类要素:第一类是心理要素,即教师对教育教学活动的认知与教师专业发展的动机;第二类是组织因素,主要包括五个要素,即领导水平、教师合作、员工关系与沟通、地点选择、教师学习机会等。在教师培训活动中,这两类因素是相互作用的,如果培训活动领导组织有方,教师可能改变对教师培训活动重要性、价值性的认识,教师参训的动机强度也会随之发生变化;反之,如果教师的参训积极性不高,教师培训活动的组织可能阻力重重,培训活动很可能流于形式。有效的教师培训必须善于处理好二者间的关系,尽可能采取多样化的模式,实现两种因素在具体教师培训活动中的有机整合。①

欧盟教师培训系统的"双要素论"如图6-3所示。

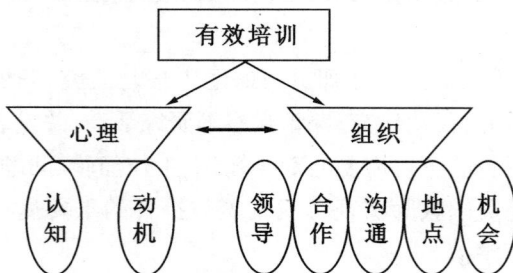

图6-3 欧盟教师培训系统的"双要素论"

图6-3表明,有效教师培训是由"两类七种要素"构成的,心理类要素包括教师对培训活动重要性的认知与动机,组织要素包括领导、教师间的合作与沟通,地点选择及其专业发展机会的供给。这些要素以相互作用的方式影响着教师培训效能的彰显。

(二)教师培训系统的"四因素论"

美国科学教育中心位于美国威斯康星大学麦迪逊分校,是依托大学建制的教育研究中心。该中心长期从事科学教师的在职培训与研究活动,并定期发布相关研究报告,在美国业界具有一定影响力。20世纪末,受该中心资助的学者肯尼迪(Mary Kennedy)发表了《在职教师教育的形式与实质》,从另一角度提出了教师培

---

① FRANCESCA CAENA. Educational effectiveness research and teacher professional development: An overview[R]. (2011 - 06 - 01)[2022 - 05 - 10]. http://ec. europa. eu/education/policy/strategic - framework/doc/teacher - development_en.

训的四个要素,即培训层面、培训深度、时间量、时间分配。肯尼迪认为,教师培训项目的效能首先取决于培训的密度,它可以通过培训者与培训教师间的接触时间总和来测量;其次取决于培训时间的分配,即培训时间是集中的还是散布在教师的工作经历中;再次取决于培训深度,即培训项目是否包括了辅导教师的课堂来访,这种来访是教室内的直接咨询与指导还是教室外的探讨;最后是培训项目是否纳入了全校发展改革,还是仅仅停留在教师个体指导的层面。

经过大量量化研究后肯尼迪发现,在培训层面上,全校范围层面上的教师培训效果较好,因为在全校范围内的培训更有可能影响一大批教师,教师之间会产生相互影响、相互带动的效应,进而刺激教师教学实践的整体改进;在培训深度上,辅导教师深入教师课堂,借助观课、评课、课例研究等方式给予受训教师实际有力的反馈、建议、指导,促使其将新教学理念融入教学实践中,其培训效果会更好一些;在培训时间分配上,分散培训优于集中培训,有效的培训应该分散到教师的一个工作学年中,而不能进行一揽子集中培训,因为分散培训能够为教师提供多次将培训理念与自己课堂、学生学情联系起来的机会;在培训时间总量上,培训者与受训教师间的直接接触时间越长越有利于培训效能的提高,当然,接触时间并非是影响师生学习效能的主要变量,但基本的接触时间保证是衡量教师培训效果的指标之一。[①]

肯尼迪的教师培训系统要素如图6-4所示。

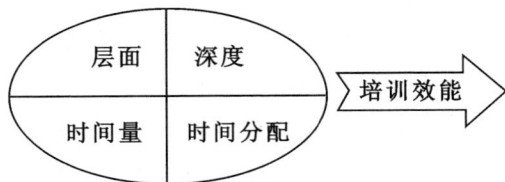

图6-4 肯尼迪的教师培训系统要素分析图

(三)教师培训系统的"五因素论"

教师培训系统的"效能"是多因素联动、协同决定的结果,提高教师培训效能需要教师培训管理者同时关注多种因素才可能达到理想效果。宏观地看,一切教育系统的相关者都可能成为影响教师培训效能的要素,其中最主要的因素才可能构成学者关注的对象,成为管理者干预的目标。澳大利亚学者认为,有效教师培训

---

① MARY KENNEDY. Form and substance in in-service teacher education[EB/OL]. (1998 - 01 - 12)[2022 - 05 - 15]. https://www. researchgate. net/publication/242434041_Form_and_Substance_in_Inservice_Teacher_Education.

系统起码由五方面因素构成,它们分别是:培训吸引力、培训者、培训方法、培训内容与培训组织。这些因素构成了制约教师培训效能的网络,成为判断一种教师培训效能水平的理论框架。①

1. 培训吸引力

培训吸引力是提高教师培训参与度的主观因素,是培训活动及其阵容给参训教师产生的一种主观体验。进言之,培训吸引力来自以下四个子因素,即培训是强制的还是自愿的;培训是否与教师津贴系统挂钩;培训质量,它取决于参训教师自己的评价与体验;培训需求,即培训的内容能否满足教师当下工作需要。如果这四个因素处置得当,培训活动对教师的吸引力会迅速增加。

2. 培训者

在实践中,教师培训经常遇到的问题是教师觉得培训内容不适用,太理论化,其原因之一是受训教师缺乏相应的理论背景,难以理解培训内容。这就需要知识与经验结构均适合培训活动要求的高素质培训者来解决这一问题。这种培训者应该具有以下资质:具有丰富的学校工作经验与教学(实验)技能,掌握所授学科知识,懂得学科教学法与教育学理论,等等。这样,在广大范围内招聘优秀培训者对于确保教师培训活动质量而言显得非常重要。

3. 培训方法

培训活动只有使用了多样化、多变化的方法时才能吸引住受训者,因地制宜的培训方法是培训服务赢得广大教师认可的条件之一。好的培训方法之所以吸引教师,是因为它能促使受训教师在多个水平上主动参与培训课程,整个培训活动被教师视为一种心智锻炼与灵感启迪活动,一种教学经验的提取、分享与吸收活动,而非简单的知识信息输入过程。简言之,吸引教师、激活经验、多样多变是有效教师培训方法的核心特征。

4. 培训内容

好培训的关键是有好内容,能够称之为"好"的教师培训内容具有以下特点:明显的顾客定向,充分考虑受训教师的培训要求;教师身心参与度高,单纯讲授性内容少,几乎没有纯粹的教育理论,将理论渗透在具体教学活动与教学现象分析中;尽可能发现教师的隐性需求,即那些没有表达或无法表达出来的需求,如培训活动适应最新教学方法或要求等;适当的培训内容广告,引起教师的预先关注与参训兴趣等。

---

① CLAUDIO FAZIO, GIOVANNI TARANTINO, R M. SPERANDEO – MINEO. Quality development in teacher education and training[M]. Italy Lithostampa: Pasian di Prato (UD),2004.

5.培训组织

培训活动的组织与设计是教师培训中非常有挑战性的问题之一,是决定培训效能的关键因素之一。科学的培训组织应该具有以下特点:

其一,培训组织者由来自各行业的专家团队组成。该团队要能对培训活动的各个方面进行精细把握,这些培训组织既可以是专业的培训机构,也可以是大学或私营专业机构等。

其二,科学的培训缴费方式。世界上绝大多数国家的教师培训经费一般是由国家支付的,但这笔经费是直接拨付给培训机构还是发给教师个人后再由他们支付,是影响培训效能的重要因素之一。显然,采用后一方式容易让教师体验到培训的价值,激发培训机构的创造性与积极性。

其三,妥当的培训场所。在国外,许多在职教师培训常常放在固定的培训中心举行,它不利于教师体验到另一种教育文化,也不利于教师身心放松。在经费可控的情况下,培训机构如果能在培训场所选择上同时考虑培训与参观双重因素的话,培训效果会更好。

其四,合适的培训时间。在培训时间安排上,国外有多种方式:集中培训,如假期培训,经常采取一学时讲座、半天习明纳(即研讨)、持续一周的连续培训等方式;分散培训,如在每天、每周或每月抽取一定时间进行培训等。培训时间的安排,要倾听教师的建议。

其五,合理利用远程培训。在培训中采取现场培训还是远程培训也是决定培训效能的因素之一,相对而言,远程培训的时间比较灵活机动,教师的可选择空间较大,但缺点是培训效能难以保证。因此,如何将其与现场培训结合起来值得培训者研究。

教师培训系统的"五因素论"如图6-5所示。

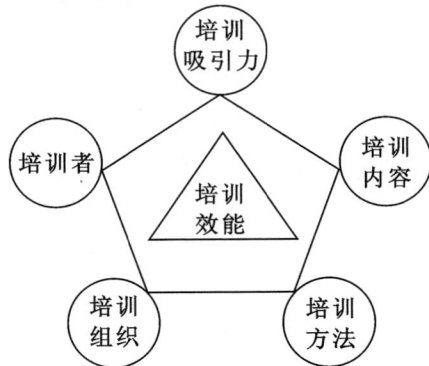

图6-5 教师培训系统的"五因素论"

图 6-5 表明,教师培训效能是教师培训系统的核心要素,创造有效教师培训系统需要培训活动全面考虑培训吸引力、培训内容、培训方法、培训组织、培训者等要素,各角度入手共同提高教师培训活动的效能与培训服务质量。

(四)教师培训的"六因素论"

美国著名教师教育专家达林-哈蒙德(Darling-Hammond)及其团队研究发现,现代教师培训要有效能离不开六个因素,即四个主因素与两个辅因素的作用。[①] 其中,四个主因素分别是:

(1)实践关联。要促进教师专业发展,教师培训必须密集、持续且与实践发生关联,只有当教师培训中包括将教育理论知识用诸教师的教学设计与实施环节等内容时才可能深刻影响教师的工作实践,由此确保学生的学习成绩不断提高。

(2)针对性课程内容。教师培训生效的关键是培训内容,有效培训内容必须具备两个特点,聚焦学生的学习与针对教师的教学。最有效的教师专业发展活动必须以教师日常教学活动中面临的具体问题与现实挑战为主题,否则,单单关注抽象教学原则或教学方法,教师培训活动是难以引发教师的认同与兴趣的。

(3)学校发展目标。有效教师专业发展活动必须与学校发展面临的首要任务与阶段性目标相一致,将教师培训活动有机整合进更大的学校改革任务中去。因为一旦教师的培训与发展活动孤立化,即与当下学校发展环境相隔离,它就可能失去创新与变革的机会,最终变得僵化、呆板。

(4)教师工作网络。有效教师培训活动必须在教师社群内建立起强有力的工作关联,以此打破"箱格式"教师空间与个人主义教师工作风格的制约,搭建起教师共同体内部的合作交流网络,为教师间共享经验、相互启迪、共同探索提供条件。

除此而外,达林-哈蒙德等人认为,教师培训系统还包括两个附加因素,其一是校本辅导,即基于学校的辅导系统,它有助于提高教师培训活动质量,促进学校教育变革,促进教育理念下沉到实践,以此提高教师工作的有效性;其二是培训项目,即专门致力于提高新手教师有效性的入职与辅导项目,尤其是工作嵌入的教师

---

① LINDA DARLING-HAMMOND, RUTH CHUANG WEI, ALETHEA ANDREE, et al. Professional learning in the learning profession: A status report on teacher development in the United States and abroad[R]. National Staff Development Council and The School Redesign Network at Stanford University as part of their multi-year study, 2009.

入职辅导项目,更有助于新手教师迅速进入工作职场。

这一教师培训要素系统如图6－6所示。

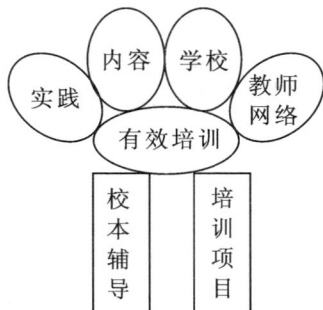

图6－6　达林－哈蒙德等人提出的教师培训系统要素分析

(五)教师培训的"七因素论"

教师培训关注的是效能,效能是各培训要素的聚合点与关联点,创建有效教师培训必须统筹主要培训要素,使之形成有序的培训活动结构,确保培训质量的形成。澳大利亚学者芬尼西(Denis Fennessy)认为,教师培训系统由七个要素组成①,它们分别是:信息呈现(INPD,即 information presented and demonstrated),主要包括教育理念与技能的介绍、与相关理论关联、对参训教师关注点的回应、与一线教师经验关联、专业技能演示等活动内容;实践与反馈(PRACFBK,即 practice and feedback),主要包括给参训教师以足够的练习机会、召开实践会议并探明与课堂间的关系、帮助教师理解技能使用、安排足够的练习实践、利用反馈提高教师技能表现等;辅导(即 COACH),主要包括利用反馈引导教师把所学技能付诸实践、观摩参训教师的教学新法并给予反馈、反馈时考虑参训教师的学校与课堂特点、用反馈鼓励教师更自信地应用新理念等;教学领导(INSLEAD,即 instructional leadership),主要包括在教学探索中校长与老师一起解决问题、校长知道培训项目的核心理念及其所需要的支持、校长全程参与新理念的引入、校长告诉教师如何实施新理念以达成学校整体发展目标等;行政支持(ADMSUP 即 administrative support),主要包括学校行政机构讨论教师关心的问题与不满、行政机构帮助解决培训棘手问题、校长任命受训团队的领导、学校对教师与校长公认的问题做出决策等;同伴合作(COL-

---

① DENIS FENNESSY. Teachers' Perceptions of the effects of in－service training and school based support on their teaching[R]. (1998－08－27)[2022－05－15]. http://www.leeds.ac.uk.educol.documents/000000837.

LEG，即 collegiality），主要指教师间开展交流互动、以交互的方式讨论课堂问题与做法、共同设计课程、分享进步与经验等；改进教学（IMPTCH，即 improved teaching），主要包括改进当下教学实践、针对课程领域调整教学策略、引入提高教学成绩的新做法、教师反思学生表现、开展教学实验等。

　　在教师培训中，教师在职专业发展通常是通过图 6 - 7 中的模式展开的。

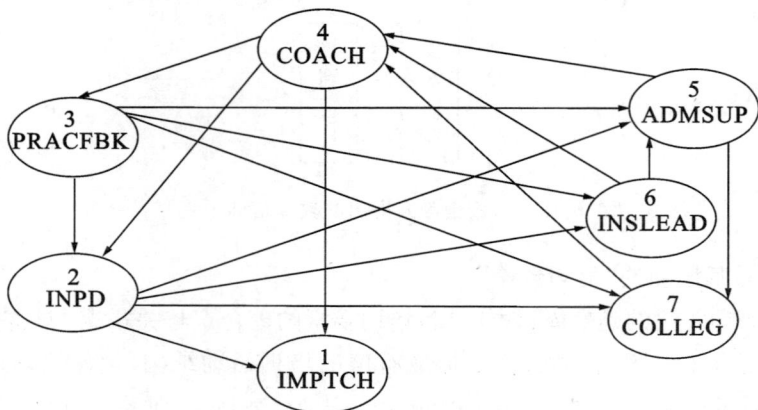

图 6 - 7　教师在职专业发展模式①

　　图 6 - 7 表明，在培训中，教师专业发展是在上述因素交互作用的网络中实现的，该网络的中心是改进教学，它是教师培训活动的核心目的。一般教师专业发展的路径要么是通过辅导教师的指导来改进教学（即 4→1），要么是在辅导教师的指导下开展实践反馈，感知培训课堂上向他们呈现的培训信息，最终实现教学改进的目的（即 4→3→2→1）。在后一过程中，参训教师受到的实践反馈与培训信息需要行政机构、教学领导与同伴合作的支持与辅助，而后三者对教师培训的影响又要通过培训辅导活动的中转来实现。

　　芬尼西还进一步研究了影响教师在职培训效能的核心要素。在研究之前，她对教师培训系统内部各要素间的相关度进行了研究，其研究结果如图 6 - 8 所示。

----

　　① DENIS FENNESSY. Teachers' Perceptions of the effects of in - service training and school based support on their teaching[R]. (1998 - 08 - 27)[2022 - 05 - 15]. http://www. leeds. ac. uk. educol. documents/000000837.

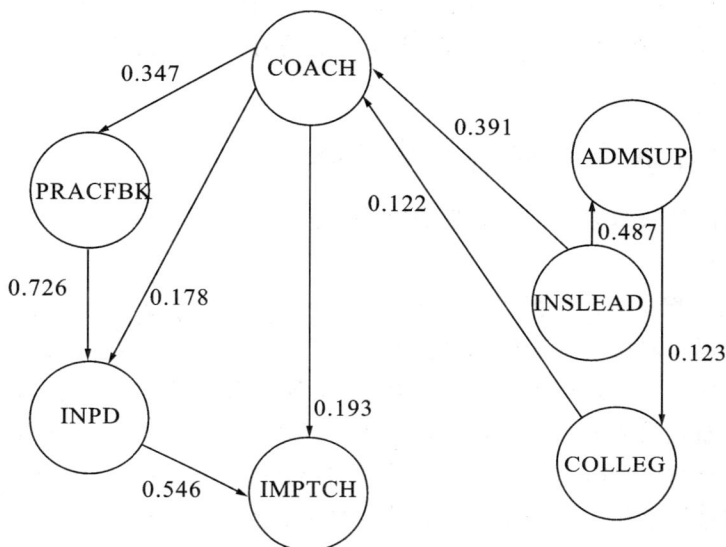

图 6 - 8　芬尼西的教师培训系统要素分析①

图 6 - 8 表明,在教师培训系统中,培训信息呈现直接影响着参训教师的教学改进,而实践与反馈又直接影响着教师对培训信息的反应,且这种影响水平显著高于前者。相对而言,实践反馈对教师教学改进的影响是间接的,它通过培训信息呈现的媒介来实现;在教师辅导中,同伴合作的影响尽管微弱但却很重要,很直接,而教学领导对辅导的影响较为明显,因为辅导在教师培训中处于轴心地位,它决定着教学领导、同伴合作与行政管理的“辅助培训效能形成”这一功能的发挥。

显然,这一研究成果对于我们深入理解教师培训中的制约要素及其相互关联、交互作用方式是非常有效的。尤其是在教师培训系统综合设计中,该培训要素分析框架无疑具有较强的指导借鉴意义。

第三节　国外教师培训的特点与改革

相对职前教育而言,教师培训在教师职业生涯发展中具有持续时间长、培训目标高远、深嵌于工作实践、受训者自主性强、培训需求优先、工作经验为本、实践技

---

① DENIS FENNESSY. Teachers' Perceptions of the effects of in - service training and school based support on their teaching[R]. (1998 - 08 - 27)[2022 - 05 - 15]. http://www. leeds. ac. uk. educol. documents/000000837.

艺受宠等特点。应该说,这是国内外教师培训活动的共同特点。相对而言,受体制背景、文化传统与教育环境等因素限制,这些特点在国内外教师培训中的表现与关注点有所差异。

一、国外教师培训的主要特点

根据对国外教师培训研究文献的梳理,我们不难发现国外教师培训具有以下几个显著特点:

(一)重视培训需求的变动性

与培训需求对接是提高教师培训效能的关键举措,对教师培训需求的捕获、解读与满足是国外教师培训的关注点。其实,培训需求不是无源之水、无本之木,它根源于教师身处其中的变动教育环境要求。随着社会对教育要求的提高,教育理念的更新,整个社会向教育实践提出多样化的期待,要求教师借助教育活动的变革来适应这些教育期待。这些要求投射在教师的具体工作与教育认识中就成为形形色色的培训要求。在这一过程中,教师的培训需求既是对社会期待的主观反映,又会将这些期待以培训需求的形式反馈到教师培训活动的内容、形式上。相对而言,那些优秀教师对社会期待的感应会更敏感、更强烈,而一般教师对这些社会期待的感应可能会麻木、微弱一些,由此导致不同教师培训需求水平上会有所差异,但无论是哪种情况,参与教师培训都是满足教师各种培训需求的有力手段。正如国外学者所言,"在帮助教师重新定位发展目标和培训价值观,以及帮助他们应对课程变革上,培训都是非常必要的"①,培训就是连接社会变革与教师专业发展的传动器。

正是如此,教师的培训需求始终是随社会要求变动而同步变动的,不同社会发展阶段的教师培训在内容与形式上应该有所差异。不仅如此,在教师专业发展的各个阶段,这种培训需求的内容、表现与方式也是不断变动的。无疑,在教师参加工作后的前五年与后五年中,教师培训需求的重点必然相差悬殊,这是由教师专业发展水平决定的。正如国外研究所言,"在职教师培训需求的变动归因于教师专业发展阶段,培训需求的差异源自教师在工作环境、职前准备状况、教学地点与新手教师经验准备状况方面的差异"②。进言之,教师间培训需求的差异还源自教师在不同专业发展阶段中的教学态度、教育知识水平、实践知识状况等方面表现出来的

---

① DUTT A. Perception of contemporary science teachers of secondary schools toward the effectiveness of in – service training[J]. European academic Research,2014(11):5106 – 5118.

② STEFFY,BETTY E,et al. eds. Life cycle of the career teacher [M]. Corwin Press,2000.

差异与变化。

　　所以,教师培训活动必须因不同阶段、不同地域教师间的具体培训要求而有所差异,这是实现教师培训要求与培训活动之间无缝对接的现实要求。进言之,国外更加强调教师培训活动的系列性与阶段性安排,充分照顾教师专业发展阶段的要求,尽可能回避普适性的教师培训活动安排。在整个职后培训中,国外教师培训研究者一直关注的问题是"如何把辅导与教练活动作为教师持续专业发展的特征贯穿、整合到整个教师职业生涯中去""如何从专业学习角度促进教师的深层理解"[①]。显然,这一整合是非常必要而又明智的。根据教师专业发展水平给予教师各层次的辅导与训练,让教师在培训中得到其"最近发展区"内的个性化专业指导,是教师培训活动充分满足教师培训需求的有效途径。

(二)关注教师培训活动的个体性

　　应该说,随着教师入职年限的延伸,不同教师间的培训要求会产生分化,教师间培训要求的个体性差异更加明显。在入职初期,新手教师关注更多的是自己能否适应教育工作要求,并喜欢上教育行业,其培训要求的共性较多,如希望自己能够胜任日常教育教学常规,期待周围同事能够接纳自己,希望迅速获取管理课堂、组织教学的有效策略等,这些培训要求大致是相似的。在这一阶段,为新手教师配备一位师傅或有经验教师,实现"一对一"的指导,即可满足教师培训要求。然而,在经历一段工作时间之后,教师迅速实现了由新手教师向熟手教师的转变,教学技艺水平的提高变得日益迫切,这就需要教师发现个人优势与专业特长,并在此特长上嫁接教师的其他专业能力,最终实现专业上的全面发展。

　　值得注意的是,美国颁布《力争上游法案》后,各州建立了教师评价与支持系统,大力推进个性化的教师培训活动。美国要求确保所有老教师和最近参加工作的教师都能获得与其已经确认的优点与需求相应的专业发展与职业提升机会。各州都认为,教师的成功与学生发展密切相关,与学校及本地区的发展密切相关。为了实现这一目标,许多州引入了多样化的测量教师专业实践的手段,如通过训练有素的观察者利用指标体系到教师课堂上去观课,根据教师教学状况来判断其有效性水平,并据此组织专项教师辅导或培训活动,以实现培训活动与教师需求之间的

---

　　① IAN MENTER et al. Literature review on teacher education in the 21st century [R]. Scottish Government Social Research,2010.

吻合。① 无疑,优秀的教师没有固定模板,没有统一标准,造就优秀教师的培训活动一定是多姿多彩的,长善与救失是教师培训活动促进教师专业发展的两大途径,而个性化的辅导则是培育卓异教师的独特手段。正如达林 - 哈蒙德所言,"在先进传统职前教师教育项目中获得培养的教师能够在在职教育和其他专业发展活动中持续获得专业教育,这些活动能够确保他们不断提高的个性化要求得到满足,提高学生的学习成绩"②。

从"长善"角度看,教师培训项目要培养教师创新思考的能力,要给教师提供丰富的学习教学新观念、新方法、新手段的机会,让每个教师利用这些机会走出自己独特的专业发展道路,形成自身的教学风格,达到更高的专业发展水平。③ 从"救失"角度看,每个教师在专业发展中存在的具体问题与缺陷是多样化的。例如,有的教师在课堂管理与纪律要求上表现不足,有的教师不擅长调动学生学习动机,有的不大精通教学组织,有的不会寻找教学资源,有的不懂学校教学政策,有的不善于经营师生关系,有的不会对课程教学设计进行本土化的转变,等等。④ 针对这些问题,教师培训活动必须有针对性地展开,必要时需要辅导教师对存在不足的一线教师进行个别化指导。

(三)强调教师培训活动的变革性

美国学者认为,优秀的教师是事业型教育家,职后专业发展是实现这一发展的重要工具,尤其是关于教师的人际沟通、与人协商、学习小组建设等技能培训对转变教师视野,突破个人狭小思维空间而言很有裨益。借助培训活动,教师不仅可以获得持续、快速的专业发展,而且对于教师的信念改变、教学变革很有帮助。许多学者认同,在职教师培训具有六个明显特点:持续长期性,即教师培训活动是伴随教师专业发展全程的专业实践;嵌入工作与基于问题,即教师培训活动始终围绕教师的现实工作展开,教师在工作中遇到的问题成为教师培训的目标与内容;促进教

---

① UBUITED STATES DEPARTMENT OF EDUCATION. Our future, our teachers——the Obama administration's plan for teacher education reform and improvement[R]. (2011 - 09 - 01)[2022 - 03 - 18]. http://www.2ed.gov/inits/ed/index/html.

② DARLING - HAMMOND L, Teacher quality and student achievement: A review of state policy evidence[J]. Center for the Study of Teaching and Policy, 1999, 8(1).

③ OMAR, C. M. Z. C. The need for in - service training for teachers and its effectiveness in school [J]. International Journal of Innovation Education and Research, 2014:2 - 11, 1 - 9.

④ EDWARDS M C, BRIERS G E. Assessing the in - service needs of entry - phase agriculture teachers in Texas: A discrepancy model versus direct assessment[J]. Journal of Agricultural Education, 1999, 40(3):40 - 49.

师教学信念更新,即教师培训活动对于陈旧教学信念的扬弃与新教学信念的建立效能明显;与改革意图的相关性,即教师培训从改革方面服务于教师及国家的教学改革,帮助教师打破陈旧的教学体系;基于成人学习经验,即经验的改组与重构是教师培训活动的基本形式;支持系统性变革,即教师培训是推进国家、社会教育教学改革的辅助性环节。① 总观这些特征,其内核正是变革性,即启动教学改革,带动教师信念转变,推进国家改革,这正是教师培训的内核。相对而言,嵌入工作、基于问题、转变信念、重组经验是达成教育变革,培育变革型教师的具体方式。正如OECD 所言,当代世界教师培训呈现四个重要趋势:促进改革,即促进教育改革,尤其是新课程改革的展开;学科取向,即分学科开展基于 PCK 知识的培训;校本化,即以校为本的培训日益受宠;自主选择,即教师可以自由选择自己喜欢的专业发展活动。② 其中促进教育改革为当代教师培训的首要特征。可以说,利用培训来引发、支持、引领教育教学改革,是国外现代教师培训的显著特征。

(四)关注教师培训活动的条件性

教师培训活动的根本属性在于它是一种成人学习、工作学习,是一种特殊的实践学习活动形态,只有在满足特定条件时这种学习才可能发生。不像普通学习活动那样,只要授课者讲求教学艺术,关注学生心理发展水平,学习活动就可能顺利展开。换言之,只有在满足以下两个条件之后,有效教师培训活动才能出现。

一方面,入职培训需要学校、国家提供一定的物质、文化条件才能顺利展开。美国学者 Howe 在通览澳大利亚、法国、日本、美国等国的教师培训研究成果后发现,教师入职培训必须具备以下五个条件,否则难以展开。这些条件是:个性化的培训方案与辅导培训资金保障;建立尽可能长期的伙伴学校关系;减少受训教师的工作责任与工作量,以为教学反思提供充足时间;建立协作性的学校组织文化;把对入职培训的支持功能与评价功能区分开来。③ 这些条件中既包括硬件条件,如资金、时间、人员(辅导教师),又包括软件条件,如文化、评价、人际关系等。它们从不同角度表明了教师入职培训的条件性所在。正如霍利等人所言,教师培训需要五个具体要素的支撑,包括:教师用于反思、吸收、应用新理念的时间;建立了灵

---

① BROWN, BETTINA LANKARD. Professional development for career educators[EB/OL] (2002 – 04 – 12)[2022 – 05 – 19]. http://www. ericacve. org/pubs. asp.

② OECD. Teachers matter:Attracting, developing and retaining effective teachers[M]. Paris: OECD Publishing,2005.

③ HOWE E R. Exemplary teacher induction:An international review[J]. Educational Philosophy and Theory,2006,38(3):287 – 297.

活、有回应、有跟踪的培训组织;教师有执着的学习态度;学校有信任、尊重探究与分享的氛围;提供了与教师个人密切相关的内容等。① 进言之,没有这些条件的有力支持,要打造有效的教师培训活动难度重重。

另一方面,教师在职培训需要一些更为微观的硬软件条件的支持。阿根廷学者认为,有效在职教师培训活动的发生需要满足一些基本条件:培训必须提供相应的教学情境,即教师培训是一种情境性学习,尤其是实践问题发生的情境,它是帮助受训教师理解培训内容及其重要性的催化剂;培训必须提供实用的教学内容,追求培训的实用性,即所授理论知识能够帮助教师解决实践问题,或为教师应对工作中的现实问题、教学难题提供一种解释框架、认识思路、建议策略等;培训必须有系统讲授环节,以有效发展教师的逻辑思维,因为缺乏系统讲授的培训活动无助于教师教育认识的深化,增进教师解决问题的系统思维;培训必须考虑学生的以前经验,毕竟教师培训的最终目的是要增进教师对学生的理解,提高学生的学习成绩。② 在此,情境、问题、讲授与学情成为有效教师培训活动关注的四大条件,也构成了教师培训活动赖以顺畅展开的特殊条件。立足这些条件来优选培训内容,科学设计培训活动,开发教师培训课程,是国外教师培训活动的特征之一。

(五)重视教师培训的参与性

随着教师培训活动的广泛展开,培训效能成为国外研究中日益关注的焦点,国外培训的观念也发生了翻天覆地的变换,其中强调参与性成为国外教师培训效能提升的立足点。国外学者相信,只要教师真正参与了培训活动,其个人专业发展效能就会提升,吸引、引导教师参与培训是确保教师培训效能的有力依托。Feinman Nemser 研究发现,当代教师培训发生了三大变化:其一,教师培训不再是举办表面性、插曲性的培训会议,而是给予教师持续的、实质性的专业学习机会。让教师实质性参与,保证教师的培训参与权利,成为当代教师培训的特点之一;其二,教师培训不再是提供给教师的离散、外部的培训项目,而是要与教师工作面临的真实问题与迫切关注关联起来,有机嵌入教师的当下工作中去,这正是提高教师培训参与度的有力手段;其三,尽管教师需要学习外在于当下工作圈子的知识资源,但在职教师专业发展应该善于利用本地专家和优秀教师在共同研磨、深思熟虑中产生的集

---

① HOLLY, MARY LOUISE AND BLACKMAN, CHARLES. Building a conceptual framework for professional development[J]. Action in Teacher Education. 1981, 3(1):1 – 10.

② LLORENTE J C, PORRAS M, MARTINEZ R. Math in – service training for adult educators [C]//International Conference of Adults Learning Mathematics, 2001:1 – 9.

体智慧,这些智慧是教师可以信手拈来、即学即用的有效知识资源。① 一句话,参与培训活动,重视参与广度深度,自产培训内容是国外教师培训的生命力所在。

同时,值得关注的是,美国国际开发署(USAID)组织援助非洲的教育项目报告《首要原则:为在职教师专业发展设计有效教育项目》中提出了十条重要原则,其中有四条涉及教师参与,第二条原则为"让教师参与培训项目的设计与实施",第四条原则为"在成人导向、主动学习模式下设计在职培训项目",第五条原则为"在教师社区内开展反思性实践与行动研究",第六条原则为"在以学校为本原则下为所有教师提供在职学习机会与支持"。② 它们从不同角度强调教师及其集体参与教师培训对提高学生发展水平与教师培训质量的重要性。其实,给教师提供学习机会,将培训与教师自身关联,把学习的主阵地引向学校与教师群体内部,正是国外教师培训不断提高教师的培训参与度与培训效能的有效途径。正如国外学者所言,"在职教师培训有助于把教师纳入课程决策中去,有助于增强教师对学校现实的关注,有助于把教师融入学校群体学习团队中去"③。

在上述五个特征中,条件性决定着国外教师培训活动的底线,变革性构筑着国外教师培训活动的高度,个体性决定着国外教师培训活动的形式,参与性决定着国外教师培训活动的生命,需求的变动性决定着国外教师培训的内容。尽管各国教师培训活动的具体开展情况相差悬殊,但从这五个特征可以大致把握其主流教师培训活动的状况与发展态势,对于我国教师培训体系设计无疑具有借鉴意义。

二、国外教师培训改革的方向

鉴于上述新问题,世界各国都在大力推进教师培训理念、方法、制度等方面的变革,以期能解决制约教师培训效能提升的瓶颈与关节性问题。无疑,未来国外教师培训改革的焦点依然是高效教师培训系统建设问题,教师培训的目的、内容、组

---

① FEINMAN – NEMSER , SHARON. "From preparation to practice: Designing a continuum to strengthen and sustain teaching"[J]. Teachers College Record,2001,103(6):1013 – 1055.

② UNITED STATES AGENCY FOR INTERNATIONAL DEVELOPMENT(USAID). First principles: Designing effective education programs for in – service teacher professional development compendium[R]. (2012 – 06 – 01)[2022 – 03 – 18]. http://www. equip123. net/docs/ E1 – FP_In – Svc_ TPD_Compendium.

③ UNTIED STATES AGENCY FOR INTERNATIONAL DEVELOPMENT(USAID). First principles: Designing effective education programs for in – service teacher professional development compendium[R]. (2012 – 06 – 01)[2022 – 03 – 18]. http://www. equip123. net/docs/ E1 – FP_In – Svc_ TPD_Compendium.

织、途径、思维等将成为教师培训改革的具体切入点。可以说每一个培训切入点都是决定教师培训走向的关键问题,其对国内教师培训系统的优化与重构均具有较强参考意义。

(一) 在培训目的上,旨在实现教师专业发展的持续性

在培训目的上,世界教师培训无疑面临着双重选择,是将教师培训置于教师专业发展这一连续体中来统一考虑,还是将其放在学校发展系统中对部分教师进行针对性补偿教育? 这必将是国外教师培训后续改革中必须关注的问题。正如Houle 所言,历史上人们为在职教师教育确定的两大基本原则:一是将职前、入职与职后教育融为一体,让教师自愿参与持续性的教师培训活动;二是按照学校发展需要原则来为教师设计培训目标,以此不断提高学校的办学效率。① 显然,前一培训原则的立足点是教师自身专业需要,这一培训目标源自对教师现存发展水平的尊重与关注,期待将教师专业发展持续下去;后一培训原则的立足点是学校自身改进的需要,它假定教师在专业发展上是"空白"的,教师培训活动的实质是在学校发展目标指导下对教师的专业态度、知识与经验进行另一种形式的补偿教育。在持续性发展目的的指导下,教师能够受到系统的个性化培育,可能得到全面、深入的专业发展;而在补偿性目的主导下,教师培训可能会走向零散、琐碎的学科知识与技能教育,陷入"凭证主义"泥潭,停留在满足教师一般性专业发展需要的水平上。对教师培训进行职前、入职与职后的一体化设计,在教师职前发展基础上为教师设计出个性化、系统性的持续发展方案,成为未来国外教师培训改革的重要方向之一。其实,为了实现这一目标,国外已经开展了诸多尝试,将课程发展与教师发展整合起来便是重要举措之一。加拿大教育改革家富兰曾指出,课程工作正成为加拿大教师在职培训的当务之急,教师培训的现实目标之一是帮助教师胜任课程开发与实施的要求。② Russell 也认为,课程开发活动与教师在职教培训一样,二者都具有多维度、超线性、动态性与持续性等特点,都是体现教师在教学改革中关键角色的领域。③ 因此,把持续的课程开发与教师培训活动融为一体是体现教师培训连续性的具体途径。

---

① HOULE C O. Continuing learning in the professions[M]. San Francisco:Jossey – Bass,1980:115.

② FULLAN,MICHAEL. School – focused in – service in Canada[R]. A Report prepared for OECD,1980.

③ RUSSELL, EARL B. "Upgrading curricula through change – oriented teachers. "[J]. Theory Into Practice 1975,14(1):27 – 31.

(二)在培训途径上,呼吁组织结构建设与教师个人发展并驾齐驱

鼓励教师个人专业发展是教师培训活动的立基点,完善组织结构是教师培训活动的坚强依托,在教师个人发展的基础上构建多样化的培训组织,实现教师个人与培训组织间的良性互促,是国外教师培训模式变革的重要思路。OECD 在 2010 年的专题报告指出,当下最有效的教师培训形式中最有效的首推"个人与协作研究",约有 90% 的教师认同;其次是参加教育培训会议、习明纳研讨与走访参观,约有 75% 的教师认为有一定培训效果。① 这一数据充分表明,基于个人与组织的培训方式是教师在职培训的有效形式。

培训组织建设是教师个体发展的环境与依托,构筑培训信息流畅的培训组织架构至关重要。美国学者怀特海曾根据舍恩的观点把教师培训组织结构分为四类:其一,"中心—边缘"模式,其中既定的培训资源会从机构中心扩散到组织边缘或教师群体中去;其二,"次中心增殖"模式,在这种培训组织中特定区域内的教师员工会从培训核心部门获得培训信息并对其进行解释;其三,"外围—中心"模式,该培训组织中各层次员工之间会形成一种网络式互动关联。与之相应,怀特海认为,培训组织变革会采取多样化的方式,包括:研究、发展与传播的方式,它常常会采取自上而下、高度集中的方式进行;社会互动的方式,即采取组织内部员工间关联的方式进行;问题解决的方式,即通过解决教师在教育活动中遇到的新问题来促进培训组织结构的变革。② 基于上述理念,国外教师培训将采取多样化的组织结构变革途径,努力构建由"教师、学生、父母和管理者构成的生态网络",力促组织内部实现培训资源与信息的高效共享与有序传播。国外学者相信,"超越僵化、垂直的组织程序,是促使培训组织适应日益膨胀、多变的学校变革观念的重要方式"③,是改进教师培训效能的途径之一。

培训组织变革的坚实根基是教师的个人专业发展,科学的教师培训组织变革一定是基于教师个体专业发展,并服务于教师个体专业发展的。学者蔡克纳指出,在背后支持当代教师培训活动的是四个重要培训观念是:行为主义,旨在提高教师

① MUSSET P. "Initial teacher education and continuing training policies in a comparative perspective:Current practices in OECD countries and a literature review on potential effects",OECD education working papers,No. 48,OECD publishing. [R/OL]. (2010 – 07 – 01)[2022 – 4 – 17]. https://doi. org/10.1787/19939019.

② WHITEHEAD D J. The dissemination of educational innovations in Britain[M]. London:Houghton and Stoughton,1980:22 – 25.

③ HECKMAN,PLAUL E. Expanding the concepts of school renewal and change[J]. Educational Leadership,1983,40(7):26 – 32.

表现与技能的效率;手艺主义,它将教师培训理解为以能力教授为核心的学徒制;个人主义,它关注教师自我的专业发展;探究主义(inquiry),其旨在培养教师的反省式研究能力,发展教师的评判性实践。① 其实,在教师培训活动中,教师个体的专业发展一般是基于这四种专业发展方式的。教师培训中要综合利用这四种方式,满足教师专业发展需要,培训机构可以采取以下培训活动:其一是改变课程结构,主要手段是调整课程种类,保持或增加课程,引入广域课程等。其二是在不同阶段采取不同的指导方式,如在教师刚入职的生存阶段,培训者应该给予其直接指导;在教师发展中的专业调适阶段,可以采取合作指导方式;在教师成熟阶段,培训者应该强调教师工作的独立自主性,给予其独立创新的机会与空间。②

介于组织结构建设与教师个体发展之间的是培训项目管理环节,重新解读管理活动的角色与功能是将二者有机结合起来,促进教师培训组织优化的关键环节。无疑,教师个人与培训组织间的关系是决定培训效能的关键环节,而这种关系建设要靠培训管理,尤其是培训管理者的素质提升来实现。卡维尔蒂建议对培训管理者进行基于以下内容的针对性培训:课程开发评价、领导能力的培训;领导者的行为方式培训;培训计划、组织、指导、资源管理等方面的管理技能培训;等等。例如,在领导方式培训上,不能急于要求培训项目管理者建立标准化领导模式,而是引入"情景化领导"观念,引导他们创建多样化且能适应特定教师群体与地区特点的领导风格。借助管理者培训活动的展开,教师培训才可能充分利用管理的力量推进培训组织的优化与教师个体专业发展间的协调与共进。一切管理培训的最终目标是培育出一批优秀的管理者,他们是推进培训组织与管理方式优化的坚实依靠。优秀培训管理者应该具有以下三个基本素质:承认教职工发展水平的差异性;不断扩展视野,同时胜任学科专家与大师型教师双重角色;善于自我调整,努力适应每个学校特点。教师培训管理作为一门专门管理艺术,它要求管理者以开放、开阔的心态对待教师及其培训活动,尽量为教师专业发展提供广阔自主的发展平台,找到教师培训组织建设与个人发展间的最佳平衡点。

(三)在培训理念上,大力倡导教师学习

从"教师培训"走向"教师学习"彰显着当代教师改革的基本立场——强调并落实教师的专业自主权与专业发展责任,随之,教师学习成为教师培训的基本依托

---

① ZEICHNER K,TABACHNICK B R. Are the effects of university teacher education 'washed out' by school experience? [J]. Journal of Teacher Education,1981,32(3):7 – 19.

② LAMBERT G R. Why is continuing education necessary? [R]. Ottawa:Canadian Teacher's Federation,1976.

与一般形式。无论在特征上还是在组织形式上,教师学习对当代各国教师质量提升而言都有非凡意义。

从特征上看,教师学习具有五个明显特点:聚焦内容、主动学习、主题一致、持续进行与集体参与。其中,内容与主题是将所有参训教师凝聚一体的物质链接,主动学习为教师培训提供了必要的精神动力支持,而集体参与则是实现教师学习活动的基本机制,持续进行是确保教师培训活动持续生效的时间条件。要构建最有力的教师学习活动,培训者应该从以下方面考虑:在集体参与的基础上积极促进有效的群内沟通活动;搭建好教师网络与学习小组;创建持续、集中、长期的教师培训项目;把教师专业发展活动整合进学校教师专业项目中,将其与学校的课程、评价、质量标准关联起来;基于合作学习、主动学习与反思性学习展开;聚焦具体的教育教学知识点;关注学生学习内容与考试成绩;等等。① 这些操作性要求使教师学习的理念落地有声。

从组织上看,教师学习共同体是教师学习的有效组织形式。随着教师培训核心理念——参与、互动、自主等的确立,欧盟将欧洲教师培训改革重点锁定在了培训组织上,大力推进教师专业学习共同体建设便是其近年来教师培训改革的主题。2011 年,欧洲委员会在其 2020 年教师专业发展规划报告——《教育与培训 2020:"教师专业发展"专题小组报告》中明确将"教师学习共同体"(PLC)视为教师学习及欧美未来教师培训的基础框架。② 欧盟认为,一方面,学习嵌入在社会背景与经验中,并通过反思性、互动性交流得以发展;另一方面,参与教师学习共同体才可能真正引导教师开展教学变革,实现提升学生学习质量的目标。据此,建立以强调"学生学习、共享价值、集体负责、注重反思、关注合作、重视探究"为主要特征的教师专业学习共同体,大力推进教师学习方式的变革,成为造就大量优秀教师的坚实依托。

学者霍德等人指出,教师学习共同体的基本构成元素有五个:主事人,拥有一定的领导权与专业权威,在决策中能鼓励教师充分参与共同决定;共享的愿景,它是共同体成员从致力于服务学生这一职业承诺延伸出来的工作蓝图,是所有教师成员坚守的组织信仰;个体参与机会,即教师间开展以面对面交流、观察反馈、相互

① MITCHELL C,SACKNEY L. Profound improvement:Building capacity for a learning community [M]. Lisse:Swets and Zeitlinger,2000:12 −15.

② FRANCESCA CAENA. Educational effectiveness research and teacher professional development:An overview[R/OL]. (2011 −06 −01)[2022 −04 −19]. European Commission,http://ec. europa. eu/education/policy/strategic −framework/doc/teacher − development_en.

帮助为内容的学习机会;集体探究机会,即全体反思、集体探究与共享个人经验的机会;共享成功活动,即教师在共同体内分享成功故事与工作业绩的活动等。① 可见,教师学习共同体的核心要素有两个,其一是合作的氛围,其二是评价反思机制,二者在相互催生中推动着教师专业的持续发展。

在教师学习共同体中,教师培训活动的主要形态是教师学习或教师专业学习活动,它是以教师的自主、自觉、自省为基础的教师专业发展实践。舒尔曼等人指出,教师学习与普通教师培训活动之间有根本差异,其主要构成要素有:愿景、动机、理解、实践、反思与共同体。② 进言之,教师学习是教师个体主动建构、融入社会实践的过程,是教师个体运用知识参与社会实践的过程,它始终以实践探索与经验形成的方式嵌入教师的课堂情境之中。在教师学习中,集体参与是基础,教师在参与教师共同体活动中与其他教师共享经验,创造主动学习机会,共享教师专业文化,进而形成对教学目的、方法、问题与解决方案的共同理解。

就其实质而言,基于学习共同体的教师学习活动是合作式教师专业发展一种表现形式。国外学者研究发现,这是一种比教师个体专业发展更有效的发展途径,代表着未来世界教师培训变革的主流方向。在合作式教师专业发展中,全部教师培训活动的关注点发生了明显变化,即重在促进教师实践、态度、信念的变革,重在改变教师的课堂行为与专业发展态度,重在提高学生的学习成绩并改变他们的学习行为与态度,重在借助教师集体研讨的力量来发现问题、开展实验、解决实践难题,重在建设教师共同学习的协作文化等。为了实现这一培训形态,教师培训模式改革应该从以下几个方面着手:压缩学校规模与公共培训时间;降低员工组织的复杂性;赋予教师以决定权;提倡支持型领导;多途径溶解抽象专业知识;集体决定教学质量标准并引导教师调整教学行为;建立支持探险与创新的文化氛围;等等。③

(四)在培训内容上,推进基于真实问题的培训

在欧洲,项目式培训日益流行,坚持科学的项目组织原则是提高教师培训效能

---

① HORD S M, RUTHERFORD W L, ' Creating a professional learning community: Cottonwood Creek School', Issues about change[J]. Southwest Educational Development Laboratory, Austin, TX, 1998,6(2):1－9.

② SHULMAN L S, SHULMAN J H. How and what teachers learn: Shifting perspective[J]. Journal of Curriculum Studies, 2004, 36(2):256－271.

③ FRANCESCA CAENA. Educational effectiveness research and teacher professional development: an overview[R/OL]. (2011－06－01)[2022－04－20]. European Commission, http://ec. europa. eu/education/policy/strategic－framework/doc/teacher－development_en.

的客观要求。这些国家的学者认为,教师培训的四个基本原则是①,问题导向、参与者中心、跨学科贯通、"理论—实践"关联。其显著特点是以中小学教师的主体参与为基础,借助教育教学问题的发现、探讨与解决,努力将所有培训内容在培训课程系统与教育教学实践中关联起来,积极创建一种问题贯通式教师培训形态,借此把培训活动与先进理念融入中小学教师的教学实践机体中去,助推教师专业的有效、快速、健康发展。

目前,许多欧洲国家在教师培训活动中已经形成了更为科学的"问题导向型"教师培训理念。这些理念主要包括:问题求解即学习,教师参加培训始于完成教学任务的需要,而教学任务由一系列教师面临的真实教学问题组成,为教学问题求解的过程正是教师专业学习的过程;尝试求解即参训,教师只有以适度冒险的方式亲自去尝试解决问题,才能从培训中获得更大收益;最优化学习是面向问题学习,参训者在解决真实具体问题过程中能获得一种最好的学习,因为在解决问题时教师才能意识到自己的进步和对学习者的影响;问题解决经验即培训收获,教师教学行为的变化更多来自其对先前问题解决经验解释的结果,而非因为新知识的掌握;问题情境即培训课堂,教师对教学经验的重新解释最好通过同一问题情境参与者间的思想交流来实现,对培训效果的评价也要通过团队讨论的方式来进行;工作难题即培训作业,培训中必须让所有参训者去完成一道根植于现实情境的难题,这一难题最好相对复杂且没有规律性,更不要预先给教师提供解决这一问题的明确途径;等等。

可见,基于问题的教师培训是全面体现现代化教师培训理念的抓手,在问题的情境中,以问题研讨的方式,追求现实问题解决的培训效果,构成了世界教师培训内容变革的方向。现实问题不同于知识理论:前者是真实、具体、生动、可感的,后者是虚拟、抽象、生僻、艰涩的;前者扎根实践母体,是与教学现场直接连通的,后者逾越实践,是教学实践的超验性表达;前者是教师可以直接经历、亲历并参与其中的,后者是教师间接经历、头脑思虑的对象,需要实践的桥梁才能被参训教师所理解、接受;前者是大量教育教学理论的试验场与检验室,后者是教师解决现实问题的理论工具与认知视角。总之,相对于教育知识理论而言,教师离真实教育问题的距离更近一些,他们更愿意在解决问题中,以解决问题的形式来顺便学习先进的"活知识""活理念"。国外教师培训内容中呈现的这一改革势头非常值得肯定与

---

① EUROPEAN TRAINING FOUNDATION. School – based in – service teacher training in Montenegro:A handbook for policy makers and practitioner[EB/OL].(2013 – 06 – 01)[2022 – 04 – 20]. http://www.erisee.org/sites/default/files/3_Teacher%20training_ Montenegro.

坚持。

(五)在培训思维上,强调学校发展指向性

随着培训理念的深入发展,学者日益重视利用教师培训这一手段来实现其更高层次的目标——提高学校办学有效性或学校发展水平,进而超越了仅仅局限于教师自身专业效能提高这一初级培训目标。在学校有效性研究框架下改革教师培训,将教师有效性视为学校有效性的一个要素,把教师培训改革方向指向学校发展,日益成为国外教师培训思维调整的方向。正如国外学者所言,"教师培训实践与研究表明:教师专业发展已经以一种实用、系统而又灵敏的方式将教育教学知识策略传播现象与学校发展关联了起来"①。

首先,教师发展与培训是学校发展的重要条件。国外学者 Stringfield 等人指出,在成功学校的背后有六个条件在发挥作用,它们分别是:教师在追求个人发展时也要追求教师群体发展与全校发展;采取多种方式激励利益相关者的群体参与感;把领导看成是服务员工的一种职能而非委托给个人的一系列责任;重视协调活动,确保有效的员工参与校内沟通;把探究与反思作为学校发展的重要方式;全体员工共同制定发展规划,依据教育目标确定学校事务的轻重缓急,始终把课堂教学放在核心位置上等。② 从这六点可以看出,学校发展的主题始终是教师员工的参与、发展与协调,教师发展与课堂改革始终是学校改革的中心,教师培训活动是落实学校发展目标的关键举措。进言之,学校发展的实质是教师发展,而教师发展意味着有效的教师培训活动,其他一切管理活动都在学校工作中处于外围辅助位置。

其次,教师发展与培训是学校发展的核心链环。正是基于上述认识,国外学者慢慢意识到,教师培训活动只有和学校改革发展事业关联起来,其现实意义与培训效能才可能真正实现。③ 在这一"关联"中,教师始终处于核心链环,教师培训能够影响到学校工作的方方面面,当代学校改革必须坚持超越课堂而又不忽视课堂的立场,因为教师是链接学校与课堂的枢纽;学校改革的焦点是内部运作的改进,即教学活动、学校规程、人事配置与资源使用,其中教学活动首屈一指,而教学活动改

---

① FRANCESCA CAENA. Educational effectiveness research and teacher professional development:An overview[R/OL]. (2011 – 06 – 01)[2022 – 04 – 20]. European Commission,http://ec. europa. eu/education/policy/strategic – framework/doc/teacher – development_en.

② STRINGFIELD S,WINFIELD L,MILLSAP M,PUMA M,GAMSE B,RANDALL B. Special Strategies for educating disadvantaged children:First year report[R]. Washington DC:US Department of Education,1994.

③ STOLL L,FINK D. School effectiveness and school improvement:Voices from the field[J]. School effectiveness and School Improvement,1993,5(2):149 – 77.

进的主体是教师,教师培训质量至关重要;学校教育目标的实现不仅仅要关注学生分数,更要关注学校发展、教师发展与社区需要,满足教师发展需要是实现学校教育目标的基础;学校内嵌于教育体制之中,它必须团结教师、员工、行政当局的力量来共同促进学校发展,而团结教师群体的能动力量是一切学校发展力量的源泉;学校发展必须整合两种策略——自上而下策略与自下而上策略,前者提供学校发展目标与计划,后者提供起点诊断与目标调整,从教师出发是最重要的自下而上式学校发展策略;在体制化力量驱动下,改革蓝图只有变成教师的自然行为时学校才可能迈向成功,故教师发展始终是学校改革成功的落脚点与体现点。

最后,教师发展与培训促进学校发展的策略是多样化的。学者 Hopkins 等人认为,在促进学校发展方面以下策略是非常有效的:建立具有针对性、具体性与延伸性的教师培训,利用本学区教师的课堂援助,教师观察利用其他课堂、学校与学区的教育经验,定期召开实践问题研讨会,教师参与项目决策,校长参加培训等。[1]这些策略基本上都是基于教师专业发展与培训的策略,这是因为教师是学校的核心构成要素,是一切学校竞争力与发展力的源泉,教师培训无疑构成了助推现代学校发展的引擎与支点。

(六)在培训重点上,强调教师专业自主

20 世纪,世界各国教师培训呈现出一些共同特点,即强调培训的综合性与补偿性,把大量专业性教育内容纳入教师培训活动之中,尤为关注个别教师的知识结构缺陷问题,专业知识补偿成为教师培训的主体内容。而在世纪之交,教师培训的重点发生的转向,教师专业自主成为教师培训的新焦点,新设计的教师培训项目中赋予受训教师以更多的个性化、自主化选择的机会。正如哈格里夫斯所言,一个职后培训的好项目应该具有如下特征,鼓励教师去创新专业知识,为教师提供积极参与革新的机会,教给教师验证改革效能的技能,建立把验证过的好做法在校内外付诸实施的机制,等等。这些特征的共同特点是尊重、赋予、发展教师的专业自主性。[2]

当前,一系列基于学校的教师培训整合活动被引入,迅速取代了基于教师专业缺失补偿的传统教师培训模式。在这种形势下,国外教师培训的场所、方式、途径等都具有了新变化,中小学变成了教师专业发展学校,参与学校教学改革实践成为

---

① HOPKINS D,AINSCOW M,WEST M. School improvement in an era of change[M]. London:Cassell,1994:213 - 216.

② HARGREAVES A. Teaching in the knowledge society:Education in the age of insecurity[M]. New York:Teachers' College Press and Buckingham:Open University Press,2003:130.

教师接受培训的途径，与教师培训供给者，如大学、教师培训机构等建立伙伴式关系成为教师培训的关键环节，在合作研究教学问题中整合、吸收最新教育研究成果成为受训教师习得新教育教学理念的新渠道，教师工作坊、习明纳研讨成为教师培训的主导形式……总之，随着教师专业自主在教师培训中重要性的提升，教师培训的组织、基地、课程、面貌等都与以前大不一样了。但实践表明，这种教师培训形态的效能仍旧不够理想，"效果不好、效率偏低、成本较大"是其明显缺点，真正的教师专业自主难以实现。随之，国外教师培训中引入了两个依赖于增强教师专业自主性的重要手段：其一是"喷泉式培训模式"；其二是培养具有自我效能感的教师。①

所谓"喷泉式培训模式"，就是精选一批经验丰富的中小学教师，对他们进行教育教学理念方法方面的精心培训，然后派遣他们到基层学校中去传播最新教学理念，指导教师课堂教学，以期短期改变学校的教育文化，增强教师自身参与教育改革的主动性。在德国、法国，这种教师培训理念一度流行。这种教师培训中，培训者就好似喷泉的中心，他们能够把最新教育教学理念辐射到各地学校教学实践与教师社群中去，把教学改革的"种子"植入到周边中小学中去。在德国，教师培训中还允许家长、教师、学生、管理者一起参与学校层面组织的培训活动，从各方面带动学校教学改革活动，唤醒教师的专业自主意识。相对于美国的市场化培训与法国的集权式培训而言，这一培训理念显然具有诸多优势。

培养具有自我效能感的教师是提高教师专业自主性与参与度的另一重要方式。OECD 在 2009 年的调查发现，教师培训活动只有与教师自我效能感培养结合起来时才会是持续有效的，自我效能感才是激发教师参训，实现专业持续发展的精神动因。过去，教师、学者经常批评教师培训活动太零碎，与教师经验的差距较大，其原因就在于，没有意识到教学的自然环境，即教室才是促使教师改进知识技能，赋予教师培训以连续性、一贯性的物质依托，应对教学情境中产生的现实问题是教师专业持续发展的途径，而教师在教学现场解决问题后对自我表现进行积极评估则是激发教师自我效能感，培养并强化教师专业自主性的关键链环。显然，一位有自我效能感的教师善于发现工作中问题，并勇于迎接挑战，收获问题解决中伴生的成功感、成就感与自我实现感，进一步激发其专业探究与学习的热望。所以，培养

① MUSSET, P. "Initial teacher education and continuing training policies in a comparative perspective: Current practices in OECD countries and a literature review on potential effects", OECD Education Working Papers, No. 48, OECD Publishing. [R/OL]. (2010 - 07 - 01)[2022 - 4 - 17]. https://doi.org/10.1787/19939019.

教师效能感是提高教师问题解决意识,实现教师专业自主的重要条件。

总之,在强调教师专业自主性的前提下,教师培训就是一种服务,一种刺激、促进、保障教师专业自主发展与身份建构的教育服务。故此,OECD 早在 2005 年的报告中就指出,最有效的教师培训与发展活动一定是聚焦优先学校改革事项的,它能够为课堂中的教师处置学科教学内容、教学策略与课堂技艺提供持续的学校支持,能够为教师创造观察、体验、尝试新型教学方法的机会。[①] 所以,教师专业自主与有效培训服务支持构成了当代教师培训模式变革的内外两个层面。

三、迈向高效的世界教师培训改革

面向 21 世纪,世界各国陆续将教师培训视为国家支持基础教育的重要环节。著名教师教育专家达林 - 哈蒙德指出,发达国家支持教育教学的五个基本手段有建立优质大学教师教育,为教师提供平等而又竞争性的薪水,对新手教师进行辅导,扩展教师持续专业学习机会,赋予教师参与国家课程决策与评价的权利。[②] 其中,支持教师培训与教育是主途径。当前,世界教师培训还面临着四重挑战:教育商品市场化的挑战,冲击着教育的结果与标准;跨国信息技术浪潮的挑战,它重新定义着学习、教学与学校教育的性质;学生学习需求重点转变的挑战,即需求重点由掌握读写内容转向诸如沟通、好奇心、韧性、合作、问题解决等软技能;大量利益相关者对教育目标与学校教育多样化期待的挑战。[③] 它们都聚集在优秀教师培养与培训这一教育改革环节上,迫使政府拿出更有力的改革方案与政策支持。在此形势下,世界各国相继引入新型教师培训理念,绞尽脑汁地改进教师培训模式,增进教师培训的效能,实现缔造高效教师培训的梦想。世界各国高效教师培训的终端目标是一致的——提高学生学习成绩,打造高品质基础教育,但在改革切入点与行动方式上却是千变万化的。在此,我们对西方主要国家的教师培训改革举措做以大致探讨。

---

① OECD. Teachers matter: Attracting, developing and retaining effective teachers [M]. Paris: OECD Publishing,2005.

② LINDA DARLING - HAMMOND et al. How high - achieving countries develop great teachers [EB/OL]. (2010 - 08 - 01) [2022 - 04 - 26]. http:// edpolicy. stanford. edu.

③ THE INTERNATIONAL ALLIANCE OF LEADING INSTITUTES. Transforming teacher education redefined professionals for 21st century schools [R/OL]. (2008 - 06 - 01) [2022 - 04 - 28]. http://www. highered. nysed. gov/NCATECR.

（一）美国：为提高教师的有效性而培训

2011 年开始，美国奥巴马政府提出了"让每位教师获得其所需的高质量培养与支持，让每一位学生获得教有所值的有效教师"的目标，大力推进教师培训政策的调整与创新。

在这些改革中，美国着力推进四项改革，努力建立以造就"有效教师"为核心的教师培训新流程。在该方面，美国重点推进的改革举措是：

其一，借助《力争上游计划》与《中小学教育法（修订案）》建立全新的教师评价与培训支持系统，对老教师与新进教育系统的大学毕业生进行专业测试，判断其专业有效性水平，把握其优点与需求，据此为中小学教师提供多样化的专业发展机会。

其二，厘定教师有效性的内涵与标准，充分考虑两类指标：一个是教师在促进学生发展方面所取得的成效；一个是教师在多样化专业评价活动，如基于一系列指标、标准及大家公认的有效教学观、有效教师能力结构观等之上的观察中所表现出来的教学技能水平。借助这两类指标来分析教师专业发展水平及其缺陷，为培训活动的开展提供针对性评价信息，努力提高教师培训活动的针对性，为教师提供量体裁衣式的专业培训服务。

其三，以公认的"教学有效观"为支点，在学校中创建合作性学习环境，促进教师学习共同体建设，促进教师间的互学互教活动，充分满足教师的个性化学习需要。

其四，建立有利于有效教师培训开展的制度环境，鼓励学区制定奖励、挽留、提高有效教师的举措，激励教师参训的积极性，确保每一位学生能够享有有效教学服务。①

可见，当代美国教师培训改革的三个关节点是，诊断评估—校内互学—制度激励。其中，诊断评估是基础，是确保教师培训服务个性化的基石；校内互学是核心，是满足教师多样化专业发展要求的途径；制度建设是保障，是确保教师专业持续发展的外围条件。借助这三个举措，美国教师培训活动正走向科学化、个性化与制度化，在职教师专业提升制度将日趋合理。

同时，为了真正帮助教师提高教育素养，一些别具创意的教师培训机构在美国出现，它们日益成为连接大学与中小学、教育理论与教育实践的桥梁与媒介，有力促进了教育理论向实践层面的"下沉"。

---

① ARNE DUNCAN. The Obama administration's plan for teacher education reform and improvement[EB/OL]. (2011 – 09 – 01)[2022 – 05 – 01]. http://www.2ed.gov/inits/ed/index/html.

【资料 6 – 4】

CASTL：促进教师的脑力劳动①

卡耐基教学学术学会（CASTL，即 carnegie academy for the scholarship of teaching and learning）始建于 1999 年，它所做的工作是一个促进教师专业发展的很好范例，其赋予教师教育者的任务是弥合理论与实践间的裂隙，为教学建立全新的知识基础。该学会支持学者对那些利用信息技术研发与使用来变革课堂教学的做法进行批判性分析与研究，致力于收集那些经过检验认为适合随时分享的教学范例。该组织的工作还包括：发现课堂实践中的至理，解决教师，包括新手与经验丰富专业人士在学习中遭遇的棘手问题，促进教学知识的生产……这些努力无疑有助于向我们展示别样的教师教育视野。"把教师及其教学实践智慧从研究的边缘推向研究的中心，以此为教师专业标准增加一个关键性的内涵。"这对职前教师培养与职后教师持续专业发展而言尤其重要。

另外，建立教师间日常观摩文化，推进大学与中小学合作伙伴关系建设，是美国教师培训中持续加力的重要改革创举之一。在美国，马萨诸塞州克拉克大学与小学示范学校的合作取得了公认的成功，揭开了大学—中小学合作伙伴关系建设的新篇章。其采取的成功举措之一就是为受训教师聘请多名合作导师或助理教师，通过观课、课例研究、指导教学设计等多种方式让受训教师得到多维度的专业指导。该校教师的在职学习已经成为一种习惯与文化，教师到其他教师课堂听课已经习以为常。

（二）拉美：探寻"以课为本"的教师培训新机制

近年来，随着联合国、国际银行组织等对拉美地区教师培训援助力度的加大，拉美教师培训改革大有后来居上之势，各种特色教师培训方式、思想、举措喷薄而出，引起了世界各国的关注。2000 年，泛美开发银行援助教师培训项目报告《拉美教师培训：变革与趋势》发布；2013 年，联合国教科文组织报告《拉美及加勒比海教师政策发展的背景与准则》发布，一系列全新的教师培训制度被迅速植入拉美国家，带动了拉美教育事业的迅速崛起。

在联合国教科文组织的报告中，教育专家为拉美等国教师培训提出了全新的六大原则，包括：保障教师接受相关且有意义的终身培训，确保持续培训对教师工

---

① Gallery of teaching and learning[EB/OL]. (2008 – 06 – 10)[2022 – 05 – 03]. http://gallery. carnegiefoundation. org/insideteaching.

作及学生成绩产生重要作用,开发适合教师教学专业发展阶段的培训路径,构建培训质量保障机制,推进学校合作学习,提高大学后课程的相关性。这些原则致力于帮助拉美建立起一个行之有效的教师培训体系。

在泛美开发银行援助项目报告中,北美洲教育专家从六个方面协助拉美国家开展了教师培训模式改革[①],其具体内容是:

1. 建立"课本培训"

所谓"课本培训",即"以课为本"的教师培训制度,其基本培训信念是,"新教师与真实专业实践情境接触越早,接触越长,培训效果越好"。在这种培训制度中,教师在教学实践中接受培训,每日课堂与教学内容中生发出来的问题与挑战构成了教师培训的内容,"教中学"成为教师培训的口号。

【资料6-5】

巴西的加速学习项目[②]

该项目的创造者引入了"教中学"的口号,以此来描述教师培训的核心理念。尽管事实上该项目重点不在教师培训自身上(而在降低学生留级率与辍学率上),但它包括了一些为教师准备的系统化学习内容。这些内容导引着项目实施过程,通过实施过程来训练教师。在实施这一项目中,参训教师获得了最生动、最具体的现场教师培训。

2. 构建有效教师培训服务

不同于职前教师教育,其培养效能取决于中小学能否为实习教师提供深度浸入课堂的机会,而在职培训效能取决于教师与学术机构间的关联度,中小学教师与学术机构,如师范大学、教师学院、教育研究协会等之间的联系越紧密,其培训效果越好。故此,建立大学与中小学间的合作伙伴关系,共同创造高品质培训服务,是拉美教师培训改革的重点之一。在拉美,优质教师培训服务的主要含义有两个:其一是为教师的自我反思与专业决定服务;其二是建立有效的培训激励与促进机制。教师培训其实是发展教师自我反思能力与决策能力的机会,而教师参训的积极性

① NAVARRO, JUAN CARLOS, AIMEE VERDISCO. Teacher training in Latin America: Innovations and trends[M]. Washington, DC, USA: Inter-American Development Bank, Sustainable Development Department, 2000.

② NAVARRO, JUAN CARLOS, AIMEE VERDISCO. Teacher training in Latin America: Innovations and trends[M]. Washington, DC, USA: Inter-American Development Bank, Sustainable Development Department, 2000.

至关重要,充分利用内外两种激励手段提高教师培训服务质量同样重要。对拉美教师而言,培训几乎是提高教师工资与专业水平的唯一途径,利用工资职称机制来提高教师的参训积极性,是拉美增进教师参训积极性的有力手段之一。尽管这种培训激励机制有其明显缺陷,但使用得当依然能够为教师培训活动提供坚实保障。

3. 促进团队培训与网络建设

培训意味着批评与分享、交流与反思,组建教师学习团队,建立面对面的教师学习交流网络,为教师提供"批判性朋友"来帮助其理性反省教学,与其共同分享经验,研发新教学策略,这已成为拉美教师培训的有力工具。这些拉美国家正试图为教师培训提供两个重要学习交流网络——实体的校本学习共同体与虚拟的网络学习共同体,这将有助于克服拉美地区教师本身面临的教学困境,如大班教学、复试教学等。

【资料6-6】

智利的教师培训微中心①

该中心由智利教育部依托"提升教师质量与公平项目"的农村子项目建立。微中心不是物理意义上的位置概念,而是指教师主导的专题研讨会,这些会议由感兴趣的教师倡议发起,由片区代表予以指导。微中心组织的论坛专门提供给农村教师,他们中有许多教师在仅有一位教师的学校中任教。借助微中心论坛,这些教师也有机会与其他教师分享经验,共同参与活动,向其他教师学习。有了这一培训服务,农村教师在课堂上发现的具体问题就可以及时得到解决,无疑,这些问题的答案就来自微中心参与者的教育教学经验与个人见解。

4. 充分利用教育学的支持与指导

项目成功的关键在于有无科学的指导机制,在整个培训中指导者具有重要作用,因为指导者能给参训教师培训以积极的鼓励与有效的反馈。在培训中,指导教师与辅导教师几乎是一线教师获得教育教学理论的主源,他们通过教师社群将教师与教师、教师与管理者联系起来,并借此向教师传播最新教育教学理念。拉美国家要求,指导教师每周要去每个课堂巡回指导4小时以上,且每年不少于40次。这一培训制度有助于提高中小学教师的理论素养与专业水平。

---

① NAVARRO, JUAN CARLOS, AIMEE VERDISCO. Teacher training in Latin America: Innovations and trends [M]. Washington, DC, USA: Inter - American Development Bank, Sustainable Development Department,2000.

5.把培训整合进更上位的教师事业与激励体系中去

在过去,拉美教师培训激励机制的构建是通过"加分"方式将之和教师工资与职称晋升关联起来的。但这种方式的过度使用导致了形形色色的文凭主义、资格主义,为拿证或加薪而培训往往成了教师参训的直接意图,导致大量劣质教师培训风行,最终扭曲了教师培训的目的,忽略了教师培训的"过程"意义。为了克服这一弊病,拉美教师培训正试图将培训结果与实质性培训目标关联起来,引导教师更加关注培训对教师个人专业发展的意义。其采取的新做法是,引入第三方开展教师培训业务,在培训前先审查培训内容及其相关性,教师参训一年后方可计入学分;将培训活动与教师选拔过程一体化,即在教师培训中引入竞争机制,那些培训中表现卓异的新手教师可以被校长雇佣一年,在这一年中继续参与培训并接受学校评估,满一年后决定是否继续聘用。

6.将培训作为应对本地社会与教育优先考虑问题的手段

实践证明,只有在培训针对教师、学生、学校中存在的问题展开时,在教育体制与培训活动相互支持时,有效的教师培训活动才可能发生。在国际组织指导下,拉美地区建立了许多区域性教师培训中心,开展针对性专项培训,以此有力应对区域性教育问题,如营养不良儿童教育、农村教师发展等,充分体现了教师培训为解决区域社会与教育发展优先问题服务的特殊功能。

(三)非洲:推进校本培训

在非洲,一系列国际组织援助力度有增无减,新型教师培训模式如雨后春笋般出现,尤其是在 USAID 发起的教师培训项目援助下,"以校为本"的教师培训改革迅速在非洲地区展开。这一培训坚持"整合个人学习需求与学校发展目标,将教师培训融入学校之中"的理念,提出了一系列培训项目设计原则,并开展了行之有效的教师培训方式改革,直接带动了非洲基础教育质量提升。[①]

在 USAID 项目的报告《首要原则:为在职教师专业发展设计有效教育项目》中提出的十条项目组织原则中,其中第六条原则要求:"在学校层面上开展在职培训项目,赋予所有教师以学习机会。"为了有效且节俭地开展校本培训,非洲教师培训项目的设计与实施都在学校层面进行,这就是校本培训,它很符合非洲的经济实情。校本培训的组织采取"教师自己发起,学校提供专业发展资料资源,学校管理

---

① UNITED STATES AGENCY FOR INTERNATIONAL DEVELOPMENT(USAID). First Principles:Designing Effective Education Programs For In – Service Teacher Professional Development Compendium[R]. (2012 – 06 – 01)[2022 – 04 – 15]. http://www. equip123. net/docs/ E1 – FP_In – Svc _TPD_Compendium.

者(或教学领导)指导,当地管理者或大学教师积极支持"的实施方式。例如乌干达教师培训项目——"SUPER 项目"(1993—2000),项目成员在当地教师教育学院支持下建立起了"学校群集系统",负责在校内或教师集群中开展在职培训活动。在这一项目中,前一批参训教师是精选过的,他们一般都有丰富的经验与优异的才能,受训后会成为教师教育学院的补充性辅导教师,每位辅导教师承担大约 20 所学校教师的培训指导任务。他们通过现场听课、协助教师解决问题、推进学习小组建设、训练社区成员、培养学习小组发动者等方式促进校本培训的开展。

在实施中,非洲校本培训确立了把教师培训与学校发展整合起来的目标,使其发挥更大的教育效能。USAID 项目报告的第九条原则着力倡导这一理念,要求"把在职教师培训与更大的学校改进目标关联起来,让全体学校成员参与到项目设计与学校质量监督过程中来"。所谓校本培训,就是"在学校教师群体中进行,以学校问题解决为内容,以促进学校发展为目的"的培训,但基于校本培训的教师群体专业发展途径常常会提升校内专业的力量而弱化学校行政集权的力量,尤其是一旦将其与学校中的教学评价、教学设计、教师的教、学生的学关联起来时,这种离心的力量可能会更强。在这种情况下,推进教师培训与学校整体发展目标间的整合尤其重要。从学校整体发展来看,它源于教师、管理者、父母、学生的共同发展。一旦教师积极参与在职培训,落实学校改进计划,一种学校与教师相得益彰的发展机制就可能形成。为此,USAID 教师培训项目中引入了以下改革内容:以学校整体改进为目标,以培养教师个人发展责任为重点,以社区参与为辅助,系统推进校本培训新模式的形成。在纳米比亚,其校本培训项目把教师、学校领导、部分社区成员组织起来,在学区督导的支持下开展系统教师培训,重点开展教学质量提升方面的专项培训,确保学校改进年度目标的实现。在教学能力培训中,这些项目非常关注教师的课程实施能力、学生主动学习能力、学生批判性思考能力;在培训项目管理上,强调学校内部合作与社区参与学习效果监督,力促强大培训合力的形成。这些项目的实施促进该地区教师培训方式的改进。

同时,为了实现教师、学校与社区三者在教师培训中的密切合作与相互支持,USAID 组织还为非洲设计了便捷的在职培训项目"六步设计法",即让所有利益相关者参与项目设计;根据现有政策与项目设计出初步方案;向相似国家吸收成功项目设计经验;将所有教师纳入项目中来;开始小规模培训,边改进边扩大规模;支持教师改进教学工作水平。这一培训项目组织步骤有利于校本培训理念在非洲学校中的落实。

(四)欧洲:加强教师专业建设

2007 年,欧盟委员会发布了报告《提高教师教育质量》,就欧洲教师培训政策及其改革思路问题做了集中探讨。在该报告中,欧盟提出了教师培训工作的四项目标,即把教师专业建设成为一个高素质专业、终身学习型专业、流动性专业与基于同伴合作的专业。① 在高素质专业建设上,欧盟强调每位教师要有广泛的学科知识、良好的教育学知识、拥有指导学生学习所需的知识技能,以及对教育现象背后社会与文化层面的深刻理解;在终身学习型专业建设上,欧盟教师应该认识到工作岗位上知识获取的重要性,能够开展教学变革,并基于事实来改变自己对工作的理解;在流动专业建设上,欧盟鼓励教师去他国任教,开阔教育视野,以实现专业发展的目的;在伙伴合作型专业建设上,教师应该与学校、环境及其他利益相关者合作,不断提高自己的专业水平。这四大目标从理念上对欧盟教师培训改革方向进行了清晰定位。

在教师培训改革上,欧盟工作的两大重点是引导教师终身学习与提高教师自我发展能力。针对前者,欧盟要求教师在工作前三年要参加有效的入职培训项目,在整个职业生涯中要积极参加老教师和其他专业人员组织的系列化培训与辅导,要定期参与专业发展需求方面的讨论,在工作机构中获得许多方面的发展;针对后者,欧盟提出了教师在职培训工作的改革目标,即让教师学会设计自己的终身学习路径,修炼五项自我专业发展能力。这些能力分别是:持续系统反思自己实践的能力,开展"基于课堂的研究"的能力,将学术研究成果整合进课堂实践的能力,评价教学策略的有效性并予以补救的能力,以及评价自己培训需要的能力。应该说,这五项能力全面揭示了教师作为一名优秀参训者应该具备的基本素质要求。

为了达到上述培训目标,欧盟确定了未来一段时期内教师培训改革的主要方向是:实施终身学习项目,利用欧盟社会基金改进教师培训内容,增加培训投入;建立评价指标体系,及时发现教师培训中存在的问题,报道教师培训工作进展;创新并传播教学与培训方面的知识,通过终身学习项目与研究框架项目促使成员国充分利用这些专业知识;支持教师培训方面出现的新创举,变革教师培训工作;不断评价进展情况,并提出针对性建议;等等。

(五)OECD:基于"高专业"的教师培训改革

近年来,OECD关于教育事业的改革文件对世界各国教育改革均有一定的引领意义。在其2010年发布的48号教育工作文件,提出了一个具有至高统率性的教师培训目标——把教师行业按照"高水平专业"来建设、改革。该文件指出,教师学习主要是一种"实践学习",其效果依赖于许多因素,如国家过去传统、当下组织机构、教育系统的体制性特征等,为此,在具体设计教师培训项目时要考虑两个方面,注重情境针对性,考虑教育工作与学校发展的具体需要。在OECD看来,教

---

① EUROPEAN COMMISSION. Commission of the European Communities[R/OL]. (2007 - 03 - 08)[2022 - 05 - 05]. Improving the Quality of Teacher Education. Brussels.

师是具有自主意识、批判意识与专业的问题解决能力的人,是实干型知识分子、课程开发者与实践知识生产者。① "有力的教师培训"一定是能包容学科专业与教育学知识,能持续发展教师专业技能,协调包括师生与管理者在内的多样化要素,深入理解教师教学环境的教师培训,一定是能把适合教书的人吸引到教学行业并通过培养使之具有特定素质结构,适应国家特定需要的优秀教师。这就是"高水平专业"的具体内涵。②

为了实现这一培训目标,OECD 呼吁各成员国推进以下教师培训改革:

首先,提高教师所受教育与课堂实际情况间的一致性。教师作为实践行业,对其专业人员的培训更应重视实践课程,关联教育理论与教育实践问题,帮助教师建立职业的统一性,克服教师作为"理念人"与"实践人"双重角色间割裂的现象。各种教师培训活动,如辅导、课堂观察、教学设计等应尽可能与特定国家的国情高度一致。

其次,充分认识在职培训的重要性,将其放在教师学习连续体中加以整体设计。OECD 建议各成员国在教师学习这一主轴上,在终身学习理念指导下统一设计教师教育政策。在政策设计时要充分考虑职前与职后、正式培训与非正式培训间的连续性,努力形成以职前教育为坚实知识基础,以职后培训来更新知识,努力形成与变革的教学环境相适应的教师专业发展格局。在这一教师学习连续体中,OECD 建议教师把职后培训视为自己的一项"专业责任",不断强化教师参训的责任意识与内在要求。在培训项目设计时既要保持与职前教师教育间的关联性,又要关注学校的发展需要,允许教师之间产生充分的互动。

再次,建立培训服务提供者网络,贯通各种教师培训服务类型。在各国,教师培训服务的提供者是多样化的,学校、国家、专业组织等都是教师培训服务的供给者。这一格局的优点是它便于开展市场化竞争,促使优质培训服务的涌现,但其缺点是不利于各培训服务形态间的整合与协调。OECD 建议,应该大力推进教师培训服务的一体化,即各种培训服务应该尽量由同一机构提供,确保各类培训服务间的协调,以此统整四种基本教师培训模式——师范学校模式(以实践训练为主)、学术传统模式、教学专业化模式与最低能力模式,为参训教师提供效果最优的系列化培训服务。同时,教师培训服务一体化也应包括加强在职教师与职前教师(即师范生)间的联系与培训合作——在职教师可以向师范生传授教学经验,而师范生还

---

① FEIMAN – NEMSER S. From preparation to practice :Designing a continuum to strengthen and sustain teaching[J]. Teachers College Record,2001,103(6):105.

② PAULINE MUSSET. Initial teacher education and continuing training policies in a comparative perspective—Current practices in OECD countries and a literature review on potential effects[R].(2010 –10 –01)[2022 –05 –10].www.oecd.org/edu/calidadeducativa.

可以与在职教师共享最新教育教学理念。这一做法无疑有助于职前与职后教师教育的共同发展。

最后,加大教师培训项目的创新力度。教师培训项目设计依然是提高教师培训质量的抓手,OECD 建议成员国在后续教师培训项目设计上应该考虑以下三点:其一是重视有效校本教师培训项目,由于校本教师培训项目与教师的具体需要、学生的学习环境直接相关,故该项目有助于促进教师间的协作与研讨,增强教师的参训兴趣,产生协同增效效应;其二是增加项目设计的弹性,积极创造客制化项目,即增加教师培训项目设计的自由度,尽可能按照教师、学校的需求设计出量身定制型的选择性教师培训项目,使之成为常规教师培训项目的有力补充;其三是增加项目设计的创意,包括两点内容:一方面,在培训项目设计时要尽可能为教师提供多样化的可能选择,以适应不同教师的学习风格与要求;另一方面,要从总体上考虑在职培训与职前教育、传统培训项目与其他项目间的动态关系,例如,在压缩职前教育的同时增加在职培训时间,通过压缩培训班级规模或增加培训时间来提高教师培训质量等,都能达到培训增效的目的,这些举措理应是后续教师培训项目改革的方向。

(六) IALEI:合作伙伴关系建设中培训教师

作为重要国际组织之一,IALEI 向世界各国大力倡导"大学—中小学合作伙伴关系建设",希望借此推进教师培训方式的根本性改革。如前所言,大学与中小学合作伙伴关系建设既是克服"以大学为本培训"与"校本培训"各自缺陷的有力途径,也是缩小教育理论与教育实践间差距,充分释放最新教育理念的变革实践潜能的重要方式。通过伙伴式合作,利用二者间的交流互动机制来培养优秀教师,实现大学与中小学在师资培养工作上的共享与共赢,无疑代表着世界教师培训改革的趋势。由此,合作伙伴关系建设成为 IALEI 组织 2008 年报告的焦点,大学与中小学合作方式的改进与优化预示着世界未来教师培训方式变革的方向。该组织认为,传统合作伙伴关系建设强调的是加强大学与中小学间的关系,而在当代,随着社会对教育重视度的提高,学校教育利益相关者团队不断扩大,合作伙伴关系建设也不断扩大。为此,2006 年,英国政府教育与技能委员会在其《学校发展白皮书》中倡导学校建立一种"自我治理托拉斯"机构,以此促使学校与新合作伙伴加强关系,提高伙伴关系的水平。同时,英国还建议建立全国学校理事会,推动学校与新合作伙伴间的科学匹配,促进学校与合作伙伴间的共进更强。借助伙伴关系的建立,中小学成为大学与中小学共建的一所教师专业发展学校,教师培训有了更为广阔的学习平台。

IALEI 组织通过对 50 多个国家教师教育领域中的合作伙伴关系建设状况调研发现,创建共赢、实效的合作伙伴关系是提高教师培训质量的重要条件。进言之,有效的合作伙伴关系具有四个必需因素:共享的发展目标,即合作双方要在充分考虑各自兴趣与要求的基础上找到协作点,让双方看到合作事关双方的核心工作、核心利益,如提高中小学教学质量,提高教师培养质量等;确立清晰的目标与达成这些目标的灵活策略;对合作方信念、观点、经验与知识的尊重,理解最终的共同合作目的;有足够的可支配资源与对其他资源的吸附能力。在学校合作伙伴关系建设中,政府是关系建设项目的促进者,尤其是在知识创新、真正学习与教师终身学习上要做好推动工作;大学教师要积极介入中小学教育教学工作,推进学校之间的强强联合,将大学的专业知识带到中小学去;利用指导实习生这一契机,大学教师与中小学教师要展开深入交流,共同观察、研讨、评价教师的授课。① 可见,在大学与中小学新型合作伙伴关系建设中,教师职前培养、在职培训将会在实践中走向深度融合与交互促进!

【拓展阅读】

1. 龙宝新. 当代国外中小学教师培训理论的发展与走向[J]. 天津师范大学学报(基础教育版),2017(1):1-8.

2. 雷婧涵. 国外怎样开展教师培训[J]. 甘肃教育,2016(18):22.

3. 王晨. 国外中小学教师在职培训特点及启示[J]. 天津市教科院学报,2015(6):62-64.

4. 周文杰,魏政莉. 国外教师培训研究现状述评:基于知识图谱分析[J]. 教师教育研究,2012(4):91-96.

5. 龙宝新. 当代国际教师教育研究[M]. 北京:科学出版社,2016.

【学后作业】

1. 谈一谈:国外对教师培训的理解与我国有何不同。

2. 想一想:国外教师培训改革的趋势是什么?

3. 问一问身边同事:国外教师培训的理念与方法如何本土化地加以应用与创新?

【实践练习】

对国外教师培训的目的、理念、方法、路径等全面掌握基础上绘制思维导图,将之作为自己参训方式改进的借鉴参考。

---

① THE INTERNATIONAL ALLIANCE OF LEADING INSTITUTES (IALEI). Transforming teacher education redefined professionals for 21st Century Schools[R]. (2008-06-01)[2022-05-11]. http://www. highered. nysed. gov/NCATECR.

第七章　教师专业发展指导者

【导学提示】

通过本章学习,达到以下学习目标:

1. 领会教师专业发展指导者的内涵;

2. 领会教师教育者与教师专业发展指导者间的微妙区别;

3. 理解教师教育的多样化角色;

4. 会在教师教育者、教师专业发展指导者素质要求学习基础上改进自己对青年教师的指导方式。

随着系列化教师教育标准的发布,我国教师教育专业化进程提速,标准化与专业化成为新时期国家教师教育体制改革的关键点。无疑,"标准化"不等于"考试化",不只是对某些教师教育环节的精细调节,相反,对教师教育全局的控制与导向才是国家建立系列化教师教育标准的真实意图。教师教育的过程质量是决定教师教育标准化目的是否达成的根本尺度与关键环节。客观地说,教师教育系统中最具能动性的因素之一是教师培养者,其次才是教师教育课程与教师教育管理,教师培养者的专业化水准决定着其所能提供的教师教育服务的品质,决定着一切教师教育改革终端目的能否顺利实现。在整个教师教育系统中,教师培养者无疑是一个关键链环,师范大学能否为教师教育机构造就一批高素质、强艺能、专业化的教师培养者直接决定着国家卓越教师培养计划的落实,直接关涉全国教育改革与发展的大计。正是如此,探讨教师培养者的素质及培育问题必然是当代教师教育改革领域中最具现实意义的一个话题。

第一节　认识教师教育者

从根源上厘清教师教育者的社会角色、功能定位与素养构成,为教师教育者专业化建设铺平道路,敦促教师教育者研究回归"教师专业发展指导者"的本位角色,是促使教师专业发展顺利展开的主体性条件。我们相信,教师专业发展指导者是绵亘于优秀教育实践者与教育研究者间的"跨界人",归属于一种特殊专业类型——复合型专业。这一身份定位是突破各种教师教育者指涉对象分歧的最佳学术停靠点。

作为"教师的教师",教师教育者的专业化水平是决定教师教育质量的首要因素,探明教师教育者的身份定位及其关键素养构成无疑是当代我国教师教育系统升级的重要切入点。近年来,欧美国家对教师教育者的关注度日渐飙升,教师教育者理论研究开始起步,但令人担忧的是,部分西方国家在"教师教育者"内涵尚未达成共识的情况下便开始了专业标准构建工作,导致"教师教育者研究"与"优秀教师研究""高校教师素质研究"混淆,对教师教育者的独特专业属性关注不够,引起了教师教育者的角色转型和职业认同困难等一系列困境的发生。[①]

当今,教师教育者研究领域已经达成的共识是,该行业尤其重要,应该成为一门专业,教师教育者专业化是教师专业化的自然延伸与应有之意。但在行业发展中,其面临的最大难题是对象指涉问题,即"谁是教师教育者"的问题,相对而言,教师教育者的素养构成、培育路径问题似乎还不是探究的时候,这是因为,指涉对象的原点问题不解决,其他相关的研究显得不够科学。

一、教师教育者界定面临的困惑

总览国内外研究成果,"教师教育者"的界定与外延问题尤为令人瞩目,成为最令研究者头痛的一个话题。就目前来看,已经出现的许多定义看似较为妥当,如认为教师教育者是"帮助准教师们奠定专业知识基础,并传授给他们在未来能够持续地且独立地进行专业发展的工具的人"[②],是"为准教师提供教学或给予指导和

---

① 陈晓端,陈渝.当代西方教师专业发展指导者研究热点知识图谱与可视化分析[J].教师教育研究,2018(4):106 – 113.

② KARI SMITH. Teacher educators'expertise:What do novice teachers and teacher educators say? [J].Teaching and Teacher Education,2005,2(21):177 – 192.

支持,从而为学生成长为有能力的教师提供坚实贡献的人"①,等等。但是,一旦细究其具体外延或指涉对象,上述"教师教育者"的界定会暴露出一系列弊病,无边界性、两极性就是其集中体现。这一问题的出现与其定义方式的缺陷如影随形,成为深入推进教师教育者研究的一道壁垒。

(一)无边界性

教师教育者到底指哪些人? 这是教师教育者定义的外延问题,国内外学者定义中流露出来的一个共同倾向是:"凡是一切承载着教育智慧的并服务于教师发展的人、物、工具、事件、故事等都是'教师教育者'概念所应指涉的对象之列,都可归属于'教师教育者'这一称谓之下。"②譬如欧洲对教师教育者的认定,它不仅包括一切教育研究者、一切高校任课教师、中小学教师,甚至包括"'在职过程中'取得资格阶段提供支持的一系列人员"③,概念泛化到如此程度。另外,还有英国学者默瑞的定义,教师教育者是"所有高等教育里培养(准)教师的、所有中小学里培养(准)教师的人员"④。这一看法颇为流行,让人感觉一切与准教师、新手教师、成长中教师相关联的人都可以以"师者"身份自居,都可以对教师发展指手画脚。究其根源,导致教师教育者指涉"泛化"的主因之一是教师教育对象确定的边界模糊性,即误以为所有发展阶段、任职层次的教师都需要教师教育者的指点。表面上看,这是"终身教育"思想的体现,但实际上与教师专业发展规律不符,因为卓越教师主要是"教师自我学习"的杰作,而非"教师教育工作"的产物,只有那些师范生、新手教师等准教师才是教师教育工作面向的特定对象。我国学者也持有类似观点,如认为教师教育者包括准教师的指导教师、在职教师的培训者、指导实习教师的合作教师和新任教师的指导教师等。⑤ "全即是无",其实,"无所不包"就是指涉

① KOSTER B,DENGERINK J,KORTHAGEN F,LUNENBERG M. Teacher educators working on their own professional development:Goals,activities and outcomes of a project for the professional development of teacher educators[J]. Teaching and Teacher. Education,2008,14(5－6):568.

② 李亚红. 论服务性教师专业发展指导者[J]. 教学与管理,2010(4):31.

③ ETUCE. Teacher education in europe. An ETUCE policy paper[EB/OL]. (2011－08－12)[2022－05－11]. http://etuce. homestead. com/ Publications2008/ ETUCE_PolicyPaper_en_web.

④ MURRAY J. Teacher education and teacher educators:Exploring the implications of research for European policies and ractices[EB/OL]. (2012－07－08)[2022－05－11]. http://ec. europa. eu/education/School－education/doc/educator/murray_ en.

⑤ 马文静,胡艳. 成为教师教育者:基于大学教师教育者身份建构的质性研究[J]. 教育学报,2018(6):88－96.

泛化、不着重点、扼杀边界，就是一场"没有主角的表演"。无边界性是当代教师教育者定义中面临的最大问题，是其内涵模糊、外延混乱的直接原因。这一定义方式面临的直接问题是，教师教育者研究无从下手，没有聚焦点与确定人选，导致研究力量分散、无法聚焦；教师教育者既可以是"主业"也可以是"副业"，甚至是"业余"，在任教师教育者缺失了主攻方向，教育界的任何人都可以将教师教育者视为自己的职业"备胎"，教师教育者队伍缺乏骨干力量支持。长此下去，教师教育者行业势必陷入名存实亡的境地，专业化研究被扼杀在摇篮之中。

（二）两极性

其实，大部分学者还是认为，教师教育者的两大核心力量是基础教育机构中的教师教育者与大学教师教育机构中的教师教育者，二者构成了教师教育者队伍的两极——教育实践者与教育研究者，教师教育工作随之由二者联合的方式，即"1 + 1"式来实现。在教师教育实践中，二者的"极性"与矛盾时不时会体现出来，实践者热衷于告诉准教师"如何教学"，理论者热衷于强调准教师"如何思考教学"，似乎二者间的冲突会在准教师身上自然磨合、交合。其实不然，这一观念恰恰是教师教育工作在实践中无法达到预期效果的症结，成为当代教师教育系统内部矛盾与根本缺陷的孕育地，毕竟让普通教师或准教师去完成教育理论与教育实践有机接合的想法不太现实。如若"1 + 1"式教师教育者构成格局不打破，高校教师教育实践始终难以克服效能"有限性"的劣根，始终难以造就出卓越教师。诚如有学者所言，"教师教育者是一个多样化的群体，但最影响他们的职业发展和职业满意度的挑战就是如何在象牙塔和田野之间确认自己的位置"[①]，这正是当代我国教师教育效能不彰的内核问题。当代教师教育最需要的正是站在"在象牙塔和田野之间"的"两栖人"或"跨界人"，即专业型教师教育者。研究表明，无论中小学教师兼职还是专职高校教师教育者，都不是一个最佳的选项，[②]当代教师教育改革倡导"双师型"教师教育者具有其实践合理性。

---

① Z MAYER D，MITCHELL J，SANTORO N，WHITE S. Teacher educators and 'accidental' careers in academe：An australian perspective[J]. Journal of Education for Teaching，2011，37(3)：247 - 260.

② 王鉴. 跨界的能动者：教师专业发展指导者专业成长路径探析[J]. 中国教育学刊，2019(7)：84 - 90.

【资料 7 - 1】

如何理解教师教育者?①

"谁有资格成为高校教师教育者?""高校教师教育者应具备的素养和能力?"受传统与现实等因素的影响,人们往往片面地认为,"只要学科专业知识过硬就能培养该学科的中小学教师",致使高校教师教育者的专业水平和教学能力良莠不齐。清晰、准确的身份认知既是教师教育者自觉承担工作职责与使命的前提条件,也是维系自身职业完整性与发展主动性的内在动力。

积极引导高校教师教育者明确职责要求,促进身份与角色的统一。随着教师教育大学化的深入,科研成果及项目作为衡量教师学术水平和工作业绩的标尺,教师教育者的"研究者"身份被无限放大,对"教师的教师"身份认同在削减弱化。教师教育者的身份认同是从一名大学教师到专业教师教育者的成长演变,要意识到师范生与非师范生的培养过程、教师教育者与学科专业教师的岗位职责等差异较大,只有正视二者的异同,才能正确辨识自身的使命。2017 年年初,教育部教师工作司长王定华表示:"'十三五'期间师范院校一律不更名、不脱帽,聚焦教师培养主业,加强教师教育体系建设。"在相关政策文件的指导下,将极大增强高校教师教育者的从业信心和身份认同,引领教师教育者队伍良性发展。

二、跨界人:专业教师教育者的科学身份定位

基于上述分析,教师教育者研究要走出泛化论、两极论的误区,就必须另辟蹊径,这就是教师教育者身份的重新定位问题。在科学定位指导下,遴选或造就出最适合这一身份定位的专业人是当代教师教育者的专业化之路。我们相信,专业教师教育者不应是一个兼职岗位,不应是优秀教师、专职教育研究者的兼职对象,而是"一身兼二任"的"跨界人",是具有复合型专业资质的专门工作者。这一论断既有其历史逻辑,也有其属性依据。

(一)教师教育者的角色演变

教师教育者的未来潜藏在其演变轨迹中。历史地分析,教师教育者的角色演变大致会经历五个阶段:自我教师教育者阶段,即"以己为师"阶段,出现在教师职业诞生初期,此阶段"有知者即可为师",无须经过专业训练,教师只能自己摸索教

---

① 王强,赵岚.从工具走向价值:高校教师教育者身份认同的现实困境与理性复归[J].黑龙江高教研究,2022,40(3):75-80.

学之道;师傅阶段,即向优秀教师同行学习阶段,始于学校诞生而终于师范学校出现,属于师徒式教师教育盛行时期;高校教师主导阶段,始于师范院校出现之后,教育研究者成为师范教育、教师教育的主体,甚至他们还通过培训、讲座等形式主导了职后教师教育;合作教师教育者阶段,即一线教师与高校教师共同担任教师教育者的"双导师"阶段,是当代世界主流教师教育者形态,表现在中小学教师身上就是高校专家与一线名师合作主导教师职后培训项目;双师型教师阶段,即未来即将成形的专业型教师教育者主导阶段,教师教育者由专人担任,"'理论—实践'两栖型教育专家"成为教师教育者的主体,教师教育者专门行业逐步形成,教师教育者的专业人身份最终获得认可。有学者指出:"仅仅凭借两类不同来源的教师教育者,或者仅仅凭借高等教育中的教师教育者和中小学导师,是无法真正将理论与实践融合在一起,因为他们之间总是存在着隔阂,我们需要的是在同一个教师教育者身上实现理论与实践的融合。"①基于这一论断,我们相信,理论优势与实践专长合一型教师教育者必将成为专业教师教育者的唯一法定形象。

(二)跨界性:专业教师教育者的根本职业属性

教师教育者不是一般意义上的"专业人",即某一领域中专业素养高度发达的职业人,而是同时栖身两个专业领域——教育研究领域与教育实践领域并具有复合型专长的特殊职业人,是长期游走在两个专业领域的中间型职业人,是负责搭建大学与中小学之桥的"跨界的能动者"②,称之为"跨界人"较为符合教师教育者的职业现实与职业期待,有助于引领教师教育者行业健康发展。因此,跨界性或中间性是教师教育者的关键职业特点,其表现如下:

1. 子身份的复合性

教师教育者的跨界性首先体现为它不止是一种职业身份,而是多种"子身份"的交叉,这与普通专业人的身份特征有所差异。荷兰贝加德等人指出:"教师的专业身份包含了可能和谐也可能不和谐的子身份。"③教师教育者的身份构成更是如此,它不仅是一小撮职业身份的叠加,更是两类身份的合成,即教育研究类身份与教育实践类身份的复合。一方面,教师教育者必须首先是教育实践者,实践意识、

---

① 郑丹丹.教师专业发展指导者及其专业标准的国际比较研究[D].上海:华东师范大学,2013:42.

② 王鉴.跨界的能动者:教师专业发展指导者专业成长路径探析[J].中国教育学刊,2019(7):84-90.

③ BEIJAARD D. How do you become a teacher educator[EB/OL].(2011-07-28)[2022-05-15].http://www.kennisbasislerarenopleiders.nI/english/documents/Professiontheory3.

实践经验、实践经历、实践责任是教师教育者的必备素养内容,一线教育实践经历、经验是其科学设计教师教育方案、课程、教学的基础,而服务于一线教育实践的意识与责任则是其从事教师教育工作的终极目标。所以,教师教育者必定过去是、现在是、将来也是一名有基础教育实践经历与担当的实践者,是基础教育实践者与教师教育实践者的合体;另一方面,研究教育实践、开展学术研究、形成理论成果是教师教育者作为研究者的必需身份构成,一个不会研究、反思、统观教育实践,不会提炼观点、理念、思想的教师教育者是不可能把教师学习者带向理想高度、专业境界的。所以,高校研究员、大学教职员身份是教师教育者的主要子身份。当然,除此之外,更重要的是其第三类子身份,即作为教师专业发展的激励者、指导者、协调者、促进者与评价者。相对而言,前两类子身份是教师教育者的社会身份、基本身份,而后一身份才是教师教育者的现实身份、实质身份,是其在教师教育实践中担负的法定身份、主要身份。因此,教师教育者是中小学教师、高校研究者与教师发展指导者等子身份的合成体,必须是三类身份交合而成的"重叠身份"。国内外研究表明,优秀中小学教师不是理想的教师教育者,这是因为一旦进入高校后,其面临诸多困局,如身上的基础教育从教经验会失效,教师教育从业准备不足,中途改行难度巨大,等等,①故难以成长为合格的教师教育者;高校教育理论研究者也非理想的教师教育者,因为其教育实践经验匮乏,容易导致一种"缺乏实践意识、实践关怀不足"的呆板教育理论教学,无法驱动准教师的真正教师专业发展进程。从这一角度看,子身份复合性是教师教育者的关键特征,是其之所以被划入"跨界人"或"第三专业"的客观依据。

2. 从业领域的中间性

教师教育者之所以是两个教育领域——理论研究领域与工作实践领域的媒介者、中转者与统摄者,这是由其职业属性——教师成长导师的属性决定的。教师教育者研究先驱者史密斯指出,"教师教育者扮演的多重角色中的重要角色之一是,在准教师从大学教师教育机构中学习的理论知识与其在中小学校进行的教学实践之间充当桥梁的作用,即发挥理论联系实践的作用"②。所以,将教师教育者区分为"基础教育机构中的教师教育者"与"高等教师教育机构中的教师教育者"是有问题的,存在一种"在没有专业教师教育者出现之前随意替代教师教育者角色"之

---

① MURRAY J,MALE T. Becoming a Teacher Educator:Evidence from the Field[J]. Teaching and Teacher Education,2005,21(2):125.

② KARI SMITH. Teacher educators' expertise:what do novice teachers and teacher educators say? [J]. Teaching and Teacher Education,2005,21(2):177 - 192.

嫌。教师教育者是同时精通两个领域的复合型专家,是打通两个领域间的界限,促使理论与实践深层对话、双向互动的第三种专业类型。可以预见,这一专业类型的培育与成熟是摧毁当代基础教育领域痼疾——"理论在天上飞,实践在地上爬"弊病的终结者。就好似婚姻关系中的媒人一样,教师教育者的主要职能是,做好教育理论与教育实践双方的匹配工作,推动二者间互通互联、相互转化、共生共长,在此过程中彰显教育理论与教育实践在教育改革中的各自优势,最终达成助推教师专业发展的目的。换个角度来看,教师教育者一定要有一线实践经历但未必是实践圈层的佼佼者,让最优秀的一线教师来指导准教师发展,反而容易被其固化的实践思维所限制;教师教育者一定是教育理论研究者但未必要是教育理论专家,真正用理论研究思维、理论研究成果来指导实践,很容易让教师工作陷入本本主义的旋涡。正如以色列所要求的那样,"教师教育者的专业知识是可理解的、丰富而有深度的,建立在理论基础上、在实践中检验理论"①。成功教育决策的做出一定是实践者有效兼顾、兼容、融通教育理论与教育实践双重优势的结果,教师教育者职业诞生的本意正是要教会准教师善于利用理论智慧与实践智慧来构筑其专业发展的快速通道。所以,称教师教育者为"跨界人",非常契合教师教育事业的客观事实与功能期待。

3. 职业功能的二阶性

教师教育者的"跨界人"身份还体现在其职业功能的二阶性上,即对教育实践、教育理论的反省意识与元认知上。人类的意识有三种,即自在无意识行为、可控有意识行为与反思性有意识行为。第三种意识行为就是基于二阶思维的反思性行为。教师教育者的行为显然具有二阶性特征,这是因为其从事的不是一般教育教学活动,而是"教'教学'""教'育人'"活动,是引导准教师"学'教学'""学'育人'"的活动。诚如有学者所言,教师教育学"不仅仅是教学行为,更进一步,它是教'如何教学'与学'如何教学'之间的关系,以及两者如何联合起来通过有意义的实践来促进知识和理解的增长"②。如果说"元认知"是指关于"认知的认知",那么,教师教育者的教育实践更多面临的就是"元教学",即"教学的教学"(英文文献

---

① KARI SMITH. Teacher educators expertise:What do novice teachers and teacher educators Say [J]. Teaching and Teacher Education,2005,21(2):190.

② LOUGHRAN J. Developing a pedagogy of teacher education:Understanding teaching and learning about teaching[M]. London:Routledge,2006:2.

中通常表达为"teaching about teaching"或"teaching and learning about teaching"①）。这正是基于教师教育"教教"与"学教"这一本质特征，是其在教师教育者身上所体现的实践二阶性样态。这也是教师教育实践的独特属性与功能所在。进言之，教师教育者从事的工作不是机械地搬运教育实践经验、教育理论知识，而是站在更上位的角度来反省教育理论的功能、价值与使用，反思教育实践经验的优势、运用与改造，进而在更高水平上引导准教师去驾驭、整合教育理论与实践，全面提升教育理论与教育实践的复合优势与联动效益。这是教师教育者的特殊使命与专有职能，是实践者与研究者都难以担当的一项重任。其实，教师教育者的"二阶性"早有国外学者谈及，他们认为的"两阶"是：中小学教师是第一层级的教育实践者，掌握的是教育知识、教学技能；教师专业发展指导者是第二层级的特殊实践者，他们"需要掌握第一层级的学校教育知识与第二层级的教师教育知识（对学生和教师），以及面对成年专业学习者所需要的教学法技能"②。与之相应，教师专业发展指导者需要具备二阶双层能力，"第一层面的教师能力（教的能力），第二层面的教师能力（教如何教的能力）、知识生产（研究）、系统能力、横越能力（就业能力）、领导能力"③。其中，第二层能力是教师专业发展指导者职业功能二阶性的具体体现。就其二者关系来看，要想掌握第二层知识能力，就必须对第一层知识能力达到精熟的水平，就必须具备反省思维与全局思维，尤其是对第一层知识能力进行监控、协调、反观、综合、评判的能力。可见，教师专业发展指导者不仅掌握的知识远比一线教师广泛丰富得多，更重要的是要具备高站位的眼光与意识。所以，以色列对教师专业发展指导者提出的知识要求是，"对教育系统的综合理解，关键在于不仅仅熟悉自己具体所处的教学场合下的教育系统"。④ 进一步看，教师专业发展指导者的职业功能二阶性的集中体现是反思性、整合性与融合创新性。如果说教育

① LOUGHRAN J，RUSSELL T. Teaching about teaching：Purpose，passion and pedagogy in teacher education［M］. London：The Falmer Press，1997；LOUGHRAN，J. Developing a pedagogy of teacher education：Understanding teaching and learning about teaching［M］. London：Routledge，2006.

② MURRAY J. Teacher education and teacher educators：Exploring the implications of research for European policies and practices［EB/OL］.（2012 – 07 – 08）［2022 – 05 – 15］. http：//ec. europa. eu/education/School – education/doc/educator/murray _en.

③ OECD. Educating the teacher educators［EB/OL］.（2012 –04 –08）［2022 – 05 – 15］. http：//www. oecd. org/of3icialdocuments/public displaydocumentpdf/？ cote = EDU/CERI/CD/RD（2010）3&docLanguage = En.

④ SMITH K. Teacher Educators Expertise：What do Novice Teachers and Teacher Educators Say［J］. Teaching and Teacher Education，2005，21（2）：190.

工作者可以分为四个层级,即经验者、实践者、研究者与整合者,那么,教师专业发展指导者位于第三层级,其职业身份理应是教育理论与教育实践的整合者(图7－1)。

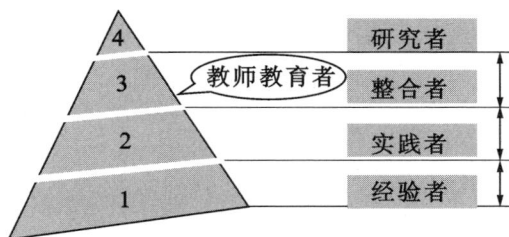

图7－1 教师专业发展指导者在教育工作系统中的职业功能图示

第二节 教师教育者的关键素养与培育路径

作为"教师之师",教师教育者必须具备一些关键素养,这就决定了其具有一些独特的培育路径值得关注。在此,我们将对这些素养与途径做以探讨。

一、教师教育者的关键素养

显然,导致教师专业发展指导者外延无所不包现象的根源是学者对其硬核素养、关键素养构成把握不准,从"跨界人"角色定位出发,分析教师专业发展指导者的硬核素养,就成为击退各种争议,引导教师专业发展指导者行业健康、持续、快速发展的关节点。学者指出,在教师专业发展指导者标准定位上,应该"增加一部分特定领域能力的要求"[①],这一要求无疑是教师专业发展指导者专业化发展的基石。所谓"关键素养",就是教师专业发展指导者行业所特有的硬核性素养构成,是该行业存在的标志性素养要求,是该行业持续存在、日渐坚挺的不可替代性素养要素。进言之,这一素养构成不是以"多"取胜而是以"特"取胜,不是以"量"取胜而是以"质"取胜。这里的"特"与"质"不仅体现在要素内容的独特性上,还体现在要素构成方式的独特上。例如美国的协会组织认为,教师专业发展指导者的独特能力构成是"示范、文化、学术、发展、合作、宣传、推动、展示等能力"[②],这一理解并

---

① 郑丹丹. 教师专业发展指导者及其专业标准的国际比较研究[D]. 上海:华东师范大学,2013:111.

② ATE. Standards for teacher educators[EB/OL]. (2011－07－20)[2022－05－20]. http://www.atel.org/pubs/uploads/tchredstds0308.

未触及教师专业发展指导者的硬核素养成分,而是以泛泛能力列举的方式来表达教师专业发展指导者素养,结果反而掩蔽了教师专业发展指导者的独特素养。我们认为,教师专业发展指导者的三个独特素养构成是:"理—实"贯通能力、扁平内融型知能结构与教育元认知能力。

(一)"理—实"贯通能力

在教师专业发展指导者的首要能力认定上,世界各国看法不一,美国认为其首要能力是"在专业实践方面做出典范"的示范能力,荷兰认为是内容方面的研究能力,土耳其认为是研究能力,等等。① 这些看法都有其局限,即都着重准教师某一方面能力素养,如理论素养或实践素养的指导,容易造成其素养结构上一边倒的缺陷。进言之,教师专业发展指导者需要的不是琐碎的专业能力清单或列表,而是多样研究能力与实践能力通融的能力,正如学者所言,"将教师专业发展指导者的知识与理解划分为不同方面或不同的能力是有用的,但是将真正好的教学分解降低为一系列能力列表是不行的,因为实际上需要教师专业发展指导者将专业和个人因素相互交织在教学经历中进行融合"②。深而思之,教师专业发展指导者一定要担负起教师工作示范的责任吗? 这显然是一种奢望,道理很简单,最优秀的教师是在实践领域中磨砺出来的,加之教师的优异教学行为具有较强的个体性与不可复制性,这是栖身两个世界的教师专业发展指导者所难以达成的。在教师教育实践中,教师专业发展指导者对准教师的指导一定包括示范,但绝非卓越教学的示范,而是入门性的一般示范,"指导"的更内核含义应该是启发、唤醒、催生,是指引准教师用科学的教育理念、教学思维、教改行动来创造更理想的教育教学形态,正所谓"师傅引进门,修行靠个人"。在这一意义上,"示范"的意图是为了引导准教师入门,而帮助他们走进教育理念与教育实践的交互循环,学会用思想与实验来引领自己的专业发展,这才是教师教育工作的最终意图与教师专业发展指导者的根本职能。换个角度看,即便要求教师专业发展指导者一定要是教育研究者,但绝非职业理论研究者,因为职业教育理论研究者的社会使命是拓展教育理论空间,推动教育思想革命,而不可能深入到具体、微细、底层的教育实践毛细环节中去。基于这一分析,教师专业发展指导者的独特功能与使命是贯通教育理论与教育实践,担负起三大特殊任务:一是将高新教育理论引入深层教师实践;二是把教育实践问题转

---

① 杨秀玉,孙启林. 教师的教师:西方的教师专业发展指导者研究[J]. 外国教育研究,2007(10):8-13.

② MURRAY J,MALE T. Becoming a teacher educator:Evidence from the field[J]. Teaching and Teach Education,2005,21(2):125-142.

化为教育理论研究课题;三是推动教育理论与教育实践的无缝对接与交互共生。换言之,教师专业发展指导者需要从事实践、提升实践能力,但不必追求至高的专业实践水平;他需要从事理论研究、提升学术能力,但不必追求至高的教育理论水平;在学术性与实践性之间找到最佳结合点,达到至高的教师专业发展指导效果,才是教师专业发展指导者的天命所属。一个真正的教师专业发展指导者追求的是理论界产出好成果与实践界产出好做法的普及、对接与结合,致力于从中衍生出更好的教育工作样式与准教师专业指导范型,使之成为推动国家教育变革的生发点、发力点。

(二)扁平内融型知能结构

有关教育的专业知识、专业能力仍旧是教师专业发展指导者的基本知识、基本能力,相对教师实践者、教育研究者而言,教师专业发展指导者最需要的不一定是高端理论知识与高能实践技能,而是较为广泛、系统、综合、全面的知识技能,其知能结构的三大特殊性是宽泛性、融合性和扩展性,故高度适宜、跨度明显、两端延伸的扁平形知识结构最适合教师专业发展指导者的素质要求。

首先是宽泛性。理论研究者与普通教师术业有专攻,可能终其一生都可以致力于研究一个领域,探索一类技能,如教学技能或育人技能等。教师专业发展指导者则不行,它必须了解教育研究与教育实践的全景,了解清楚教育研究与教师工作的台前幕后,甚至还必须了解教育研究与教师工作的未来走向态势。原因很简单,准教师专业发展中遭遇的每一个教育问题都具有偶然性,都需要放在教育研究、教育实践、教育未来的全图与背景中才可能得到破解。荷兰学者考斯特认为,"教师专业发展指导者不仅要在自己执教的学科领域有着丰富的并且具有延展性的知识,而且还要在相关领域,如教育学、教法论、心理学等方面有着广泛的知识,此外,还要具备关于儿童及成年学习者的相关知识"[①]。知识的宽泛性、广域性是教师专业发展指导者履行其独特专业使命的必需条件。因此,教师专业发展指导者需要的专业知识不是金字塔形结构,而是扁平形结构,即需要涉猎广泛、两端延伸但不一定样样卓异非凡的教师或理论专家。

其次是融合性。教师专业发展指导者的知能构成一定是杂而不乱、交融生长式的,即围绕一些关键教师专业发展节点动态、有序地组织起来,从而构成一个专业知能连续体与有机体,确保准教师专业指导的特殊效能得以实现。联结教师专业知能的关键节点主要是教育教学实践问题、工作任务或准教师专业发展的个性

① KOSTER B, DENGERINK J. Towards a professional standards for Dutch teacher educators [J]. European Journal of Teacher Education, 2001, 24(3): 343 – 354.

化需要。例如,在准教师专业发展指导中,教师专业发展指导者应该建立合理的知识结构,即针对具体教师专业发展问题,教师专业发展指导者将掌握的相关教师专业发展理论、案例、方法、经验等聚合一体,构成一个多角度破解教师专业发展问题的知识库或技能链,由此具有了有效响应准教师专业发展需要的能力。

最后是扩展性。教师专业发展指导者拥有的知能还须有扩展性、生长性。具体涉及两类专业知识的双向衍生:一是教育理论知识向实践延伸生长;二是教育实践知识向理论延伸生长。显然,教育理论者与教育实践者的知识结构在各自系统内部具有一定的封闭性,否则,就难以保证其专业性、内行性,而教师专业发展指导者的专业知识结构必须具有跨界开放性,即实践经验理论化、理论成果实践化,否则,教育理论知识与教育实践知识都将失去活性,失去彼此间的结合力,导致其在服务准教师专业发展中的功能失效。换言之,教师专业发展指导者获得的教育理论知识、教育实践知识都应该是跨界生长中的知识,都是带着生长点的知识,向实践而生是其教育理论知识的特点,向理论而生是其教育实践知识的特点,有无这种生长性知识是判定教师专业发展指导者专业素养是否达标的一个重要标尺。在教师教育实践中,教师专业发展指导者必须引导准教师学会站在理论角度来看教育实践,学会站在实践角度来看教育理论,真正获得用理论知识解决实践问题的实践能力,获得升华实践、提升眼光、形成思想的学术能力。后两种能力的获得会促使准教师在教育理论与教育实践双向转化中走向教育实践的自由,最终获得一种强大的自我专业发展力,达成教师教育活动的终极目的。

(三)教育元认知能力

教师教育知识、教师教育技能都是二阶知识、二阶技能,即教"教教学"的知识技能、教"教育人"的知识技能,故教师专业发展指导者必须具备高阶教育思维、教育反思能力,即教育元认知能力,才可能胜任。所谓"教育元认知能力",就是对教育实践、教育现象、教育事物的反思能力、评判能力、监控能力与系统思维能力,这是教师专业发展指导者所独具的系统思考、反观实践的意识与能力。诚如学者所言,"教师专业发展指导者要具备反思与元认知的能力。教师专业发展指导者被期望具有较强的自我意识,能够进行不断的反思,特别是行动中的反思"[①]。一旦缺乏这种意识与能力,教师专业发展指导者可能在实践中机械、肤浅、平面化地看待教育问题与现象,致使教师教育的"教"与"学"难以深入下去。

具体地讲,教师专业发展指导者的"教育元认知能力"特指其"教'教学'"的能

---

① KARI SMITH. Teacher educators' expertise:What do novice teachers and teacher educators say? [J]. Teaching and Teacher Education,2005,21(2):177 - 192.

力、"教'育人'"的能力以及"教'专业发展'"的能力,在此重点分析其"教'教学'"的能力。教学是教师的基本工作,会教学、会教书是教师的核心能力。要教会一名准教师学会教学,教师专业发展指导者起码要具备四类能力:辨识好教学的能力、创建好教学的能力、系统分析教学全程的能力、探究教学机理的能力。这四类能力又分别对应四类具体教学能力:教学鉴赏力、教学创造力、教学分析力、教学探究力。每一种能力都和教师专业发展指导者的"教'教学'"能力密切相关。教学鉴赏力是教师专业发展指导者信守的教学价值观或好教学标准的体现,有助于准教师确立科学的教学质量观;教学创造力是教师专业发展指导者建构理想教学形态的能力,是教会准教师学会教学设计、教学实施的能力准备;教学分析力是教师专业发展指导者系统分析诊断教学活动的病理与优势的能力,是其引导准教师开展教学改进的能力基础;教学探究力是教师专业发展指导者寻求理想教学形态的能力,有助于引导准教师把握教学变革方向,持续变革教学模式。这些能力之所以被称为教师专业发展指导者的"元能力"或"元认知能力",是因为它们是在普通教师身上培育出优秀教学能力的上位能力、高阶能力。

进言之,作为教师专业发展指导者的四种教育元能力,其与一线教师的教学鉴赏力、创造力、分析力与探究力之间的关系较为特殊,二者之间不是一对一的关系,也不是先行先学关系,而一对多的关系,是全面参与、反思超越、组织监控的关系。以教师专业发展指导者的教学创造力为例,其作用体现在引导准教师学会教学的全程中:在准教师的磨课研课实践中,教师专业发展指导者要引导他们用创造性的眼光来审视每一个课例;在做课创课实践中,教师专业发展指导者要引导准教师在教学活动的每一个环节,如备课、上课、作业等中植入创新的要素;在课堂问题分析中,教师专业发展指导者要引导准教师站在是否有利教学创新的角度来发现课堂中存在的瓶颈与弊病;在教学改革中,教师专业发展指导者要引导准教师创新自己的改革理念、改革方式、改革思路,努力打造创新驱动型改革。由此可见,作为一项教育元能力,它是渗透在教师专业发展指导者指导准教师教学改进的全部环节与细节中,是带着一种反观教学的姿态、研究教学的心态、催生教学转变的意图来指导准教师的教学发展的。

【资料7-2】

教师教育者可以为职前教师提供有效教学活动的范例,他们的教学方式比内容更能够影响教师对教学实践的认识。因为教师的工作思维特征是类比思维,遇到教学问题时,他们倾向于将自己的教学行为与其他教师进行比较,吸收和借鉴好的方法或策略。教师教育者的示范作用可以分为两个层次:第一个层次是教师教育者亲身演示他们期待职前教师在未来教学中实施的教学行为;第二个层次,教师教育者还需要通过一系列的教与学的实践活动,让职前教师了解与教学行为相伴的教法推演过程及思维与行动方式。因此,要求教师教育者必须能够边教边对其教学行为的合理性做出解释说明。在此要求教师教育者不仅应该知道怎么做,还应该知道为什么这样做。研究发现,教师教育者对教学示范的概念认识不一,有些认为教学示范意味着角色扮演,另一些则认为它是明确的反思性学习,是教师教育者向教师解释他们教学实践深层的理论思考。①

二、教师教育者的专业化培养路径

如上所言,关键素养是将教师教育者从中小学教师、师范院校教师、教师培训者中区别出来的独有特征与硬核素养,培育、强化、提升这些关键素养是教师专业发展指导者专业化的必经之道。在当前教师教育者探究中,"认定"思维横行而"培育"思维微弱,成为制约教师教育者专业化进程的最大观念障碍。所谓"认定"思维,就是试图从现有参与教师教育工作的人群中遴选出一类或几类人,赋予其"教师教育者"的头衔,将教师教育的任务交由他们去实施,例如,将高校教师或中小学优秀教师认定为教师教育者的做法;所谓"培育"思维,就是从教师教育者作为一个新兴专业类型的角度出发,试图通过独特的培育渠道来造就这类新型专业人员,如在《教师教育者专业标准》指导下专门造就能够胜任这一"第三专业"的教师教育者。笔者相信,从"认定"思维走向"培育"思维才是实现教师教育者专业化的科学路径,它需要引入一些全新的教师教育者培养理念与路径。

(一)双专业复合教育

教师教育者是游走在教育理论研究界与教育实践界之间的"跨界人",是不同于普通教师专业与高校教师专业的复合型专业,这就决定了单一专业类型的教育不可能满足教师教育者的培育要求,走双专业复合教育之路才是应然之路。

所谓双专业复合教育,就是在系统整合理论教育与实践训练基础上打通学术职业与实践行业间的通道,为教师教育者专业素养结构的形成创造条件。"双专业复合"的具体内涵是,在教师教育者培养中实现教育学术职业与教育实践行业间的"三通",即机构互通、导师互通与学程互通。其中,"机构互通"是指参与教师教育者培养的两类机构——高校与中小学之间要相互开放、积极沟通、密切协作,为教

---

① 李芒,李岩.教师教育者五大角色探析[J].教师教育研究,2016,28(4):14–19.

师教育者提供科学的合作培养机制,为其在两个机构间自由穿梭、灵活受训搭建理想的培养平台;"导师互通"是指承担教师教育者培养任务的两类导师——高校导师与一线导师之间要建立各种线上线下交流平台,形成导师协作共同体,定期交流教师教育者培养进展状况,确保二者在培养目标上的一致与培养任务分工上的配合;"学程互通"是指培养教师教育者的两段学程——大学学程与中小学学程要科学设计、彼此打通、有序连接,为其及时转段、转学创造条件,确保一线教师训练与高校学术训练间形成无缝对接关系。

基于上述要求,教师教育者培养应该以项目或专业博士学位教育的形式展开。在教育实施中,应由教师教育研究专家领衔,实施双导师合作制与协同培养机制,确保教育理论素养与教育实践素养在教师教育者身上的有机合成与有效融通。在实施中,项目首席专家至关重要,其在双专业复合教育中肩负着培养质量责任人与首席教育专家的角色,尤其是在防止教师教育者培养"单向专业化"方面发挥着重要作用。在项目实施中,首席专家应该及时通过案例研究、课题研讨等形式促进教育理论知识与教育实践经验在教师教育者身上的汇集、互动与交融,以持续提升其指导教师专业发展的综合素养。

(二)子身份整合教育

教师教育者具有多重子身份,例如科克伦·史密斯认为,教师教育者有实践者、研究者等多达十二种的子身份①,子身份多样性是导致教师教育者指涉混乱、外延泛化、缺乏统整的主因。客观地看,教师教育者职业具有边缘性、交叉性,子身份多样化具有其必然性,如何在培养中促使教师教育者将多种身份整合为一体,如何确保多种子身份职能的有机集成与同步实现,是教师教育者培育中面临的难题。以美国学者的研究成果为例,他们认为教师教育者的五个基本子身份是"教师、教学专家、合作者、学习者和领导"②,如何将之用教师教育者的身份整合起来就成为一个现实问题。笔者相信,这些子身份被有效整合的结点是成功的教师教育案例。在此类案例中,教师教育者的每一类教育功能的集中实现就是其相应子身份的实现。一名准教师的教育事业成功至少得益于教师教育者五方面的帮助:理论知识的传授、方法经验的指导、实践问题研究中的启发、专业学习动机的激励、专业学习

---

① COCHRANE – SMITH M. Teacher educators as researchers:Multiple perspectives[J]. Teaching and Teacher Education. 2005,21(2):219 – 225.

② SWENNEN A,JONES K,VOLMAN M. Teacher educators:Their identities,sub – identities and implications for professional development[J]. Professional Development in Education,2010,36(1 – 2):131 – 148.

活动的组织等。与之相应,准教师培养活动中要突出上述五方面功能,教师教育者就必须承担起指导者、教授者、研究者、促进者与组织者等子身份,并将这些身份综合体现在一次成功的教师教育活动、一份完备的教师教育方案或一门科学的教师教育课程之中。在这一意义上,要促使各种子身份在教师教育者身上有效整合,教师教育者就必须着力创建成功的教师教育实践范例,并借助教师教育效能测评不断发现问题、持续改进、完善实践,促使教师教育者在充分实现自身职能过程中带动各种子身份的灵活匹配与有机关联。换个角度看,不同教师教育实践所需要的教师教育者子身份的组合是不一样的,为此,教师教育者还必须具备情景化的子身份组合能力,这都需要在具体教师教育实践中去磨砺。只有通过参与多样化的教师教育实践,教师教育者的子身份意识与整合能力才可能得到有效锻炼,其专业角色扮演能力也才会持续提升。

(三)跨界行动研究

作为生存在学术界与实践界之间的"跨界人",教师教育者的培育必须诉诸跨界式的实践探索、研究活动才可能实现,这是让教师教育者习得相应专业素养的一条最佳路径。其实,教师教育者所需的直接能力是有效指导准教师专业发展的能力,而准教师的专业发展一般通过三种主导路径来实现:其一是教育理论学习,其二是教育经验学习,其三是行动研究式学习。其实,前两种学习方式不可能真正带来专业发展,其原因就在于纯粹知识与自然经验的积累不可能引发教师专业素养结构的质变,顶多只能算是教师从教的知识经验准备罢了,只有带着新理念去反思自己专业经验时才会在教师身上催生出真正意义上的专业发展,进而让教师日常成长轨迹发生偏转或质变。每一次有品质的教师专业发展都是先进理论成果与优质实践经验间的一次相遇、互动与化合,教师教育者的专业发展亦是如此,它是在链接教育理论界与教育实践界之间的跨界行动研究中实现的。

所谓"行动研究",就是"边行动、边反思、边研究"的实践研究范式,"行中思""做中研""行思合一""行动学习"是其鲜明特征。不同于一线教师的行动研究,教师教育者的"行动"是理论研究与实践改进的合而为一的,而一线教师的行动研究是实践性知识反思与探索性实践间的交互循环,难以突破教育实践的圈层。要真正突破这一圈层限制,将理论研究及其成果完全植入探索性实践,这就需要教师教育者的特有专业发展路径——"跨界行动研究"。所谓"跨界行动研究",它是指教师教育者在同时参与教育学术研究与教育实践研究中形成教师教育者的关键素养构成——"理—实"贯通能力、教育元认知能力的专业教育路径,借助这一路径,教师教育者就可能逐渐学会用教育理论的眼光来指导准教师的教育实践,学会用教育实践的要求来建构教育理论,进而找到专业发展的突变点与突破点。其实,每一个教育问题的求解都可能有两种答案,即学术界的回答与实践界的回答。其中,学术界的回答富有想象力、解释力与前瞻力,但它只能给实践者提供一种可能解决思路,且在解决现实问题时不一定给力、有效;实践界的回答具有实效性和执行力,但不一定具有战略的优势与眼光,很容易导致"坐井观天"。教师教育者的跨界行动研究就是要找到能兼顾兼容两种优势的问题解决方式,就是要借助现实教育问题的两维求解来习得一种跨界生存与对话能力,进而在准教师培养中获得一种独特的"两栖"优势,成为高校教师与一线教师所难以取代的一类新型专业人才。

第三节　走向教师专业发展指导者

国家复兴大计系于教育事业,教育事业兴衰系于优秀教师,培养大批优秀教师正是教师教育系统的本职与天命。作为教师教育系统的核心构成要素,教师培养者是撬动国家教育系统改革全局的一枚筹码,是国家控制教师教育质量工程的一个关键节点。教师培养者是"教师之师",是成千上万学生的"师祖",每一个教师教育者对整个教育系统所产生的效能都是"牵一发而动全身"的,教师教育者就是国家教育质量管理系统的主控台。

一、从"教师教育者"到"教师专业发展指导者"

从教师教育者入手来启动国家教育质量工程,是我国教育发展战略的支点之一,目前启动的"教师教育国家级精品资源共享课"建设工程正有按这一理念实施的。也正是如此,民众、学者尤其关注教师培养者的专业品质与社会功能,并给予厚望与期待。目前,学者表达教师培养者的流行称谓是"教师教育者",在其指涉对象与教育功能上,学者间的认识偏差随处可见,该称谓正面临着教师教育改革新形势的挑战与质疑。我们认为,在教师教育重心后移于教育实践,后移于职后教育的特殊时代,"教师教育者"这一概念已难以准确表达教师培养者对教师发展所应承担的职能,用"教师专业发展指导者"取而代之,是彻底摈弃无视"教师作为专业发展主体"这一体制性教师教育缺陷的出路。

(一)教师专业发展指导者——教师培养者的新称谓

所谓"教师教育者",顾名思义,就是"教师的教育者"或"从事教师教育活动的工作者",无论是哪种理解,都沾染着"教育教师""规训教师"的色彩,似乎"教师教育者"本人就是一位万能教师、权威教师、成熟教师、典范型教师。无疑,这种称谓赋予教师培养者以更多的光环、神韵、权威,无意中暗示了教师教育工作的主导方式——听教师教育者"坐而论道",让教师头脑接受他们的"洗礼"与格式化,其结果,教师工作的同质化趋势被加剧,"青出于蓝而胜于蓝"的传统教育文化被弃之一端,教师自身在专业发展中的自主身份与自主空间被大大压缩。这不能不说是现代教师教育的一大缺陷! 正是在此意义上,有学者大声疾呼:"要有一种教师专业发展意义上的教师教育者,他们是教师专业发展的导师。"①这就是"教师专业发展指导者",它是新教育时代赋予教师教育者的新内涵。从名与实的关系来看,尽管相对于事物的"实"而言,"名"只是一种延伸,只是一种可有可无的指代关系,但我们不能不承认一个事实,"名"与"实"之间无论如何都具有一定的大体对称关系,"顾名思义"一般情况下是成立的,如果名与实之间的外延相差甚远,"名""实"之间的指代关系就可能被取缔。同时,事物的"实",如实体、实在内容的变化都会不同程度上危及"名"的存在与继续,在一定范围内"名"的变化无形中也会诱导事物的存在之"实"发生微妙变化。这就是"名"对"实"的能动作用所在。在这一意义上,我们认为,在特定形势下,给教师培养者一个全新的称谓"实",以此敦促其指涉对象——教师培养者发生实质性的变化,绝非一个可有可无的教师教育改革环节。用"教师专业发展指导者"的新内涵来指代"教师培养者",来取代"教师教育者",是引发新时期教师教育体制内在重组、结构调整、功能优化的抓手之一,是催生新一轮教师教育改革发生的一个酵素。

(二)教师专业发展指导者的时代内涵

在当前,整个教师教育系统似乎陷入一种偶像主义的旋涡,即把"教师教育者"规定为一种理想化的人格类型,他们不仅是教育知识的研发者,还必须是教育教学行为的示范者,他们要会"示范教学的方法、技术和过程"②,要成为发展中教师完美教育人格的原型与模板,生怕教师教育者身上、脑中丝毫的差错"会按照教师们教学的行为那样去进行教学"③。似乎,教师教育者就应该是教育领域的先知,就应该是一个教育教学工作上的全能,就应该是教师心目中的人格偶像,他必须"自己的教师专业素养得到充分发展,同时还会帮助别人获得教师专业素养的发

---

① 李学农. 论教师教育者[J]. 当代教师教育,2008(1):47－50.

② ELEONORA VILLEGAS－REIMERS. Teacher professional development:An international review of the literature[M]. Paris:International Institute for Educational Planning,2003.

③ DUCHARME E R. The luves of teacher educators[M]. New York:Teachers College Press,1993:105－108.

展"①。这些要求尽管看似是合情合理,但仔细琢磨,则会发觉有些过分与渴求,其结果,只会把教师培养者带入另一种认识误区,那就是,要么没有一位教师可以胜任教师教育者的职位;要么它无异于宣称,让发展中的教师务必事事求诸教师教育者,由此弱化教师本人的发展责任。这一误区的存在恰恰表明,"教师教育者"概念本身就有一种"责任超载"的嫌疑,要克服"教师教育者"的名称缺陷,我们必须对其本真身份——教师专业发展指导者有一个准确的理解。我们认为,教师专业发展指导者是指对教师专业承担着专业指导与成长服务责任的专门人员,他们是教师的教育知识启蒙者、教育艺术点拨者、教育者人格导引者,是教师专业成长过程的参与者、见证者、合作者、辅助者,是教师专业发展服务的主要创造者与供给者,是助推教师走向专业成熟的一个台阶与桥梁。

首先,教师教育者不是教师教育领域的先知,而是教师专业知识的催生者与启迪者,教师工作所需要的大量知识,需要教师自身去生产。许多学者指出,身为教师教育者,就必须对教育学有深刻的理解,就必须掌握大量的"非认知性知识"(即"让教与学的知识变为更清楚明白的实践知识"),积极"促进内隐知识的外显化"②等。这些要求不无道理,但问题是,即便是教师教育者掌握再多的教育专业知识,也难以满足形形色色的教育实践情景的需要,也难以满足千万教师个性化发展的需要。况且,在教育学领域,知识真理的时代已经过去,情景化知识、实践性知识、身体性知识已成为教育工作的主体知识构成,这些知识类型是教师教育者所难以提供的。实践也证明,受各种现实条件所限,"教师很难从情境中抽身出来,系统地、唯智地、理想化地将理论应用于实践"③,从教师教育者那里学到的教育理论知识效能异常有限。在这种情况下,教师教育者作为教育领域先知的角色不再合乎时宜。实践表明:教师工作的基本方式是"行中思""行中知",是反思性实践,是实践智慧与个人体悟的随时在场,任何实践性知识、新教育知识都可能在教师工作各环节中随时产生。因此,教师培养者不应是教师的专业教育知识的唯一渠道或主源,它只是教师获得专业知识的一个辅助途径而已。正如有学者所言,教师实践中所需要的知识"不一定完全来自'外面'和'上面',也可以来自'里面'和'这里',既可以来自教师自己的实践和经验积淀,也可以来自与外来理论之间的对话"④。

① 李学农.论教师教育者[J].当代教师教育,2008(1):47-50.

② VAN MANEN. Knowledge,reflection and complexity in teacher practice[M]. Leuven:Garant, 1999:65-75.

③ 陈向明.教师专业发展需要什么"理论"的指导[N].中国教育报,2008-05-03(3).

④ 陈向明.教师专业发展需要什么"理论"的指导[N].中国教育报,2008-05-03(3).

进言之,教育理论与教育实践之间是反身、互塑的关系,教师专业发展指导者的使命不是为教师发展提供知识,而是要通过核心教育知识①的传授来让教师找到知识生产的起点,明确教育知识的形态特征,最终学会在教育实践中独立地生产新教育知识。我们相信,每一个教学名师的形成都伴生着一整套特效实践知识系统,把知识生产过程让教师教育者去代理只会适得其反,减缓教师专业成熟的节奏,延长他们专业成长的周期。

其次,教师教育者不是全能的教育工作者,而是仅具有一定教育专长的人,它只能对教师的专业实践提供一般性的指导。教师教育者肯定有独特的专业素养,这是构成其作为专业人员的必备素养,是一般教师难以将其取代的理由所在。但问题是,任何教师教育者都不可能成为教师成长的"全能教育者",都不可能给每一位教师的专业发展提供全方位、全过程、全领域的指导,即便有这样一种教师教育者存在,那他也只存在于人们的头脑与理想中。作为一名教师教育者,他要么是具有理论专长的教师教育者,要么是具有实践专长的教师教育者;要么能够给教师的专业理念更新提供一种高屋建瓴的指导,要么能够给教师的专业实践提供一种全新的示范。在教育实践中,要将两者在一位教师教育者身上合二为一,这是有难度的,其原因有二:其一,"术业有专攻"才可能成就一名博学多才的教师专业发展指导者;其二,每个教师必定只生存在一个主导职场中,要么是实践职场,要么是理论职场,职场的伸缩性构成了教师培养者的可能指导范围,"三头六臂"型教师培养者只是一种幻想。因此,即便是有同时游弋于两个教育领域——教育理论研究领域与教育实践探索领域的教师培养者存在,但若想期待这种教师培养者在上述两个方面同时达到顶尖级水平,可能同样只是一种梦想。正如有学者所言,"教师的工作植根于生动、具体、完整的教育场景中,有自己复杂的、动态的、非线性的发展轨迹,需要整体的、跨学科的、超理论的分析"②。这就决定了,哪怕只是对教师某一个工作细节进行深入分析也需要教师培养者多方面的理论积累与实践经历,进行过深入的理论探究,否则,这种专业指导的效能就难以达成。对教师工作而言,没有通用、普适、统一的解决方案,只有个性化、机变性的应对智慧。每一个教师教育者的指导都是有缺陷的,他只能重点指导教师某一方面的专长发展,并对教师专业发展的其他方面给予一般性的指导。这就是教师教育者的实际工作状态。由此可见,对一位优秀教师的专业成长而言,他需要一批专长各异的教师专业发展指导者的协力指导才能完成;教师专业发展指导者也只有加强内部分工,使其学有

---

① 龙宝新.论核心教育知识的析取路径[J].教育学术月刊,2012(12):54-58.
② 陈向明.教师专业发展需要什么"理论"的指导[N].中国教育报,2008-5-3(03).

专长,才可能保证对具体教师专业发展各方面进行有深度的专业指导。

最后,教师教育者不是教师的教育者人格偶像,而仅是普通教师中的师德迥异者,只能对教师专业情意的发展提供动力支持与对话伙伴。显然,教师教育者应该具有高尚的师德与情操,应该具有卓异的品行,但这一点不能被过分夸大,不能把教师教育者的门槛无限抬高,以致将其德性、德行视为未来教师专业发展的模板与标本,将之作为教师专业道德修养的理想标尺。如果将教师教育者的师德标准抬高到这一水平,那么,就只有圣人才可能胜任教师教育者了! 同时,基于这一理想化师德标尺的教师的教育者人格培养模式必然是示范型教师培养路径,教师教育者的示范变成了教师专业道德成长的主途径,其结果只会矮化教师自身的师德建构能力与权利,不利于教师真实自我在道德领域的呈现,不利于教师师德"磁场"的形成。同时,基于师德偶像型的教师教育思维也造就了偶像化教师教育者,造就了一种以教师教育者居高临下的道德命令与道德领袖为特点的教师教育样式。令人遗憾的是,这种教育者人格培养方式在当代教师专业发展中的合法性正受到挑战。一方面,教育实践是塑造教师的教育者人格的伟大导师,学生对教师德性的无声召唤,教师对自身角色的警惕意识、对自身专业人身份的自觉体认是教师教育者人格赖以着生的源头与基点,这比教师从教师教育者那里知道"该如何做教师""该掌握哪些师德规范"更灵验。有学者指出:"教师被认为是一个'自我选择'的人群,他们热衷于与人打交道,特别是能够通过影响孩子的成长而获得持续的成就感和满足感。"①应该说,这种真真切切的"教育感"才是催生教师教育者人格的无形动力。进言之,忽视了教师的价值决断与自我表达,忽视了他们的自主选择与面向职场的道德自我建构,其教育者人格的形成就成为一句空话。在这一意义上,再优秀的教师教育者,其人格形象无法通过示范渠道复制、再制、投射在另一教师身上。另一方面,在一个教育者人格形象无比卓异的教师教育者面前,一般教师会无形中产生一种敬畏感与距离感,由此阻碍他们融入教师教育者的道德生活世界,影响道德互动桥梁——"主体间"关系的建立,最终影响师德教育的效率与效能。加之,要让普通教师时刻生活在教师教育者的人格"影子"中,成为教师教育者人格磁场中受控的一枚"小磁针",那么,经由这种方式培养出来的新老师一定会变得个性缺失、灵性匮乏,进而在学生心目中蜕变成一位"失真"的教师,一位师德的"木偶"。教师专业发展是教师自我的发展,是其素朴人格向教育要求逼近的过程,教师需要的不是"自我扼杀"型教育,而是一种精神对话,一种基于两个人格主

① 陈向明.教师专业发展需要什么"理论"的指导[N].中国教育报,2008－5－3(03).

体的"间际"对话。通过这种基于对话精神的指导,教师发现了自己人格中的合教育性成分,感受到了自己人格状态与教育者人格之间的差距,借此激活了他们对自己教育者人格的察觉、敏感与自塑行动。在这一意义上,教师教育者人格的完善需要的是指导者而非教育者,需要的是师德修炼的忠实昵友而非师德权威。

可见,任何教师教育者一定是"有瑕疵的教育者",是"成熟中的教师培养者"。既然他的知识积累不可能是最丰硕的,他的能力水平不可能堪称典范,他的人格形象不可能完美绝伦,那么,我们有理由认为,教师教育者没有资格以"教育者"身份自居,"教师专业发展指导者"才是他们真实的身份定位。以待成熟的姿态、缺憾的形象来谦虚地介入教师专业发展的进程,努力为教师提供最实在的教育服务与专业咨询,正是教师专业发展指导者的实然职责领域。对教师专业发展指导者而言,他与教师之间是教育知识对流关系,是教育技艺切磋关系,是人格形象辉映关系。教师专业发展指导者的一切教育工作的意义在于让每一位教师变得更优秀,变得更加"自我化",而非在他们身上再造、复制一个指导者的形象。

【资料7-3】

教研员是专业的课程指导者,是引领学科教学发展方向的带路人,是教师的老师。一个区域的教师教育、教育科研、课程建设、课堂教学、教学评价等工作与教研员密不可分。教研员要紧跟教育事业发展的步伐,成为教师专业发展的引领者,必须努力提升自己的能力。①

二、功能定位:从"教育"教师走向"促进"教师

从教师教育者向教师专业发展指导者的转变既不是要怂恿教师培养者放弃自身对教师专业发展承担的专业责任,也非让教师去任意发展、自然发展,而是要改进教师培养者介入教师专业发展进程的方式。要帮助教师实现最优化的发展,教师培养者不能基于自己的意愿去"教育"教师,而必须借助教师的专业发展内能并借此因势利导地助推教师专业发展。从"教育"教师走向"促进"教师发展,从"教"教师如何教走向激发教师的教学创造力、催生教师学习活动的真正发生,正是教师专业发展指导者肩负的专业责任。进而言之,教师专业发展指导者的职能定位有四个方面。

---

① 王纬虹,代保民.教研员:教师专业发展的引领者[J].中国民族教育,2011(Z1):12-14.

(一)让教师成为自己

当代教师专业发展实践表明,教师专业发展是一个自主、自助、自觉、自省的过程,是教师专业自我自然生成与自觉建构的过程。在这一意义上,教师专业发展的责任与过程不能代理,不能越俎代庖,一切外在教育力量、教育活动顶多只能助推、加速这一过程,而不可能改变教师专业自我的内在构成与发展机制。进言之,只要教师专业发展的自觉与热情被激活,教师就可能迅速走向专业的成长、成熟与成功。在教育实践与教师教育活动中,只要教师专业自我在场,只要教师的心在、人在、身在,一切外来的经验、信息、力量就可能顺利"链接"进教师的教育生活世界,并顺利被教师专业自我所吸收,最终引发其专业自我与经验结构的重构。"通过自我意识,自我有机体就在某种意义上变成了他自己的环境领域的一部分"[①],教师自我也才可能与外围教育环境建立起一条互联、互促、互动的通道。故此,让教师成为自己、让教师的专业自我在场比给教师提供优质的教育服务更重要,比给教师奉上最科学的教育知识更重要。所以,教师专业发展指导者的责任是让教师自觉去研究自我、发现自我、反省自我,内向求知、反求诸己、切记体察,激发其自我发展、自我改进、自我提升的内力。一个成功的教师专业发展指导者绝不会随意将自己的专业意愿、专业意见强加给教师,而是会千方百计地去唤醒教师的自我发展意识,让他们敞开自己的心扉与大脑,激活他们自我的创造潜能。在这种情况下,教师打算转变专业自我的契机总会出现,教师专业发展指导者总会捕捉到向他们展示自己专业见解、表达自己专业意愿的时机。总之,教师专业发展指导者的基本职能是提升教师的专业自觉,凸显他们的专业自我,帮助他们找到自己的位置,促使其对自己的专业发展承担起更大的责任。相比而言,向教师提供优质指导与咨询服务是第二位的事情,因为促使教师专业自我的重构始终是教师专业发展的红线与主题。一定程度上,教师专业发展指导者向教师提供的教育服务只有在与其专业自我、专业需求相契合时,专业发展效应才可能在教师身上产生。因此,对教师专业发展指导者而言,他们首先要考虑的事情是如何让教师的专业自我、主体意识变得坚挺,其次才是如何用优质的专业指导服务来让教师的专业自我发生正向的质变与量变,最终带动教师专业面貌与专业实力的整体提升。

(二)发现教师的专业潜能,使之成为教育知识与经验的原创者

在教师专业发展指导者的眼中,任何教师都有从教的潜能,正如学习是人生存的本能一样,教人求知、教人做事、教人学习是人的学习本能的延伸。应该说,在学

[①] 米德.心灵、自我与社会[M].霍桂桓,译.北京:华夏出版社,1999:146.

习现象发生的地方就有教育现象的发生,教与学并存共在是人类文化存在、延续、更新的关键链环。教师专业发展指导者相信,任何教师都有教导他人的潜能,教师的专业发展水平很大程度上取决于指导者能否发现他们心智中的教育灵光,能否给他们教育潜能的释放提供舞台与空间。教师从教的专业潜能不仅可以被发现,而且可以涵养,甚至可以扩充,能否做到这一点,关键在于教师专业发展指导者如何对待教师、指导教师、激励教师。所谓潜能,就是人这一有机体中潜藏的一种精神能量与创造性能量。这种能量一旦释放到人的相关实践领域中,就展示为一种才能、才干或才艺,进而使人身上表现出形形色色的具体艺能。反之,这一能量一旦没有释放到的相应实践领域,人的这种才艺永远不可能出现,并永远处于蛰伏状态。教师专业潜能有无不是专业指导者说了就算的事情,它需要经由相关实践领域、工作舞台去验证,只有在具体教育实践活动领域与教师精神能量结合之后,教师的专业潜能才可能彰显。所以,教师专业指导者的任务不是"判断"教师有无专业潜能,不是在教师未完全深入一个实践领域之前就主观地断定教师有无某方面的潜能,而是引导教师如何进入教师专业的各个具体领域,给他指明在特定领域中教师还可以利用各种可能方式来展现自己的智慧,达成对教育问题的解决。在这一意义上看,科学的专业指导恰恰是教师专业潜能彰显的"吊钩",是助推教师专业潜能外化的必要条件。实际上,教师的许多专业潜能没能顺利体现的原因是多方面的,其中最为主要的是:其一,教师还没有深入到该专业领域中去;其二,在面临挑战或困境时指导者没有为教师提供各种可能的应对方式。在这两方面原因的阻挠下,许多优秀教师的专业潜能在还没有充分释放时就被扼杀在摇篮之中。教师专业发展指导者的任务就是要发现、呵护、培育教师的专业潜能,让教师在挑战自己潜能中创造自己的最近专业发展区,超越自己的最近发展区。

(三)用教育服务引领教师发展

在新的职能定位格局下,教师专业发展指导者并不放弃为教师提供最优质教育服务的责任与义务,因为这是一切教师培养者的本职,教师专业发展指导者也不能恣意放弃。相对于教师教育者而言,借助优质教育服务打造来实现对教师专业发展的有效指导,是教师专业发展指导者为教师共同体树立专业威信、铸就自然影响力、引领教师发展方向的基本方式。但是,教师专业发展指导者对教师专业发展的指导绝非原始意义上的"教'教育'",即教教师如何去教,正如有学者所言:"教'教'正是教师教育者或教师的教师不同一般教师的地方,也是教师教育者的专业特点所在,建立教'教'的专门知识体系,是教师教育者自专业发展的核心任务。"①
实际上,这是一种直接用自己的教育实例与教育观念去格式化教师的方式,是一种
模塑教师教育行为方式的做法,其对卓越教师培养而言几近失灵。任何教育活动
都是教者基于自己的创造性、情景性、个性化理解之上的一种具体行为。用教师教
育者的具体教学来指导教师的具体教学活动,给普通教师做示范,这是一种限制教
师专业发展空间的做法。进言之,教学的实例千差万别、形形色色,教师基于具体
教学实例的示范效能对学"教"者(相对于"教'教'者")始终是有限的。教师专业
发展指导者引领教师专业发展的依托不应是"直接教学",而是"间接教学";是用
先进的教育理念服务来促使教师在教育教学工作上获得"一般发展",而非借助具
体教学实例来促使教师获得"具体发展"。教师专业发展指导者为教师提供的教
育服务是承载着先进教育理念的教育教学范例,是包裹着先进教育理念精华的教
学案例。显然,这种教育服务内容要比直接进行教学示范所产生的效果要好得多。
理念毕竟针对的是一般教学而非具体教学,一个先进的教学理念一旦进入教师的
头脑和心灵,它会像酵母一样波及教师的全部工作领域,进而促使教师专业表现发
生根本性、整体性的转变。同时,以教学理念为内核的教学实例具有鲜活、具体的
外形,这一教育服务的外形先天就和一线教师之间具有某种亲和力,它更容易促进
教师的专业理解,提高教师对其承载的先进教育理念与教学精神的吸收率。

(四)做好教师发展的导师与谋士

教师专业发展指导者不仅要指导教师的具体专业事务,还要指导教师的专业
发展规划,做好教师专业发展的设计师或规划师。教师专业发展的终端目标是教
学名师或专业成功,要帮助教师达到这一目标,教师专业发展指导者就必须辅助教
师设计专业发展的愿景,规划阶段性的发展目标,帮助他们梯次性地达成专业发展
目标。在这一点上,教师专业发展指导者就是教师专业发展的导师与谋士,就是协
助教师经营专业人生历程的人。从教师成长的一般阶段来看,从初任教师到正式
教师,从骨干教师到教学能手,从教学能手到教学名师,教师专业发展过程中的每
一阶段都需要教师的精心筹划。教师专业发展指导者要协助他们顺利跨过专业发
展中的每一道关口,就必须引导教师制订合乎自己的专业发展规划,帮助他们明确
每一阶段的发展重点,分析可能会遇到的种种成长困境,并做好应对挑战的心态准
备与策略准备。由于每一个教师身处的成长环境不同、工作经历不同、发展目标不
同,他们为自己规划出来的成长路线可能会相差迥异,教师专业发展指导者的任务

---

① 李学农.论教师教育者[J].当代教师教育,2008(1):47-50.

是帮助教师设计出最适合自身的专业成长路线,这就需要对每个教师的专业发展状况进行全面的思考与大量的分析工作。

【拓展阅读】

1. 崔友兴.教师教育者循证教学素养的结构体系与培育路径[J].教师教育学报,2022(5):28-36.

2. 岳建军,崔晓语.我国高校教师教育者教学能力研究的回顾与展望[J].聊城大学学报(社会科学版),2022(3):150-156.

3. 王争录,张博,刘亚娟.AI 时代教师教育者的角色危机与重塑[J].中国成人教育,2022(3):61-65.

4. 马笑岩,陈晓端.当代英国教师教育者专业发展模式评析[J].现代大学教育,2021(6):46-51.

5. 康晓伟,田国秀.教师教育者专业发展何以可能?:基于中国古代哲学"道法术器势"思想的视角[J].教师教育研究,2021(6):64-71.

6. 程敏.基于反思性教学的教师专业发展指导[J].福建教育,2016(42):32-34.

7. 赵锋.实现优质教师资源的充分共享:普陀区教师专业发展指导团队建设探访[J].上海教育,2008(24):22-23.

【学后作业】

1. 谈一谈:教师教育者在教师专业发展中担负着哪些角色?

2. 想一想:为何"教师教育者"要转变为"教师专业发展指导者"?

3. 问一问身边同事:我是否具有教师专业发展指导者的基本素质?

【实践练习】

制表说明"教师教育者"与"教师专业发展指导者"间的区别,并对自身作为教师专业发展指导者的素养状况进行分析。

后　记

　　教育是专门行业,教师是专业人员,专业发展是持续教师一生的话题。在整个教师教育系统中,教师专业发展始终处于最内核、最根本、最实质性的环节与位置,无论是职前教师教育、教师培训服务,还是教师教育机构、教师教育政策,它们都只是广大教师专业发展的服务者与助推者而已。进言之,一位优秀教师的专业成长要经历三个重要阶段:生手阶段—熟手阶段—能手阶段,成长为教学能手、教育行家是优秀教师一生的追求与目标,为优秀教师成长提供专业指导、专业经验、专业学材是教师教育研究者的天职与使命。受陕西师范大学教师干部培训学院邀约,本人承担了本书的撰写任务,深感荣幸! 希望本书的出版能够为每一位教师提供更专业的专业发展导航,为每一位中小学教师实现自主、优质、高效的专业发展提供助力。

　　客观地讲,教师专业发展的真正起步是在教师参加一线工作之后开始的。因为职前师范教育阶段只是教师专业发展预备阶段,这一阶段没有真实教育情景、教育任务的介入,师范生始终成长在理想或虚拟发展状态,而一旦接受了一个班级、一门学科的教育教学工作,真正的教育教学问题就发生了,此刻唯有借助教师专业发展途径才能有效应对其面临的纷繁复杂的教育实践问题,持续提升自己的专业素养与专业成熟度。进一步看,一名优秀教师是在应对复杂教育实践问题中磨砺出来的,是在持续专业改进与提升中脱颖而出的。一名没有专业发展意识、要求与规划的教师,其职业人生终将与名师理想失之交臂。教师专业发展是升华教师师德境界、完善教师专业人格、强化教师专业情意、充实教师专业内涵、深化教师专业理解、提升教师专业能力的必经之途,是优秀教师一生津津乐道、乐此不疲的话题,是教师素质结构与时俱进、专业自我持续超越的科学门径。在专业学习、同事互鉴、坊间教研、课堂研磨、自我反省中不断提升教师专业发展水平,是现代教师必须具备的一种卓异专业品性。

教师专业发展的方法路径是多样的,教师专业发展的过程是个性化的,教师专业发展的资源是丰富多彩的,教师专业发展的理念是林林总总的……作为一名现代教师,要统摄教师专业发展的方方面面,着实需要一门专门的理论课程来领航。本书正是基于这一考虑而开发的,其中不仅涉及国内外的教师专业发展理念、教师培训工作经验,还包括我国教师队伍建设经验、教师专业学习理念、教师专业发展指导者理论等内容,所有内容均可归入教师专业发展、教师专业学习、教师在职培训、教师专业发展指导者四个版块,几乎囊括了教师专业发展所涉及的主要领域,堪称教师专业发展的理论导航图。这样的学习将开阔广大教师的专业发展视野,丰富教师的专业发展知识,提升教师对自身专业发展的自控力、谋划力。

为了更好地使用本书,建议广大教师注意三点:一是将理论知识学习与自我专业发展经验体验结合起来,努力实现"在理论指引下实践,在实践体验中吸收理论"的最佳效果;二是利用好"导学提示",坚持在明确学习目标导引下开展专业学习活动,并及时对照"导学提示"来检视自己的学习效果,形成学习质量管理的闭路循环;三是重视"实践练习"环节,注重"学练结合、学练互促",借助实践探索来吸收消化专业知识理论。在此,特别提示的是,无论哪种专业学习活动都要坚持教师专业自我为本的原则,让教师专业知识理论学习、专业实践实训成为夯实教师专业自我、提升教师自我主体性的辅助,而非要舍本逐末、规导教师,最终将失去教师专业学习的意义与价值。

感谢陕西师范大学教师干部培训学院对本书编写工作的高度重视与鼎力支持。在本书编撰、校对中,博士生李莎莎给予了大力支持,在此特表达谢意。本书中难免会存在表达不妥、认识不到位的地方,如若发现,敬请广大读者批评指正。

(龙宝新,陕西师范大学教育学部教授、博士生导师,教师教育学位点带头人,教育部陕西师范大学课程中心副主任,国家一流课程主持人。)